Siegfried Wollgast

Zur Geschichte des Promotionswesens in Deutschland

CIP–Kurztitelaufnahme der Deutschen Bibliothek
Wollgast, Siegfried:
Zur Geschichte des Promotionswesens in Deutschland
- 1. Auflage – Bergisch Gladbach: Dr. Frank Grätz Verlag 2001
ISBN 3-89074-012-X

Druck: Books on Demand GmbH

Inhalt

Vorwort

Erstaunlicherweise gibt es zwar Sachbücher über Siamkatzen, Orchideenarten und -abarten und über ausgefallenste Tabakpfeifen, über das Dissertationswesen in Deutschland gibt es meines Wissens keine zusammenhängende Darstellung! Leider!

Dabei strebt man seit dem 13. Jahrhundert nach der Doktorwürde. Bei allen Höhen und Tiefen, die mit dem Erwerb des Doktortitels verbunden waren und sind, war und ist man jedenfalls in Deutschland im allgemeinen stolz darauf, diesen Titel erworben, erarbeitet zu haben.

Aber: Wo kommt er her? Was besagte er einst? Welche Entwicklung hat er genommen? Mit welchem Aufwand war und ist sein Erwerb verbunden? Wie wurde und wird er bewertet - materiell wie ideell?

Dies sind nur einige von vielen, vielen Fragen zur „Doktorei". Ich lege hier einen ersten Versuch einer zusammenhängenden Darstellung des Dissertationswesens in Deutschland vor. Da man den Doktorgrad nur an einer Hochschule (traditionell Universität) erwerben kann, muß ich vielfach dabei auch auf die Geschichte der Universität eingehen. In einer Zeit, in der Einrichtungen, Inhalte und Ziele des Bildungswesens, insbesondere des Hochschulbereichs, von allen Seiten einer kritischen und selbstkritischen Prüfung ausgesetzt sind, kommt wissenschaftsgeschichtlichen Untersuchungen nicht nur antiquarisches oder kontemplatives Interesse zu. Im Gegenteil: wissenschaftsgeschichtliche Fragestellungen sind heute sowohl für die historische Forschung als auch für die kritische Öffentlichkeit von Bedeutung. Indem die historische Forschung die Vorgeschichte gegenwärtiger Erscheinungen aufarbeitet und den Erfahrungsstand der Gegenwart erweitert, liefert sie einen nicht unwichtigen Beitrag zur Analyse der Gegenwart und damit zu einer reflektierten Praxis.

Die verwendete Literatur findet sich im Anhang, ihr verdanke ich die im Text dargelegten Fakten.

Die Anregung zu dieser Arbeit sowie stete Hilfe und Unterstützung bei ihrer Erarbeitung, verdanke ich Dr. F. Grätz, der das Institut für Wissenschaftsberatung in Bergisch Gladbach leitet. Ebenso seinem Mitarbeiter Dr. M. Drees. Dr. F. Grätz ist auch Besitzer der größten privaten Dissertationssammlung in Deutschland. Es sind mehr als 120 000 Exemplare (Unikate). Da jede Dissertation im Schnitt 100 Seiten umfaßt, „sitzt" er auf fast 10 Millionen Blatt Papier. Ich hoffe, sein Ziel geht bald in Erfüllung, das erste Doktorarbeiten-Museum der Welt zu gründen! Die technische Arbeit an diesem Manuskript hat Frau Brigitte Proft (Dresden) geduldig, exakt und zuverlässig ausgeführt, Frau A. Fobbe hat wertvolle technische und inhaltliche Hinweise vermittelt. Meine Frau, Dr. med. Edith Wollgast, hat mich zudem in mancherlei Hinsicht aufopferungsvoll unterstützt.

Für jegliche Anregung und Kritik kann ich schon jetzt meinen Dank aussprechen. Auch in Erwägung, daß jeder erste Versuch, so auch meiner, lediglich ein Torso darstellt.

Dresden, den 20. Oktober 1998

Siegfried Wollgast

1. Promotion und Dissertation im Mittelalter

Wie entstanden die Universitäten, die Hohen Schulen, an denen bis heute der Doktor offiziell verliehen wird? Gehen wir zurück ins 12. Jahrhundert, nach Bologna und nach Paris. Beide Universitäten entstanden damals noch ohne Stiftungsbrief. Ebenso Oxford, die älteste englische Universität, diese in der zweiten Hälfte des 12. Jahrhunderts. Generell haben sich im 12. und 13. Jahrhundert in Italien, Frankreich, England und Spanien über 30 Universitäten ohne Stiftungsbrief von Kaiser oder Papst konstituiert. Allerdings hat es auch in diesen Fällen nicht lange gedauert, bis sich kirchliche und weltliche Macht in das Geschehen der Universität eingeschaltet haben. Im 14. und 15. Jahrhundert ist es - abgesehen von einigen italienischen Stadtuniversitäten - allgemein üblich, sich von Anfang an staatlicher oder (und) kirchlicher Privilegien zu versichern. Das gilt generell für die in den damaligen Grenzen des „Heiligen Römischen Reiches Deutscher Nation“ unternommenen Universitätsgründungen.

Für die jeweiligen Städte erbitten die Landesfürsten, in einigen Fällen die städtischen Behörden, ein Privileg der kirchlichen Universalgewalt zur Einrichtung eines Studium generale, das heißt einer Universität. Die Antragstellung durch Territorialfürsten und Städte ist durch verschiedene Gründe motiviert. Zum einen ist die Universität in der mittelalterlichen Gesellschaft ziemlich schnell eine Macht geworden. Sie trägt dazu bei, das Ansehen des Landes und der Stadt zu heben. Es hat mancherlei Vorteile, wenn die Jugend wenigstens einen Teil des Studiums in der Heimat absolvieren kann oder wenn fremde Studenten ins Land und in die neue Universitätsstadt kommen. Zudem steigert der wachsende Einfluß des römischen Rechts das Interesse an einer Juristischen Fakultät. Für die Universitäten Freiburg und Tübingen wird auch aus diesem Grunde zusätzlich ein kaiserlicher Stiftungsbrief beantragt. Wenn die Dokumente vorliegen, wird die eigentliche Gründung in einem kirchlichen Akt vollzogen. Landesherren, Bischöfe und Stadträte regeln Fragen der Finanzierung, der Gerichtsbarkeit, der Oberaufsicht, der Berufungen usw. Besonders gut informiert sind wir in Deutschland über die Ausstattung der Universität Greifswald. Ihr eigentlicher Gründer ist der Bürgermeister Dr. Heinrich Rubenow. Vom zuständigen Bischof von Kammin zum Vizekanzler, vom Herzog von Pommern zu seinem Vizedominus ernannt, wird Rubenow vom Lehrerkollegium außerdem zum ersten Rektor der Universität Greifswald gewählt. Gemeinsam mit Stadt und Herzog sorgt er für die materiellen und finanziellen Voraussetzungen: Gebäude, Renten, Zinsen, Grundbesitz.

Einen wichtigen Schritt zur Konstituierung der Universität Bologna (ab 1119) machen die an der dortigen Rechtsschule von nah und fern zusammengeströmten Scholaren (Studenten) aus. Sie gründen Genossenschaften, sog. Korporationen, die Angehörige einer oder mehrerer Provinzen umfassen. Eine solche Scholarenverbindung nennt sich universitas scholarium. Sie übt eine Reihe von Rechten gegenüber dem Lehrkörper und der Lehranstalt aus. Vor allem nimmt sie gemeinsame Interessen der Scholaren gegenüber der Stadt wahr, so bei Wohnraum, Miet- und Lebensmittelpreisen, Lehrmittelbeschaffung, Freizügigkeit und Gerichtsbarkeit. Die Korporation kann mit der Drohung des Auswanderns der Scholaren in eine benachbarte Stadt einen starken Druck auf die Stadtverwaltung ausüben.

Auch die Stadtbehörde von Bologna, die naturgemäß an einer blühenden Hohen Schulen in ihren Mauern sehr interessiert ist, trifft eine Reihe von Maßnahmen. Sie versucht, die Professoren durch hohe Gehälter, die Scholaren durch Erfüllung ihrer Wünsche an die Stadt zu binden. Gewisse Rechte werden durch Statuten zugesichert. Andererseits werden die Professoren durch Eid verpflichtet, für einige Jahre, mitunter sogar auf Lebenszeit, nur in Bologna zu lesen. Der Einfluß der Stadtobrigkeit ist für Bologna wie für eine Reihe anderer italienischer Universitätsorte besonders in der Gründungszeit der Hohen Schule charakteristisch. In der Literatur wird diese Gruppe von Universitäten häufig als Stadtuniversitäten bezeichnet.

In Bologna finden wir erstmals ein weiteres Merkmal der mittelalterlichen Universität: das Privileg. Kaiser Friedrich I. erläßt, angeregt durch die Bitte Bologneser Scholaren, auf dem Reichstag zu Roncaglia im Herbst 1158 ein Gesetz, das nach seinem lateinischen Anfangswort als Habita bekannt ist. Darin wird den Scholaren an allen Orten, die sie aus wissenschaftlichen Gründen aufsuchen, freies Kommen und Gehen zugesichert. Sie stehen außerhalb ihrer Heimat unter des Kaisers besonderem Schutz. Niemand darf einen Studenten oder Lehrer wegen Schulden oder Vergehen eines anderen haftbar machen. Dieses kaiserliche Privileg hat in den Städten Italiens allerdings eine größere Wirksamkeit erlangt als in anderen Teilen des „Heiligen Römischen Reiches Deutscher Nation“. Doch auch schon die Universität Bologna hat wahrscheinlich mehr als hundert Jahre gebraucht, bis sie ihre spezifische akademische Form erreicht hatte.

In Paris gab es im 12. Jahrhundert mehrere Dom- und Klosterschulen, bekannt unter dem Sammelbegriff Scholae Parisienses. Zwei davon ragen besonders hervor: die Domschule auf der Seineinsel, unter der Leitung des Kanzlers von Notre-Dame, und die Klosterschule St. Genovefa. Die Domschule Notre-Dame wird zum Kern der Universität. Sie erfreut sich eines solch großen Zuspruchs von fremden Scholaren, daß die Seineinsel bald zu eng wird. Entsprechend wächst die Zahl der Magister. Es ist damals nicht allzu schwer, Lehrer zu werden. Wenn jemand ein Jahrzehnt studiert und gar noch irgendwo gelehrt hat, wird ihm der Kanzler (cancellarius) der Domschule die erforderliche Lizenz kaum verweigern. Der Kanzler war im Mittelalter der ursprünglich vom Papst beauftragte, in der jeweiligen Stiftungs- bzw. Bestätigungsbulle für ein Studium generale nominierte hohe geistliche Würdenträger. Ihm oblagen die Aufsicht über den Lehrbetrieb und auch über die Promotionen. Der auch für damalige Verhältnisse rapid wachsende Lehrstoff, genährt aus den immer stärker fließenden Quellen antiker Philosophie und Naturwissenschaft, erfordert aber nicht nur mehr, sondern auch spezialisierte Lehrer. Wer soll sie promovieren?

Die Magister schreiten zur Selbsthilfe. In der zweiten Hälfte des 12. Jahrhunderts bilden sich die ersten losen Magisterverbindungen. Eine solche universitas magistrorum umfaßt anfänglich die ohnedies fachlich nicht scharf zu trennenden Lehrer für Theologie, Jus, Medizin und Artes liberales - die damaligen vier Fakultäten. Die „Freien Künste" bilden den Lehrstoff der Artistenfakultät. Es sind das Trivium Grammatik, Rhetorik und Dialektik sowie das Quadrivium Arithmetik, Geometrie, Musik und Astronomie. Aus der Artisten- geht dann die philosophische Fakultät hervor.

Parallel zur Genesis der universitas magistrorum, zeitlich gesehen etwas später, verläuft in Paris der Prozeß der Herausbildung der Studentenkorporationen, der universitates scholarium. Ausgeprägter als in Bologna tritt dabei die Rolle der „Nationen" hervor. Dies sind gemischte Studentenverbindungen, zu der die Scholaren und die Magistri artium gehören. Paris kennt vier Nationen: Die natio Gallicorum, die natio Picardorum, die natio Normannorum und die natio Anglicorum. H. Denifle vermutet, diese Einteilung sei Anfang des 13. Jahrhunderts erfolgt, um Verwaltung und Beaufsichtigung zu vereinfachen. Dabei habe man die vier Landsmannschaften herausgegriffen, die seinerzeit unter der Studentenschaft am zahlreichsten vertreten waren. Deutsche, Italiener und Spanier, die damals weniger in Paris studierten, wurden einer der vier Nationen zugeordnet. Die Mitgliedschaft der Magistri artium in den Nationen erklärt sich aus ihrer großen Zahl und aus der vorbereitenden Funktion der Artistenfakultät gegenüber den drei oberen Fakultäten. Die Nationen verflechten sich mit den Fakultäten, die die Gliederung der Gesamtuniversität bestimmen. Erst im dritten bis fünften Jahrzehnt des 13. Jahrhunderts, als die Fakultäten bereits gefestigt sind, erlangen die vier Nationen auch eine rechtliche Organisation. Ihre Statuten regeln solche Fragen wie die Wahl eines Vorstehers (Prokurators), Mitwirkung bei der Rektorenwahl, Auswahl von Promotionskandidaten, Einnahmen der Vereinigung. Es gibt manchen Konflikt um Rechte und Privilegien innerhalb der einzelnen, aus Angehörigen verschiedener Fakultäten bestehenden Korporationen. Sie verzehren viel Kraft und tragen zu jener eifersüchtigen Atmosphäre bei, die für die mittelalterliche Universität (und nicht nur für sie) bezeichnend ist.

Schon bei den ersten Schritten des Lehrkörpers der Pariser Universitas magistrorum kommt es zu Auseinandersetzungen mit dem Kanzler als Vertreter des Bischofs. Dabei geht es auch um die Fragen der Lehrberechtigung und -befähigung. Die Kämpfe enden mit dem Ergebnis, daß der Kanzler zwar weiterhin die Lizenz erteilt, aber nur an solche Bewerber, die von der Lehrerkorporation ordnungsgemäß geprüft sind. Die Lehrbefugnis wird damit in zwei Akte aufgeteilt: die Verleihung der Lizenz, also der Lehrberechtigung, durch den Kanzler; die Erteilung der Inzeption, also der Lehrbefähigung, durch den Lehrkörper bzw. die Universität.

Praktisch sieht der Weg zur Promotion zunächst etwa wie folgt aus: Der Bewerber, der die Artistenfakultät durchlaufen und an einer der Fakultäten den Grad des Baccalauren (den untersten akademischen Grad) erlangt hat, muß nach weiteren Studienjahren, deren Zahl bei den einzelnen Fakultäten unterschiedlich ist, seine Befähigung nachweisen. Teilweise ist dafür ein förmliches Examen vor den Lehrern vorgeschrieben, in jedem Fall aber eine Disputation, ein Streitgespräch. Hat er diese erfolgreich bestanden, erteilt ihm der Kanzler die Lizenz, mit der grundsätzlich an allen Universitäten die Lehrbefugnis verbunden ist. In diesem Stadium führt der Baccalaureus den Titel Lizentiat. Die volle Lehrbefähigung und damit den Titel Magister oder Doktor erhält er erst, wenn ihn die Korporation durch die Inzeption feierlich in ihre Reihen aufgenommen hat. Das ist in Paris erst nach einigen Jahren der Lehre der Fall. Außerdem ist diese Ehrerweisung mit hohen Kosten für den Bewerber verknüpft. Nicht wenige verzichten deshalb - schon damals - auf die Aufnahme in die Korporation und begnügen sich mit der Würde eines Lizentiaten.

Den höchsten Rang nimmt in Paris - wie an allen mittelalterlichen Universitäten - die Theologische Fakultät ein. Ihr folgt die Jurisprudenz, dann die Medizin. Alle drei bilden gemeinsam die oberen Fakultäten. Gewissermaßen sind sie Ausdruck einer Arbeitsteilung, die den drei Seiten des Christenmenschen gerecht wird: seinem Seelenheil, seinem Leben im Staat und seinem Körper. Den drei oberen Fakultäten stehen die Artes liberales als die untere Fakultät gegenüber. Nur wer einige Jahre die Artes betrieben, vielleicht sogar den Grad eines Magister artium erworben hat, darf an einer der oberen Fakultäten studieren.

Magister und Doktor sind im Mittelalter gleichrangige Titel. In allen Fällen wird die Promotion in feierlicher Form vollzogen. Fast immer werden als Symbole Doktorhut, Ring und Mantel übergeben, die der Promovend bereitgestellt hat. Der neue Magister oder Doktor empfängt dazu ein offenes Buch, Kuß und Segen seines Lehrers.

Die Promotion hat wesentlich dazu beigetragen, aus der Gesamtheit der Gelehrten eines Faches Fakultäten zu entwickeln. Gemeinsame Statuten und Versammlungen, Auseinandersetzungen mit dem Kanzler, mit Vertretern anderer Disziplinen und schließlich kirchliche und staatliche Privilegien beschleunigen die weitere Entwicklung der Fakultäten.

In einer Schenkungsurkunde vom Jahre 1222 führt sich die Universität von Paris zum erstenmal als „Nos universitas magistrorum et scholarium“ ein. Vermutlich ist um diese Zeit der Entstehungsprozeß abgeschlossen. Darauf deutet auch die 1231 von Papst Gregor IX. erlassene Bulle „Parens scientiarum“ hin. Sie führt die vier Fakultäten einzeln auf und bestätigt die geltenden Ordnungen, wonach der Bischof Gerichtsherr ist, aber gewisse Rechte der Universität zu achten hat. Der Kanzler als Vertreter des Bischofs muß bei seinem Amtsantritt schwören, daß er keine Lehrberechtigung ohne vorherige Prüfung der Fakultät vergibt. Darin zeigt sich Paris als Typus der Kanzleruniversität. Nach G. Kaufmann wird das Amt des Universitätsrektors in Paris 1249 erstmalig erwähnt. Allmählich, nicht zuletzt in den Kämpfen der Universität mit dem Kanzler, wird der Rektor anerkanntes Haupt der Universität. Mit dieser Entwicklung ist die Verfassung der Universität im wesentlichen ausgebildet.

In der zweiten Hälfte des 14. Jahrhunderts entstanden die ersten Universitäten in Deutschland. Die Zuwendung zu ausländischen Universitäten hielt jedoch noch lange an.

Als Aufgabe der Universitäten und damit zugleich als Ursache ihrer Entstehung kann man bezeichnen: zu leisten, was die Dom- und Stiftsschulen nicht mehr vermochten: den Klerus die Wissenschaften zu lehren. Seit der Entstehung jener Schulen waren in den Wissenschaften gewaltige Veränderungen vor sich gegangen; vor allem waren die Wissenschaft und die Philosophie der Griechen, wie sie etwa im System des Aristoteles beschlossen waren, wieder zugänglich geworden. Eine neue, wahrlich nicht einfache Philosophie war entstanden, ein komplizierter logischer Apparat ihr Werkzeug. Die Theologie selbst hatte die Gestalt eines philosophischen Lehrgebäudes angenommen. Auch das Recht war zum Gegenstand einer Wissenschaft geworden. Die neue Philosophie und Theologie „erfunden“ zu haben, war der unsterbliche Ruhm von Paris, während Bologna die Rechtswissenschaft in Anspruch nahm und Salerno in Süditalien, wo die christliche Welt an die mohammedanische grenzte, die Medizin.

Seit dem 13. Jahrhundert war es gebräuchlich geworden, daß Höherstrebende nach Frankreich und Italien zogen, um dort die neuen Wissenschaften an den neuen Universitäten zu schöpfen. Nachdem man sich längere Zeit damit zu helfen gesucht hatte, daß man Pariser Doktoren als Lektoren an den großen Stiftsschulen anstellte, wurden nun die Wissenschaften in ähnlichen Organisationen auf deutschem Boden angesiedelt.

Die Universitäten waren zunächst kirchliche Lehranstalten. Die Kirchengüter wurden überall für die Dotation in Anspruch genommen. Regelmäßig wurden eine Anzahl Pfründe, meist an einer Stiftskirche der Stadt, doch auch an auswärtigen Kirchen, der Universität zur Verfügung gestellt.

Was nun die Gestaltung der mittelalterlichen Universitäten angeht, so sei hier nur die Philosophische Fakultät, Facultas artium genannt, näher betrachtet. Sie nimmt den neuen Scholaren zuerst auf. Ihre Aufgabe ist, den Kursus der Lateinschule, der vornehmlich die Sprache vermittelt, durch einen allgemeinwissenschaftlichen Kursus zu ergänzen. In ihrer Stellung und in ihrem Unterrichtsbetrieb hat sie mehr Ähnlichkeit mit den höheren Gymnasialklassen unserer Zeit als mit der gegenwärtigen philosophischen Fakultät: sie gibt Schulunterricht in schulmäßiger Form, wie es auch dem Alter ihrer Scholaren entspricht, das durchweg etwa zwischen dem 15. und 20. Lebensjahr liegt. Dem Rang nach die unterste Fakultät, ist sie für den Bestand der Universität äußerst wichtig; die große Mehrzahl der Lehrer und Studierenden gehört ihr an. In Köln bekennen sich um die Mitte des 15. Jahrhunderts nach Matrikel zur theologischen 4,5 %, zur juristischen 16, zur medizinischen 0,6 und zur artistischen Fakultät 67 % der Immatrikulierten. Für den Rest fehlt die Angabe. Unter den Juristen sind natürlich auch Kleriker, die das geistliche Recht studieren.

Übrigens gibt es keine feste Abgrenzung des Universitätsunterrichts gegen den der Lateinschule. Rechtlich sind beide Anstalten scharf geschieden. Das Studium generale, wie der offizielle Name der Universität als Lehranstalt lautet - die Universitas, zu ergänzen: magistrorum et scholarium, bezeichnet die Gesamtheit der Glieder als rechtliche Körperschaft -, hat durch päpstliche und kaiserliche Privilegien das Recht, die akademischen Grade zu verleihen. Diese haben in der ganzen Christenheit gleiche Geltung und Rechte. Das Studium particulare hingegen, wie die Stadtschulen im Gegensatz zu den Universitäten heißen, hat keine Rechte und Grade zu verleihen. Aber im Unterrichtsbetrieb findet vielfaches Übergreifen statt. Den Schulmeister einer Stadtschule hindert nichts, wenn er es für angemessen hält, mit seinen Schülern die Logik und selbst die Physik des Aristoteles zu behandeln. Andererseits schließt die Universität keinen Unterricht überhaupt aus. In der Regel brachten allerdings die Scholaren einige Kenntnisse der lateinischen Sprache mit. Doch war es nicht Bedingung der Aufnahme; vielfach wurden auch junge Knaben, die etwa mit einem Pädagogen ankamen oder in der Stadt wohnten, immatrikuliert. Ja, ganze Schulen waren als solche der Universität inkorporiert, so Lehrer und Schüler der Stephansschule zu Wien.

Von akademischer Freiheit war damals noch nicht die Rede. Die Scholaren der Artisten wohnten mit den Magistern in den Häusern der Universität, den Kollegien und Bursen, wo sie auch beköstigt werden, in klösterlicher Zucht beisammen. Außerhalb zu wohnen (stare oder stantiam habere extra locum probatum) ist verboten; nur unter besonderen Umständen wird es, vorzugsweise Angehörigen der oberen Fakultäten, gestattet. Für gänzlich ungenügend vorbereitete junge Studiosi hatten übrigens die meisten Universitäten eine eigene Schule (Paedagogium); Magister der Universität erteilten den Unterricht. Die Zucht ist auch in den Universitätshäusern ganz schulmäßig, selbst die Rute fehlt nicht. Aus Köln wird einmal berichtet, wie ein Delinquent von sämtlichen Magistern der Fakultät, mit dem Dekan beginnend, gezüchtigt wird. Die Sprache ist natürlich Latein; deutsch zu sprechen ist hier wie in den Schulen untersagt.

Die eigentliche Substanz des Unterrichts der Artisten-Fakultät bildete die Philosophie. Sie umfaßte: Logik, Physik, woran sich Naturkunde, Psychologie und auch die Metaphysik anschließen, endlich Ethik und Politik. Zugrunde liegen dem Unterricht überall die aristotelischen Bücher in lateinischer Übersetzung. Daneben werden auch lehrbuchartige Bearbeitungen, wie z. B. die „Summulae logicales“ des Petrus Hispanus, benutzt. Ebenso werden für die kosmologischen und mathematischen Disziplinen außer den antiken Materialien auch moderne Handbücher gebraucht.

Paris ist auch der Ursprungsort der für die scholastische Universität typischen Lehrbücher: der Sentenzenbücher und der Summen. Einer der einflußreichsten Autoren dieser Literaturgattung, die bis in das 16. Jahrhundert hinein bestimmende Grundlage der Lehre bleibt, ist Petrus Lombardus, der seit 1140 an der Domschule zu Paris lehrt. Seine „Libri quattuor sententiarum“ sind eine Sammlung von etwa 1 000 Zitaten, die fast alle der patristischen Literatur, vor allem den Schriften des Augustinus, entnommen sind. „Um das Licht der Wahrheit auf den Leuchter zu stellen und um den Wahrheitssucher der Notwendigkeit zu entheben, eine zahllose Fülle von Büchern selbst durchzuwälzen (evolvere), hat er mit viel Mühe und Schweiß diese vier Bücher aus Zeugnissen der Wahrheit, die für die Ewigkeit gegründet sind, zusammengefügt und die Lehren oder Sentenzen der Väter (Patrum sententias) unter Anführung ihrer eigenen Worte in einem kurzen Bande zusammengeschlossen“ (O. Rühle, Idee und Gestalt der deutschen Universität, S. 49).

In diesem Sinne handelt Lombardus' erstes Buch von Gott als der absoluten Substanz, das zweite von den Kreaturen, das dritte behandelt die Menschwerdung in biblischer Sicht, die Erlösung und die Tugenden. Im vierten Buch schließlich werden die sieben Sakramente als Zeichen Gottes dargelegt. Ganz im Sinne der Kirchenväter baut Lombardus Vernunft und Wissen in das christliche Dogma ein; mit ihrer Hilfe soll das Dasein Gottes erkennbar werden. Methodisch bedient sich Petrus Lombardus der von P. Abaelard begründeten Lehr- und Literaturform des pro et contra (Für und Wider) und des sic et non (Ja und Nein). Der Dozent liest einen bestimmten Text aus den Büchern vor (lectio), häufig so langsam, daß die Scholaren nachschreiben oder die ihnen vorliegenden Texte ergänzen können. Dann kommentiert er die Vorlesung Wort für Wort, Satz für Satz. Dabei stützt er sich wiederum auf die vorliegenden Glossen und Paraphrasen. Ziel ist es, das gesamte Wissen logisch in das theologisch-philosophische Dogmengebäude einzufügen. Die scholastische Methode dient vornehmlich der Bestätigung auf Glauben und Spekulation beruhender, unveränderlicher kirchlicher Thesen. Da aber Tatsachen und Vernunft ihre Eigengesetzlichkeit haben, muß mancher Kompromiß geschlossen, manches sich Widersprechende „versöhnt“ werden. Die scholastische Methode erhält deshalb auch die Aufgabe, Konkordanz herbeizuführen, sie wird zur concordantia catholica.

Zur Festigung des vorgelesenen Stoffes, auch zur Erlernung des Streitgesprächs, finden Übungen und Repetitionen statt. Sie stehen zwischen der Vorlesung und der Disputation, der dritten wichtigen Art scholastischer akademischer Tätigkeit. Sie wird in verschiedenen, zumeist streng geregelten Formen durchgeführt. Jeder Student muß zahlreichen Disputationen beigewohnt, sich an manchen aktiv beteiligt haben, bevor er akademische Grade erwerben darf. Große Disputationen finden regelmäßig an der Artistenfakultät statt. Auch die Theologen und Juristen disputieren viel, die Mediziner weniger. Die spätere disputatio de quodlibet (wörtlich: was beliebt, über alles Mögliche), eigentlich lediglich eine Klopffechterei, dauert manchmal 14 Tage, sie hat nichts mehr mit der Lehre zu tun. Sie ist ein mit ausschweifenden Festen verbundenes Redeturnier, voll saftiger, drastischer Geschichten, bei denen man offenbar die Sentenzenbücher vergessen will.

Die Disputation beginnt mit zwei bis drei Fragen oder ebensoviel Thesen des disputierenden Magisters. Es folgen die Antworten offizieller Respondenten. Auf dieses oft mehrstündige Vorspiel, das im wesentlichen durch Baccalaurei bestritten wird, folgen die Argumente der Magister. Nun kann ein zweistündiges Festmahl eingelegt werden. Danach antworten Baccalaurei und Scholaren auf die Darlegungen der Magister. Schließlich hat der präsidierende Magister die noch nicht gelösten Probleme zu klären. Das Ziel bleibt dasselbe wie bei der Vorlesung: Einsatz des Schulwissens zur letztlichen Bestätigung der Richtigkeit des scholastischen Systems.

Das in der Frühscholastik auf Augustinus gegründete Sentenzenbuch des Petrus Lombardus wird in der Hochscholastik durch die (unter Einbeziehung und Anpassung der aristotelischen Lehren) entstehenden Werke des Albertus Magnus und des Thomas von Aquino modifiziert. Thomas schreibt in Paris unter anderem einen Kommentar zu den Sentenzen des Lombardus. Auch seine Kommentare zu Aristoteles und sein Hauptwerk „Summa theologica" gehören zu den statutarisch vorgeschriebenen Büchern der scholastischen Universität, auch der im 14./15. Jahrhundert gegründeten deutschen Universitäten.

Alle Fakultäten haben ihre genau vorgeschriebenen Bücher. Die Juristen lesen kanonisches Recht nach dem Dekretum und den Dekretalen, römisches Recht hauptsächlich nach dem Codex Justinianus, benannt nach Kaiser Justinian I. Die Dekretalen umfassen Erlasse, in denen der Papst konkrete Rechtsfälle entscheidet, jedoch so, daß die Entscheidung allgemein, nicht nur für den konkreten Fall gilt. Seit der ersten Hälfte des 5. Jahrhunderts sind Dekretalen nachweisbar. Ihre Zahl vermehrt sich im Mittelalter erheblich. Auch die medizinische Fakultät stützt sich auf einige kanonisierte Bücher, besonders auf Schriften des Hippokrates und des Galen. Man beachte: die offizielle Lehre wird in allen Fakultäten und an allen Universitäten in einem schlechten Latein vermittelt!

Das Studium an der Artistenfakultät zerfällt in zwei Kurse, für die jeweils ein Mindestmaß von anderthalb bis zwei Jahren vorgeschrieben ist. Der erste Kursus führt zum ersten Grad, dem Baccalaureat. Er umfaßt wesentlich das Studium der vorgeschriebenen logischen Schriften und der Bücher der Physik. Wer sich zur Prüfung meldet, muß nachweisen, daß er diese Bücher gehört und die zugehörigen Übungen, Resumptionen (Wiederholungen) und Disputationen mitgemacht hat. Die zweite Hälfte des Kursus umfaßt die übrigen Disziplinen. Die Statuten schreiben die Bücher vor, die zu hören sind. Das vorschriftsmäßige Abhören der Vorlesungen und Übungen heißt complere pro gradu. Übrigens verlassen sehr viele Studierende die Universität als baccalaurei oder ohne Grad. Heute ist der Zugang zu entsprechenden Ämtern gesetzlich an eine akademische Ausbildung gebunden. Das war im Mittelalter keineswegs der Fall. Das Studium und der akademische Grad waren mehr eine Empfehlung als eine Notwendigkeit, wenigstens für weitaus die meisten Stellungen. Nur für die akademische Laufbahn war die Beendigung des Studiums und der Erwerb der Grade Vorbedingung. Dabei fand die Beteiligung am akademischen Unterricht in viel weiterem Umfange statt, ja, wurde ursprünglich von den Graduierten als Pflichtleistung gefordert: der Magistereid enthielt ursprünglich vielfach die Pflicht, nach Erlangung des Grades zwei Jahre lang die artes, zu deren Meister man gemacht worden war, zu lehren (biennium complere). Diese Regel hatte ein doppeltes Ziel: erstens das Studium zu erhalten - und das obligatorische zweijährige „Privatdozententum“ diente als Ersatz für ständige besoldete Lektoren, wofür die Mittel nicht reichten - und zweitens die Ausbildung des jungen Magisters selbst zu vollenden. Wir begegnen dieser Einrichtung bei den Jesuiten im 16. und 17. Jahrhundert wieder.

Die oberen Fakultäten blieben hinsichtlich der Zahl der Lehrer und Studierenden regelmäßig weit hinter der artistischen zurück. In der Regel trat man in den Kursus einer oberen Fakultät erst ein, nachdem man den allgemein-wissenschaftlichen Vorbereitungskursus der artistischen durchlaufen hatte. Es war sehr gebräuchlich, in der Artistenfakultät zu lesen und zugleich in der theologischen oder in der juristischen Fakultät die vorgeschriebenen Vorlesungen zu hören, um nach Erlangung der Grade in die höhere Fakultät überzutreten. Der Unterricht hatte hier denselben Charakter wie bei den Artisten; kanonische Bücher, die den Bestand der Lehre enthalten, werden vorgelegt und erklärt. Ich habe das oben ausgeführt. Es handelt sich an der mittelalterlichen Universität um Lernen und Aneignen, nicht um Hervorbringen von Wissenschaft. Das gilt besonders auch für die Artistenfakultät. Die Philosophie, d. h. der ganze Umkreis der theoretischen Wissenschaften im Unterschied zu denen der oberen Fakultäten, ist fertig vorhanden; in den Schriften des philosophus, wie Aristoteles oft zitiert wird, liegt sie vor. Die Aufgabe ist, sie von ihm zu lernen. Die Vorstellung, durch eigene Forschung die Wissenschaft erst hervorbringen zu müssen, der Ehrgeiz, neue Wahrheiten zu finden und solche im Vortrag mitzuteilen, das Verlangen, die Studenten zur Mitarbeit heranzuziehen, sie in die Forschung selbst einzuführen, all das lag dem mittelalterlichen „Magister der freien Künste“ ganz fern. Er hatte das Handwerk gelernt und war Meister geworden; jetzt sollte er, was er empfangen, wieder lehren, in derselben streng gebundenen Form, in der er unterrichtet worden war. Darum konnte jeder die ganze Philosophie lehren. Es ist anfangs üblich, daß die kanonischen Texte unter allen lesenden Magistri durchs Los verteilt werden, denn die verschiedenen Bücher waren nicht gleich einträglich. Der Gedanke, über Aristoteles hinauszugehen, liegt allen gleich fern. Übrigens fand diese Unterordnung unter eine gegebene philosophische Wahrheit natürlich ihre Anlehnung an die gleiche, allgemein als notwendig anerkannte Unterordnung unter die theologische Wahrheit.

Die Form der Lehrtätigkeit bestand in der lectio und der disputatio. Legere bedeutet, einen Text nach Inhalt und Form zu erläutern. Sein Besitz wurde vorausgesetzt. In den Statuten wurde häufig ausdrücklich gefordert: mindestens je drei Zuhörer sollen einen Text zusammen haben. Ein Vorlesen des Textes durch den Dozenten konnte allerdings auch stattfinden, in der Absicht, daß der Schüler seinen Text danach korrigierte. Die Erläuterung bestand in der Wort- und Sacherklärung, wozu auch die Zusammenfassung des Inhalts und das Eingehen auf Streitfragen (quaestiones) gehörte. In der Jurisprudenz hatte sich ein festes Schema für die Textinterpretation gebildet. Da die Form der Behandlung in allen Wissenschaften wesentlich gleichartig war, sei dies Schema hier eingefügt. Es hat in folgendem Distichon seine mnemonische Formel erhalten:

„Praemitto, scindo, summo, casumque figuro,
Perlego, do causas, connoto objicio.“

Praemittere bezeichnet eine einleitende Charakteristik des Stoffs der Textstelle, in welcher zugleich die Termini definiert werden. Scindere bedeutet die Zerlegung in Teile (partitio). Dann wird der Inhalt in eine summarische Formel gefaßt. Es folgt die Aufstellung eines fingierten oder wirklichen casus, woran die faktischen Voraussetzungen des Rechtssatzes der Stelle dargelegt werden. Nunmehr folgt die Vorlesung der Stelle selbst, wobei auf abweichende Lesarten aufmerksam gemacht wird. Dann werden nach der eigentlichen Interpretation zusätzliche Bemerkungen gemacht. Unter causae werden die rationellen Gründe der Entscheidung und des gefundenen Rechtssatzes verstanden, etwa nach dem Schema der vier aristotelischen Ursachen. Unter dem Namen der connotationes werden Erläuterungen der Materie durch angrenzende Rechtssätze und allgemeine Axiome (loci communes) eingeführt. Die objectiones endlich führen in das Gebiet der Kontroversen.

Eine Stelle im „Chronikon“ des Hebraisten und Reformators C. Pellikan verhilft zu einem lehrreichen Einblick in die Vorlesungen eines Artisten. Er erzählt, wie sein Oheim, der kirchliche Humanist Jodocus Gallus (Ulrich Hahn), um 1480 als junger Magister an der Heidelberger Universität über aristotelische Logik und Physik las: Vor der Vorlesung schrieb er sich alles, was er sagen wollte, für jede Stunde mit wenigen Worten und Bemerkungen auf einen Zettel, den er nach der Vorlesung sorgfältig aufhob, um nach ein oder zwei Jahren, falls er den Schriftsteller wieder behandeln wollte, all seine Aufzeichnungen wohlgeordnet zur Hand zu haben. Wenn er über einen Dichter zu lesen hatte, schrieb er das Nötige an den Rand, damit die einmal recht verstandene Stelle auch künftig klar erscheine. Beim Beginn seiner Vorlesung fragte er stets zuerst nach dem, was er in der vorigen Stunde vorgetragen und erklärt hatte. Keiner wußte, wen er fragen werde, ein Verfahren, durch das er alle in gespannter Aufmerksamkeit hielt. Fand er einen offenbar Nachlässigen, so schritt er rücksichtslos ein. Gegen Dreistigkeit oder Zerstreutheit wurde er mitunter sogar handgreiflich.

Die disputatio war die notwendige Ergänzung zur lectio. Wenn diese den wissenschaftlichen Stoff überlieferte, so sollte jene seine Anwendung üben. Die Anwendung der Wissenschaft bestand im Lehren, im Überzeugen und in der Entscheidung strittiger Fragen. Letztere kann man als die Form der produktiven wissenschaftlichen Tätigkeit des Mittelalters ansehen. Es galt, auf Grund gewisser und anerkannter Wahrheiten noch unentschiedene Dinge zu entscheiden. Bei den Disputationen, für die ein Tag in der Woche vorgesehen war, trat die Fakultät als Körperschaft auf. Die Gesamtheit der Lehrer und Studenten versammelte sich im großen Hörsaal. Ein Magister hielt einen Vortrag und schlug im Anschluß daran Thesen vor, über welche nun unter seinem Präsidium disputiert wurde. Die Magister opponierten der Reihe nach, mit Argumenten in syllogistischer Form (arguere). Dann lösten Baccalaurei unter Leitung des Präses die Argumente auf, wieder in streng syllogistischer Form (respondere). Außerdem fanden studentische Übungsdisputationen statt, bei denen Baccalaurei präsidierten und opponierten; wie denn die Baccalaurei unter der Kontrolle eines Magisters auch Vorlesungen hielten. Die Disputationen galten für beschwerliche, aber überaus wichtige Übungen; die Universitätsstatuten enthielten genaue Vorschriften darüber und Strafandrohungen gegen Säumige.

Latein war in allen Schulen die Unterrichts- und Verkehrssprache. Die Elemente lernte man aus den kleinen Lehr- und Lesebüchern, gestaltet nach Aelius Donatus, den „Dicta (Disticha) Catonis“ (3. Jahrhundert) und Aisopos; kleine Gesprächbücher, wie das Manuale scolarium, erweiterten die Sprachfertigkeit. Dazu gab es ausführlichere Lehrbücher der Grammatik. Weitaus das meistgebrauchte war das Doctrinale des Alexander de Villa Dei (Alexander Gallus); es ist in unzähligen Drucken, mit und ohne Kommentar, verbreitet gewesen. Es wurde auch noch an der Universität gelehrt und damit für Jahrhunderte der Grundriß geschaffen, nach dem Latein vermittelt wurde, das als die wissenschaftliche Sprache überhaupt galt.

Die Kenntnis der griechischen Sprache war im Mittelalter eine Seltenheit. F. Petrarca nennt 1360 acht oder neun Italiener namentlich, die des Griechischen kundig sind. Noch mehr als 100 Jahre später hätte man bei einer ähnlichen Aufzählung in Deutschland nicht einmal so viele zusammengebracht. Die älteren Humanisten verstanden wenig oder gar nicht Griechisch. J. Wimpheling nennt als des Griechischen kundige Deutsche: R. Agricola, J. von Dalberg, J. Trithemius, J. Capnion (Reuchlin), C. Celtis. Dabei bestand der Wissenschaftsbetrieb an einer mittelalterlichen Universität, wie ein Blick in die Lektionsordnungen zeigt, vornehmlich in der Erklärung und Aneignung der Schriften griechischer Philosophen, Mathematiker, Astronomen und Mediziner. Man las sie in lateinischen Übersetzungen, zum Teil recht zweifelhafter Art, aber offenbar mit voller Zufriedenheit und ohne Verlangen nach dem Original. Das Mittelalter hatte an den Schriften ein auf den Inhalt gehendes, wissenschaftliches Interesse; es wollte aus ihnen lernen. Darum genügte ihm die den begrifflichen Inhalt wiedergebende Übersetzung. Die beiden großen Propagandisten der griechischen Sprache in Deutschland waren Reuchlin und Erasmus von Rotterdam. Als Reuchlin 1522 starb, konnte man auf jeder deutschen Universität Griechisch lernen. Auch Reuchlin hat vornehmlich durch sein einflußreiches Wort und Beispiel zur Ausbreitung der griechischen Sprache, „ohne deren Besitz niemand für ganz gebildet gelten kann“, beigetragen. Erasmus hat durch seine literarische und persönliche Ubiquität zur Ausbreitung des Humanismus überhaupt und der Kenntnis des Griechischen besonders beigetragen.

Promotion leitet sich her von promovere (lat.) = fortrücken, vorbewegen, zu einer Zivil- oder Militärstelle befördern. Promotion bezieht sich in Deutschland aber nur auf den akademischen Bereich. Im Mittelalter war die Verleihung des Doktorgrades mit der der Lehrberechtigung gleich. Heute ist die venia legendi, das Recht, akademische Vorlesungen zu halten, in der Regel erst mit der Habilitation verbunden. Jedenfalls ist für die Verleihung des Doktorgrades heute die Annahme einer vom Kandidaten eingereichten wissenschaftlichen Schrift (Dissertation) und das Bestehen einer mündlichen Prüfung Voraussetzung. Dissertation stammt aus dem Lateinischen von dissertare, d. h. mündlich oder schriftlich einen wissenschaftlichen Gegenstand erörtern. Das mündliche Examen wurde und wird vielfach als Rigorosum bezeichnet (examen rigorosum = strenge Prüfung), gelegentlich auch als Colloquium, als mündliche Prüfung, zu der manchmal die sog. Disputation noch ergänzend tritt. Die Dissertation wird auch als Inauguraldissertation bezeichnet. In dieser Bezeichnung kehren die Auguren wieder, jene im vorchristlichen Rom hochangesehenen

Priester, die mittels der Auspizien - vor allem der Vogelschau - den Willen der Götter und deren Haltung zu einem bestimmten Unternehmen zu erkunden suchten.

Bis zum Ende des 12. Jahrhunderts war „Doctor“ oder „Magister“ eine Berufsbezeichnung für jeden Schulleiter und Lehrer. Auch nicht an einer Schule tätige Gelehrte erhielten vielfach die Titel doctor und professor - ohne formelle Titelverleihung. In der römischen Antike bedeutete Doctor (von lat. docere = lehren, bzw. doctus = gelehrt) ursprünglich ganz allgemein soviel wie Lehrmeister oder Gelehrter. So wurde ein Fechtmeister, der die Gladiatoren in der Kunst des Fechtens unterwies, als „doctor gladiatorum“ bezeichnet. Bedeutende Persönlichkeiten erhielten zum Ehrentitel „Doctor“ noch ein ihr Wirken und Wesen kennzeichnendes Beiwort. So: Doctor angelicus (Thomas von Aquino), Doctor mirabilis (Roger Bacon), Doctor singularis (Wilhelm von Ockham), Doctor eximius (Francesco Suárez). Wohl 1304 kam der bedeutende scholastische Gelehrte Johannes Duns Scotus von Oxford nach Paris und verteidigte dort in einer großen Disputation ein Theorem der Franziskaner von der unbefleckten Empfängnis der Jungfrau Maria gegen die Dominikaner, die es bestritten. Die Universität war hingerissen von der Kraft seiner Beweisführung und zierte ihn aus Dankbarkeit mit den Namen „doctor subtilis“.

Im Mittelalter gab es Lehrfreiheit. Die von Papst Gregor IX. veranlaßte Dekretalensammlung verzeichnet ausdrücklich, daß jemandem, der als Lehrer auftreten will und dazu die Fähigkeiten hat, keine Kosten und Schwierigkeiten gemacht werden sollen. In den letzten Jahrzehnten des 12. Jahrhunderts begann man jedoch im Zusammenhang mit dem allmählichen Aufbau geordneter Professoren- und Studentengenossenschaften (Universitates scholarium, universitates magistrorum et scholarium u. ä.), auch die Voraussetzungen für die Verleihung des Doktorgrades im zunehmenden Maße zu regeln. Wer z. B. in Bologna aus der Schar der scholares discentes in die Gruppe der scholares docentes aufrücken wollte, mußte normalerweise einige Jahre studiert und sich anschließend unter Aufsicht seines Magisters im Vortrag und in der Disputation bewährt haben. Damit wurde die Verleihung der Doktorwürde schon schwieriger.

Die älteste uns bekannte Promotionsordnung wurde von Papst Honorius III. am 28.06.1219 für die Universität Bologna erlassen, dabei machte er die Verleihung des Doktorats von der Zustimmung seines Stellvertreters (d. h. Beauftragten) nach vorheriger Prüfung des Kandidaten abhängig. Seither gibt es an den Universitäten Kanzler bzw. Kuratoren. Die nächste Promotionsordnung wird 1318 von Papst Johannes XXII. zur Promotion im kanonischen und weltlichem Recht an der 1303 gestifteten Hochschule zu Rom (gleichlautend auch für Perugia) erlassen. Die Verfassung der sog. Stadtuniversitäten bildete sich im fruchtbaren Wechselspiel zwischen den reglementierenden und betreuenden städtischen Behörden und den Korporationen der ortsfremden Scholaren heraus. Die Unterschiede zwischen Stadt- und Kanzleruniversität seien hier nicht behandelt. Schließlich gab es noch die Staatsuniversitäten, so die 1224 von Kaiser Friedrich II. gegründete Universität Neapel, auch die spanischen Universitäten. Wie bei den Stadtuniversitäten beanspruchte auch hier die weltliche Gewalt die Leitung.

Im Rahmen des Promotionsverfahrens wurde auch über die licentia docendi entschieden. Damals war das wichtigste Recht der Universität die Befugnis, akademische Grade zu verleihen, besonders den höchsten Grad der Magister- oder Doktorwürde, weil damit allgemein gültige Rechtsvorteile und Ehrenstellungen verknüpft waren. Die erste uns bekannte Nachricht über die Verleihung einer Lehr-Lizenz an den Universitäten Frankreichs und Englands stammt aus einem Vertrag, der 1213 zwischen dem Kanzler der Universität Paris und der dort erst kurz zuvor im Kampf mit ihm entstandenen communitas scholarium geschlossen wurde.

Der Pariser Kanzler, einer der bedeutendsten Mitglieder des bischöflichen Kapitels, hatte u. a. die Magister der Domschule zu bestellen. Diese bemerkenswerte Stellung erhielt sich lange auch noch in der sich allmählich ausbildenden Universität, wenn auch in abgewandelter Form. Schon bald wurde das Ermessen des Kanzlers eingeschränkt, die Prüfung wurde obligatorisch. In der theologischen Fakultät - die den Erwerb der Lizenz an die Vollendung des 35., später des 30. Lebensjahres knüpfte - sowie in der juristischen und medizinischen Fakultät waren die Voten der Magister maßgebend. Die Lizenz in der Artistenfakultät wurde angesichts der zahlreichen Mitglieder von einer besonderen, sechsköpfigen Prüfungskommission verliehen, wobei u. a. die Vollendung des 21. Lebensjahrs Voraussetzung war.

Mit dem Entstehen der ordentlichen Universitäten gewann der Doktorgrad an Ansehen. Er mußte jetzt feierlich verliehen werden, seinen Trägern wurden zahlreiche Ehren und Vorrechte zugebilligt. Schon am Ausgang des 13. Jahrhunderts genoß der Doktor, gleich welchen Standes, in mehr oder weniger deutlicher Form die mit dem persönlichen Adel verbundenen Würden. Bereits in dieser Zeit traten daher auch oftmals die wissenschaftlichen Belange hinter dem Streben nach Macht und Ansehen zurück. So bildete z. B. in Bologna die Verleihung der Doktorwürde nicht nur den Gegenstand von Monopolisierungsversuchen, sondern war auch ein beliebtes Kampfmittel im Parteienstreit der herrschenden Familien. Dazu hatte man schon im Mittelalter für die Promotion nicht unerhebliche Gebühren zu zahlen. Hinzu kamen hohe Beträge für Geschenke, Ehrengaben, für den Doktorschmaus (Prandium Aristotelis) u. a. Zudem wurde der Doktortitel bedeutend seltener als heute verliehen. Nur etwa 20-30 % der immatrikulierten Scholaren wurden zum Baccalaureus und davon nur wieder 10-20 % zum Magister oder Doktor promoviert (G. Bengeser, Doktorpromotion in Deutschland, S. 16).

Die deutschen Universitäten übernahmen vor allem die in Paris ausgebildeten Einrichtungen. In Deutschland finden sich frühe Promotionsregeln in den päpstlichen und kaiserlichen Stiftungsbriefen, die seit Mitte des 14. Jahrhunderts für die ersten deutschen Universitäten ausgestellt wurden. Hauptinhalt dieser Briefe war die Anerkennung der betreffenden Universität und der von ihr durchgeführten Promotionen. So verfügte etwa Kaiser Maximilian I. am 1. Juli 1502 urkundlich, daß in Wittenberg eine Universität geschaffen werde, verlieh den Kollegien der Doktoren (die hier, anders als in Italien, mit den Fakultäten identisch waren) das Prüfungs- und Promotionsrecht und gewährte den Promovierten die Gleichstellung mit den Doktoren anderer Universitäten, einschließlich der Befugnis, auch an anderen Orten Vorlesungen abzuhalten. Papst Johannes XXIII. und seine Nachfolger haben in zahlreichen Fällen die Zuerkennung des Promotionsrechts von der Erfüllung besonderer politischer Bedingungen abhängig gemacht.

Die Gestaltung der Promotion in Deutschland weist Züge auf, die sowohl den Stadt- als auch den Kanzler-Universitäten entstammen. Äußere Einflüsse, wie sie etwa von den italienischen Doktorenkollegien oder den französischen und englischen Kanzlern auf das Promotionsverfahren ausgeübt wurden, machten sich hier nur wenig bemerkbar. Hingegen wuchs immer stärker die enge Verbindung zwischen der landesherrlichen oder städtischen Lehranstalt (studium generale, academia, Hohe Schule und ähnlich genannt) und der meist als universitas studii bezeichneten Korporation der Magister und Scholaren.

Ausgangs des Mittelalters wurden von den Fakultäten der deutschen Hochschulen, die hierbei den Gepflogenheiten der Kanzleruniversitäten folgten, drei verschieden abgestufte Grade verliehen: Baccalaureus, Lizentiat sowie Doktor und Magister. Der Grad eines Magisters oder Doktors konnte nur von einem Gleichrangigen und nur im Auftrag und Namen einer Fakultät, die auf Grund des der Universität verliehenen Rechts handelte, verliehen werden. Das ist verständlich, wenn man bedenkt, daß der „Doctor" gewissermaßen den „Meistergrad in der zunftmäßigen Organisation der gelehrten Schulen" darstellte. An einigen deutschen Universitäten, so in Königsberg und Göttingen, hielt sich die Doppelform „Doctor et magister" bis ins 20. Jahrhundert.

Seit etwa 1350, unter Kaiser Karl IV., hatte sich das Amt des kaiserlichen Hofpfalzgrafen (comes palatini Caesarei) als eine ständige Einrichtung des Reichsstaatsrechts in Deutschland herausgebildet. Es bestand bis zum Ende des alten deutschen Reiches, also bis 1806. Diese Institution wurde mit Palatinat bezeichnet. Gemeinhin unterscheidet man das kleine und das größere Palatinat, Zwischenstufen kommen hinzu.

Die Befugnis, akademische Würden nach vorhergegangener Prüfung zu erteilen, findet sich bei beiden Arten des Palatinats. Das Verleihungsrecht des Hofpfalzgrafen umfaßte die Würden eines Doktors der Rechte, der Medizin und der Freien Künste sowie eines Lizentiaten, Magisters, Baccalaureus und gekrönten Poeten. Den Doktorgrad der Theologie konnte gewöhnlich nur der größere Palatin vergeben. Die Promotion durch die pfalzgräfliche Bulle wurde in späteren Jahrhunderten häufig von jenen gewählt, die nicht Mittel genug besaßen, um einer Fakultät die geforderte gedruckte Dissertation vorzulegen. Da sich aber die Universitäten den Bullendoktoren, den „Doctores bullati" gegenüber stets ablehnend verhielten, vermochten die pfalzgräflichen Doktoren trotz ihrer formellen Gleichberechtigung nicht das gleiche Ansehen wie die von einer Fakultät Geprüften zu erlangen. Eine Ursache dafür waren auch die den Professoren durch diese Form des Doktorats verlorengehenden Einkünfte. Gelegentlich war das Palatinat sogar erblich, jedenfalls bis Kaiser Friedrich III. Die Bestätigung des Privilegs beim Thronwechsel war auch später noch häufig. Die Zahl der Pfalzgrafen wurde so groß, daß der Kaiser die Ernennung von kleineren Pfalzgrafen den größeren Pfalzgrafen überließ. Um die 2 500 Palatinatsdiplome sind nachweisbar! Das mußte ihren Eigenwert natürlich schmälern. Zudem gab es, was das Problem noch unübersichtlicher machte, eine Verflechtung von akademischer Position und Pfalzgrafschaft. „In Deutschland erhielt die neugegründete Universität Helmstedt 1575 als erste in der Person ihres jeweiligen Rektors das Palatinat; es folgten 1582 Rostock, Dekan der jurist. Fakultät; 1623 Ingolstadt, Dekan d. jur. Fakultät; 1630 bzw. 1650 Marburg bzw. Gießen, Dekan d. jur. Fakultät; 1652 Kiel, Prorektor; 1681 Innsbruck, Dekan d. jur. Fakultät; 1693 Halle, Prorektor; 1697 Altdorf, Prokanzler; 1711 Wittenberg, Dekan d. jur. Fakultät; 1711 Leipzig, Dekan d. jur. Fakultät; 1733 Göttingen, Prorektor; ... 1741 Greifswald, Dekan d. jur. Fakultät; 1745 Heidelberg, Prokanzler und Dekan d. jur. Fakultät; 1758 Bützow ..., Prorektor. In diesem Zusammenhang sind auch zu nennen die berühmte, noch heute bestehende Leopoldinische Akademie d. Naturforscher, deren Präsident und dessen Stellvertreter (director ephemeridum) das Palatinat 1687, und die kurzlebige Franziskische Akademie der freien Künste in Augsburg, deren Präsident 1755 das Palatinat erhielten. Auf diese Weise wurde vornehmlich in den protestantischen Gebieten Deutschlands ein großer Teil der Universitätsprofessoren während ihrer Amtsdauer als Prorektoren oder juristische Dekane der Pfalzgrafenwürde teilhaftig. Durch diese 'Breitenwirkung', die sich z. B. dahin auswirkte, daß von 1575 bis 1806 allein in Helmstedt 172 Professoren pfalzgräfliche Befugnisse ausübten, wurde das Palatinat in seinem Charakter sehr stark akademisch beeinflußt" (J. Arndt, Zur Entwicklung des kaiserlichen Hofpfalzgrafenamtes ..., S. XIV).

Die Juristen stellten ca. 4/5 aller Pfalzgrafen. Hinzu kamen bedeutende Humanisten, wie etwa J. Reuchlin (Comites Palatii 1492), U. von Hutten (Comes Palatii 1517), Dichter des 17. Jahrhunderts wie J. Rist und S. von Birken sowie Bischöfe und Priester u. a. Selten wurden Mediziner Comes Palatii, wenn ja, so waren es zumeist kaiserliche Leibärzte.

Die Promotion zum Doktor der Rechte wurde schon im 14. Jahrhundert dem Ritterschlag gleichgestellt, sie war mit dem Adel verbunden. Seit Mitte des 14. Jahrhunderts wurde man auch von Kaiser und Papst ganz legal zum Doktor ernannt. Der erste vom Kaiser zum Doktor beförderte Jurist war wohl Angelus de Ubaldis, ein Bruder des bekannten Postglossators Baldus de Ubaldis. Postglossator ist die Sammelbezeichnung für Schriftsteller des gelehrten, römisch-kanonischen Rechts, die in der Zeit von 1250 bis 1500 lebten, also nach den Glossatoren. Diese erläuterten die Bibel wie auch die Rechtsbücher der Kirche, natürlich auch das Corpus Juris Civilis. Im 15. Jahrhundert befaßten sich viele zeitgenössische Kommentatoren mit dem kaiserlichen bzw. päpstlichen Recht, Doktoren zu ernennen. Sie kamen zu dem Schluß, daß eine bloße Ernennung lediglich einen „doctor minoris scientiae" ergebe. Der von Kollegien Geprüfte und Promovierte stehe höher als der lediglich Ernannte. Aber der nach vorheriger Prüfung vom Kaiser Ernannte stand wiederum vor dem an Universitäten Geprüften. Nach dem römischen Advokaten St. Gratianus stehen auch die „simplici principis verbo" ernannten doctores vor den an den Universitäten geprüften („Disceptationes forensium iudiciorum", Köln 1615, Kap. 186). Rechtlich standen die vom Kaiser ernannten Doktoren auf der gleichen Stufe wie die an den Universitäten geprüften, da der Kaiser letztlich alle Titel verlieh - ob mittel- oder unmittelbar. Es gibt dazu eine ausführliche Literatur bis weit ins 17. Jahrhundert, so auch die Dissertation „Triginta positiones iur. - de doctore iuris bullato" (Straßburg 1695), bei der U. Marbach Präses und J. A. Bachmann Respondens war. Im 18. Jahrhundert hat sich diese Titelverleihung überlebt.

Schon Karl IV. erlaubte in besonderen Fällen einzelnen Pfalzgrafen, in allen Städten, Ländern und Orten Doktoren „in jure civili" zu ernennen. Allerdings seien diese zuvor von Doktoren eines privilegierten Studiums zu prüfen. Die deutschen Kaiser haben bis zu Ferdinand III. und Leopold I. von diesem Recht der Doktortitelverleihung Gebrauch gemacht. Das letzte Doktorat gewährte wohl Leopold I. A. Froon, dem Sekretär des kaiserlichen obersten Hofpostamtes, am 4.02.1697. Man sah in solchen Ernennungen „eine besondere Auszeichnung, eine Belohnung wissenschaftlicher Leistungen oder großer Verdienste und hoffte auf diese Weise auch andere zu eifervollem Studium anzuspornen." (A. v. Wretschko, Die Verleihung gelehrter Grade durch den Kaiser, S. 706). Die meisten dieser Titel wurden auf Grund von Ersuchen verliehen. Viele Bittsteller hatten sich vorher zudem einer Prüfung unterzogen. Aber einige erhielten den Doktorgrad auch ohne Prüfung, weil man meinte, die Voraussetzungen seien hinreichend.

Auch hierbei gab es ergötzliche Probleme. Kaiser Sigismund wurde in Lyon vor Mai 1417 von einem Lizentiaten der Rechte aus Cambrai um den Titel eines Doktors der weltlichen Rechte gebeten. Der Lizentiat erhielt ihn auch und nutzte ihn ausgiebig. Der Titel wurde ihm aber wieder genommen, da er sich weigerte, das Diplom aus der kaiserlichen

Kanzlei gegen Leistung der Taxe abzuholen. Häufig wurde der Kaiser auch gebeten, Doktortitel zu bestätigen, etwa, wenn die Urkunde abhanden gekommen war. So hatte Chr. Richter in Zittau den medizinischen Doktortitel von einem kaiserlichen Hofpfalzgrafen erhalten. 1667 bestätigte Kaiser Leopold I. dem erfahrenen Mediziner diesen Titel. Diese Urkunde war erstmalig in deutscher Sprache abgefaßt.

Im Mittelalter wurde der Doktorgrad in der Regel von den drei „oberen" Fakultäten, also den Theologen, Juristen und Medizinern, verliehen, während die Artistenfakultät im allgemeinen zum Magister promovierte. So konnte zuweilen der Eindruck entstehen, „Magister" sei ein niederer Grad. Das Baccalaureat konnte vielfach vom Dozenten zuerkannt werden, doch auch hier immer unter der Autorität der Fakultät.

In zahlreichen Fällen bevorzugten die Theologen den Magister an Stelle des Doktors. Daß ersterer oft als „niederer" Grad galt, hat folgenden Grund: Jahrhunderte hindurch wurde von den drei „oberen" Fakultäten das mehrjährige Studium der „sieben freien Künste" dem Studium in den „oberen" Fakultäten vorausgesetzt. In neuerer Zeit wurde und wird vielfach der Grad eines „Magister artium" als Grundlage zum „Doctor philosophiae" vergeben, ein Verfahren, das dem Mittelalter unbekannt war.

Auch in Deutschland gelten für den Doktor im Mittelalter einige Regeln und Vorrechte: a) er durfte überall lehren; b) er mußte einige Jahre gelehrt haben, um in die vollen akademischen Regentenrechte einzurücken; c) beabsichtigte er, an einer fremden Universität zu lehren, so mußte er dort aufgenommen (nostrifiziert) werden. Im Jahre 1460 nennt eine Greifswalder Promotionsrede 30 Vorrechte der Doktoren. Die Anerkennung der von anderen Universitäten verliehenen akademischen Grade war auch in Deutschland z. T. erheblichen Beschränkungen unterworfen. Im übrigen unterschieden sich die Verhältnisse an den verschiedenen Universitäten und innerhalb der jeweiligen Fakultätsbereiche zumeist nicht wesentlich.

Die geschichtliche Entwicklung des Promotionswesens zeigt, daß sowohl die Begriffsinhalte als auch die wesentlichen Erfordernisse der Gradverleihung einem dauernden Wandel unterlagen. Wie sehr die Vorstellungswelt des Mittelalters von der unseren verschieden war, läßt sich beispielsweise daran erkennen, daß der Kandidat schwören mußte, sich im Falle der Abweisung nicht an den Prüfern rächen zu wollen (Eid de non vindicando). Und es erscheint uns heute ungewöhnlich, daß die Statuten der Wiener Artistenfakultät vom 1.04.1389 von den approbierten Kandidaten die Zusicherung forderten, bei ihrer Promotionsfeier zum Magister nicht mehr als 3 000 Silbergroschen aufzuwenden. Doch Vorschriften wie Bräuche dieser Art lassen sich bis in die Neuzeit verfolgen.

Meines Wissens ist die Geschichte der Dissertationen für Theologie, Medizin und Jurisprudenz an der Universität Freiburg im Breisgau von allen deutschen Universitäten am gründlichsten dargestellt worden. Ich stütze mich im folgenden auf diese Arbeiten.

Die Freiburger Theologische Fakultät ist seit 500 Jahren unverändert katholisch. Im deutschen Sprachraum gilt nur für Wien ähnliches. Zudem sind in Freiburg die wichtigsten Quellen, die Fakultätsakten und die Protokollbücher der Fakultät, seit 1460 lückenlos erhalten, weitgehend auch die Promotionsbücher.

Im Mittelalter mußte einem Promovenden guter Leumund eigen und sein moralischer Wandel einwandfrei sein. Er durfte körperlich nicht abnorm erscheinen und nicht unehelicher Geburt sein, durfte sich nicht gegen seine Lehrer respektlos benommen haben und sollte sich durch Fleiß und Gelehrsamkeit, Mitarbeit in den Vorlesungen und Disputationen ausgezeichnet haben. Er mußte sich - wichtig! - auch immatrikuliert haben.

In Freiburg hatte das theologische Baccalaureat die drei überlieferten Grade: biblicus, sententiarius und formatus, „denen drei Lehraufgaben entsprachen: ein (doppelter) Bibelkurs, der Vortrag der ersten zwei Bücher der Sentenzen des Petrus Lombardus und schließlich auch des dritten und vierten Buches desselben, um der forma, der Vorschrift, voll genüge zu tun“ (W. Müller, Fünfhundert Jahre theologische Promotion an der Universität Freiburg i. Br., S. 13). Der Baccalaureus hatte weiter theologische Studien zu betreiben, Vorlesungen zu hören und an Disputationen teilzunehmen. Einen weiteren akademischen Grad durfte er erst nach zwei Jahren erwerben. Den verschiedenen Formen des Baccalaureats folgte der Grad des Lizentiaten, erst dann der Doktorgrad. Wer bis zum Lizentiat gekommen war, stellte sich auch zumeist diesem Examen, „kaum 10 Prozent haben ihn (den Doktorgrad - S. W.) im ersten Jahrhundert unter den mit dem entscheidenden Grad des Lizentiaten der Freiburger Theologischen Fakultät Ausgezeichneten unterlassen“ (ebenda, S. 21).

Es gehörte zur Eigenart gerade der Freiburger Promotionsordnung, daß die Erteilung des Lizentiatengrades in die Feierlichkeit (celebritas) der Vesperiae eingebaut wurde. Dieses nachmittägliche große Redeturnier, das man mit allem Glanz zelebrierte, war sonst der große Auftakt der Doktorfeier, hier aber ein fester Rahmen der Lizentiatenpromotion (und fehlte dementsprechend in Freiburg bei der Übertragung des Doktorats). Deshalb auch wird diese Feierlichkeit - nach W. Müller - hier geschildert. Denn an anderen Universitäten war sie gerade bei Doktorpromotionen üblich:

Alles, was sich zur Theologischen Fakultät gehörig wußte, und viele andere strömten in die Aula; die Graduierten trugen die ihnen eigene Kleidung. Nach der in allen Versammlungen geltenden Sitzordnung hatten Platz genommen: auf den ersten Plätzen die Doktoren und Lizentiaten, genau nach dem ihnen zukommenden Rang, weiter auch die Professoren der anderen Fakultäten und verschiedene Würdenträger. Dahinter saßen die Baccalaurei nach dem Datum ihrer Promotion in eigener Bank, dann die Studenten in bunter Menge. „Noch aber waren die Professoren und die Gäste nicht eingetreten. Denoch hatten die Wartenden ihre bestellte Kurzweil. Einer warf die Quaestio exspectatoria auf, der ein Theologiestudent mit seinen Antworten begegnet; und dann mußten alle Bakkalare der Theologie dazu argumentieren. Da nach überlieferter Weise die Quaestio exspectatoria meist eine (der späteren Zeit ob ihrer scheinbaren Leere gar anstößige) Scherzfrage war, ist sicherlich nicht wenig Heiterkeit und Frohsinn geweckt worden." Dann kam es zur eigentlichen Feierlichkeit. Der Promotor und präsidierende Lehrer legte dem Kandidaten die ihm vor Tagen schon bezeichnete Frage vor, die er in logische Folgerungen zu zerlegen hatte. Dann warfen die Professoren und Lizentiaten, mit dem Vorsitzenden beginnend, ihre Gegenargumente auf. Die Anwesenden konnten sich inzwischen am Zuckerwerk, das mehrfach herumzureichen war, und dem Gewürzwein gütlich tun, der in genügender Menge angeboten werden mußte. Nach Abschluß der Disputation hatte der Promotor eine Lobrede auf die Heilige Schrift und auf den Lizentianden zu halten. Doch waren auch die Versäumnisse des Kandidaten zu rügen. Schließlich beschwor der Kandidat, was ihm in der Eidesformel vorgelesen wurde. Jetzt konnte der Kanzler bzw. sein Stellvertreter dem Niederknienden die Lizenz übertragen. Er tat dies mit den Worten: „Ego omnipotentis Dei atque beatorum Petri et Pauli apostolorum ac sacrosanctae sedis apostolicae autoritate, qua in hac parte fungor, do tibi N. N. in theologica facultate licentiam legendi, disputandi, doctoralia insignia recipiendi et omnia alia hanc licentiam respicientia exercendi, hic et ubique terrarum in nomine Sanctae et superbenedictae trinitatis Patris et Filii et Spiritus Sancti. Amen." Dankworte des Promovierten an Gott und alle, die durch ihre Anwesenheit den Akt verschönt hatten, gaben dem Ganzen einen würdigen Abschluß. Das abendliche Mahl vereinte mit dem Feiernden nicht nur die Doktoren, Lizentiaten und Baccalaurei seiner Fakultät, sondern auch den Studenten, der die Quaestio exspectatoria gestellt, und den, der die Responsio gegeben hatte.

Der Lizentiat hatte das Eigentliche erreicht: seine wissenschaftliche Bildung war abgeschlossen, sein Wissen geprüft, die Vollmacht war ihm erteilt, selbständig überall die Wissenschaft zu lehren, die Disputationen zu leiten und das zu tun, was die Lehraufgabe forderte. Sein Platz war nicht mehr wie bisher auf einer niederen Kanzel, sondern er war berechtigt, die obere Kanzel einzunehmen, von der aus auch die Doktoren ihren Lehrvortrag hielten. Neben diesen, auf der gleichen Bank, war in allen Versammlungen sein offizieller Sitz. „Und doch war der Lizentiat gleichsam nur der Inhaber einer nackten Bevollmächtigung, die erst noch, um die volle Würde zu erlangen, einer höchst feierlichen - und darum auch recht kostspieligen - Ergänzung bedurfte. Zwar haben Freiburger Lizentiaten nicht selten viele Jahre hindurch Lehraufgaben zu bewältigen gehabt; aber die mit allen Rechten Ausgestatteten, die Professoren und Regenten der Fakultät waren, sind eben doch immer nur jene geworden, die auch die letzte Stufe, das Doktorat erlangt hatten.

Die Theologische *Doktorfeier* war in Freiburg ein reines Fest: auch nicht dem Scheine nach hatte der Kandidat so etwas wie eine Prüfung oder den harten Kampf eines Disputes zu bestehen: sie kannte ja keine einleitenden Vesperiae, die hier dem Lizentiatengrade zugeordnet waren. ... Das Fest hatte seinen eigenen Auftakt: am vorausgehenden Sonntag zog nachmittags eine offizielle Deputation ... aus, um den Gästen die Feier anzusagen: den Doktoranden begleiteten alle Bakkalare, von denen einer als Einlader vom Dekan beauftragt war; der Gruppe schritten der Pedell mit dem Universitätsszepter voraus. ... die Doktoren aller Fakultäten gehörten zu den Geladenen; dazu der in der Stadt ansässige Adel, die Amtsträger der Stadt, Äbte, Komture, Lehrer, Domkanoniker, die Prioren der Klöster mit ihren Lesemeistern: der ganze Kreis derer, die die Universität zu ihren Feierlichkeiten ins Münster zu laden pflegte. Die von dem Einladungszug Zurückkehrenden hatte der Doktorand ... mit einem (einfachen) Abendessen zu stärken."

Dann galt es, eine andere Vorbereitung zu treffen: jedem theologischen Doktor war ein Birett (d. h. eine Kopfbedeckung eines katholischen Geistlichen im Amt mit vier hohen Eckkanten und einer Quaste in der Mitte) im Wert von mindestens 8 Freiburger Pfennigen zu geben. Dafür konnte auch der Geldwert angeboten werden; in gleicher Weise erhielt der Kanzler ein Birett, wenn er anwesend war, ebenso der Universitätsrektor sowie der Konservator der Universität. Außerdem erhielt jeder der geladenen Gäste ein Paar Handschuhe. Die Fakultät behielt sich die Kontrolle dieser Geschenke durch den Dekan vor.

Auch am Ort des Festaktes waren Vorbereitungen zu treffen: die Sitzgelegenheiten mußten vorbereitet und mit dem für solche Feiern üblichen Schmuck versehen werden. Der Tag der Doktorfeier war für die ganze Universität ein Ereignis und, da alle Professoren geladen waren, ein vorlesungsfreier Tag. Die Geladenen versammelten sich am Kollegiengebäude der Universität. Der Zug mußte in Richtung des Münsters ziehen. Acht bis zehn Knaben schritten mit brennenden Kerzen voran. Sie trugen keine Zeichen; Bücher mitzutragen war ausdrücklich verwehrt. Als selbstverständlich ist anzunehmen, daß der Pedell mit dem Universitätszepter den Zug anführte. Nach dem Einzug in das Münster betrat der Promotor die errichtete Kathedra und sprach die einführenden Worte. Er rief den Doktoranden zum Lehrstuhl, der ja von altersher ein Zeichen des Lehrenden war, und machte ihn mit einer Formel zum Doktor, die wohl die gleichen Worte beinhaltete wie die Formel der Lizentiatsverleihung. Die sichtbaren Zeichen der Erhebung zur Würde eines theologischen Doktors sind aber jetzt erst drei: das Birett, das der Promotor dem Doktoranden aufsetzt, der goldene Ring, den er ihm an den Finger steckt, und die Übergabe eines geschlossenen Buches, das geöffnet wird. Die deutenden Worte, die er dabei sprach, waren dem Kreierenden zu freier Rede überlassen. Der neue Doktor stand nun auf seinem Katheder und hatte das Wort zu ergreifen. Ein überliefertes Thema war für seine ersten Ausführungen festgelegt: eine Lobrede auf die Heilige Schrift. Nach ihrem Abschluß sollte der neue Doktor gleich zeigen, wie er den Unterricht zu leiten verstand: ein dazu Bestimmter trug eine theologische Frage unter Anführung vieler widersprüchlicher Väterstellen und Vernunftgründe vor. Der neue Doktor übertrug einem Baccalaureus der Theologie die Lösung der Schwierigkeiten, griff aber selbst mit Gegenargumenten ein. Dieses Geplänkel wurde dann durch ein geistiges Wettfechten zwischen zwei dazu Bestellten abgelöst, dem sogen. Hahnenkampf, einem Disput mit widersprechenden Lösungen. Das Ganze endete mit dem Dank des Neupromovierten und einem Gotteslob mit Orgel und Gesang der Schüler. Wieder vereinte man sich danach zu einem Mahle mit allen geladenen Gästen, dessen Arrangement auch unter der Kontrolle der Fakultät stand. Sie sorgte dafür, daß ihr aus dem Doktormahl nicht Schimpf und Schande erwuchs, sondern daß sie aus ihm nur Lob erntete.

„Auch anderwärts findet man am nächsten Tag nicht selten einen Ausklang des Festtages in der Form einer losen Fortsetzung des Mahles: ein Wiedersichzusammenfinden beim Wirt, der seine Rechnung präsentieren will und bezahlt bekommen möchte, ein Verzehren der Reste, die am Vortag übriggeblieben waren, noch einmal ein lustiges Festen an gut besetzten Tischen. In Freiburg ist aber zunächst die *Resumpta doctoralis* fällig, ein geistiger Nachtisch - der übrigens auch einen vorlesungsfreien Tag einbringt - zu dem sich die Fakultät und die Studenten im theologischen Hörsaal versammeln: der neue Doktor hielt eine in schönsten Worten gefügte Preisrede ... und wandte sich dann jener Frage zu, die in den Vesperiae noch nicht zu Ende geführt war: jetzt löste er die Einwürfe. Und noch einmal vereinigte er die Doktoren, Lizentiaten und Bakkalare zu einem 'ehrenvollen Mahle'“ (ebenda, S. 19-22).

Will man wissen, welche Kosten im Laufe der Jahre einem über soviele Zwischenstationen Promovierten insgesamt erwuchsen, so bieten sich an festen Zahlen nur die vermerkten Gebühren für die Fakultät, den Promotor, den Präses der Disputationen, jeden der Professoren, den Kanzler, den Pedell und den Boten (der den offiziellen Einladungsbrief zu den Feierleichkeiten zu überbringen hatte). Man käme, wenn das Professorenkollegium drei Mitglieder zählte und ein Promotor oder Präses jedesmal zu seinen besonderen Gebühren auch einen Anteil empfing, wenn allen Professoren etwas zu geben war, auf 47 1/2 Gulden und einen Blappart. Der Blappart, auch Plappert oder Blaffert, ist eine süddeutsche bzw. schweizerische Münze im Werte eines Halbgroschens. Der Gulden war im deutschen Reich vom 14. bis 16. Jahrhundert *die* goldene Handelsmünze. Seine gebräuchliche Abkürzung fl. (Florin) bezeugt seine Herkunft aus Florenz. Ihm im Wert übergeordnet ist der aus Venedig stammende Dukaten. Er galt vom 13. bis 19. Jahrhundert als die wertbeständigste und kostbarste Goldmünze. 1566 wurde der Reichstaler verbindlich im Deutschen Reich eingeführt, vornehmlich im böhmischen Joachimstal geprägt. Auch er war in Pfennige untergliedert. Die Mark unterteilte man in 16 Schillinge, seit dem 17. Jahrhundert galten drei Mark einen Taler. Im 17. Jahrhundert galt ein Dukaten drei Gulden, der Reichstaler - die Silbermünze - eineinhalb Gulden. Ein Gulden hatte 60 Kreuzer = 240 Pfennig, ein Taler 30 Silbergroschen = 360 Pfennig. Wenn hier und später Promotionskosten und Professorengehälter in Gulden, Talern, Mark usw. angeführt werden, so wird dabei darauf verzichtet anzugeben, wieviel Mark das heute sind. Wenig einsichtig wäre auch die Angabe, wieviel Gold- oder Silbergehalt die jeweilige Position enthält. Ich beschränke mich auf gelegentliche Vergleiche mit Lebenskosten und Gehältern. Damit sei angegeben, wie hoch jeweils gerade die Promotionskosten waren.

Viel größer waren natürlich die so häufig wiederholten Auslagen für die ausgedehnten Gastmahle: im Bereich des Baccalaureats brachten zwei Responsionen und drei Prinzipien ein Mahl mit den Dozierenden, der Abschluß des 4. Sentenzenbuches eines mit den zuhörenden Baccalaurei und Studenten; das Rigorosum und die Vesperiae wurden mit großen Essen abgeschlossen; beide verlangten auch schon Bewirtung der Anwesenden mit Brot bzw. Zuckerwerk und dem teueren Würzwein. Das Doktorat erforderte die Verköstigung der einzuladenden Gruppe, das gästereiche Hauptmahl und sein Nachspiel vom nächsten Tag: alles in allem dreizehnmal Verköstigungen und Gastmahle. Ein Freiburger Gästeverzeichnis von 1574 nannte als Eingeladene zehn hohe Geistliche (darunter fünf Äbte oder ihre Vertreter und drei Mitglieder des Basler Domkapitels), den ganzen Senat und den ganzen Klerus des Freiburger Münsters. Welche Kosten sie dem Promovenden bereiteten, kann nicht geschätzt werden, weil die Zahl der Gäste, die bei den Einladungen außerhalb des Doktormahls wohl die Zehn nicht überschritten hat, nicht bekannt ist. Wir kennen aber auch nicht den Aufwand, der dabei getrieben wurde oder gar verlangt war, um z. B. ein solches Mahl als ein „convivium honestum" erscheinen zu lassen.

Dieser Überblick vermittelt uns aber noch keine genügende Kenntnis darüber, wieweit diese Richtlinien in allen Fällen, in denen sie Richtschnur sein sollten, wirklich gegolten haben. Ausdrückliche Dispensen, die nicht selten belegt werden können, und stillschweigende Veränderungen der bestehenden Anweisungen werden manchmal den Verlauf der einzelnen Akte verändert haben. Auch fallen die ersten Jahrzehnte der Freiburger Hohen Schule noch in jene Zeit, da die Studierenden und Promovierenden viel von einer Universität zur anderen zogen. Darum setzen die Statuten auch öfters voraus, daß der Kandidat sein Studium, Examina oder Disputationen und auch seine Kurse anderswo gehalten oder vorhergehende Grade an fremden Fakultäten erworben hat. Selten können wir dies für einzelne Promovenden auch tatsächlich belegen. Das Gegenteil, daß jemand während seiner Studienzeit in Freiburg zu promovieren begann und an anderen Orten abschloß, ist für eine bestimmte Zeit häufiger nachzuweisen und sehr eindeutig zu begründen: als in der ersten nachreformatorischen Zeit z. B. die theologische Fakultät ungenügend mehrere Jahre hindurch nur mit einem einzigen Professor besetzt war, sah sie sich außerstande, einem Kandidaten den Grad des Lizentiaten oder des Doktors der Theologie zu verleihen (tres faciunt collegium!). Zwischen 1536 und 1561 hat sie nur einmal (1554) eine Doktorpromotion erlebt. Ihre Kandidaten gingen sonst zumeist nach Ingolstadt oder Padua. 1566 hat sich die Fakultät aber darauf festgelegt, jeder, der hier Baccalaureus würde, müsse sich eidlich verpflichten, auch die folgenden Grade nur an der Freiburger Alma Mater zu erwerben. Sie hat sich damit auch jene Grundregel zu eigen gemacht, die allgemein in dieser Zeit das Bestreben der Universitäten kennzeichnet, die weltweite Freizügigkeit des mittelalterlichen Studienwesens mit Mißtrauen zu beobachten. Natürlich spielten bei dieser Festlegung auch finanzielle Gründe mit. „Das Jahrhundert der konfessionellen Spaltung hat ja nicht nur die beiden religionspolitischen Lager auch im Bereich der Universitäten scharf gegeneinander abgegrenzt, sondern im Bunde mit dem wachsenden Landesfürstentum, das nun sogar bis zur Bestimmung der Konfession seiner Untertanen mächtig gemacht wurde, den Blick in jeder Hinsicht verengt“ (ebenda, S. 23f.).

Im September 1463 beauftragte der Akademische Senat den damals einzigen Ordinarius der Freiburger Juristenfakultät, für diese die allgemeinen Statuten wie auch die Regeln zur Erlangung des Lizentiats und Doktorats auszuarbeiten und dem Senat zur Genehmigung zu unterbreiten. Am 19.03.1471 wurden diese Satzungen, welche die Statuten der Wiener Juristenfakultät zum Vorbild hatten, mit wenigen Änderungen vom Senat der Freiburger Hochschule angenommen. Diese frühesten Satzungen der Freiburger Juristischen Fakultät, die das Promotionsverfahren für das juristische Doktorat detailliert beschrieben, sind heute nicht mehr im Wortlaut nachweisbar. Die Verleihung der juristischen Doktorwürde hatte bis zur theresianisch-josephinischen Studienreform den Erwerb der Würde eines Lizentiaten zur Voraussetzung. Mit der Lizenz erlangte der Lizentiat gleichzeitig die Anwartschaft auf die Erteilung des Doktorats. Die Doktorwürde konnte nun auf Antrag des Lizentiaten ohne zusätzliche Prüfungen verliehen werden. Zu den Examina zur Erlangung der juristischen Lizentiatenwürde und des Doktorats ließ die Fakultätsversammlung gemäß den ersten Statuten von 1471 nur Bewerber zu, die das juristische Baccalaureat erworben und ein ordentliches rechtswissenschaftliches Studium von mindestens sieben Jahren absolviert hatten. Die Voraussetzung für den Erwerb des juristischen Baccalaureates wiederum bildete ein zweijähriges Studium im kanonischen und weltlichen Recht.

Die Doktoren der Fakultät konnten die Studienzeit zum Baccalaureat um ein halbes, jene zum Lizentiaten um ein ganzes Jahr verkürzen. Ein Lizentiand mußte sich ferner des öfteren an außerordentlichen Disputationen beteiligen und wenigstens in einer ordentlichen, öffentlichen Disputation, der sog. Zirkel-Disputation, verteidigt haben. Allerdings wurde auch hier einem Kandidaten trotz Erfüllung all dieser Bedingungen die Zulassung zum Examen verwehrt, wenn er nicht in der Universitätsmatrikel eingeschrieben oder von unehelicher Geburt war. Als Grund für die Bestimmung der Ehelichkeit führten die Freiburger Statuten des Jahres 1624 an, die Juristische Fakultät sei vor allen anderen Fakultäten dazu berufen, das Sakrament der Ehe zu begünstigen, da sie dieses in ihren Studien intensiver behandele. Im übrigen scheinen die Statuten der Juristischen Fakultät - im Gegensatz zu denen der Mediziner und der Theologen - für die Erlangung der Lizentiaten- und Doktorwürde ein bestimmtes Lebensalter nicht vorgeschrieben zu haben. Das eigentliche Prüfungsverfahren wurde mit der Bitte des Kandidaten gegenüber der Fakultätsversammlung um Zulassung zu den rigorosen Examen eingeleitet. Über das Gesuch entschied auch bei den Juristen der Universitätskanzler oder dessen Stellvertreter. In dieser Lizenzerlaubnis wurde seit dem Tridentinum (Kirchenversammlung, 1545-1563) die kirchliche Erlaubnis gesehen, den Doktorgrad mit all seinen Privilegien erwerben zu dürfen, während man zuvor die Zustimmung des Kanzlers auf seine Funktion als Vertreter der kaiserlichen und kirchlichen Obergewalt zurückgeführt hatte. Bei positivem Entscheid fand normalerweise schon am darauffolgenden Tag das öffentliche, feierliche Examen statt. Vor dessen Beginn legten die Examinatoren - der Dekan und alle Doktoren der Fakultät - die Prüfungsgebiete je nach der Art des gewünschten Grades fest. Hatte sich der Promovend um die Lizentiaten- und Doktorwürde in beiden Rechten, dem kanonischen und dem weltlichen, beworben, dann examinierte man ihn im kanonischen Recht über das zweite Buch der Dekretalen, im weltlichen Recht über mehrere gewöhnliche Stellen. Prüfte man den Bewerber dagegen nur im kanonischen Recht, so wurde er über das zweite Buch der Dekretalen (Judicium) und über die ersten vier Fälle der Dekrete Gratians (Flavius Gratianus) bzw. den liber sextus oder die Clementinae befragt (unter „Clementinae“ sind die Beschlüsse der unter Clemens V. gehaltenen Generalsynode von Vienne zu verstehen, die 1317 an der Schule von Bologna herausgegeben worden waren; man bezeichnet sie auch als „Neue Rechte“). Wollte der Kandidat lediglich den Grad eines Lizentiaten und Doktors im weltlichen Recht erlangen, dann unterzog man ihn einer Prüfung über den Codex Justinianus und die Digesten, eines Teils des „Corpus juris civilis“. An den Examen hatten sich alle Doktoren der Fakultät in sachlicher Weise zu beteiligen. Nach Beendigung der Prüfung sammelte der Dekan die Bewertungen der einzelnen Examinatoren ein und verkündete das Prüfungsergebnis. Wurde das Examen für bestanden erklärt, so verlieh man dem Bewerber nach einer kurzen Frist die

Würde eines Lizentiaten und im Anschluß daran die eines Doktors, wobei beide Grade mehr und mehr im Rahmen eines einzigen feierlichen Aktes, zuerst die Lizentiaten- und danach die Doktorwürde, erteilt wurden.

Über die Doktorfeierlichkeiten der „neugebackenen" Freiburger Juristen werden wir bei Schilderung der Dissertationen im 16. und 17. Jahrhundert mehr sagen. Hier lediglich noch einiges zu den Promotionen der Freiburger Mediziner:

Die ältesten Freiburger Fakultätsstatuten forderten in Übereinstimmung mit ihrem Wiener Vorbild vom Baccalaureus medicinae, der sich als schon zuvor von der Artistenfakultät Graduierter um die Promotion zum Doktor bewarb, den Nachweis eines fünfjährigen Fachstudiums, von dem zwei oder drei Jahre vor und drei bzw. zwei Jahre nach dem Baccalaureat absolviert sein sollten. In Basel galt ein fünf- bis sechsjähriges Medizinstudium als Voraussetzung für die Erlangung des Doktorgrades. In Köln wurde 1393 die Promotion der Mediziner zum Baccalaureus oder Lizentiaten von der Dauer der vorausgegangenen Studien an der Artistenfakultät abhängig gemacht. Die Reformation der Universität Ingolstadt vom Jahre 1571 bestimmte, Medizinstudenten müßten beim Beginn des Fachstudiums den Besuch der Vorlesungen über Logik und Philosophia naturalis nachweisen. Noch im Jahre 1787 forderten die Ingolstädter Statuten als Voraussetzung für das Studium in den oberen Fakultäten den Nachweis eines absolvierten Studiums der Philosophie. Fehlte dem Doktoranden die Graduierung durch die Artistenfakultät, so hatte er sechs Jahre Medizin zu studieren, von denen drei oder vier vor dem Baccalaureat, weitere drei bzw. zwei vor der Meldung zur Doktorprüfung zu liegen hatten. Der Grad des Baccalaureus artium konnte von der Fakultät als der Würde eines Baccalaureus medicinae gleichwertig erachtet werden, wenn der Medizinstudent trotz anerkannter Bewährung - etwa, weil er die Kosten scheute - auf die Graduierung zum Baccalaureus in seiner Fakultät verzichtete. Außerdem wurde bestimmt, der Promovend müsse an den Vorlesungen mindestens zweier Doktoren der Medizin fortlaufend teilgenommen haben. Falls jedoch nur ein Doktor vorhanden sei, seien die Kollegs eines anderen Lesenden entsprechend zu werten. Der Kandidat mußte auch hier ehelich geboren sein und durfte keinen schweren körperlichen Schaden aufweisen. Zudem hatte der Bewerber um den Doktortitel mindestens ein Jahr lang einen Doktor der Fakultät bei dessen Krankenbesuchen zu begleiten, mußte also auch praktisch-ärztlich ausgebildet sein. Als Mindestalter des Promovenden war das vollendete 26. Lebensjahr festgelegt, doch behielt sich die Fakultät das Ausnahmerecht vor.

Da man im Mittelalter mit der Promotion zum Doktor die unbeschränkte Lehrbefähigung an hohen Schulen erwarb, ist es verständlich, daß der Wortlaut des Doktoreides von den Pflichten des Promovierten als Hochschullehrer handelte. Eine Eidesleistung auf einen

„bürgerlichen“ Beruf kam der Universität gegenüber gar nicht in Frage, war es doch üblich, daß die Herrschaft, in deren Dienste der Doktor trat, von ihm einen Berufseid forderte.

Der in den ältesten Statuten der Freiburger medizinischen Fakultät aufgezeichnete Eid spricht außer von den Pflichten gegenüber der Gesamtuniversität und der medizinischen Fakultät auch davon, daß der Schwörende den Arztberuf ehrlich betreiben und das ärztliche Geheimnis wahren werde, sofern ihn nicht die legitime richterliche Behörde um Auskunft ersucht. Auf einem Papier-Vorsatzblatt dieses Statutenbuches ist von späterer Hand wohl im 16. Jahrhundert der Wortlaut des Hippokratischen Eides verzeichnet. Das läßt auf das Interesse der Fakultät an dieser Eidesformel schließen, doch haben sie die Professoren nicht in die nachfolgenden Statuten übernommen.

Über die Gebühren, welche die Doktoranden zu bezahlen hatten, und über die Kosten, die ihnen aus den mit der Promotion verknüpften Gepflogenheiten entstanden, sind von Fakultät zu Fakultät unterschiedliche Regelungen getroffen worden. Jedenfalls stellte die Promotion in jedem Falle nicht geringe Anforderungen an die finanzielle Leistungsfähigkeit der Kandidaten. Nach den ältesten Freiburger Statuten hatte der zum Lizentiaten und (oder) Doktor der Medizin zu Befördernde folgende Kosten zu tragen: Jeder Doktor erhielt von ihm 1,5 fl. für Wein und Konfekt, während der Lizenzprüfung war 1 fl. zu zahlen; wenigstens einem der Doktoren sollte er 14 Ellen guten Tuchs verehren. Außerdem bekam jeder Doktor ein Barett und ein Paar geschmückte Handschuhe, jeder Lizentiat und jeder Baccalaureus der Medizin dagegen nur einfache Handschuhe. Ferner waren 2 fl. in die Fakultätskasse und 2 fl. dem Pedellen zu zahlen, wobei an Stelle des Betrages für den Pedellen auch Stoff, ein Wams o. ä. treten konnte. Zu diesen nicht geringen Ausgaben kamen noch die für den Doktorschmaus, an dem außer den Mitgliedern der Fakultät und anderen Hochschulangehörigen auch hier weitere geladene Gäste teilnahmen.

Die erste medizinische Promotion in Leipzig ist für 1431 nachweisbar. Auch in Erfurt galt der Doktorgrad in Medizin oder Jurisprudenz als Qualifikation für das Lehramt in der untersten Stufe der Theologie. An allen mittelalterlichen Universitäten ging das Studium an der Artistenfakultät dem an den oberen Fakultäten voraus, also auch dem der Medizin. Wie sah nun das Studium an der Artistenfakultät aus?

In einem ersten Abschnitt von mindestens drei Semestern studierte man hauptsächlich drei von den „sieben freien Künsten“: Grammatik, Rhetorik und Dialektik (Logik). Danach meldete man sich zum Baccalaureatsexamen, das in Erfurt zwei- bis dreimal jährlich abgehalten wurde und fachlich nicht besonders schwer gewesen zu sein scheint. Es begann damit, daß der Dekan einen öffentlichen Aufruf an die Tür des Kollegs anheftete, sich an einem bestimmten Tag bei ihm im Collegium majus anzumelden. Ein fünfköpfiger Prüfungsausschuß aus der Gesamtheit der Magister wurde gewählt, in dem der Dekan den

Vorsitz hatte. Die Vollversammlung der Magister beriet dann über die Zulassung der Kandidaten, wobei der Prüfungsausschuß die letzte Entscheidung hatte. Beraten wurde auch hier über fachliche und moralische Voraussetzungen. Erkundigungen wurden eingezogen über die Erfüllung finanzieller und fachlicher Verpflichtungen, z. B. ob die Vorlesungen regelmäßig besucht und ob je dreimal ordentlich und außerordentlich disputiert worden war. Die Überprüfung des sittlichen Lebenswandel fiel nicht schwer, da Bursenzwang bestand. Nach der Zulassung zum Examen mußte der Kandidat auch in Erfurt zunächst schwören, in jeder Hinsicht das Ansehen der Universität zu fördern, sich bei der Promotion keiner unerlaubten Mittel zu bedienen und sich bei eventueller Ablehnung mit keinen Rachegedanken zu tragen. Eine Woche nach der Zulassung folgte die eigentliche Prüfung in Grammatik und sog. Kleiner Logik. Nach Bestehen erfolgte die sog. Determination zum Baccalaureus; ein feierlicher Akt, dem eine nochmalige Genehmigung durch den Dekan und ein nochmaliger Eid des Promovenden vorauszugehen hatte, daß er das Kleid des Baccalaureus stets in Ehren tragen und sich niemals an einer anderen Universität um den gleichen Grad noch einmal bewerben werde. Ein kleines Festmahl beschloß den Akt.

Im nächsten Abschnitt von mindestens vier Semestern unterrichtete der Baccalaureus Grammatik, Rhetorik und Dialektik. Er studierte zugleich die vier weiteren Fächer der „freien Künste“: Musik, Astronomie, Arithmetik und Geometrie, abgeschlossen durch Metaphysik. Die anschließende Magisterprüfung fand in Erfurt nur einmal jährlich am 6. Januar statt. Die formalen Vorbereitungen waren wie beim ersten Examen, nur mußte der Kandidat 30mal an ordentlichen Disputationen teilgenommen und 15mal darin Rede und Antwort gestanden haben. Außerdem mußte er mindestens 22 Jahre alt sein. Nach der fachlichen Prüfung wurde die Lizenz erteilt, wodurch der Promovend die Rechte und die Pflichten eines „Magisters der freien Künste“ erhielt. Daran schloß sich die feierliche Promotion an. Sie bestand auch hier in der Überreichung der Insignien Barett und Ring sowie in der Antrittsvorlesung des jungen Magisters und endete mit einem ausgiebigen Festmahl.

Nun konnte die medizinische Fakultät zu Erfurt besucht werden, wenn auch der Grad des Magister artium auch hier nicht unbedingte Voraussetzung dafür war. Bis zum Baccalaureat in dieser Fakultät brauchte man wiederum zwei bis drei Jahre, je nachdem, ob der Scholar ein Magister artium war oder nicht. Es folgten dann weitere drei Jahre bis zur Lizenz, der Voraussetzung zum Doktor der Medizin.

In der medizinischen Fakultät trat generell das Recht und die Pflicht der Baccalaurei, Vorlesungen zu halten, stark hervor, offenbar, weil es nicht genug Doktoren der Medizin gab. Außerdem mußten die Baccalaurei unter Aufsicht eines ihrer Doktoren zwei Jahre in der Praxis tätig sein. Manche Universitäten schickten die Scholaren in den Ferien auch allein in die Praxis, anderswo war das verboten. Nach Erwerb der wiederum an ein Examen gebundenen Lizenz durfte der Graduierte frei praktizieren. Die Grade der Mediziner waren also zugleich Zeugnisse, die zur Behandlung der Kranken berechtigten. Daher gab es mancherorts Bestimmungen über das Mindestalter zur Lizenz in der Medizin, z. B. durfte sie der Kandidat in Wien nicht vor dem 26. Lebensjahr erwerben, und auch dann nur, „wenn er ein männliches Aussehen habe, sonst solle er bis zum 28. Jahr warten." In Erfurt mußte er 25 Jahre alt sein.

Die Erfurter Statuten schrieben für das medizinische Baccalaureat ein förmliches Examen vor. Es bestand hauptsächlich darin, daß der Prüfling, auf einem kleinen Katheder sitzend, ein Problem bestimmen mußte. Der präsidierende Doktor saß auf einem höheren Katheder und hat einige Argumente entgegenzustellen. Bei der Lizentiatenprüfung wurden die zu erklärenden Stellen durch zufälliges Aufschlagen betreffender Bücher bestimmt. Vereidigung und sonstige Formalitäten waren wie die schon geschilderten.

Die medizinischen Fakultäten verfügten nur über wenige besoldete Lehrer. Diese sollten zwar in der Regel Doktoren sein, waren aber oft nur Baccalaurei oder in der Stadt tätige praktische Ärzte . Darum verlangte z. B. die Stadt Basel, jeder praktizierende Arzt müsse mindestens den Grad des Lizentiaten erworben haben, wenn er dort praktizieren wolle. Die besoldeten bzw. festangestellten Lehrer gewannen später allmählich das Übergewicht, wodurch der Doktor bis zu einem gewissen Grade seine alte Bedeutung verlor, insbesondere das Recht und die Pflicht zum Lehren. Der Unterschied zwischen besoldeten und nicht besoldeten Dozenten wurde wichtiger als der zwischen Lizentiat und Doktor. Wohl in diesem Zusammenhang bildete sich für die besoldeten Dozenten der Titel „Professor" heraus, er wurde aber auch für unbesoldete gebraucht. Die Professuren der Fakultäten - innerhalb und untereinander - wurden sehr unterschiedlich dotiert, und so entwickelte sich ein Aufsteigen sowohl innerhalb der Fakultäten als auch von einer Fakultät zur anderen. Mehr noch wurde der Wert des Doktortitels dadurch gefährdet, daß auch nicht zum Doktor promovierte Persönlichkeiten in besoldete Stellen berufen wurden, zum einen wegen des Mangels an Promovierten, zum anderen, weil Unpromovierte oft billiger oder auch durch Protektion zu haben waren. Nicht selten waren damals die Nichtpromovierten bessere Lehrer als mancher Doktor, der seinen Grad mehr gekauft als erworben hatte. Allerdings wurde von diesen nicht graduierten Berufenen in der Regel gefordert, daß sie den Doktorgrad noch erwerben sollten. Dieser nachträgliche Qualifikationserwerb dauerte aber oft lange Zeit. Im Laufe des 15. Jahrhunderts mehrte sich dann jedoch die Zahl der Doktoren, so daß Nichtgraduierte seltener berufen wurden.

Immer wieder wurden erfolglos Verordnungen gegen den finanziellen Mißbrauch bei Doktorpromotionen erlassen. Sie stellten nämlich - eigentlich bis in die jüngere Zeit - eine wichtige Einnahmequelle dar, sowohl für die Fakultät als auch besonders für die das Promotionsrecht ausübenden Doktoren, die um die Kandidaten warben, so daß mancherorts gelost wurde. Zu den amtlichen Gebühren kamen Ehrengeschenke, dazu Festgelage mit Umzügen, Musik und allerlei Scherz und Spott. Letzteren gab es vor allem in spätscholastischer Zeit über die formalen Disputationen, die einen erheblichen Teil der geforderten Leistungen ausmachten und bei denen einige Gewandtheit leicht Mangel an Kenntnissen verdeckte.

Die sog. Bullen-Doktoren („Doctores bullati") wurden von den medizinischen Fakultäten in Deutschland und Frankreich nicht anerkannt, oder ihre Anerkennung wurde an bestimmte Bedingungen geknüpft. Alle Fakultäten legten großen Wert auf ihr Promotionsrecht und die Anerkennung ihrer Grade durch andere Universitäten, lag doch darin vorzugsweise die Anerkennung der jeweiligen Universität überhaupt. Das war für die betreffende Universität lebenswichtig, wobei ökonomische Gründe ebenfalls eine wichtige Rolle spielten.

Wie bereits gesagt, richtete sich der zunehmende Spott u. a. gegen die Disputationen: „... daß die führenden mittelalterlichen Philosophen es zu einem großen Maß von Scharfsinn und Virtuosität in der Fassung und Auflösung von dialektischen und metaphysischen Problemen gebracht haben, wird niemand in Abrede stellen ... Was ihnen fehlt, ... das ist die Richtung auf anschaulich-sachliche Erkenntnis; die Aufmerksamkeit ist auf die Begriffe des Systems und ihre Zusammenstimmung untereinander gerichtet, nicht auf die Zusammenstimmung mit der Wirklichkeit, womit denn die Neigung zu verbohrter Spitzfindigkeit und haarspaltender Dialektik gegeben ist ..." (F. Paulsen, Geschichte des gelehrten Unterrichts, 1, S. 43).

Die Promotion gewährte in allen Fakultäten das Recht, dort als doctor legens tätig zu sein, also Vorlesungen zu halten. Schon die ältesten Statuten der Erfurter Juristen von 1398 unterscheiden sorgfältig die Aufnahme unter die Graduierten der Fakultät und die Aufnahme in das die Fakultät regierende Doktorenkollegium, die doctores facultatis und die doctores collegii. Die in Erfurt promovierten Doktoren konnten bereits am Tage nach der Promotion in das regierende Kollegium aufgenommen werden. An anderen Universitäten promovierte Doktoren mußten dagegen nach ihrer Aufnahme in die Fakultät zwei oder, falls sie Doktoren beider Rechte waren, drei Jahre ordnungsgemäß lesen, ehe sie sich zur Aufnahme in das Kollegium melden durften. Dazu bedurfte es zudem eines einstimmigen Beschlusses. Mehr als zwei oder höchstens drei fremde Doktoren sollten nicht ins Kollegium aufgenommen werden. Diesem stand es frei, diese Bedingungen zu mildern oder ausgezeichneten Gelehrten gegenüber ganz zu ignorieren; aber die Verfassung der Fakultät ruhte auf der Scheidung der doctores collegii und der nondum ad collegium recepti (noch nicht im Kollegium aufgenommenen). Die doctores collegii erhielten allein die Einnahmen von den Promotionen und hatten den Ehrenvorrang vor den übrigen doctores. Einige Doktoren waren zu bestimmten Vorlesungen berufen und durch Besoldung verpflichtet; ihre Stunden waren statutenmäßig festgelegt. Die anderen Dozenten, ob Doktoren oder Lizentiaten und Baccalaurei, durften nur lesen, was und wie es die doctores collegii beschlossen hatten. Dabei hatten auch die nicht mit einer bestimmten Vorlesung betrauten und besoldeten doctores collegii Mitspracherecht.

Ähnlich war es in Leipzig: Den Kern der Lehrer bildeten die doctores sallariati, die mit einem Gehalt versehenen Doktoren, von denen jeder mit einer Vorlesung betraut war, die von den Kandidaten gehört werden mußte. Die Leitung der Geschäfte unterstand aber nicht den sallariati, sondern dem collegium oder consilium facultatis. Jeder in Leipzig promovierte Doktor konnte in dieses Collegium gegen Zahlung einer bestimmten Summe eintreten, gewann damit Anteil an gewissen Einkünften und Nutzungen und hatte den Vortritt vor den nicht zum Kollegium gehörenden Doktoren. Durch die Promotion wurde der Baccalaureus Mitglied des Kreises der doctores facultatis. Fremde Doktoren mußten sich zunächst immatrikulieren und ihren Grad anerkennen lassen und dann ein Jahr lang an den Vorlesungen, Disputationen, Festlichkeiten und anderen scholastischen Akten beteiligen, ehe sie in die Fakultät aufgenommen wurden und unter den doctores facultatis den ihnen nach Alter und Stellung gebührenden Platz zugewiesen erhielten. In gewissen Fällen wurden alle doctores facultatis zur Versammlung berufen und übten das Stimmrecht selbst aus, gerade auch bei der Feststellung der Statuten. Nach den Leipziger Statuten von 1504 sollten in dem Kollegium nicht mehr als acht Doktoren sein. In diesen Bestimmungen lag eine Quelle von Streitigkeiten. Die Lehrtätigkeit ruhte hauptsächlich auf den besoldeten Doktoren, aber an der Verwaltung der Geschäfte hatten auch andere teil, die kein Gehalt bezogen und nur in den ersten fünf Jahren eine beschränkte Lehrverpflichtung hatten. Selbst wenn sie von Leipzig fortzogen und nach Jahren zurückkehrten, um in Leipzig irgendeine Tätigkeit zu beginnen, die mit der Universität in keinem Zusammenhang stand, konnten sie ihren Platz im consilium facultatis (Rat der Fakultät) wieder einnehmen.

Wo ein besonderes consilium facultatis ausgebildet wurde - wie in Leipzig und Basel -, mußte dies den unbesoldeten Doktoren eine gewisse Stütze gewähren. Durch den Eintritt in das Consilium konnten sie dauernden Einfluß auf die Geschäfte gewinnen. Außerdem hatten die unbesoldeten Doktoren, z. B. in Leipzig, alle wesentlichen Rechte gemeinsam mit den besoldeten, wurden vor allem nach dem Alter der Aufnahme in die Fakultät als Promotoren berufen. Man kann also die unbesoldeten Doktoren und Lizentiaten nicht etwa mit den heutigen Privatdozenten vergleichen. Aber die besoldeten Lehrkräfte mußten doch naturgemäß ein Übergewicht gewinnen. Besonders wenn ihnen, wie das bei den Juristen die Regel war, nicht bloß ein allgemeiner Lehrauftrag gegeben, sondern eine bestimmte Vorlesung übertragen worden war. Sie waren verpflichtet, gemäß ihrer Bestallung (secundum tenorem conductionis) zu lesen. In Leipzig mußten die Kandidaten für das Baccalaureat und die Lizenz nachweisen, daß sie die ad formam gehörigen Vorlesungen bei den besoldeten Doktoren gehört hatten. Naturgemäß hofften die unbesoldeten Dozenten eine besoldete Stelle zu erwerben, so daß ihre Tätigkeit und Stellung als eine Vorbereitungs- und Wartezeit erschien. Vielfach waren sie auch Stellvertreter der besoldeten Lehrer. Namentlich Juristen und Mediziner waren häufig durch ihre praktische Tätigkeit, durch Reisen zu auswärtigen Gerichten und Patienten oder als Räte und diplomatische Vertreter der Fürsten für lange Zeit verhindert, ihre Stelle zu versehen. In Köln lasen 1495 zeitweise sämtliche Ordinarien der juristischen Fakultät - bis auf einen - nicht selbst, sondern ihre Vertreter. Manche sollen schon einen Vertreter in Aussicht genommen haben, noch ehe sie ihr Amt antraten. In Greifswald wurde dem alternden Professor gestattet, sich einen Vikar zu nehmen; das war eine Form der Pensionierung. Je nachdem, ob die Berufung für ordentliche oder außerordentliche Bücher erfolgte, sprach man von doctores (lectores, professores) ordinarii oder extraordinarii. Doch wurden vorzugsweise nur für die ordentlichen Bücher Besoldete berufen, die weniger wichtigen libri extraordinarii überließ man leichter dem Zufall, ob sich unbesoldete Graduierte bereitfinden würden, sie zu übernehmen.

Die Verleihung von Pfründen und Kollegiaturen mit der Verpflichtung, Vorlesungen zu halten, erfolgte wohl regelmäßig auf Lebenszeit, die Berufungen mit Gehalt teils auf ein oder mehrere Jahre, teils auf unbestimmte Dauer mit dem Recht der Kündigung, nur seltener auf Lebenszeit. Sie erfolgten z. B. in Freiburg i. Br. durch die Universität, in Köln, Basel und Erfurt durch die Stadt, in Ingolstadt durch den Landesherrn. Das ging nicht immer friedlich zu. So berief die Stadt Köln 1468 einen Doktor, der in Pavia promoviert hatte, obwohl er in Köln juristischer Baccalaureus geworden war. Nach den Statuten war das als eine grobe Verletzung der Rechte der Universität Köln anzusehen. Ein solcher Doktor dürfe, wenn er nach Köln zurückkehre, niemals in das Doktorenkolleg der juristischen Fakultät aufgenommen werden. Die Universität untersagte dem Doktor, Vorlesungen zu halten. Da er sich nicht fügte, wurde über ihn die Exkommunikation ausgesprochen, und seine Anhänger unter den Scholaren wurden aus der Matrikel gestrichen. Sooft sie sich in den Vorlesungen anderer Doktoren zeigten, verließen diese das Katheder. Die Stadt ließ die Schlösser am betreffenden Vorlesungsraum ändern und gab die Schlüssel dem beschuldigten Doktor. Die Universität drohte sich aufzuheben und bat Kaiser und Papst um Verlegung in eine andere Stadt. Nun kam es zu einem Prozeß an der Kurie, also am päpstlichen Hof, der schließlich gegen die Stadt ausfiel. Schon vorher (1472) hatte der Beschuldigte eine Berufung nach Ingolstadt angenommen und mit der Stadt Köln einen Vergleich über eine Entschädigungssumme geschlossen. Die Universität hatte gesiegt, aber förmlich gestand das die Stadt nicht zu und behauptete noch 1481 auf eine Anfrage der Stadt Leuven, ob sie eine vakante Vorlesung ohne Zustimmung der Universität vergeben könne, sie übe dieses Recht in den drei oberen Fakultäten ohne Einschränkung aus.

Trotz dieser bedeutenden Entwicklung der besoldeten Professur und ihres Einflusses auf die Fakultätsverfassung hielt sich doch daneben die Grundlage der alten Verfassung auch in der juristischen Fakultät. Die Wittenberger Statuten von 1508 erneuerten sie, indem sie allen in Wittenberg promovierten Doktoren und allen von auswärts zuziehenden den Eintritt in das Doktorenkollegium und das Recht zusicherten, der Reihe nach das Dekanat zu führen, ob sie besoldet waren oder nicht. Aber das konnte natürlich das entschiedene Übergewicht der Inhaber der besoldeten Professuren nicht verhindern.

Unter diesen Verhältnissen verlor auch der Doktorgrad an seiner bisherigen Bedeutung für die akademische Laufbahn. Ursprünglich war die Verleihung des Doktorgrades zugleich die Aufnahme in die Fakultät, schloß mit einer Antrittsvorlesung und verpflichtete, wenigstens ein oder zwei Jahre in der Fakultät zu lesen. Es blieb wohl die Regel, daß der junge Doktor nach Aufnahme in die Fakultät unter den Mitgliedern nach dem Alter rangierte. Allein durch die Ausbildung der besoldeten Professuren für die wichtigsten Fächer traten die nicht besoldeten Graduierten - Doktoren, Lizentiaten und Baccalaurei - nebeneinander in die abhängige Stellung von Anwärtern auf jene Stellungen. Und da die Professuren der Fakultäten sehr verschieden dotiert wurden, entwickelte sich ein Aufstieg sowohl in den einzelnen Fakultäten, als auch von einer Fakultät in eine andere. Diese Entwicklung vollendet sich erst im 16. und 17. Jahrhundert, aber ihre Anfänge lagen schon im 15. Jahrhundert. In Freiburg i. Br. erhielt z. B. 1475 ein Magister artium, der zugleich Doctor medicinae war, die Erlaubnis, für sein bisheriges Gehalt die zweite medizinische Professur zu übernehmen, und 1485 wurde wieder ein Artist sein Nachfolger. Dies Beispiel zeigt zugleich, daß das alte Gebot, jeder müsse aus der Artistenfakultät ausscheiden, der den Doktor in einer oberen Fakultät erworben hatte, damals in Freiburg i. Br. nicht bestand.

Der Gegensatz zwischen besoldeten und nicht besoldeten, zwischen nicht verpflichteten, aber zu gewissen Vorlesungen berechtigten und verpflichteten Dozenten war fühlbarer als der Gradunterschied zwischen Lizentiaten und Doktoren. Noch mehr wurde der Wert des Doktortitels dadurch gefährdet, daß auch Nichtdoktoren in besoldete Stellen berufen wurden. Im Greifswalder Statut von 1461 war die Berufung selbst von Baccalaurei für die Professuren für zulässig erklärt, falls kein Doktor zu gewinnen sei, und Lizentiaten sind tatsächlich nicht selten in den oberen Fakultäten berufen worden. Schon die Berufung eines Dozenten ohne Doktorgrad durchbrach die auf die Graduierung gegründete Gliederung der Universitätsgenossen. Nicht selten waren Lizentiaten und Baccalaurei bessere Gelehrte und eifrigere Dozenten als die reichen Herren, die den Doktorgrad oft mehr gekauft als erworben hatten. Ferner drängte zu deren Berufung auch die Rücksicht auf lange Tätigkeit eines Bewerbers in einer anderen Fakultät der Universität, oder daß man den Nicht-Doktor billiger haben konnte, und endlich die zu jeder Zeit mächtige, durch die verwickelten Verhältnisse der akademischen Ordnungen besonders begünstigte Protektion. Ob es vorgekommen ist, daß Baccalaurei oder Lizentiaten in besoldete Stellen berufen worden sind, während Doktoren an der Universität als unbesoldete Lehrer wirkten, ist hier nicht festzustellen.

Die Doktorgrade der einzelnen Fakultäten wurden unterschiedlich bewertet, am höchsten die der Theologie, am geringsten die der Artisten. Jede Universität schätzte den an ihrer Institution erworbenen Doktorgrad bedeutend höher ein als den an einer anderen Universität erworbenen. Regelmäßig findet sich die Verpflichtung der Lizentiaten, an keiner anderen Universität die Doktorwürde zu erwerben bzw. erneut zu erwerben. Einige Universitäten, etwa Erfurt, billigten den an anderen Universitäten Promovierten nur dann die mit dem Erfurter Doktorgrad verbundenen Rechte zu, wenn sie die Summe nachzahlten, die sie für die Promotion in Erfurt hätten zahlen müssen. Keine deutsche Universität rechnete auch die an einer anderen Universität erworbenen Magisterjahre voll an. Köln rechnete z. B. drei fremde Jahre für ein Kölner Jahr.

Nochmals, zusammenfassend: An den deutschen Universitäten unterschied man im Mittelalter drei Grade: Baccalaureus, Lizentiat und Doktor oder Magister. Die Titel Doktor und Magister hatten die gleiche Bedeutung. Es wurde aber üblich, in den höheren Fakultäten Doktor zu gebrauchen, bei den Artisten dagegen Magister. Dabei gab es auch Ausnahmen. So wird in den Wiener Statuten bei den Juristen Magister, bei den Artisten Doktor gebraucht. Auch die entsprechend Graduierten der Theologie wurden häufig bloß als Magister bezeichnet. Die Verleihung der Grade bildete die wichtigste Tätigkeit der jeweiligen Fakultät. Der unterste Grad, das Baccalaureat, wurde bisweilen lediglich als eine Vorstufe für Lizentiat und Doktorat angesehen. Bei den Baccalaurei gab es dann wieder eine Gradabstufung. Das Lizentiat bedurfte der Prüfung. Das Doktorat der Theologen entsprach etwa der heutigen Habilitation. Bei den Juristen war nicht der Grad des „Magister artium“ unbedingte Voraussetzung für den Erwerb eines weiteren akademischen Grades. Die Promotion zum Baccalaureus vollzogen die Doktoren mit Prüfung und der Verpflichtung, mindestens noch ein Jahr an der jeweiligen Universität zu bleiben, Vorlesungen weiter zu hören und über das vierte Buch der Dekretalen zu lesen.

Die Erteilung dieses Grades vollzog sich in einer feierlichen Disputation. Dabei waren auch Gebühren zu zahlen. Bis zur Lizenz wurden für angehende Juristen bis zu acht oder zehn Jahren Studium gefordert. Vor der Promotion zum Baccalaureus wie vor der Verleihung der Lizenz und des Doktorhutes waren Eide zu leisten, die an allen Universitäten ähnlich lauteten. Immer enthielten sie den Gehorsam gegenüber der Fakultät und das Versprechen, den erworbenen Grad an keiner anderen Universität zu wiederholen, und, bei der Lizenz, das Doktorat auch nur an dieser Fakultät bzw. Universität anzustreben. Die Doktorpromotion war an allen Universitäten Deutschlands Sache der Fakultät.

Bei den Medizinern war das Recht der Baccalaurei, Vorlesungen zu halten, stärker verankert. Die Grade der Mediziner waren zugleich Zeugnisse, die zur Behandlung von Kranken berechtigten. Ansonsten galten ähnliche Vorschriften für Lizentiaten und Doktoren wie bei Theologen und Juristen.

Bei den Artisten waren die Feierlichkeiten und die Kosten geringer. Auch bei ihnen verlieh die Fakultät das Magisterium, d. i. das Doktorat. Gefordert wurde für die Erteilung des Magistergrades, und das ist m. E. wenig, dass die Baccalaurei auch Vorlesungen halten, vor allem aber an Disputationen teilnehmen bzw. solche halten.

Aus den mannigfaltigen Vorschriften, welche den Erwerb der akademischen Grade in den verschiedenen Fakultäten und an den verschiedenen Universitäten regelten - vom Baccalaureus der Artisten, der mit dem 17. Jahr und nach ein- bis zweijährigem Studium erworben werden konnte, bis zum Doktorat der Theologie, das nur in langer Lehrtätigkeit bewährten Gelehrten von mindestens 30 Jahren verliehen wurde - wird um so deutlicher, daß alle diese Grade in ähnlichen Formen und ähnlicher Absicht verliehen wurden. Sie bildeten zudem nicht die Stufen eines Systems, das von unten nach oben durchlaufen werden mußte. Man war nicht gezwungen, die juristischen und medizinischen Grade zu erwerben, um zu den theologischen zugelassen zu werden. Wenn die Artistengrade oft als Vorstufe bezeichnet wurden, so beherrschte diese Vorstellung doch nicht die Verleihung der übrigen Grade. Nicht einmal in der theologischen Fakultät galt unbedingt die Forderung, die artistischen Grade erworben zu haben, ehe man zu den theologischen zugelassen wurde. In Wien genügte es z. B., entsprechende Kenntnisse nachzuweisen. Die Grade der Artistenfakultät bildeten also keine unentbehrliche Vorstufe für die Grade der oberen Fakultäten, wenn sie oft auch als solche dienten. Sie hatten auch eine selbständige Bedeutung. Und die Grade der oberen Fakultäten schlossen den unteren Grad nicht ein, konnten ihn auch nicht ersetzen. Allerdings dürfte ein Doktor der oberen Fakultäten kaum nachträglich den Magistergrad der Artisten erworben haben.

Die Verleihung der Grade, die Heranbildung von scholares graduati, von graduierten Studenten, war zunächst für das innere Leben der Fakultäten wichtig. Sie bildeten den schärfsten Antrieb zum Fleiß und ein Hauptmittel zur Aufrechterhaltung der Ordnung. Den Scholaren wurde angedroht, sie bei Vernachlässigung der Vorlesungen, Repetitionen und Disputationen oder bei Roheiten und Ungehorsam von den Prüfungen auszuschließen. Den Magistern drohte bei Untreue, Ungehorsam gegen den Dekan und ähnlichen Vergehen die Strafe, vom Recht zum Promovieren ausgeschlossen zu werden. Nächst dem völligen Ausschluß von der Universität und ihren Privilegien bildete diese Drohung die schärfste Waffe der Fakultäten. Zudem ruhte auf den Graduierten und damit auf der „Produktion“ von Graduierten ein wesentlicher Teil des wissenschaftlichen Fakultätsbetriebes. Selbst die theologische Fakultät hätte z. B. ohne Baccalaurei ihr Vorlesungssystem nicht aufrechterhalten können. Die Artisten bedurften ihrer vor allem für die Disputationen. Ähnlich war es in der juristischen und medizinischen Fakultät. Vor allem aber bildete das jus promovendi, das Promotionsrecht, das oberste öffentliche Recht der Fakultäten. Dadurch wirkten sie unmittelbar auf die Ordnungen von Staat und Gesellschaft, schufen einen zahlreichen Stand von Männern, die ausgedehnte Privilegien besaßen und vielfach auch oder gerade wegen ihrer Grade in einflußreiche Positionen berufen wurden. Die Fakultäten waren bei dieser Verleihung nicht ganz unabhängig: die Lizenz wurde in allen Fakultäten vom Kanzler, d. h. vom Organ der öffentlichen Gewalt, verliehen, aber nur auf Grund eines Beschlusses der Fakultät oder ihrer Prüfungskommission. Auch war die Lizenz unvollkommenen Rechts. Volles Doktorrecht gab nur ein Doktor, und zwar ein im Namen der Fakultät und nach ihren Vorschriften handelnder Doktor. Verlieh ein Doktor das Doktorat oder selbst das Baccalaureat *gegen* die Ordnungen der Fakultät, so war die Verleihung nichtig. Papst und Kaiser haben zwar auch Doktoren ernannt und das Recht, Doktoren zu ernennen, an Personen verliehen, die es nicht als Glieder einer Fakultät ausübten. Aber die Fakultäten haben in Deutschland diesen Bullen-Doktoren (doctores bullati) die Anerkennung regelmäßig versagt oder an Bedingungen geknüpft, und ihr Widerstand ist erfolgreich gewesen. Die doctores bullati haben die Promotionen der Universitäten nicht überwuchert und nicht gleiches Ansehen gefunden. Herrschend blieb die Auffassung, daß der Grad eines Magisters oder Doktors nur von einem Doktor (Magister) und nur im Auftrag und Namen einer Fakultät, die als Organ des der Universität verliehenen Rechts handelte, verliehen werden konnte. In Deutschland sind Beispiele von Versuchen, die Lizenz auch ohne und gegen den Willen der Fakultäten zu verleihen, nicht überliefert. Die Fakultäten waren wachsam, indem sie die nicht in den vorgeschriebenen Formen und nicht nach den statutenmäßigen Prüfungen erteilten Grade als nichtig behandelten. Auch indirekte Beeinflussungen durch mächtige oder einflußreiche Personen, etwa durch den Kanzler, waren mehrfach zu bekämpfen. Eine Hauptsorge der Fakultäten war, daß kein Graduierter den gleichen Grad an einer anderen Universität noch einmal annehme. Bei jedem neuen Grad, den sie einem Scholaren erteilten, ließen sich die Fakultäten dieses Gelübde wiederholen, lag doch in der Anerkennung der Grade einer Universität vorzugsweise die Anerkennung dieser Universität überhaupt.

Zudem bildeten die Promotionen Festakte der Universitäten und eine erhebliche Einnahmequelle. Die Gebühren für die Grade der Artisten waren niedrig, aber bei der großen Zahl von Promotionen brachten sie doch bedeutende Summen. „An einigen Universitäten wurden jährlich 10-20 Magister und 50-100 Baccalare promoviert und zeitweise noch weit mehr" (G. Kaufmann, Geschichte der deutschen Universitäten, S. 317). In den oberen Fakultäten großer Universitäten gab es wohl kaum mehr als durchschnittlich eine oder zwei Doktorpromotionen im Jahr - aber die Gebühren waren hoch. Jedenfalls bildeten diese Einnahmen einen starken Antrieb, dafür zu sorgen, daß die Scholaren die Grade auf keiner anderen Universität suchten. Auch unter Mitgliedern einer Fakultät entwickelte sich leicht eine Art Wettstreit um die Gunst der Scholaren bei der Wahl der Promotoren. Um das häßliche Bewerben um die Wahl zur Prüfungskommission zu beseitigen, führte man wohl auch das Losen oder eine gesetzliche Reihenfolge ein. All dies sind zugleich lebendige Zeugnisse für die Bedeutung des jus promovendi.

Zu den eigentlichen Gebühren traten noch allerlei Ehrenausgaben, besonders in den oberen Fakultäten. Einmal bestand die Verpflichtung, an die bei der Promotion anwesenden Magister und Doktoren Geschenke zu verteilen. Man hatte diese Verpflichtung meist dahin geregelt, ein Paar Handschuhe zu geben. Dabei wurde wohl unterschieden, wer hirschlederne erhalte und wer eine geringere Qualität oder ein Barett, ein Geldstück oder einige Ellen Tuch. In Frankfurt/Oder wurden zwischen den Doktoren der oberen Fakultäten förmliche Verträge geschlossen, welche z. B. den Doktoren der Medizin das Recht garantierten, bei der Promotion von Juristen und Theologen auch mit solchen Geschenken bedacht zu werden und umgekehrt. Dadurch sicherte sich zugleich jede Fakultät die Teilnahme der Doktoren der anderen Fakultäten bei ihren eigenen Promotionen. Denn wenn auch die Promotion Sache der Fakultät war, so besaß sie dies Recht doch nur als Glied der Universität, übte es auf Grund der der Universität verliehenen Privilegien aus. Die Teilnahme der übrigen Fakultäten war so nicht bloß ein Ausdruck der Höflichkeit, sondern zugleich ein Zeugnis für die Gemeinsamkeit des Interesses. Es kam auch vor, daß der Rektor der Universität in dieser Eigenschaft bei der Promotion mitwirkte, indem er einen Teil der vorgeschriebenen Eide entgegennahm. Zu den Ehrenausgaben gehörte ferner die Lieferung von Wein und Konfekt bei den Prüfungen für die Examinatoren und den Kanzler sowie die Veranstaltung des Doktorschmauses, dem hier und da auch ein Ball folgte. Alle diese Ausgaben waren in den oberen Fakultäten sehr hoch - in Leipzig rechnete man Anfang des 16. Jahrhunderts, daß ein Doktor der Rechte bei seiner Promotion 250 Dukaten für Gelage, Umzüge, Musik und Geschenke aufwenden müsse. In der Artistenfakultät gab es ebenfalls die Sitte, den an der Promotion teilnehmenden Magistern Ehrengeschenke zu machen, doch scheint sie an den meisten Universitäten, wenn sie überhaupt geherrscht hatte, bald sehr eingeschränkt worden zu sein. In Heidelberg hatte der Magistrand mindestens drei neue Barette zu beschaffen: eines für den Promotor, eines für den Respondenten und eines für sich. In Tübingen hatten die Magistranden gemeinsam dem Dekan 1 Gulden pro Barett zu zahlen, und jeder Magister jedem seiner beiden Respondenten ein Barett, aber eine billigere Sorte, jedoch nicht unter 1/2 Gulden. Kein Magister durfte bei einem Termin mehrmals Respondent sein. Dagegen gewann der Festschmaus nach Erteilung der Lizenz, das sogen. Prandium Aristotelis, eine besondere Bedeutung. Es war kein Doktorschmaus im gewöhnlichen Sinne, sondern ein Festgelage, das der Dekan der Fakultät ausrichtete und leitete, dessen Kosten allerdings die Kandidaten trugen, welche die Lizentiatenprüfung bestanden hatten. Meistens war ein bestimmter Beitrag festgesetzt, den jeder zu leisten hatte. War die Zahl der Kandidaten klein, so mußte man sich bei den Einladungen auch einschränken oder aus der Fakultätskasse einen Zuschuß leisten. Das Fest war feierlich: die Fakultät sah den Rektor und die Doktoren der oberen Fakultäten als Gäste bei sich. Ein Leipziger Statut von 1412 berichtet noch von dem Schmaus, den jeder neue Magister gibt, und stellt dafür Luxusverbote auf: nicht mehr als vier, höchstens fünf Gerichte und keine teuren Weine.

Die ganze Form der Disputation mag manche Äußerung veranlaßt haben, die mehr Lächeln als Zustimmung hervorrief und weniger als triftiger Grund denn als geistreiche, kecke oder paradoxe Wendung gelten konnte. Aber man begrüßte sie vermutlich gern als eine Erfrischung in dem ermüdenden Wortgefecht. Bei der theologischen Promotion wurde ein Teil der Disputation als Hahnenkampf bezeichnet, und in Wittenberg schloß der Vorsitzende die Vesperien mit einer Rede voll witziger Anspielungen. Wenn dabei Beleidigungen der Kollegen verboten waren, so zeigt dies, in welchen Bahnen sich die Witze bewegten. Auch die Analogie der quodlibetarischen Disputationen weist dahin, daß die Grenzen der Freiheit nicht eng gezogen waren, und die Kollegen bildeten der Natur der Sache nach das dankbarste Gebiet des Witzes. Auch die bestehenden Verhältnisse! So disputierte man um 1500 in Heidelberg zu den Themen: „Quaestio de fide meretricum in suos amatores“ (Rede über die Treue der Buhldirnen gegenüber ihren Liebhabern) und „Quaestio de fide concubinarum in sacerdotes“ (Rede über die Treue der Konkubinen gegenüber den Priestern). Zur vollen Geltung kam die Lust, sich im Übermut des Zwanges zu entledigen, den die Prüfungsarbeit erfordert hatte, bei den Festgelagen. Wie man da getrunken und gesungen hat, das bezeugen noch viele Lieder. Aber wir haben auch Nachrichten von Scherzen, die mehr zu den Roheiten gehören. Die nicht zum Prandium Aristotelis geladenen Scholaren wollten auch ihren Anteil an dem Feste haben. Sie überfielen etwa die Diener, welche Speisen und Getränke zum Mahl trugen oder - nach damaliger Sitte - im Auftrage der Magister die Reste vom Mahl für den anderen Tag in ihr Haus schafften, und versuchten, ihnen Schüsseln und Flaschen zu entreißen. Auch belästigten sie die zum Feste Gehenden mit allerlei Spott, hinderten sie gar am Weitergehen. Oder sie drangen in den Festraum ein und setzten da den Unfug fort. In Leipzig pflegte der Rektor am Tage vor dem Prandium Aristotelis und ebenso vor dem Festschmaus, der nach den Vesperien eines theologischen Doktors gehalten wurde, die Weisung zu erlassen, daß die Scholaren in ihren Bursen und Wohnungen bleiben und nicht die Gäste und ihre Diener behindern, bedrängen und der Speisen usw. berauben sollten.

Die Erteilung der Grade, im besonderen der obersten Grade, war ihrem Wesen nach mehr die Aufnahme in einen Kreis von Berechtigten als das Zeugnis über einen höheren Kenntnisgrad. Man wußte sehr wohl, daß viele der Baccalaurei und Lizentiaten an Kenntnissen und wissenschaftlicher Kraft einem großen Teil der zu Doktoren Promovierten überlegen waren. Die Verhältnisse und Auffassungen, auf denen diese Tatsache beruhte, vor allem die mit der Promotion verbundenen großen Kosten, drängten dahin, das wissenschaftliche Niveau der Prüfungen herabzudrücken. Die mannigfaltigen Versuche, durch Eide und Ermahnungen das Gewissen der Examinatoren zu schärfen und unerlaubte Unterstützung der Kandidaten zu verhindern, zeugten lediglich von dem Mißbrauch, boten aber keine wirksame Hilfe. Das belegen die vielen Klagen und der derbe Spott über die Universitäten, die namentlich das Spätmittelalter erfüllten. Viel trug dazu auch bei, daß ein erheblicher Teil der erforderten Leistungen in Form einer Disputation verlief, bei der eine gewisse Gewandtheit leicht den Mangel an Kenntnissen ersetzte, zumal vielfach keine oder nur eine einzige Erwiderung auf die Einwendungen der Opponenten zugelassen war. Für die Stellung der Prüfungsaufgaben war z. B. in manchen Fakultäten das zufällige Aufschlagen der Bücher maßgebend, in anderen stellten einzelne Lehrer die Fragen nach ihrem Belieben, in wieder anderen wurden sie durch Beschluß der Prüfungskommission festgelegt. „Die Abstimmung erfolgte durch mündliche oder schriftliche Erklärungen (vota, deposiciones), für welche allgemein galt, daß sie nicht bedingt sein durften, sondern ein klares Ja oder Nein enthalten mußten. Am vollkommensten erreichte man das durch eine geheime Abstimmung, wie sie z. B. in Leipzig üblich war, wo die Hüte der Kandidaten auf dem Tische standen, in die jeder Examinator eine Erbse oder ein Steinchen legte. Drei Erbsen galten für bestanden, drei Steinchen für durchgefallen. Der Grad des Doktors oder Magisters wurde ohne Prüfung verliehen; mit der Lizenz waren die eigentlichen Prüfungen beendet. Die Verleihung erfolgte unter einer Reihe von symbolischen Handlungen und Übergabe von Symbolen, während alle anderen Grade ohne Symbole und auf Grund mehr oder weniger ausgebildeter Prüfungen erteilt wurden. ... Es läßt sich nicht mit Sicherheit sagen, welcher Brauch in den verschiedenen Fakultäten und Universitäten herrschte, aber es scheint doch, daß die Zahl und Art der Symbole nicht sowohl nach Fakultäten als nach Universitäten verschieden war, vielleicht auch nach Zeiten. Hut, Ring, Buch und Kuß scheinen allgemein üblich gewesen zu sein, der Ring jedoch nicht bei der Promotion von Ordensleuten. Das Buch wurde gewöhnlich in doppelter Form übergeben, geschlossen und geöffnet. Bisweilen wird außerdem noch die Übergabe des Katheders, die Erteilung des Segens und das Bekleiden mit dem Doktormantel als Symbol behandelt. Wo nun der Mantel und die Übergabe des Mantels unter den Symbolen nicht erwähnt wird, da legte der Doktorand den Mantel vorher selbst an, und die Tatsache, daß ihm gestattet wurde, in dieser Tracht zu erscheinen, galt als Übergabe und Umhüllung. (Hut, Mantel und Ring hatte sich der Doktorand anzuschaffen; durch die Promotion und die feierliche Übergabe erhielt er das Recht, sie öffentlich zu tragen. ... In Deutschland bildete der Hut das Hauptsymbol, er vertrat die ganze Doktortracht, wenn Mantel oder Mantel und Ring nicht überreicht wurden, oder doch ihre Überreichung in der Schilderung oder den Vorschriften nicht ausdrücklich erwähnt wird" (ebenda, S. 321-323).

Genaue Zahlen über die Frequenz der mittelalterlichen Universitäten sind nicht bekannt. Nach den Schätzungen von F. Eulenburg (1904) kann angenommen werden, daß die Gesamtzahl aller in Europa Studierenden gegen Ende des 15. Jahrhunderts, als schon etwa 75 Universitäten bestanden, zwischen 10 000 und 15 000 Studenten lag. Von diesen erwarb überhaupt nur ein Viertel einen akademischen Grad, der Rest verließ die Universitäten nach einiger Zeit ohne einen Grad. Nur zwei bis drei Prozent aller Studenten erwarben einen Magister- oder Doktorgrad, etwa sieben bis acht Prozent der Studenten verließen die Universität mit einem Lizentiatengrad. Dabei - wir haben es dargelegt - war die Studiendauer z. T. relativ lang und oft an das Erreichen eines bestimmten Lebensalters gebunden. Wieviele von den Graduierten auf Deutschland kommen, läßt sich höchstens vermuten. Jedenfalls sprechen diese Zahlen für die Exklusivität des Graduierungsvorgangs und bezeugen den „Elitecharakter" der mittelalterlichen Magister und Doktoren.

Die Verfassung der Universitäten wie ihre Verwaltung war um 1500 nicht wesentlich anders als um 1400. Änderung brachte aber - wenn auch allmählich - der Humanismus, überhaupt das ganze 16. Jahrhundert.

2. Promotion und Dissertation im 16. und 17. Jahrhundert

Im 17. Jahrhundert sind die Gelehrten bereits als eigenständige soziale Schicht zu fassen. Diese Gelehrtenschicht bildet sich in Deutschland mit der Reformation und mit dem voraus- bzw. einhergehenden Humanismus heraus. F. Paulsen und M. Steinmetz haben dies, von unterschiedlichen Positionen ausgehend, überzeugend dargestellt. Nachstehend wird durchgängig der Begriff „Gelehrter", auch „Schicht der Gelehrten", verwandt. „Intelligenz" verwende ich für das 16. und 17. Jahrhundert nicht. Erst mit der Verbindung von Artifex und Gelehrter, mit der Aufnahme der Praxis in das Aufgabenfeld des Gelehrten bildet sich prozeßhaft die Schicht heraus, die wir heute als Intelligenz bezeichnen. Gebildeter und Gelehrter zu sein muß in unserer Zeit nicht mehr identisch sein, was in Antike und Mittelalter aber weitgehend der Fall war.

Im 16. Jahrhundert wird, trotz neuer sozialer wie ökonomischer Bedingungen, von Humanismus und Reformation mit ihren Wirkungen, hinsichtlich der Stellung des Gelehrten und seiner institutionellen Basis, der Universität, vieles beibehalten: die Fakultätseinteilung und die Rektoratsverfassung, die Stellung der Fakultäten innerhalb der Gesamtuniversität usw. Aber dieser scheinbare Gleichklang täuscht, was die Stellung des Gelehrten angeht, auch wenn etwa die Universität Halle noch bei ihrer Gründung 1694 (mit gewissen Einschränkungen) die Strafgerichtsbarkeit erhält und die Universität Rostock sogar bis zur Mitte des 19. Jahrhunderts die zivile Gerichtsbarkeit besitzt.

Bedeutende Vertreter des deutschen Humanismus haben sich mit der Reformation verbunden. Ein Teil von ihnen geht während der Reformation zur katholischen Kirche zurück, erschrocken über die Folgen der Reformation. Ein kleinerer Teil sucht einen dritten Weg zwischen Katholizismus und Reformation, so etwa S. Franck oder Paracelsus, von dem der breite Strom des Paracelsismus ausgeht. Letzterer ist vornehmlich *ein* Sammelbecken für jene außerhalb der Universitäten wirkende Schicht der Gelehrten, die in Deutschland in der Frühen Neuzeit eine bedeutende Rolle spielt. Humanisten, die wie Ph. Melanchthon den Weg der Reformation bis zum Ende gehen, bestimmen die weitere Entwicklung der (protestantischen) deutschen Universitätsgeschichte und der Gelehrtenbildung überhaupt. Die Reformation hat mit der universalen Papstkirche auch die universale Konzeption und theoretische Funktion des überkommenen Generalstudiums in Frage gestellt. Die Trennung von Rom ermöglicht auch die Erneuerung der deutschen Universitäten. Melanchthon hat in Wittenberg 1518 seine Lehrtätigkeit mit seiner berühmt gewordenen Antrittsvorlesung „De corrigendis adolescentiae studiis" (Von der Erneuerung der Studien der Jugend) begonnen und damit auch ein umfassendes Programm für die grundlegende Reform der Hohen Schulen im Sinne des humanistischen Bildungsideals dargelegt. In seiner programmatischen

Rede wendet er sich gegen die scholastische Interpretation des Aristoteles. Es gebe drei Wissenschaftsgattungen: Logik, Physik und Ethik. Für die schulische Grundausbildung wird Unterricht in Grammatik, Dialektik und Rhetorik gefordert. Die Kenntnis des Griechischen müsse die des Lateinischen ergänzen. Unter Philosophie faßt Melanchthon Naturwissenschaft, Sittenlehre und Geschichte. Ihr Studium empfiehlt er nachdrücklich, fordert eine Wiedererweckung der Wissenschaft und die Absage an jede Art „schlechter Lehre". I. Kant wird Melanchthons Aufforderung „sapere audete" (wagt es, weise zu sein) als „Wahlspruch der Aufklärung" mit eigener Übersetzung wieder aufnehmen. Melanchthons Lehrbücher werden Grundlagen des Unterrichts auch an den protestantischen Universitäten, zumindest bis 1600. Noch im 17. Jahrhundert hat die damalige Schulphilosophie, wie sie an der Artistenfakultät gelehrt wurde, neun Hauptgebiete: Metaphysik, Physik, Mathematik, Ethik, Ökonomik, Politik, Logik, Rhetorik und Grammatik. Diese Schulphilosophie versteht sich als in Entwicklung befindlich. So übt sie Kritik am Erbe des 14. und 15. Jahrhunderts. Die Gymnasien, Lyzeen, Pädagogien usw. bieten jetzt z. T. den Stoff der Artistenfakultät und dürfen ebenfalls z. T. den Titel des baccalaureus verleihen.

Im 17. Jahrhundert hat sich der landesherrliche Einfluß auf die Universität erheblich verstärkt. Jedoch besteht die Universität als Körperschaft im ganzen und in ihrer Gliederung im einzelnen nach der Reformation fast unversehrt weiter. „Nicht nur die disziplinarische und die zivile, sondern teilweise auch die Strafgerichtsbarkeit über die Universitätsverwandten einschließlich der Buchführer und Buchbinder war ihr verblieben; damit dauerte freilich auch eine Reibungsfläche zwischen Universität und Universitätsstadt fort. Auch ihren Fiskus verwaltete die Universität selbst. Wie früher genossen die Professoren gewisse Steuerfreiheiten und die bekannten Gerechtsame bis hin zum Ausschank von Wein und Bier. Die Zensur über die ... Universitätsschriften, von den gelehrten, dicken Folianten bis hin zu den zahlreichen Theses, Orationes, Carmina, Gratulationes, Epithalamia, Epicedia und dergleichen lag in den Händen der Dekane. Nach wie vor stand die theologische Fakultät dem Ansehen nach an der Spitze, die philosophische, auch der Besoldung nach, am Schluß, so daß die Philologen bisweilen die Rektorstellung eines Gymnasiums ihrer Professur vorzogen" (G. A. Benrath, Die deutsche evangelische Universität der Reformationszeit, S. 76). Die „Verstärkung des landesherrlichen Einflusses auf die Universität" bringt allmählich in den protestantischen Gebieten eine neue Universität - nicht der Form, aber dem Geist nach - hervor.

Bei den Universitäten in Fulda, Würzburg, Ingolstadt und Dillingen handelte es sich „um die vier Archetypen, ... auf die die meisten der von den Jesuiten getragenen gegenreformatorischen Universitäten zurückgeführt werden können" (E. Schubert, Zur Typologie gegenreformatorischer Universitätsgründungen, S. 85). In Ingolstadt bekamen die Jesuiten 1549 (zeitweilige Tätigkeit von P. Canisius) bzw. ab 1556 (Eröffnung eines eigenen Kollegs) allmählich die Universität ganz in ihre Hand. Dillingen wurde 1563 von ihnen übernommen, Würzburg 1567. In Fulda beherrschten die Jesuiten ab 1572 das 1734 zur Universität erhobene Gymnasium. „Ziel der Societas Jesu als Lehrkorporation war die Beherrschung der artistischen Fakultät; denn diese bildete das Bindeglied zwischen jesuitischer Konvikts- und Internatserziehung und der theologischen Fakultät. Beherrschte der Orden die facultas artium, so hatte er die Kontinuität des geistlichen Bildungsweges gesichert. Der Zögling, der in jungen Jahren in das Konvikt der Jesuiten eintrat, blieb unter ihrer Leitung, wenn er ... an der philosophischen Fakultät seinen Cursus Logicus und den Aristoteles paukte und schließlich in der theologischen Fakultät Casus und Thomas von Aquino studierte“ (ebenda, S. 91f.). Bereits die Zeitgenossen fanden für den Ingolstädter, Würzburger bzw. Dillinger Universitätstyp den Ausdruck „Academia Catholica“. Ihre Grundlage war die Verpflichtung ihrer Angehörigen auf den rechten Glauben, die professio fidei. Das tridentinische Glaubensbekenntnis bei der Immatrikulation forderte als erste deutsche Universität Dillingen seit 1565; in Würzburg begnügte man sich mit der Vereidigung auf das tridentinische Glaubensbekenntnis bei der Graduierung; in Ingolstadt gab es harte Kämpfe, als auch die Universitätslehrer die professio fidei ablegen sollten. „Eine feste Bindung der civitas litterarum an den katholischen Glauben erstrebten die marianischen Kongregationen und Sodalitäten, die an den einzelnen Universitäten Studenten und Lehrer vereinten, und die seit 1594 der marianischen Kongregation in Rom unterstellt waren“ (ebenda, S. 96).

Die Ausbildung in den Artistenfakultäten an den protestantischen Universitäten, die etwa ab 1600 auch schon als Philosophische Fakultäten bezeichnet wurden, erreichte in Auswirkung der Konzeption Melanchthons schon seit der zweiten Hälfte des 16. Jahrhunderts ein höheres Niveau. Ein beträchtlicher Fortschritt war die Umwandlung vorhandener Lehrstühle durch Spezialisierung auf fest umrissene Fächer. Vielfach wurden neue Lehrstühle geschaffen. In Leipzig aber, und wohl nicht nur hier, blieb es bis nach 1617 an der Artistenfakultät bei neun Lehrstühlen. Extraordinarii und Privatdozenten waren aber auch hier die Regel. Die Verfassung der deutschen Universitäten wurde allmählich den neuen Verhältnissen angepaßt. An die Stelle der Kanzler traten in den protestantischen Gebieten die Konsistorialbehörden. In der Regel wurde der Landesherr als Rector magnificentissimus auch äußerlich das Oberhaupt der Universität. Die frühabsolutistische Politik einer Zentralisation in der Dezentralisation brachte neue entscheidende Einschränkungen ursprünglich verbriefter Rechte und Freiheiten der Universitäten mit sich. Mit dem Ausbau der Territorialstaaten kam es oft zu massiven Eingriffen in die Angelegenheiten der Fakultäten, z. B. in das Recht, den Lehrkörper selbst zu ergänzen. Häufige Visitationen seitens der landesherrlichen Konsistorialbehörde, die sich aus Theologen und Juristen zusammensetzte, dienten einer laufenden Kontrolle der „Orthodoxie“, aller Einzelheiten des Studien- und Ausbildungsganges, des zweckgerichteten Einsatzes der oft geringen Mittel sowie der äußeren Ordnung an den Universitäten. Seit der zweiten Hälfte des 16. Jahrhunderts verstärkte sich auch die territorialkonfessionalistische Ausrichtung. Die Professoren wurden treue Diener der Landesherren - in protestantischen Territorien auf die Konkordienformel, in den katholischen auf die professio fidei festgelegt.

Die Fülle theologischer, oft erbitterter Streitigkeiten der zweiten Hälfte des 16. und dann des 17. Jahrhunderts waren *auch* Erscheinungsformen machtpolitisch motivierter Auseinandersetzungen zwischen einzelnen Dynastien, die sich dabei ihrer engagierten Hoftheologen zu bedienen wußten. Der Kampf der orthodoxen Lutheraner gegen innerprotestantische „Irrlehren“ war nach Zielrichtung und Form durchweg wesentlich schärfer als ihre Polemik gegen die „Papisten“. Verbote des Besuchs nichtlutherischer und demzufolge suspekter Universitäten wurden „eingeschärft“, neue, erweiterte Verbote erlassen. Territorialgewalten, die dem reformierten Bekenntnis anhingen, untersagten ihren „Landeskindern“ den Besuch von lutherischen Universitäten. Für Stipendiaten und bald auch für solche Studenten, die auf eine Anstellung im Fürstenstaat hofften, wurde das Studium an den Landesuniversitäten weitgehend obligatorisch, so im lutherischen Württemberg.

Die melanchthonische Philosophie verliert um 1600 im protestantischen Bereich ihre Vormachtstellung. Die lutherische Schulmetaphysik wird hier dominierend und bleibt es bis zu ihrer beginnenden Zersetzung in den siebziger Jahren des 17. Jahrhunderts, d. h. bis zum Pietismus und der weltlichen Frühaufklärung. Diese Schulmetaphysik wird aus zwei Quellen gespeist: Einerseits aus dem Aristotelismus der Paduaner Schule und damit aus der italienischen Naturphilosophie, die wiederum stark auf Averroes fußt; andererseits finden sich prägnante Einflüsse des Jesuiten F. Suárez und der jesuitischen Philosophie bzw. Metaphysik überhaupt. In dieser Schulmetaphysik zeichnet sich wieder die Trennung von Philosophie und Theologie ab. Diese Trennung setzt sich - über die Ethik - Ende des 17. Jahrhunderts durch. Durch die Differenzierung der Schulmetaphysik werden die Lehren der Autoritäten (also Bibel, gesicherte Kirchenväter bzw. lutherische Lehren) mit dem natur- und geisteswissenschaftlichen Fortschritt „verträglich“ gemacht - mit welchen Kunstgriffen auch immer. Ein Beispiel dafür ist die Lehre des N. Kopernicus in der zweiten Hälfte des 16. Jahrhunderts an den protestantischen Universitäten.

Bis in die erste Hälfte des 17. Jahrhunderts existiert als Grundidee im gesellschaftlichen Leben der Ordo-Gedanke, wenngleich er gegenüber dem Mittelalter modifiziert ist. Danach weisen alle Lebensbereiche eine große, gottgewollte Ordnung auf. Selbst für Himmel und Hölle war eine genaue Gliederung in Ober-, Unter- und Nebenordnung angegeben. In dieser Ordo-Welt besaßen auch die Gelehrten ihren festgelegten Platz, zumal in den lutherischen und calvinistischen Ländern Deutschlands. In den süddeutsch-katholischen Gebieten lagen die Verhältnisse etwas anders, weil dort die Kirche eine stärkere bindende Grundlage des geistigen Lebens war und der weltliche Gelehrte nicht die Bedeutung erlangte, die der Geistliche besaß. Das galt auch für die Universitäten. Das Ordo-Bild widerspiegelt bestimmte Schichtenstrukturen der Frühen Neuzeit bis etwa zur Mitte des 17. Jahrhunderts. Der Systembegriff der Folgezeit fußt dagegen auf dem aus dem Wissensstand entspringenden Wissenschaftsdenken. Das neue Weltbild wird als einheitlicher und bestimmbarer Naturzusammenhang gefaßt.

Durch die Reformation war die gelehrte Bildung in gewisser Hinsicht verweltlicht worden. Die neuen weltlichen Gelehrten fühlten sich durch die neue humanistische Bildung hoch über das Volk hinausgehoben. Das ganze 16. Jahrhundert hindurch suchten die Universitätsgelehrten - ein nicht unwesentlicher Teil der Gelehrten - gesellschaftlich eine geschlossene Gruppe zu bilden und als solche einen hohen Rang einzunehmen. Die Juristen wurden durch die allmähliche Herausbildung des absolutistischen Staates als Beamte für die Verwaltung unentbehrlich, ebenso für das Rechtswesen durch die Wandlung von Laiengerichten mit deutschem Recht zu Berufsgerichten mit römischem Recht. Die Fürsten belohnten ihre Dienste durch hohe Ehrungen und Vorrechte. Auch im Protestantismus galt die Theologie als „regina scientiarum“, als Königin der Wissenschaften. Besonders die Theologen erfreuten sich hohen gesellschaftlichen Ansehens. Ebenso waren die Ärzte sehr geachtet. Die akademischen Gelehrten selbst, zutiefst überzeugt von der überragenden Bedeutung ihrer Wissenschaft, haben mit starkem Selbstbewußtsein - das oft in Hochmut und Dünkel mündete - innerhalb der bestehenden Gesellschaftsordnung die Achtung und Anerkennung ihres „Standes“ gefordert und durchgesetzt. Sie haben auch im 16. und 17. Jahrhundert selbst an den Äußerlichkeiten des Ständewesens, den Formen, Titeln und Trachten, nicht selten mit Leidenschaft gehangen. Einige von ihnen haben aber dabei auch für das Volk geschrieben. Zu fast allen Zeiten hatten Gelehrte eine hohe Meinung von sich und ihrem Beruf. Ganz besonders deutlich wird dies dann in J. G. Fichtes Arbeit „Über die Bestimmung des Gelehrten“. Und seinen Forderungen ist im allgemeinen nicht widersprochen worden.

Adelige, Bauern, Städter und Fürsten blieben staatsrechtlich stets in ihrem gleichen Stand. Die Gelehrten vermochten dagegen, diese Ordnung zu durchbrechen. Wer der Welt der Wissenschaft angehörte, war ebensosehr aus der übrigen Welt herausgehoben wie der Priester, dann der Beamte. So entstand die „nobilitas literaria“, in der sich die Gelehrten zusammenschlossen. Dieser Begriff ist zum Gegenstand vielfacher theoretischer Erörterungen unter ihnen geworden.

Im Verlauf des 16. Jahrhunderts wird der „nobilitas generis“, dem Geburtsadel, die „nobilitas literaria“ rechtlich gleichgestellt. Die Gleichstellung von Adel und Doktortitel findet sich ja bereits im Mittelalter, zuletzt in den Reichstagsabschieden von 1498 und 1500. Doktoren müssen unter Bürgerlichen bei Tisch wie Adelige gesetzt werden. Gegen sie verübte Beleidigungen werden so streng geahndet wie gegen Adelige verübte. Doktoren dürfen nicht gefoltert werden, ihre Aussagen gelten vor Gericht mehr als die Bürgerlicher. Werden ein Doktor und ein Bürgerlicher gleichermaßen verdächtigt, einen Mord verübt zu haben, wird die Tat dem Bürgerlichen zugeschrieben. Ein Doktor darf einen Nachbarn, der ihn durch Lärm bei der Arbeit stört, vertreiben. Er ist frei von Steuern, Abgaben usw. Noch I. Kant opponiert gegen einen Nachbarn, „der auf dem Hofe einen Hahn hielt, dessen Krähen unsern K. im Gange seiner Meditationen zu oft unterbrach. Für jeden Preis wollte er dieses laute Tier ihm abkaufen und sich dadurch Ruhe schaffen, aber es gelang ihm bei dem Eigensinn des Nachbarn nicht, dem es gar nicht begreiflich war, wie der Hahn einen Weisen stören könnte“ (L. E. Borowski, Darstellung des Lebens und Charakters Immanuel Kants, S. 57). Aber Kant prozessierte nicht, er zog um. Solche Forderungen der Gelehrten waren Realität, der Adel hatte sich weitgehend damit abgefunden. Allerdings wurde gerade der Doktorgrad auch in der Frühen Neuzeit relativ selten verliehen, eine Promotion war weiter sehr teuer. Die Doktoren bezeichneten die höchste Stufe der Gelehrtenpyramide. Diese Rangunterschiede spiegeln sich auch deutlich in den Kleiderordnungen wider.

Im 17. Jahrhundert werden in Deutschland die politischen Vorrechte der Stände, die bis dahin wesentlich an der Herrschaft beteiligt waren und an Gesetzgebung, Rechtsprechung und Verwaltung mitwirkten, durch die Landesfürsten nach und nach eingeschränkt oder ganz beseitigt. In den Städten bleibt die altständische Struktur weitgehend erhalten und die lokale Machtausübung des Patriziats unangetastet. Das ständische Prinzip herrscht im Alltag noch vor, wofür die Kleiderordnungen ein eindrucksvolles Beispiel sind. Die hierarchische Rangordnung dient zur Absicherung der Interessen vor allem der Oberschicht und führte zu zahlreichen Auseinandersetzungen und Unruhen, zu ständigen Statuskonflikten, die die immer wieder neu erlassenen *Policey*-Ordnungen bezeugen. In jeder ausführlichen Kleiderordnung des 16. und 17. Jahrhunderts hat die ständische Gliederung der Stadtbevölkerung ihr Spiegelbild gefunden. Äußerst präzise wird aufgezählt, wer was tragen darf, tragen soll oder keinesfalls zu tragen hat.

Die Zahl der „Stände“ in den Städten schwankt zwischen zwei und neun. Am häufigsten begegnet eine Einteilung in drei Gruppen. Auch dabei gehören Doktoren, Magister und Lizentiaten dem obersten Stand an. Nach der Policey-Ordnung von Frankfurt am Main vom Jahre 1671 wurden fünf Stände unterschieden: zum 1. Stand zählten der Schultheiß, die Schöffen und andere „Regimentspersonen“, zudem Doktoren, Syndici und Angehörige adeliger Familien, deren Vorfahren seit mehr als 100 Jahren am Stadtregiment teilnahmen. Der 2. Stand umfaßte die „Ratsherren der zweiten Bank", die vornehmsten Bürger, einschließlich Großhändler und Bankiers. Im 3. Stand waren die „Ratsherren der dritten Bank", Notare und Prokuratoren, Künstler, Krämer u. a.; im 4. Stand „die gemeinen schlechten Krämer, Handelsdiener und Handwerker". Alle übrigen, etwa Kutscher, Tagelöhner usw. bildeten den 5. Stand. Zumeist ziemlich hohe Geldstrafen sollten in den einzelnen Städten die Einhaltung der Kleiderordnungen sichern. In Straßburg räumen die Kleiderordnungen des 17. Jahrhunderts Doktoren, Lizentiaten und Professoren aller Fakultäten ein, sich ganz nach eigenem Wunsch zu kleiden, mahnen sie aber, sich ihrem Stande und ihren Freiheiten gemäß zu verhalten. In der Straßburger Ordnung von 1660 mit ihren 256 Berufen, die in sechs Grade unterteilt sind, wird diese Einteilung auch auf die gelehrten Berufe angewandt. Dem 3. Stand, dem der gemeinen Bürger, entsprechen die „teutschen Schulmeister, die sonsten keine qualität haben". Lehrer der Lateinschulen, „Praeceptores classici", rechnen zur oberen Staffel des 4. Grades. Gelehrte, die weder den Doktor- noch den Lizentiatengrad erworben haben, „doch ihre studia so weit gebracht, daß sie würcklich practiciren und sich habilitieren könnten", gehören der unteren Staffel des 5. Grades an. Sich habilitieren besagte damals: den Nachweis einer erhöhten wissenschaftlichen Befähigung an einer Universität zu erbringen. Dies waren die Responsiones pro loco. Professoren, Doktoren und Lizentiaten der Universität haben Sonderrechte. Zum Vergleich: nach dieser Ordnung gehören zur oberen Staffel des 4. Grades Schreiber der verschiedenen Ämter, Post- bzw. Münzmeister und eingetragene Notare (Notarii immatriculati), zur unteren Staffel des 5. Grades jene, die zwar ein „starkes und ansehnlich gewerb" führen, aber von geringerer Abkunft sind und jene, die wohl von vornehmer Geburt sind, aber lediglich mittelmäßige Gewerbe betreiben.

Um als Gelehrter zu gelten, bedurfte es im Deutschland der Frühen Neuzeit nicht der Doktorwürde; viele Gelehrte erwarben nur den Magistergrad, und auch dieser war nicht notwendig, um zur Gelehrtenschicht gezählt zu werden. „Nach oben hin verlor sich diese Schicht durch die Doctoren in den Adel, nach unten hin durch die Baccalauren, die Handwerker oder Kaufleute wurden, ins Bürgertum. Sie blieb aber eine feste Gruppe, zwar nicht in staatsrechtlicher, wohl aber in gesellschaftlicher und - was besonders wichtig war - in geistiger Hinsicht" (E. Trunz, Der deutsche Späthumanismus um 1600, S. 151).

Die Grundlagen seines Wissens erwarb der künftige Gelehrte auf der Lateinschule. Dann erhielt er an der Artistenfakultät eine gründliche philologisch-philosophische Allgemein- bzw. Vorbildung, bevor er - wenn überhaupt - zu einer höheren Fakultät überging. Nach der Artistenfakultät schuf meist die Magisterpromotion einen gewissen Abschluß. Es folgten einige Jahre als Schullehrer oder Hofmeister, neben oder verbunden mit der „peregrinatio academica", der akademischen Wanderschaft, gegebenenfalls die Fortsetzung des Studiums an einer höheren Fakultät und von dort der Übergang zum Beruf. Es folgten gesellschaftlicher Aufstieg, Ehe, Buchveröffentlichungen, eventuell neue Reisen, literarische Freundschaften und gelehrter Briefwechsel, wissenschaftliche und öffentliche Arbeit. Standen die Gelehrten auch durch ihren Beruf im Zusammenhang mit dem damaligen Leben und verkehrten sie mit Vertretern anderer Schichten, so führten sie doch daneben - und darauf legten sie größten Wert - ihr Leben für sich innerhalb ihrer Schicht. Lateinische Dichtungen haben in der Frühen Neuzeit fast alle Gelehrten verfaßt - oft, um sich gehörig in Positur zu setzen. Die Gelehrten stellten im 16. und 17. Jahrhundert weitgehend die Produzenten, aber auch die Konsumenten der in Deutschland erschienenen wie vertriebenen Bücher.

J.-J. Berns gibt für das Durchsetzen der Deutschsprachigkeit in den einzelnen Fachgebieten, auf Berechnungen von F. Paulsen, F. Kapp und J. Goldfriedrich fußend, folgende Tabelle an (J. G. Schottelius, Nachw. S. 18):

Fachgebiet	Zeitphase der Durchsetzung der Deutschsprachigkeit
1. Protestantische Theologie	vor 1530
2. Musik	1600 - 1610
3. Poesie	1640 - 1650
4. Philosophie	1640 - 1660
5. Historie	1680 - 1690
6. Katholische Theologie	1690 - 1700
7. Medizin	1. Hälfte des 18. Jahrhunderts
8. Jurisprudenz	2. Hälfte des 18. Jahrhunderts

Die Meßkataloge des Jahres 1637 verzeichnen insgesamt 705 Titel. 81,5 % aller auf den Messen gehandelten Bücher entstammen dem deutschsprachigen Bereich, 16,5 % dem niederländisch-belgischen, 2 % kommen aus anderen Ländern. Insgesamt sind 59,5 % der Bücher lateinisch, 37,5 % deutsch abgefaßt. Zentren der Buchproduktion sind Köln, Leipzig, Rostock, Nürnberg, Frankfurt am Main, Breslau, Hamburg, Marburg, Jena, Straßburg und Lüneburg, jeweils mit einer Jahresproduktion von mehr als 10 Titeln. 1658 kamen 84,5 % aller auf den Messen vertriebenen Bücher aus Deutschland, die lateinische Literatur ist für den deutschsprachigen Bereich gegenüber früher von 53 % auf 58 % gestiegen; der Anteil der deutschsprachigen Bücher ist etwas zurückgegangen. An der Spitze der deutschen Buchproduktion stehen in dieser Reihenfolge jetzt Frankfurt am Main, Köln, Leipzig, Jena und Nürnberg mit mehr als 30 Titeln jährlich, in 18 von 65 auf den Messen feststellbaren Buchproduktionsstädten erscheinen 74,5 % der deutschen Buchproduktion. Dabei ist die von J. Goldfriedrich für das 17. Jahrhundert vorgenommene Unterscheidung von vier Literaturschichten zu beachten: 1. Die lateinisch geschriebene Gelehrtenliteratur; 2. Die deutschsprachige Literatur, in der die theologische vorherrscht; 3. Eine Vielzahl von Schul-, Bet- und Hausbüchern, Narren- und Volksbüchern, Historien und Sagen-, Wetter-, Traum- und Rätselbüchern sowie kleine Schriften über wundersame Erscheinungen, Kriegsereignisse und Unglücksfälle; 4. amtliche und Gelegenheitspublikationen lokaler und persönlicher Art wie städtische Verordnungen, Leichenpredigten, Hochzeitsgedichte, Gratulationen und Schulreden. Die Gruppen 3 und 4 finden sich nur z. T. in den Meßkatalogen der Buchmessen Frankfurt am Main und Leipzig, die ab 1564 ein Bild von der Literaturproduktion und vom Literaturvertrieb in Deutschland vermitteln. Daß diese „Trivialliteratur" auch von Gelehrten gelesen wurde, ist aus den Lesegewohnheiten heutiger Zeit zumindest nicht für ausgeschlossen zu halten. Teilweise wurde sie von Gelehrten verfaßt und war auch für sie bestimmt, etwa das Universitätsgelegenheitsschrifttum. Hinzu kamen in Deutschland allmählich die zahlreichen Zeitungsunternehmen.

Heute wissen wir, welche enorme Quelle zur Bildungsgeschichte die Leichenpredigten im protestantischen Bereich zwischen der Mitte des 16. und Mitte des 18. Jahrhunderts darstellen. Natürlich erhielt ein jeder gestorbene Hochschullehrer der Frühen Neuzeit im allgemeinen seine gedruckte Leichenpredigt. Manche Prediger gaben ihre gesammelten Leichenpredigten heraus, so V. Herberger oder Ae. Hunnius. Dann wurden sie auch in den Buchkatalogen erfaßt. Die genannten Meßkataloge erfassen bei weitem nicht die überaus reiche Buchproduktion des katholischen Südens und auch nur einen Teil der „libri poetici", die ja in Goldfriedrichs zweite Gruppe gehören.

Die Zahl der akademisch Gebildeten war im Laufe des 16. Jahrhunderts stets größer geworden. Der Hochschulbesuch bildete eine hervorragende Möglichkeit sozialen Aufstiegs für einen Bürgerlichen, und immer mehr Tätigkeiten setzten ein abgeschlossenes Studium voraus. Auch in dieser Hinsicht wirkte sich die territoriale Zersplitterung Deutschlands positiv aus (z. B. für den höheren Beamtenbedarf). Nach F. Eulenburg gab es zu Beginn des 16. Jahrhunderts etwa 3 200 Studenten in Deutschland, zu Beginn des 17. Jahrhunderts (einschließlich der katholischen Länder) etwa 7 000 bis 8 000, eine mehr als doppelt so große Anzahl, während die Bevölkerung nur auf etwa das eineinhalbfache angewachsen war. Die Zunahme des Studiums war in Wirklichkeit noch stärker, als diese Zahlen es ausdrücken. Denn bis zum Ausgang des Mittelalters waren viele Studenten schon vierzehnjährig zur Universität gekommen und viele Jahre dort geblieben. Um 1600 kamen sie zumeist erst nach abgeschlossener Schulbildung mit 17 bis 20 Jahren dorthin und pflegten in der Regel 4 bis 5 Jahre zu studieren. Die auf das Studium vorbereitenden Schulen waren besser und häufiger geworden, und die Artistenfakultät hatte ein bedeutend höheres Niveau. Geht man von Eulenburgs Angaben aus und berücksichtigt man, daß die mittlere Zahl der zu erwartenden ferneren Lebensjahre für den mit 24 Jahren die Hochschule Verlassenden etwa 30 - etwas weniger als in den späteren Jahrhunderten - betrug, mag es zu Beginn des 17. Jahrhunderts in Deutschland etwa 50 000 akademisch Gebildete gegeben haben. Allerdings sind die Immatrikulationszahlen kein zuverlässiger Indikator. Viele ließen sich immatrikulieren, um der Universitätsprivilegien teilhaftig zu werden, andere scheuten die Immatrikulation zum Beispiel aus Furcht vor der Deposition bzw. dem Pennalismus, obgleich sie die Vorlesungen besuchten.

Der Pennalismus spielte unter den Studenten im 17. Jahrhundert eine große Rolle. Darunter ist die fast sklavische Herrschaft der älteren Studenten über die jüngeren zu verstehen. In einer Jenenser Schrift des Rektors und der Professoren heißt es, daß 1647 und in den folgenden Jahren „die jungen Studenten unter einander selbst / bevorab die jenigen / welche sich Absoluten genennet / nach Art der ältern Studiosorum / die neuankommenden aufs hefftigste agiret / sie nach anzahl der Wochen / welche sie alhier gelebt / in gewisse Classen eingetheilet / und etliche Füchse / andere Esel / noch andere anders zubenahmet“. (Gäntzliche Abschaffung des schädlichen Pennal-Wesens / auf der Universität zu Jena, A4b). „Anders“ hieß u. a. Quasimodogeniti, Neovisti, Pappschnäbel, Haushähne, Mutterkälber, Beati, Schieber, Hausunken usw. Die Deposition war Bestandteil des Pennalismus, bei der der neue Student eine Reihe von törichten Possen über sich ergehen lassen mußte, die nicht selten in Grausamkeit umschlugen. In den Statuten der Universität Halle von 1694 ist die Deposition bereits abgeschafft. J. M. Moscheroschs „Philander von Sittewald“ schildert den Pennalismus anschaulich, ebenso E. W. Happel. Vergeblich hatte man an den bestehenden Universitäten bis Ende des 17. Jahrhunderts Verbot über Verbot wider den Pennalismus erlassen. In diesem Jahrhundert bildete sich auch der für die Universitäten später berüchtigt werdende Saufcomment heraus. Getrunken wurde unmäßig, aber nach Trinkgesetzen und -regeln. Auch dies findet sich anschaulich bei Moscherosch geschildert.

Die Gesamtbevölkerung Deutschlands - einschließlich Preußens und Österreichs - betrug 1620 etwa 16-18 Millionen. Die Gelehrten bildeten darin auch jetzt nur eine dünne Schicht. Aber gerade das ermöglichte den persönlichen Zug in ihrem Zusammenhalt. Sie hatten unterschiedlichste Berufe, waren Geistliche, Richter, Advokaten, Latein- und Hochschullehrer, fürstliche bzw. städtische Beamte und Ärzte. Wichtig für die Verbreitung der Gelehrtenschicht ist die Entstehung des Beamtentums. Es „entsteht aus der kulturellen, sozialen und blutsmäßigen Vermischung jenes Anteils der Gelehrtenschicht, die sich im 16. und 17. Jahrhundert an die Höfe begeben hatte, um sich in den Dienst der Fürsten zu stellen, mit jenem Feudaladel, der zu gleicher Zeit ‘verhoft’ und sich seinerseits ebenfalls in ein Hofbeamtentum verwandelt“ (A. Martino, Barockpoesie ... S. 124). Etwa ab 1680 wurde die gemeinsame Hoffähigkeit von Höfling, Offizier und Beamten in Rangordnungen geregelt. Sie verkörperten den Dienstadel.

In Deutschland entwickelte sich im 17. Jahrhundert auf dieser Grundlage die Politikwissenschaft. H. Arnisaeus setzte als Philosoph die von J. Caselius erhobene Forderung nach einer systematischen Wissenschaft von der Politik in die Tat um. In seiner aus Vorlesungen hervorgegangenen „Politica“ (1615) spiegeln sich alle wesentlichen staatstheoretischen und -rechtlichen Anschauungen der Zeit wider. Arnisaeus galt als der bedeutendste Schüler J. Bodins in Deutschland. Wie sein Vorbild suchte auch Arnisaeus eine unabhängige Stellung zwischen den extremen Positionen in den damaligen Staatsauffassungen. So stand er in schroffem Gegensatz zu J. Althusius und seiner „Politica“ (1606), die als der erste deutsche Versuch einer systematischen Staats- und Gesellschaftslehre anzusehen ist.

Bis zur zweiten Hälfte des 16. Jahrhunderts waren fast ausschließlich Bürgerliche als Juristen von den Fürsten zur Mitarbeit bei der Festigung des Territorialstaates herangezogen worden. Zumeist wurden sie für ihre Verdienste geadelt. Ab diesem Zeitpunkt schickte der Adel in wachsendem Maße seine Söhne selbst an die Universität, vornehmlich zum Jurastudium. Nach 1648 läßt sich eine Trennung der Ausbildung von Bürgerlichen und Adel deutlich erkennen: die Bürgerlichen besuchen weiterhin die traditionellen Bildungseinrichtungen, der Adel bevorzugt Standesschulen oder privaten Unterricht.

Es gibt schon in der zweiten Hälfte des 16. Jahrhunderts vornehmlich „drei häufig wiederkehrende Laufbahn-Richtungen, wobei das anfänglich gewöhnlich mit den Examina des Baccalaureus oder des Magisters abschließende und das evtl. später wieder aufgenommene Studium ... die Grundlage bildet ... 1. Lehrer - Stadtverwaltung (Stadtschreiber, Syndicus u. a.) - Ratstätigkeit. 2. Lehrer - Diakon - Pfarrer - evtl. Superintendent ... 3. Lehrer - Arzt und Naturforscher sowie andere Spezialberufe“ (H. Kramm, Besitzschichten und Bildungsschichten mitteldeutscher Städte im 16. Jahrhundert, S. 460). Die Änderung der Tätigkeit ist meist mit einem Ortswechsel verbunden. Häufig ist im 16. und 17. Jahrhundert auch die Verbindung mehrerer Tätigkeiten. So z. B.: Schulmeister - Küster - Kantor, Stadtschreiber und Notar, Syndicus und Advokat, Stadtphysikus mit Privatpraxis, Leibarzt eines weltlichen oder geistlichen Fürsten mit Nebentätigkeit an Universitäten, akademischen Gymnasien usw., Ärzte und Apothekeninhaber mit Nebeninteresse als Botaniker, Mineraloge u. a., Buchhändler und -drucker. „Das Bedürfnis ... nach Personen, die nicht die akademischen Würden anstrebten, jedoch fähig waren, ohne sie praktische Berufe ausüben zu können, officia vilia zu verwalten, war zu allen Zeiten groß ... Deshalb wurde z. B. in Leipzig und Wittenberg Ausgang des 17. Jahrhunderts eine besondere, einfachere Fakultätsprüfung pro praxi eingeführt und später öfter neu geregelt. Sie berechtigte dazu, nach einem 3-4jährigen Studium aufgrund von (mündlicher) Prüfung, öffentlicher Disputation die Tätigkeit als

Advocat und Notar auszuüben. Es war also eine Fachprüfung für diesen Stand und seine praktische Arbeit, eine Zulassungsprüfung, die von der Universität vorgenommen wurde" (G. Schubart-Fikentscher, Studienreform, S. 66).

Im 16. Jahrhundert wurden im wachsenden Maße Stipendien für weniger Bemittelte oder unvermögende Studenten ausgesetzt. Zum Stipendium kamen andere Vergünstigungen, z. B. freie Wohnung, Straßensingen, Freitische, Erteilung von Unterricht in Bürgerfamilien usw. Träger des Stipendiatenwesens waren die Fürsten, die Städte und wohlhabende Adels- und Bürgerfamilien.

Die Zahl der Geistlichen war infolge des großen Ausmaßes ihrer Verpflichtungen auch im 16. und 17. Jahrhundert verhältnismäßig hoch: zweimalige Predigt am Sonntag und ein- oder zweimal Gottesdienst in der Woche, zahlreiche langandauernde andere gottesdienstliche Handlungen, Schulaufsicht, Kinderlehre, Krankenpflege usw. Dörfer besaßen meist zwei Geistliche, Städte drei bis zehn. Geistliche spielten eine bedeutende Rolle im gesellschaftlichen Leben, fühlten sich selbst als Gelehrte, und die Konsistorien haben eine wissenschaftliche Betätigung von ihnen gefordert. Unter dem Dreißigjährigen Krieg (1618-1648) hatten besonders die Landpfarrer zu leiden. Aus Not wurde mancher zum Bauer. Auf dem Lande galten zudem die Geistlichen häufig nur als „lateinische Bauern" und wurden entsprechend behandelt. Welche Lehre die Prediger von den Kanzeln auch immer verkündeten und in welcher Form der Glaube auch immer praktiziert wurde: der Landesfürst hatte in letzter Instanz darüber zu entscheiden!

Die wachsende Rolle der Beamten, der Richter und Rechtsbeistände, der fürstlichen und städtischen Verwaltungsbeamten, der Gesandten, Kanzleisekretäre, Bürgermeister, Amtsleute usw. in den Städten und Ländern und die Einführung des römischen Rechts hatten zur Folge, daß die Zahl der Juristen im 17. Jahrhundet um ein Vielfaches höher war als um 1500. Jetzt wuchs an den Universitäten die Rolle der juristischen Fakultät. Bei den katholischen Universitäten dominierte weiter - neben dem nie bestrittenen Primat der theologischen Fakultät - die Artistenfakultät. Die Juristen waren die am meisten von Standesgefühl durchdrungene Berufsgruppe innerhalb der Gelehrtenschicht.

Da sich das Bürgertum zu dieser Zeit weiter differenzierte und als Kennzeichen der höheren Schicht auch der Besuch der Lateinschulen galt, wurde der Andrang zu diesen im Laufe des 16. Jahrhunderts immer größer, und damit die Anzahl der benötigten Lehrkräfte. Kleine Städte hatten zwei bis sechs Lehrer an ihrer Schule, große Städte meist mehrere Schulen und in manchen Fällen 20 und mehr Lateinlehrer. Hinzu kam die nicht geringe Zahl der reisenden Hofmeister, die meist junge Adelige begleiteten. Viele der bedeutendsten späthumanistischen Gelehrten haben mehrere Jahre hindurch als Hofmeister gewirkt, so M. Ruar, A. Gryphius und M. Opitz.

Die Zahl der gelehrten Ärzte war auch in der Frühen Neuzeit nicht groß. Die medizinischen Fakultäten waren weitaus am schwächsten besucht. E. Th. Nauck untersucht 29 von 43 Hochschulen, an denen im deutschen Sprachbereich seit 1346 Medizin unterrichtet wurde. Er errechnet folgende Zahlen: Für die Universitäten Heidelberg, Köln, Erfurt, Leipzig, Rostock, Freiburg, Basel, Ingolstadt, Helmstedt, Marburg, Würzburg, Herborn, Gießen, Rinteln und Straßburg: 1600 = 320, 1610 = 379, 1620 = 437, 1630 = 383, 1640 = 170, 1650 = 182 Medizinstudenten. Unter zusätzlicher Berücksichtigung der Universitäten Greifswald, Halle, Frankfurt/O., Salzburg, Duisburg und Kiel gelangt er für 1651 bis 1700 zu folgenden Gesamtzahlen: 1660 = 308, 1670 = 243, 1680 = 250, 1690 = 175, 1700 = 330. Verständlich, daß dementsprechend auch die Zahl der Promotionen niedrig war. In kleinen Städten wirkten oft nur einige Bader. Diese beschäftigten sich mit der kleinen Chirurgie und anderen Bereichen der Wundheilkunst, z. B. mit Aderlassen, Schröpfen und Klistieren. Sie verbanden Wunden, kümmerten sich um Knochenbrüche und Verrenkungen, suchten Stich-, Hieb- und Schußwunden, ebenso Geschwüre und Hautleiden zu heilen. Da sich die Syphilis durch Geschwüre und Hautausschläge äußerte, gehörte deren Behandlung ebenfalls zu den Obliegenheiten des Baders. Größere Operationen wurden meistens von chirurgischen Spezialisten, den sogen. Schneideärzten, vorgenommen. Daß sich bereits im 16. Jahrhundert die Grenze zwischen Wundarzt und akademischem Mediziner zu verwischen begann, bezeugt das Wirken des Paracelsus. Im 17. Jahrhundert wurde an den deutschen Universitäten über Chirurgie vorgetragen, die Professoren hatten häufig zwar theoretische Kenntnisse, nicht aber praktisches Können. Die künftigen Mediziner hörten nicht Chirurgie, um diese dann selbst auszuüben, sondern um sie bei der Beaufsichtigung der Bader, Barbiere und Hebammen zu nutzen. Mittlere Städte hatten einen, größere Städte mindestens zwei Ärzte mit Universitätsausbildung. Fürsten hielten sich einen oder mehrere Leibärzte. Unter ihnen gab es viele, die als Dichter, Schriftsteller und Philologen hervortraten, so H. Conring. Überhaupt trat eine nicht geringe Zahl von Professoren aller Fakultäten im 17. Jahrhundert als Dichter hervor. So dichteten in deutscher Sprache die Professoren A. Tschernig, A. Buchner, J. M. Schneuber, J. B. Schupp, J. Lauremberg, D. G. Morhof, A. H. Buchholtz, M. D. Omeis und C. Ziegler.

Die Zahl der Hochschullehrer betrug im 17. Jahrhundert an den damals bestehenden zehn lutherischen und drei calvinistischen Universitäten Deutschlands nur wenig mehr als 200. Greifswald hatte 1609 17, Wittenberg 1614 23, Altdorf 1625 und Jena 1629 je 18, Gießen 1699 und Jena 1697 je 21 Professoren. Hinzu kamen jene, die als Magister, als privatim docentes, Vorlesungen hielten, ohne zu den fest angestellten Hochschullehrern zu gehören. Sie wechselten an den einzelnen Hochschulen oft und wurden in den Listen nicht geführt, ihre Zahl war ungefähr ebenso hoch wie die der Professoren. Der kleine Kreis der Hochschulprofessoren war ein Sammel- und Mittelpunkt des geistigen Lebens der „res publica literaria". „Sie kannten einander fast alle persönlich, zum Teil waren sie um ihrer wissenschaftlichen Lehrmeinungen willen in getrennte Lager zerspalten, im allgemeinen aber hielten sie zusammen und erörterten mit Eifer brieflich die Fragen ihrer Wissenschaft, um einander in die Hände zu arbeiten" (E. Trunz, Späthumanismus, S. 157). Für die Existenz als Privatgelehrter fehlten den Gelehrten, die zumeist kein größeres Vermögen hatten, schon damals zumeist einfach die Mittel.

Zur Gelehrtenschicht (bzw. zu den Gebildeten) rechnet man auch alle Studenten. Der im Jahrfünft 1616-1620 an den 13 protestantischen Hochschulen erreichte Höhepunkt - etwa 8 000 Studenten - wurde erst wieder im 19. Jahrhundert übertroffen. Ingolstadt, die bedeutendste Universität im süddeutsch-katholischen Raum, immatrikulierte in den Jahrzehnten 1601-1610 2 410 und 1611-1620 2 426 Studenten.

Zwischen den Gelehrten und den „Halbgelehrten" gab es Abstufungen. Die „Halbgelehrten" wurden von den Gelehrten nicht zu den ihren gezählt. Sie waren aber auch nicht „ungelehrt" - bis zu einem gewissen Grade gebildet. Ihre Zahl war nicht klein. Viele besuchten die Lateinschule, ohne dann zu studieren, viele gaben das Studium nach kurzer Zeit wieder auf und machten nicht einmal das Baccalaureatsexamen. Dazu zählten viele Kaufleute, Buchdrucker, Apotheker und auch Wundärzte mit sehr unterschiedlicher Qualifikation, schließlich selbst Soldaten. Hierzu gehörten auch die Tausende von Schreibern in den fürstlichen und städtischen Kanzleien, die alle etwas Latein konnten. Ihre Gruppe ging über in die höherstehende der Sekretäre und Amtsleute, von denen manche durchaus Gelehrte waren. Zu dieser Zwischenschicht der „Halbgelehrten" gehörten ferner alle kleinen Advokaten, die Küster, die Lehrer der deutschen Rechenschulen, viele Alchemisten und „Goldmacher" sowie die aus dem Volke kommenden Laientheologen, die sich ihr Wissen nur aufgrund deutschsprachiger Bücher erworben hatten.

An den katholischen Universitäten des 17. Jahrhunderts - Dillingen, Würzburg, Paderborn, Osnabrück, Bamberg-Graz, Innsbruck, Salzburg, Köln, Ingolstadt, Freiburg, Trier und Mainz - wurden die Unterrichtskosten aus öffentlichen Mitteln bestritten. „Zwar haben auch die katholischen Hochschulen durchgehends den neuen Humanismus in der einen oder anderen Form aufgenommen. Es wird lateinische Dichtkunst und Rhetorik gelehrt. Es gibt 'Poetae laureati' wie anderswo auch. Aber man hält doch weit mehr an der alten Tradition fest: nicht nur die neue Lehre wird fern gehalten, sondern auch die neuere Philosophie, das neue Recht u.a.m. Schon die Statuten sorgten dafür, daß allein die 'wahre Lehre' vertreten, vor falscher gewarnt wurde, indem die Bücher für die Studierenden genau vorgeschrieben waren ... Die Aufsicht über die Lehre wird streng bewahrt; sie erstreckte sich nicht minder auf die Studierenden selbst" (F. Eulenburg, Die Frequenz, S. 91). Daß die Zensur auch an den protestantischen Hochschulen eine große Rolle spielte, darf nicht vergessen werden. Das Wormser Edikt vom 26.05.1521 wird als erste allgemeingültige Regelung der Bücherzensur in Deutschland betrachtet. Die Peinliche Halsgerichtsordnung Karls V. von 1532 und die Reichspolizeiordnung vom 30.06.1548 legten weitere Grundlagen. Der Reichstagsabschied von Speyer vom 11.12.1570 setzte die obrigkeitliche Aufsicht über Druckereien fest, die hauptsächlich auf Residenzen, angesehene Reichs- und Universitätsstädte begrenzt sein sollte. Alle „Winkeldruckereien" waren damit verboten. Zu diesen und anderen reichsrechtlichen Bestimmungen traten vielerlei territoriale.

Die gleichen Bücher wurden in Paris, Bologna, Heidelberg, Krakau und Uppsala gelesen. Die Zahl der erscheinenden Bücher war im Verhältnis zur Zahl der Gelehrten hoch, nicht wenige Gelehrte der Zeit haben mehr als 40 Bücher verfaßt. Viele Schriften, z. B. Melanchthons Werke - Grundlage für Vorlesungen in vielen Jahrzehnten -, wurden immer von neuem aufgelegt. Immer wieder und jedesmal in besserer Form, zudem jetzt handlich, billig und in hohen Auflagen wurden die Schriftsteller der Antike herausgegeben. Ein Schuldirektor, Stadtgeistlicher oder jüngerer Hochschullehrer hatte damals etwa 300 Taler jährliches Einkommen. Wenn er davon 20 Taler für Bücher anlegte, konnte er schon eine stattliche Anzahl erwerben. Der Bücherkauf seitens der Gelehrten war lebhaft, schon im 16. Jahrhundert hatte allgemein ihre Leidenschaft für eigene Büchersammlungen begonnen, viele von ihnen besaßen mehrere tausend Bände. Die Privatbibliothek von J. M. Moscherosch umfaßte allein 2 300 Werke zur deutschen Literatur. Die Sammlung des Herzogs August von Braunschweig-Lüneburg mit 35 000 Schriften in 31 000 Bänden dürfte wohl einmalig sein. Ein Vergleich der Auktionierung von 50 Sammlungen aus dem 17. Jahrhundert ergibt, daß die Hälfte davon mehr als 1 000 Titel erfaßte. So umfaßte die Sammlung von B. Carpzov 15 512 Titel, die des Chr. Thomasius 8 441 Titel, die H. Conrings 3291 Titel. Im 17. Jahrhundert wurde die Jagd nach seltenen Büchern zu einem Bestandteil der „peregrinatio academica".

Im 16. bzw. 17. Jahrhundert entstanden die heutigen Staats- und Landesbibliotheken. Sie gehen aus Hof- und Klosterbibliotheken, gelegentlich auch aus Privatbibliotheken hervor. Für den Ausbau und die Erschließung der Sammlungen wurden häufig Gelehrte angestellt. Zudem entstanden Universitäts- (Rostock, Gießen) und Stadtbibliotheken (Leipzig, Frankfurt/M.).

Der Briefwechsel der Gelehrten war von vornherein darauf angelegt, gesammelt und gedruckt zu werden. Ausdruck der Verbundenheit der Gelehrten waren die Stammbücher, die von ihnen mit viel Geschmack und Geist geführt wurden. Es wurde allgemein üblich, daß ein Gelehrter jedem Buch, das er herausgab, Gedichte seiner Freunde auf ihn und sein Buch voranstellte. Alles wurde „bedichtet": Hochzeiten und Todesfälle, die „peregrinatio academica“, andere Reisen und Annahmen von Lehrstühlen - alles, was die Gelehrten bewegte. Auch Disputationen und Dissertationen!

Trotz gelegentlicher Reisen und Feierlichkeiten war das Alltagsleben der Universitätsgelehrten damals ziemlich einförmig und beschwerlich. Sie kannten kein elektrisches oder Gaslicht, sie schrieben beim Kienspan oder der Tranlampe. Daß das Papier besser war, dürfte ein billiger Trost gewesen sein. Man kannte kaum Erholungs- und Vergnügungsreisen, zudem war das Reisen erheblich beschwerlicher als heute. So blieben die akademischen Festlichkeiten wie Promotionen und Doktorschmäuse.

Im 17. Jahrhundert schlug die Geburtsstunde der Zeitungen und Zeitschriften. Bereits 1597 war in Rorschach am Bodensee das erste Monatsperiodicum, der „Annus Christi“, erschienen. 1609 erschienen die beiden ältesten Zeitungen der Welt, die Straßburger „Relationen“ und der Wolfenbütteler „Aviso“, beides Wochenzeitungen. Seit 1650 erschienen in Deutschland gelegentlich schon Tageszeitungen; bis 1648 in 30, bis 1700 sogar in über 70 Städten deutschsprachige Wochenzeitungen. Prominente Poeten wie M. Opitz, G. Greflinger, S. von Birken, C. Stieler u. a. wirkten als Herausgeber bzw. Mitarbeiter. 1682 wurde in Leipzig vom Universitätsprofessor O. Mencke die erste deutsche wissenschaftliche Zeitschrift gegründet, die noch lateinisch geschriebenen „Acta eruditorum“. Für ein Jahrhundert wurden sie zu einem in ganz Europa angesehenen Publikationsorgan. 1688-1690 folgte, ebenfalls von Leipzig aus, die erste deutschsprachige wissenschaftliche Zeitschrift, Chr. Thomasius' „Monatsgespräche“.

Seit der Gründung der Universität Liegnitz (1526), der ersten vom Protestantismus gegründeten, allerdings nur kurzlebigen und nicht privilegierten Universität, bis zur Gründung Kiels (1665) und Innsbrucks (1672) wurden im deutschen Sprachraum bzw. damaligen deutschen Herrschaftsgebiet 23 neue Universitäten gegründet; vornehmlich in jenen mittel-, west- und süddeutschen Regionen, wo die territoriale Zersplitterung am größten war. Bestand doch Deutschland nach dem Dreißigjährigen Krieg aus mehr als 300 weitgehend souveränen Territorien. Der Landesfürst wollte auf einer eigenen Universität ausgebildete Beamte, Theologen, Juristen, Mediziner, Philosophen usw. haben, die keine „staatsgefährdende“ Ideen von fremden Universitäten mitbrachten. Jena, Helmstedt, Leipzig, Frankfurt/O., Ingolstadt und Wittenberg waren von 1540 bis 1620 die größten deutschen Universitäten, es folgte ein breites Mittelfeld. Zu den kleinen Universitäten zählte Greifswald als Schlußlicht mit einem Jahresdurchschnitt von 104 Studenten. Zwischen 1620 und 1700 finden sich in Deutschland vier große Universitäten: Leipzig, Jena, Wittenberg und Köln. Auf neun mittelgroße Universitäten folgten kleine, dann sogen. Zwerguniversitäten wie Duisburg und Herborn mit einem Jahresdurchschnitt von 96 bzw. 60 Studenten. Man darf zudem nicht vergessen, daß in der Frühen Neuzeit, auch während des Dreißigjährigen Krieges, die deutschen Universitäten stark von Ausländern besucht wurden. Allein an der Universität Ingolstadt waren 1551-1600 344 und 1601-1650 509 polnische Studenten immatrikuliert, Altdorf war zeitweilig *das* Ausbildungszentrum der polnischen Sozinianer, Wittenberg hatte stets eine enorme Ausländerquote an Studierenden und Helmstedt war ein Zentrum für dänische und andere Studenten der nordischen Länder, Greifswald nach 1637 für Schweden.

Nach Studienabschluß - Abgangszeugnisse gab es nicht, konnten aber auf Wunsch vom Rektor ausgestellt werden - begab sich der „frischgebackene“ Magister auch im 17. Jahrhundert auf die „peregrinatio academica“, die schon im Mittelalter als ein Bestandteil akademischer Bildung angesehen wurde. Bis zum Anfang des 18. Jahrhunderts standen für Protestanten die Niederlande als Ziel im Vordergrund, ab Mitte des 17. Jahrhunderts wurde verstärkt Frankreich besucht. Italien war im protestantischen Bereich in dieser Zeit als Reiseziel relativ zurückgetreten. Für Juristen war im 17. Jahrhundert ein Italienaufenthalt besonders erfolgverheißend. Für die Jahre 1600-1609 ermittelt Eulenburg noch jährlich über 400 deutsche Studenten in Italien. Die Universität Padua wurde dabei bevorzugt. Sie gehörte zur Republik Venedig, mit der die süddeutschen Handelsstädte in lebhaftem Verkehr standen. Hier war auch die Macht der Inquisition gering. Und wie die Doktoren alle Nicht-Graduierten an Rang weit überragten, so standen die, die in Italien und Frankreich studiert hatten, höher als die große Zahl der lediglich in Deutschland ausgebildeten Juristen. Nach W. Dotzauer war der juristische Doktortitel von Bologna „ein begehrter Adelsbrief“. Auch an der Universität Pavia haben viele Deutsche ihren juristischen Doktortitel erworben. Erst nach dem Dreißigjährigen Krieg traten die Niederlande an die Stelle Italiens. Für die Philosophische Fakultät galt die Anziehungskraft Leidens u. a. niederländischer Universitäten auf deutsche Scholaren schon seit Gründung dieser Universität (1575). Bildungsreisen nach England fanden sich in der zweiten Hälfte des 17. Jahrhunderts verstärkt.

An den Universitäten wird auch im 17. Jahrhundert alles behördlich reglementiert, bis hin zum Familienleben der Professoren. Mandate verordnen, daß niemand in seinen Vorlesungen fremde tractatus ablese, und für jede versäumte Vorlesung erfolgt ein Gehaltsabzug. Auch an den Universitäten wird für Druckerzeugnisse eine Zensur ausgeübt. Ebenso pedantisch wird das Leben und Treiben der Studierenden durch Gesetze und Mandate geordnet. Über den Unfleiß der Studenten wird auch das ganze 17. Jahrhundert hindurch lebhaft geklagt. So sagt Ae. Hunnius 1598: Viele Studenten „verdreust ... der mühe und arbeit ..., erwehlen im faulentzen den Weg der Thorheit ..., verseumen die Lectiones ..., Legen sich auf fressen und saufen ..., und ... bleiben ungeschickte grobe Esel, die man zu keinen Aemptern weder im geistlichen noch weltlichen regiment fruchtbarlich gebrauchen kan“ (Ae. Hunnius, Christliche Leichenpredigt, S. 353). Trotz ständiger Mandate, Gesetze und

Verbote gibt es aber keine durchgreifenden Veränderungen. S. Evenius klagt nicht nur über den Unfleiß der Studenten, ihren Pennalismus, ihre Saufgelage usw., er beschuldigt auch die Lehrkräfte, sich daran zu beteiligen, Vorlesungen sogar wochenlang ausfallen zu lassen. Natürlich gab es auch fleißige Studierende - wie zu jeder Zeit.

Das Lizentiat wurde im Verlauf des 16. und 17. Jahrhunderts an deutschen Hochschulen ungebräuchlich. Lediglich an katholisch-theologischen Fakultäten hat es sich gehalten, an den evangelisch-theologischen Fakultäten wird es nach 1945 noch vereinzelt vergeben. Magister und Doktor wird bis zum 16. Jahrhundert synonym gebraucht. Das Ansehen der Magister der Artistenfakultät war sehr gering. „Black= das ist Dinten = Sch ... war ihr gewöhnliches Prädikat“ (A. Tholuck, Das akademische Leben des siebzehnten Jahrhunderts, S. 48). Natürlich wurde lateinisch disputiert, die zusätzliche Anfertigung einer schriftlichen Arbeit wurde für den Magistergrad an der Artistenfakultät nicht verlangt. Für Dissertationen bestand Druckzwang, so in Tübingen schon ab 1570. In den Einblattdrucken, auf denen bereits im 15. Jahrhundert die vom Doktoranden zu verteidigenden Thesen in Plakatform veröffentlicht wurden, können die ältesten Vorläufer der heutigen Dissertationsdrucke gesehen werden. Solche Einblattdrucke sind aber nur noch selten erhalten.

Alle akademischen Bürger besaßen weiter Immunität gegenüber allgemeinen Landessteuern, Akzise und Brandsteuern, Einquartierung usw. Gerade die Professoren wußten diese Privilegien zu nutzen. Teils den Universitäten als corpus, teils den einzelnen Professoren waren weitere gewerbliche Vorteile zugesprochen: das Braurecht, der Weinhandel, die Anlegung von Apotheken usw. Das gab Anlaß zu vielerlei Reibereien mit den Magistraten. Zudem machten die Professoren von den selbstgebrauten Getränken z. T. recht kräftig und häufig Gebrauch. Als z. B. 1614 Landgraf Moritz von Hessen seinen Consiliarius und Secretarius variarum linguarum J. Thysius für eine vakante Marburger Professur vorschlägt, die Universität aber ablehnt, erfolgen des Fürsten Einwände u. a. mit den Sätzen: sollte die Ablehnung „auch allein etwa auf unnöthigen Trunk gemeint seyn, tragen wir die Vorsorge, er zu Marburg viel Brüder finden würde, die mit ihm eure uns fast unvermuthliche repulsam zum Thore hinaus tragen müßten, denn uns leider zuviel bekannt ist, daß fast in allen Fakultäten guter Zechbrüder und Lucubranten mit unterlaufen“ (ebenda, S. 40).

Den Kern der akademischen Pflichten bildeten die öffentlichen Vorlesungen. Der Ordinarius hatte vier, der Extraordinarius zwei wöchentliche Vorlesungen zu halten. Die meisten Professoren waren durch zusätzliche Privatkollegs stark in Anspruch genommen: „als Durchschnitt darf man zwei *privata* mit 4 wöchentlichen Stunden ansehen. Einem *privatum* dürfen auch die Disputationen gleich gerechnet werden, denen der Professor *priv.* oder öffentlich zu präsidiren hat, die er theilweise auch schreibt; in Wittenberg fielen zwei bis 6 auf die Woche“ (ebenda, S. 63f.).

Jeder Professor erhielt seine Besoldung für seine Pflichtvorlesungen, andere akademische Tätigkeiten waren ihm freigestellt. Bei den Theologen verband sich - fast überall - mit der Professur ein Pfarramt, bei den Juristen das Hofgericht, der Schöppenstuhl und die juristische Praxis. Auch die Mediziner hatten erhebliche Nebeneinkünfte. Nur die Vertreter der Artistenfakultät hatten neben der Besoldung keine andere Nebeneinnahme als die Privatkollegs, die Schriftstellerei, Promotions- und Depositionsgebühren; gleich ihren Kollegen aus anderen Fakultäten hatten sie Kostgänger. Ihr Gehalt war das geringste, das höchste Salär erhielten die Theologen. Nach dem Visitationsrezeß der Helmstedter Universität von 1637, der über die Gehaltsverhältnisse vortrefflich unterrichtet, waren dort zwanzig Professoren vorgesehen, davon 5 in der theologischen, 4 in der juristischen, 3 in der medizinischen und 8 in der philosophischen Fakultät. In der letzteren bestanden Lehrstühle für Ethik, Rhetorik, Logik, Griechisch, Politik, Mathematik, Physik und Geschichte. Für die Professoren der Theologie betrug das Jahresgehalt 200-500 Reichstaler, bei den Juristen 250-400, bei den Medizinern 250-350 und in der philosophischen Fakultät 200-300 Reichstaler. Oft blieb das Gehalt aus (Dreißigjähriger Krieg), der Geldwert verschlechterte sich usw. So mußten die Professoren oft ihr Gehalt förmlich erbetteln. Sie erhielten aber auch Naturalien, freie Wohnung, gelegentlich auch Mittel durch Stiftungen. Hinzu kamen Geschenke der Fürsten, der Stadt u. a. Auch die Erträge aus den Privatvorlesungen waren z. T. nicht unerheblich. Die Professoren verwandten auf sie viel Mühe, die öffentlichen Vorlesungen wurden demgegenüber oft vernachlässigt. Auch offizielle und private Gutachten erbrachten Geld. Die bereits seit der Renaissance üblichen Dedikationen waren ebenfalls einträglich - sie richteten sich an bedeutende Persönlichkeiten, freie Städte, Landesfürsten usw. Allerdings verlangten andererseits im 17. Jahrhundert die Buchdrucker erhebliche Honorare. Infolge der Steuerfreiheit der Professoren für ihren eigenen Haushalt war das Halten von Kostgängern um so einträglicher. Eine Umrechnung der Gehälter auf heutige Werte ist letztlich nicht möglich. Zum Vergleich: in Frankfurt/M. erhielt 1642 eine Magd 10 fl. Jahreslohn, ein Diener 24 fl., der Konrektor des Gymnasiums 340 fl.

Zweck der Vorlesung war es auch in der Frühen Neuzeit, auf die für die Erlangung der wissenschaftlichen Grade notwendigen Examina vorzubereiten. In den Vorlesungen wurde ein zugrunde gelegtes Textbuch gelesen, das der Vortrag frei zu erklären hatte. Noch im 17. Jahrhundert war das Diktieren die Regel, der freie Vortrag die Ausnahme. Es wurde auf den katholischen Universitäten durch die „ratio studiorum“ zur Pflicht gemacht. Man diskutierte - schon bzw. erneut Ende des 17. Jahrhunderts - über die Verbesserung des Unterrichts, über den Stundenanteil der einzelnen Fächer, über die Studiendauer, über das Verhältnis zwischen anschwellender Stoffmenge und der dafür angemessenen Zeit u. a. m. Kritik an der Lehrart der Professoren war - schon damals - die Regel.

Ausgehend von der Naturphilosophie, vor allem der italienischen und ihren Fragestellungen, entwickelte sich seit dem 16. Jahrhundert in Etappen die moderne Naturwissenschaft. Es wird experimentiert, gemessen, geprüft. Die großen Entdeckungen und die sich damit dem Wissenschaftler öffnende neue Welt tun das übrige, um Aristoteles, Galen, Plinius d. Ält. und andere Autoritäten des Mittelalters samt ihren Kommentatoren in Frage zu stellen. Man bedarf der Werkzeuge. Es kommt zu einer Verbindung von Handwerkern der verschiedensten Stufen (Metallgießern, Bergleuten, Seeleuten u. a.) und Wissenschaftlern (z. B. Ärzten, Astronomen u. a.) zu ihrer gegenseitigen Ergänzung. Der Universitätsprofessor D. Sennert und sein zu Unrecht weitgehend vergessener Schüler J. Sperling leisten z. B. Enormes für die Neubelebung bzw. Entstehung der Korpuskulartheorie. Sennert, berühmter Arzt und Professor zu Wittenberg, weitgehend von Paracelsus beeinflußt, führte als erster in Deutschland das Studium der Chemie als einen Teil des medizinischen Bildungsganges ein und empfahl den Ärzten, sich der Chemie experimentierend zu bedienen. Natürlich gibt es auch von ihm viele als Präses betreute Dissertationen. Sie hatten eine erheblich höhere Qualität als die des P. Cellarius. Dieser wurde in Marburg von 1583 bis 1607 durch seinen Vater, den fürstlichen Hofchirurgus in Kassel, auf den medizinischen Professorenstuhl bugsiert, „wobei ihm aber jedermann das Zeugnis ausstellte, daß er weder zum Lesen, noch zum Disputieren, noch zum Praktizieren etwas tauge, und ein 'declamator obscurus', ja eine 'fabula studiosorum' sei“ (H. Hermelink/S. A. Kaehler, Die Philipps-Universität zu Marburg 1527-1927, S. 204). Wieviel Kandidaten hat aber wohl auch er promoviert?

Auch die Herausbildung des Toleranzdenkens in Form der synkretistischen Bestrebungen bei G. Calixt bis zu den universellen Toleranzbestrebungen bei J. Böhme und den radikalen Pietisten führt zu einer Neuorientierung der Gelehrtenschicht. Der Kampf gegen Hexenverbrennungen durch F. Spee u. a. gehört ebenso hierher. Diese Form wissenschaftlichen Denkens ist in Deutschland im 17. Jahrhundert zunächst nicht dominierend. Sie erschöpft sich aber bei weitem nicht in den genannten Namen und Themen. Naturphilosophie ist in dieser Zeit oft verbunden mit weißer Magie, Alchemie und Astrologie, Formen der Gnosis, der Kabbala usw. Die Ideenwelt der orthodoxen Aristoteliker wird erschüttert und damit die Grundlagen der damaligen Universität. Dazu tragen viele „Halbgelehrte“ bei. Zu dieser Schicht gehören auch Kalendermacher und Leibastrologen, Alchemisten, Laienprediger verschiedenster Strömungen, Barbiere und „Wunderdoktoren“. Sie wirken an Höfen oder führen ein unstetes Leben. Sie träumen vom Goldmachen und entdecken dabei chemische Verfahren und neue Substanzen. 1609 wird in Marburg der erste Lehrstuhl für Chemiatrie geschaffen. Die Naturwissenschaft macht im 17. Jahrhundert qualitative Fortschritte. In der Physik tritt an die Seite der Statik die Dynamik. Zugleich werden Werkzeuge für die neue quantitative Naturforschung geschaffen. Das geschlossene, mehr statisch orientierte Himmelsbild des Mittelalters wird durch eine dynamische Physik des Himmels zu ersetzen gesucht. So fordert Kepler, an die Stelle der Himmelsmetaphysik des Aristoteles eine Himmelsphysik zu setzen, und stellt sein Schaffen in den Dienst dieser Aufgabe. O. von Guericke sucht die Frage nach dem Wesen des Weltenraums durch seine Vakuumexperimente zu beantworten. Das Kontinuitätsgefühl des 17. Jahrhunderts hebt die dem Mittelalter unantastbare Grenze zwischen der sublunaren Welt, wo die Physik gilt, und der Welt jenseits der Mondsphäre auf. Man gelangt zum Begriff der Naturgesetzlichkeit. In der Biologie verlagert sich das Interesse von der Organbeschreibung auf die Betrachtung der Organfunktion. Der große Blutkreislauf wird entdeckt, eine „Physiologia animata" geschaffen. Zugleich gibt es im 17. Jahrhundert auch in Deutschland ein entschiedenes Bemühen um Technik: Guericke konstruierte 1662 ein Manometer; der französische Physiker D. Papin, 1688-1704 Professor für Mathematik in Marburg, erfand dort den nach ihm benannten Topf. 1690 beschrieb er eine atmosphärische Dampfmaschine, mit der er experimentierte. Leibniz gelingt es 1673, eine Maschine zum Multiplizieren zu bauen. Schon 1623 hatte W. Schickard, ein Freund Keplers, die erste aus Holz gefertigte 4-species-Rechenmaschine geschaffen. Leibniz versucht, Grubenwasser durch Windkraft zu fördern. Die technischen und naturwissenschaftlichen Leistungen von E. W. von Tschirnhaus sind enorm. Viele dieser Entdeckungen und neuen Ideen werden erst im 18. Jahrhundert an deutschen Universitäten wirksam.

Die stärkere Kreativität der Universität liegt im 17. Jahrhundert weniger in der Pflege der Naturwissenschaften, soweit sie über Beschreibungen hinausgehen, als vielmehr in der allmählichen Herausbildung eines neuen weltanschaulichen Grundverständnisses. Das orthodoxe Aristotelesbild wird überwunden; auch an den Universitäten wird in einem langen Prozeß, von Universität zu Universität mit unterschiedlicher Intensität, die Aufklärung vorbereitet. Schließlich sei erwähnt, daß der Zersetzungsprozeß der Feudalkirche durch Pantheismus, Deismus und heterodoxe Mystik größtenteils durch Gelehrte inauguriert bzw. gefördert wird. Sie stellen sich an die Spitze oppositioneller Bewegungen, die von den Konfessionskirchen verketzert werden. M. Bernegger mit seinem Toleranzdenken, J. Böhme und seine Propagandisten A. von Franckenberg und J. Th. von Tschesch, der Editor der ersten Böhme-Gesamtausgabe (1682) J. G. Gichtel, die Vertreter des „radikalen Pietismus" u. a. - sie alle tragen zur Unterminierung der herrschenden Feudalkirchen bei, deren Auffassungen zugleich staatlich verordnete Ideologie sind. Sie bereiten die Aufklärung vor. Und manche von ihnen lehrten an einer Universität oder hatten zumindest eine Universität durchlaufen.

Auf der Grundlage des allmählichen ökonomischen Aufstiegs des deutschen Bürgertums nach dem Dreißigjährigen Krieg entwickelte sich im letzten Drittel des 17. Jahrhunderts die

Frühaufklärung auch als Reflex dieses Prozesses. Zu ihren Bahnbrechern gehörten S. Pufendorf, der 1661 an der Universität Heidelberg die erste deutsche Professur für Naturrecht erhielt, H. Conring, Professor für Politik und Medizin an der Universität Helmstedt, E. Weigel, Professor in Jena, und E. W. von Tschirnhaus, das erste deutsche Mitglied der Académie des Sciences. Wie einst der Humanismus, so konnte sich die Aufklärung erst nach langwierigen, von mancherlei Rückschlägen begleiteten Kämpfen Eingang in die Universitäten verschaffen. Die empirische Forschung brach sich nach und nach Bahn. Die Aufklärung hat dann einen neuen Wissenschaftsbegriff geschaffen und durchgesetzt. Nach Leibniz nahmen Universitätslehrer wie Conring, Pufendorf, E. Weigel, J. und Chr. Thomasius noch im 17. Jahrhundert daran hervorragenden Anteil.

Was nun besagt all dies für das Dissertationswesen im 16. und 17. Jahrhundert? In der Frühen Neuzeit werden die Dissertationen zumeist vom Präses, vom „Doktorvater", verfaßt. Er trug bei allen Dissertationen die Verantwortung: „Grundsätzlich war es Aufgabe des Professors/Präses, die Dissertation zu verfassen und dann die Verteidigung durch den Kandidaten zu leiten. Es lag für den Professor darin eine beträchtliche Arbeit, auch wenn die Dissertation von dem Kandidaten verteidigt wurde. Denn das war dessen Aufgabe. Er mußte allen Einwürfen gegenüber bestehen und zeigen, daß er völlig mit dem Stoff vertraut sei. Besonders selbständige Kandidaten durften 'sine praeside' verteidigen" (G. Schubart-Fikentscher, Christian Thomasius, S. 34). Manche Dissertationen hatten auch deshalb keinen Präses, weil der Promovend keinen aufzutreiben vermochte. Sie sind somit nicht unbedingt ein Zeichen geistiger Selbständigkeit. Jedenfalls gilt das aber bei der in Leipzig 1628 von J. Reinboth verteidigten Dissertation „De philosophia in genere" (Über die Philosophie im Allgemeinen), auch bei der in Leipzig 1674 von R. Teller abgehaltenen Disputation „De Philosophia Eclectica" (Über die eklektische Philosophie). An einigen Universitäten, so in Altdorf, Straßburg, an der theologischen Fakultät in Köln, Trier und Würzburg, an der medizinischen in Königsberg sowie an der juristischen in Erfurt wurde generell zeitweilig sine praeside verteidigt. Das Recht oder Vorrecht, ohne Präses eine Disputation pro gradu verteidigen zu dürfen, wurde gemäß einer Verordnung der Juristenfakultät von Marburg 1690 allen Adligen, nach den Statuten der neugegründeten Universität Halle 1694 allen Grafen und Baronen gewährt. Es wäre Hybris zu glauben: alles was bereits gedruckt ist, ist auch rezipiert! Die Dissertationen gerade dieser Zeit sind es zumeist nicht! Viele von ihnen vermitteln Wissen, das sonst nicht überliefert ist. Das gilt etwa für die von C. Cellarius 1664 in Helmstedt verteidigte Dissertation „De auctionibus". Ihr Präses war G. Werner. Diese Arbeit ist eine erstrangige Quelle für die Geschichte des frühen deutschen Bücherauktionswesens.

Mit dem Erwerb des Baccalaureats wurde der Übergang vom Schüler zum Lehrer eingeleitet, denn dem zum Baccalaureus Promovierten oblagen auch jetzt bestimmte Lehrverpflichtungen gegenüber den Scholaren. Die Anforderungen für das Baccalaureat waren von Universität zu Universität verschieden, doch implizierten sie in der Regel den Nachweis einer gewissen Anzahl gehaltener Disputationen. Das Baccalaureat geriet an vielen Hochschulen bereits im Verlaufe des 17. Jahrhunderts in Vergessenheit; an der Leipziger Juristischen Fakultät hielt es sich formaliter bis ins 20. Jahrhundert. Das Lizentiat war dem Doktorgrad in etwa gleichgestellt. Der Doktorgrad übertraf den des Lizentiaten auch jetzt durch höheres Ansehen. Chr. Besold weist 1629 den wesentlichen Unterschied zwischen Lizentiat und Doktor wie folgt aus: „... auch ein Licentiat kein prandium gibt / darum man sie per jocum, Nüchterne Doctores nennet“ (Chr. Besold, Thesaurus practicus, S. 202).

Disputare bedeutet: Irrtümer beseitigen. Die septem artes liberales verfolgten im Trivium die formale, im Quadrivium die reale Bildung. Diese beiden Fächer waren auch in der Frühen Neuzeit Gegenstand des Unterrichts in der Artistenfakultät. Hier wie auch in den drei oberen Fakultäten stand die Wissenschaftsgewinnung im Banne der Überlieferung und der Autorität. Bis weit über die Reformation hinaus sind die Universitäten nicht Forschungs-, sondern Unterrichtsanstalten. Das Forschen nach der Wahrheit beschränkte sich auf die Ermittlung dessen, was die Alten für wahr gehalten haben. Die wissenschaftliche Fertigkeit zeigte sich im Disputieren. Vielfach fanden Disputationen auch statt, um sich selbst, den Eltern, Patronen usw. Rechenschaft vom Stande des eigenen Wissens abzulegen. Bis ins 16. Jahrhundert waren die Disputationen disputationes publicae. Ihren Abschluß fanden diese häufig durchgeführten Disputationen für den Einzelnen mit seiner Disputation pro licentia summos honores adipiscendi (für die Lizenz, höchste Ehren zu erlangen). Damit legte er den Beweis der erlangten Fähigkeit ab, erwarb zudem die Befähigung, selbst „vom oberen Katheder herab“ akademische Disputationen als Präses zu veranstalten. Es gab u. a.: 1. Disputationes publicae (ordinariae et extraordinariae), 2. Disputationes circulares (cyclicae), 3. Disputationes privatae. Jeder Promovend mußte eine Anzahl von Übungsdisputationen (disputationes exercitii gratia) absolviert haben. So auch Abgangsdisputationen in Verbindung mit Fakultätsprüfungen (bei Juristen), Stipendiaten-Disputationen und solche, die auf Wunsch, Befehl usw. der Eltern (jussu parentum) gehalten wurden (specimina eruditionis). Außerdem Abschiedsdisputationen (disputationes valedictoriae), Disputationen pro complectione (Vorläufer der Inauguraldissertationen), auch Renommierdisputationen kluger und zugleich reicher junger Leute. Die disputationes circulares sind Übungen, die ein geschlossener Kreis von Studenten unter Leitung eines Präses bei Zugrundelegung eines Autors anstellte. Die Teilnehmer traten, in einer durch das Los bestimmten Folge, abwechselnd als Respondenten und Opponenten auf. Dies waren öffentliche Disputationen, aber das Opponieren blieb den Mitgliedern des „Collegium disputatorium“ überlassen, die Zuhörer beteiligten sich nicht. Die disputationes privatae wurden bezahlt. Generell hatten ja die Professoren im 16. und 17. Jahrhundert das Recht, neben ihren Pflichtvorlesungen andere, auch bezahlte, akademische Tätigkeiten auszuüben. Hier ordnen sich auch die disputationes privatae ein, die im Laufe des 17. und 18. Jahrhunderts entstanden, im 18. und 19. Jahrhundert wieder verschwanden. E. Horn hat 12 000 Disputierschriften oder Dissertationen aus dem 16., 17. und 18. Jahrhundert durchgesehen. Dabei geht es auch um die Baccalaureats- und Lizentiatspromotionen, die ich weitgehend vernachlässige. Die Mehrzahl dieser Dissertationen hat ein Quartformat (d. i. Buchformat von Viertelbogengröße) und einen Umfang von meist weniger als 30 Seiten.

Der Baccalaureus-Titel wurde in der Frühen Neuzeit im ersten oder zweiten Jahr des akademischen Studiums erworben. Dafür war eine eigene Inauguraldissertation in der Regel nicht erforderlich. Die Baccalaurienden hatten ein Examen vor der Fakultät zu bestehen. Dieser Titel „Baccalaureus“ ging in den Titel „Kandidat“ über. Kandidat hielt sich aber generell nicht lange. Lizentiat war auch in der Frühen Neuzeit 1. eine Durchgangsbezeichnung für die Anwartschaft auf den mit Examen und Inauguraldisputation erstrebten Doktorgrad, 2. ein dauernder, selbständiger, um seiner selbst willen erworbener Titel. Dafür war in jedem Falle an den drei höheren Fakultäten die Disputatio inauguralis pro Licentia erforderlich. Hier war es auch nicht nötig, danach nochmals für den Doktorgrad zu disputieren. Ähnlich steht es mit dem Magistergrad der philosophischen Fakultät. Es gab allerdings auch Ausnahmen.

Die meisten Dissertationen gab es im 16. und 17. Jahrhundert bei den Juristen. Dieses Studium bot Aussicht auf eine glänzende Laufbahn; zudem war mit dem juristischen Doktorgrad der Adel verbunden! An der Artistenfakultät war der höchste Grad der des Magisters der (sieben) freien Künste. Als aus der Artisten- eine philosophische Fakultät wurde - Anfang des 18. Jahrhunderts in Halle - wurde auch hier wieder der Doktor eingeführt.

Die Disputationen der Respondenten und der Präsiden sind zu unterscheiden. Je nachdem, ob der Präses oder der Respondent die Arbeit geschrieben hat, liegt das Interesse auf der jeweiligen Seite. Ich habe dafür Beispiele genannt. Auch die Responsiones pro loco, heute Habilitationen, erfolgten mit und ohne Respondenten. Bei öffentlichen Disputationen eines Respondenten hatte der Präses vom oberen Katheder her dem Respondenten Beistand zu leisten. Er war sozusagen Beschützer und Helfer des Respondenten bei der Disputation und fungierte insgesamt als parteilose Amtsperson bei den Inauguraldisputationen und in all den Fällen, wo ihn kein näheres persönliches Verhältnis mit dem Respondenten verband. Er ist anteilnehmender Lehrer bei den Disputationsübungen; er ist Mitverteidiger der aufgestellten Thesen, wenn er selbst, nicht der Respondent, der eigentliche Disputant ist, um dessentwillen die Disputation angestellt wurde. Die gedruckten Thesen waren wohl zumeist aus den Vorlesungen der Lehrer gezogen. Präses und Respondens bezogen sich auf den Akt der Verteidigung. Auch als die Disputierschrift ausführlicher wurde, schrieb sie bald der Präses, bald der Respondens. Sie galt als akademische Gelegenheitsschrift, erschien nicht im Buchhandel, die öffentliche Kritik machte bei ihr nicht einen bestimmten Autor verantwortlich. Dennoch ist es „vor 200 Jahren und später noch Sitte gewesen, die akademischen Disputationen unter dem Namen des Präses zu zitieren und zu katalogisieren“ (E. Horn, Disputationen und Promotionen an den deutschen Universitäten, S. 51). Aber: Druckkosten waren schon früher hoch, der Käuferkreis sehr beschränkt. Wollte ein Professor die Ergebnisse seiner Studien der gelehrten Welt mitteilen, so bediente er sich des Mittels der akademischen Disputation, d. h. er suchte sich einen Respondenten, der sich bereit fand, über seine Schrift zu disputieren und - die Druckkosten zu tragen. Häufig waren Respondent und Präses Autoren einer Disputation.

1739 erschien in Greifswald eine deutsch geschriebene akademische Dissertation: „Oeconomisch-Juridische Anmerckungen / über des Herrn C. Herm. Schweders Tractat von Anschlagung der Güther in Pommern / sonderlich auf die Gebräuche des Landes Vor-Pommern und Rügen gerichtet. Welche unter dem Vor-Sitze des Herrn Augustin *Baltzers* /... der geneigten Beurtheilung der Gelehrten / in diesem zweyten hundertjährigen Academischen Jubel-Jahr, wegen der vom Hertzoge Philippo I. im Jahr 1539 um Martini geschehenen Wieder-Einrichtung hiesiger Academie, am 20sten Tage des Monaths Aprils MDCCXXXIX unterwirfft *Friederich Achats von Ühsdohm* / Greiffswalde / gedruckt von Hieronymus Johann Struck / Universitäts-Buchdrucker“. Ob dies die erste deutsch geschriebene gedruckte Dissertation war, ist noch zu untersuchen.

Worüber promovierte man damals überhaupt? Mancher Dissertationstitel im 16. und 17. Jahrhundert mutet uns befremdlich an oder erscheint uns problematisch. Etwa: „Die sehr abstruse und schwierige Frage wie es kommt, daß viele vom Genuß des Käses zurückschrecken“ (1613); „Das geheime offenbarte Babylon (oder Rom) als der Thron des Antichrists“ (1652); „Vom übermäßigen Zutrinken“ (1668); „Von ... Anstands-Briefen“ (1671); „Über das Recht der Kleidung“ (1672); „Das Hervortreten der winzigen Statur der Menschen“ (1674); „Die Farben des Chamäleons“ (1681); „Das Liebesfieber der Jungfrauen“ (1688); „Muß der Fürst persönlich in den Kriegen anwesend sein?“ (1695); „Ausführliche gesetzliche Kuriositäten“ (1696). Alle diese Arbeiten finden sich in der Sammlung von Dr. Grätz.

Noch im 19. Jahrhundert werden in Tübingen Doktordissertationen von den Präsiden verfaßt. Wohl, weil man nach wie vor auf die mündliche Prüfung das Hauptgewicht legte! Namentlich gilt dies von den medizinisch-naturwissenschaftlichen Dissertationen der 20er und 30er Jahre unter H. von Mohl, G. Schübler, L. Gmelin, und J. H. F. Autenrieth. Auch in der staatswissenschaftlichen und juristischen Fakultät Tübingens fungiert noch bis in die 60er Jahre der Präses bei der Promotion, ähnlich auch in Wittenberg seit Mitte des 18. Jahrhunderts. Daß gerade die naturwissenschaftlichen Dissertationen im 18./19. Jahrhundert zum weitaus größten Teil von den Professoren verfaßt worden sind, illustriert vortrefflich das Übergangsstadium von der alten zur neueren akademischen Lehrmethode. Wir haben die Anfänge wissenschaftlicher, auf Ermittelung objektiver Wahrheit gerichteter Forschung vor uns.

Im Buchhandel und in den Bibliotheken wurde die betreffende Disputation stets unter dem Präses gefaßt, auch wenn nachweislich der Respondent der Autor war. Er wurde eben weggelassen, womit der Wert des Doktors wieder herabgesetzt wurde. Dabei hatten die Präsiden ja ohnehin fleißig zu disputieren, das war ihnen mit der Berufung auferlegt. Von daher war es nicht verwunderlich, daß sie auch viele Disputationen schrieben. Chr. Thomasius pflegte die eingereichten Dissertationen nicht zu verändern, „vielmehr gab er seine Ausstellungen und Zusätze in der Nachschrift seinem Disputanten zum besten, damit er bei einer etwaigen zweiten Auflage davon Gebrauch mache“ (ebenda, S. 70). Will man akademische Dissertationen dieser Zeit und dieser Art bibliographieren, so muß man der Genauigkeit wegen die Namen des Präses wie des Respondens aufnehmen und ersteren als Ordnungswort festhalten. Für Katalogzwecke wurde die Eintragung unter dem Namen des Präses für hinreichend erachtet. Dem Respondenten wird nur dann eine Seite im Katalog eröffnet, wenn noch weitere Werke aus seiner Feder vorliegen.

In der Vorrede der Dissertation bzw. Disputation stand auch häufig, daß die Arbeit geringwertig sei, daß man sie nur herausbringe, weil es der akademische Brauch erfordere. Der Text bestand anfänglich aus einer Reihe von Thesen, die entweder nur äußerlich aneinandergereiht waren, oder ein bestimmtes Thema behandelten. Der wissenschaftliche Apparat oder gelehrte Anmerkungen treten erst später zum Text. Im Anfang finden sich Corollaria oder Superpondia, auch Mantissa genannt, faßliche Streitsätze für die mündliche Disputation. Oft sind dies die einzige Zutat des Respondenten zur Dissertation des Präses, der sie sich zumeist anschließen. Den Schluß der Disputationsschrift bilden Zuschriften des Präses, der Professoren, der Freunde usw. teils in Prosa, teils als carmina gratulatoria.

Es gab auch in der Frühen Neuzeit einen „abusus disputandi“. „Zahlreiche Klagen sind schon vor Jahrhunderten darüber geführt worden; leider erfährt man von den betreffenden Schriftstellern *niemals, welche* Universitäten im Einzelnen die akademischen Grade verschachert haben“ (ebenda, S. 19). Chr. Thomasius meint 1688: *„Die Gradus Academici werden heut zu Tage so sehre mißbraucht / daß / wenn dieser Mißbrauch noch zwantzig Jahr continuiret, kein rechtschaffenen Gelehrter Mann mehr wird einen Gradum annehmen* *wollen / weil so dann nothwendig man die Kinder in der Wiege zu Baccalaureis, bey der Entwehnung zu Magistris, im dritten Jahr zu Licentiatis und in viertehalben zu Doctorides machen dörffte / oder weil so dann die Doctores, die albereit unter denen Handwercks Leuten vermischt sind / gar unter die Bauren und Tagelöhner gerathen dörfften*". (Chr. Thomasius, Lustiger und Ernsthaffter Monatsgespräche Anderer Theil, S. 657). Ex cathedra hat Thomasius sein Urteil über die Disputationen in einem Einladungsprogramm des Jahres 1693 ausgesprochen: Früher habe man bei einer Disputation wenige Thesen aufgestellt und in ihrer Verteidigung das Rühmliche gefunden, jetzt aber liefere man einen eleganten Traktat. Früher hatte der Präses einfach die Disputation in den richtigen Bahnen zu halten. Jetzt aber brächten es die Studenten zuwege, daß aus dem Präses ein Respondent auf dem oberen Katheder werde, ihr Anteil an der Disputation aber bescheidenes Schweigen sei. Es sei für sie auch gar nicht nötig zu reden, Zeugnis und Glückwunsch des Präses und der Freunde seien genug.

Schon in F. Platters Selbstbiographie findet sich das „französische" Sprichwort: „Sumimus pecuniam et mittimus asinum in Germaniam", also: wir nehmen das Geld und schicken den Esel nach Deutschland. Daß aber die französischen Universitäten die „Esel" nicht bloß ins Ausland verkauften, sondern auch im Lande behielten, sagt schon J. L. Vives. Dies gelte für Juristen, Ärzte und Lehrer. Besonders zu beklagen sei, daß alljährlich so viele baccalaurii, licentiati und magistri der Heilkunst von den Universitäten gleichsam als Henker in die Städte und Dörfer geschickt würden („tanquam carnificum manus emittuntur"). Aber auch Lehrer könne man sehen, die selbst noch des Pädagogen bedürften und die sich in Künsten Magister nennen ließen, von denen sie kaum die ersten Bruchstücke begriffen hätten. Das Übel habe seinen Anfang genommen, seitdem die Geldsucht die Lehrenden ergriffen habe. Demgemäß sieht Vives - ebenso dann Chr. Thomasius - die Hauptgründe für die Verderbung der Wissenschaften in der Habsucht und Eitelkeit der Gelehrten. In der „Commentatio Historico-Politico-Juridica de academiis" (Tübingen 1619) ist die Rede von „Doctores", die dess macherlohns nicht werth sind" und „tritum lippis fere et tonsoribus notum" wird genannt jenes „sumimus pecuniam et mittimus asinum in patriam." Diese Dissertation verfaßte Th. Lansius, seit 1606 Profesor am Collegium illustre in Tübingen. Sie erfuhr mehrere Auflagen (so Helmstedt 1666). Auch Chr. Thomasius kennt den Spruch, G. Chr. Lichtenberg führt ihn noch im 18. Jahrhundert an.

Im 17. Jahrhundert muß es mit der Qualität der Doktor-Promotionen besonders arg gewesen sein. Da schreibt J. B. Schupp: „Sehet doch wie solche Dignitäten und Ehren-Titul so schändlich missbrauchet werden. Wenn einer ein Jahr oder zehen auf Universitäten gefressen und gesoffen, und hat seinen Vater mehr verthan als seine andern Brüder und Schwestern in der Erbschafft bekommen können, und will endlich nach Hauss, so wendet er seines Vaters letzten sauren Schweiss dran, nämlich das Geld, welches sein Vater mit der Hand-Arbeit erworben, und kaufft einen Magister, einen Licentiaten, einen Doktor dafür..." Ähnlich spricht sich der Leipziger Theologe J. B. Carpzov II in seiner Leichenrede „Ein feiner Student", dem stud. jur. N. Feiner gewidmet, aus: „Oder gesetzet / man habe etwan einen doctor aus Franckreich oder Italien für den sohn durch wechsel übermachen lassen / oder auch wohl in Teutschland mit gelde erkaufft / inmassen wir die künste auch gelernet / um die gebühr auß esel doctores zu machen ...: so ist doch nur spott und verachtung da / indem verständige einen solchen in ehre ohne ehren sitzenden tölpel / der den titul ohne that führet / nur verlachen. *Exempla sunt odiosa*, sonsten were hier reiche *materie*, es stattlich mit vielen exempeln außzuführen" (S. 31f.). Zielt Carpzov II mehr auf die Promotionen in absentia, so sagt uns Chr. Besold in seinem „Thesaurus Practicus" (1629), wie es bei den Promotionen in praesentia zuging:

„Da kompt offt mancher her mit etlich wenig Bogen,
(Die er doch nicht gemacht) gross pralend auffgezogen,
Und sagt, dass seye nun sein Disputation,
Die Er pro gradu hält, versteht doch nichts davon.
Dann wann Herr Urian hinkompt auf das Catheder
So schweigt Er wie ein Mauss, ihm zittert sein Geäder
Und alle Därm im Leib, weiss weder aus noch an,
Weil Er kein Argument nicht assumiren kan.
Wie im Examine sie als die Stummen schweigen,
Vnd ihr Unwissenheit mit Reden mehr bezeugen
Das ist genug bekant, und hat ein kleiner Spalt
Offt solches offenbahrt, wiewol mans heimlich halt.
Noch gleichwol kompt hernach der präses auffgetreten
Vnd sagt uns, wie wir da ein Candidatum hätten,
Der wär so hoch gelehrt, in allen so versirt,
Dass Er die Doktors Stell wol doppelt meritirt."

Immer wieder sind diese Verse zitiert worden, so z. B. auch 1941 von A. Brügmann.

J. M. Meyfart war im Dreißigjährigen Krieg Professor an der damals evangelischen Universität Erfurt. In seiner Arbeit „Christliche Erinnerung Von der Auß den Evangelischen Hochen Schulen in Teutschlandt an manchem ort entwichenen ordnungen vnd Erbarn Sitten ..." (1636) schreibt er u. a.: „Seyn Leute in *Theologia* auff *Vniversiteten Doctores, Licentiati promovirt* worden / die nicht gar zwey Jahr auff *Vniversiteten* haben studieret / sondern gesoffen; niemals an die Theologey gedacht / sondern nach einem Magistellen sich gesähnet / niemals einige Probe *disputando, opponendo, respondendo, declamando* gethan: die nicht ein eintziges *Specimen* des Fleisses vnd Geschickligkeit vorzeigen können: In Warheit es seyn stoltze / aber im geringsten nicht *erfahrne* Leuten *Doctoren* vnd Licentiaten *promoviret* worden." Daß die Voraussetzungen dazu schon im Studium gelegt waren, schildert Meyfart im Kapitel „Wie daher ein abschewliches vnd garstiges Säwleben nicht nur in den Sitten / sondern auch in den Studien bey vielen *Universiteten* entstanden." So schreibt er: „Wenn Allomodische Studenten vnter den Zechbrüdern erfahren / etliche *Disputanten* hetten ein *Collegium* angerichtet / lauffen sie vnsinniger weise hinzu / geben jhren Namen von sich / vnnd bitten sehr dienstlich / der künfftige Präses wolle sie freundlich annehmen. Geredt / erhalten: ohne verzug ist die Sache richtig / zugesaget / bestätiget / man machet Gesetze / und schreibet Articul / die werden gedruckt; Die Zeit und Ort zum Katzenkrieg ist schon lang bestimmet. Da bricht der *Entellus* wider *Daress* weit fertiger / als bey dem *Poeten,* herfür / haben beyde die *Dialectica* oder *Disputir* Kunst niemals gefasset / und derer Dinge / von welchen sie Rede und Gegenrede pflegen sollen / so grosse Kundschafft / als der Blinde von der Farbe: *Sie fragen ernstlich / leugnen grimmiglich / bejahen trotziglich /zürnen hefftiglich / schreyen jnniglich / stürmen gewaltiglich / wüten bestendiglich / vnd stelen sich dermassen / daß der Bawr Corydon schwüre vnnd wettete / die Zäncker müsten bald bald von den Worten zu den Schlägen gerathen. ... sie machen es eben / als ob jener einen Bock melckete / dieser das Sieb vnterhielte.* Die vbelgeschriebene / wenig verstandene / närrisch *disputirte,* und elendiglich verthädigte *Theses* schicken sie jhren Eltern vnd Patronen / für köstliche Leckerbissen / mit stoltzen *Dedicationen* oder Zuneigungen / die meistentheils erlogen seyn ... und gedencken / nun hetten sie jhren Ehren ein gnüge gethan" (S. 274 f., 132, 143).

G. Arnold, der 1686 in Wittenberg Magister wurde, danach eine Zeit lang als Professor in Giessen lehrte, bezeichnet in seiner „Kirchen- und Ketzerhistorie" die Verleihung der akademischen Grade ohne Unterschied als „einen Kauffhandel mit den Doktor- und Magister-Mützen". Gott allein mache Doktoren. Unter den Menschen sei diese Titelverleihung „aus blossem Ehr- und Geld-Geitz im Papstthum erfunden" worden. Sie verstoße gegen Christi Geburt und werde unter Verletzung der christlichen Freiheit und des allgemeinen Priestertums durchgeführt (zit. E. Seeberg, Gottfried Arnold, S. 191). Der Ketzer Qu. Kuhlmann soll sogar 1671 in Anlehnung an A. Gryphius geäußert haben, es führten „anitzo den Doctortitel" viele, die „vilmehr eine englische Dokk und ein Teutscher Thor" wären (W. Dietze, Quirinus Kuhlmann, S. 130). Nach Chr. Thomasius sehen auch „allbereit Fürsten und Herren wegen dieses Missbrauchs / wenn sie die Leute zu ihren Bedienungen brauchen / nicht mehr darauf ... ob man *promoviret* / sondern ob man was rechtschaffenes gelernet habe." Zudem erforderte man an manchen Orten heutiges Tages „lieber *unpromovirte* als *promovirte* Leute umb obiger Ursachen“ (Chr. Thomasius, Lustiger und Ernsthaffter Monats-Gespräche Anderer Theil, S. 659). Übrigens war der betrügerische Erwerb eines akademischen Grades in Frankreich, Italien und anderen Ländern ebenso üblich.

Die damit verbundenen Privilegien reizten zum Erwerb akademischer Würden. So waren die akademischen Grade vielen Studierenden die unerläßliche Bedingung zum Fortkommen im bürgerlichen Leben. Was Wunder, daß sie um jeden Preis, auch mit unlauteren Mitteln, erworben wurden? Und folgte nicht daraus, daß die Inauguraldisputationen zu unwürdigen, theatralischen Gaukeleien herabsanken, und daß über die statutenmäßig vorangehenden Disputationen pro completione hinweggesehen werden mußte? In den Erfurter Statuten von 1634 heißt es: „Schon vor langer Zeit hat man die Erfahrung gemacht, daß die allzu leichtfertige und unterschiedslose Verleihung akademischer Grade der Kirche nichts einbringt als theologische Heuchler und Wölfe, dem Staat juristische Despoten und Löwen, der Familie medizinische Mörder und Drachen, der Schule philosophische Prügelpädagogen und Esel.“ (Lat. Original bei: E. Horn, Die Disputationen und Promotionen an den Deutschen Universitäten, S. 92). Damit hatte man aber den Wert der akademischen Disputierübungen überhaupt preisgegeben. Selbst wenn noch ernsthaft disputiert wurde, geriet man auf Abwege, sobald das persönliche Interesse des Respondenten, besser: des Kandidaten, Sieg erheischte und weder der bloße Übungszweck noch die Wahrheitsgewinnung im Auge behalten wurde. Man vergaß die Regeln der guten Disputation, stritt und lärmte mit Sophistereien, Injurien und allerhand Fechterkniffen - oder man überhäufte einander mit Schmeicheleien, die auch Weise zu Toren machen mußten. Denn siegen wollte und mußte der Respondent, zeigen wollte aber auch der Opponent, daß er etwas kann. So überwog die Eitelkeit und korrumpierte das Disputierwesen. „Tragödien“ und „Komödien“ nennt Chr. Thomasius diese Disputationen.

Der Mißbrauch des Disputierens (abusus disputandi) war der ständige Begleiter des usus. Die persönlichen Interessen der Studierenden mußten mitwirken, wenn überhaupt die vorgeschriebenen Disputierübungen zustande kommen sollten. Daß sie Selbstzweck waren, reichte nicht aus. Und die Professoren bedurften derselben teils wegen ihres Einkommens, teils zur billigen Publizierung ihrer Studienergebnisse. Wie sehr sie in dieser Hinsicht auf Respondenten angewiesen waren oder wenigstens rechneten, belegt u. a. der Hallenser Professor E. F. Neubauer (de exercitiis disputandi ... Halae 1730). Hier spricht er von einer Dissertation, die augenblicklich ausgearbeitet sei, um bald gehalten zu werden, falls er vom Respondenten nicht im Stich gelassen werde. Am Schluß fordert er die Studenten auf, fleißiger zu disputieren. „Die Schränke der Dozenten sind voll von Dissertationen verschiedenster Art - voll Schaben und Motten der Disputanten, in einer Schrift, die vom hohen Alter *zerfressen* ist und zerfällt. *Befreit sie von dem Schimmel, der sie zerstört, und macht, daß sie, dem Licht der Öffentlichkeit ausgesetzt,* der *Gegenwart* wie der Zukunft dienstbar werden."

Die alten Universitätsstatuten enthalten zwar Vorschriften wider den Mißbrauch der Disputationen, aber eben dadurch beweisen sie uns auch, daß er gebräuchlich war. So heißt es in den Marburger Statuten von 1653. „Die Präsiden sollen dafür sorgen, daß bei jeder Disputation die strittige Frage treffend und klar formuliert wird und daß keiner der streitenden Parteien ein anderer Satz angehängt wird oder daß zugelassen wird, daß Opponenten wie Respondenten sich außerhalb des Problemkreises verbreiten." „Spitzfindigkeiten soll nicht Raum gegeben werden, und die Disputationen sollen nicht in Zank und bitteren Streit ausarten, vielmehr sollen beide Seiten die schuldige Bescheidenheit wahren." Und: „Doch sollen die *Präsiden* nicht so *pedantisch* sein, daß sie vom Opponenten verlangen, gleich die erste Antwort solle stets wie ein Göttерspruch sein, und sie dürfen ihn nicht sofort zum Schweigen verurteilen oder ihn hart anfassen, auch wenn er in aller Bescheidenheit drängt." (Lat. Original ebenda, S. 93-94).

Soweit das Wie der Disputationen; das Was fiel unter die Vorschrift: „Ad disputandum materiae seligantur utiles" (Marburg) - „die auch nutzlich und brauchlich, undt also der Mühe undt Zeitt werth seindt" (Straßburg) - „inter disputandum sollen nur nützliche und strittige Dinng movirt, nit aber de lana caprina disputirt werden" (Heidelberg) - „materia tempori et loco apta semperque tamen utilis ad erudiendos auditores" (Erfurt). Auch daran nämlich ließ man es fehlen und disputierte oft, wie die sprichwörtliche Redensart lautete, „de lana caprina", worunter die Quaestio zu verstehen ist: An lana caprina crispa sit instar ovinae an pendula? Solches Disputieren nennt der Theologe und Philosoph K. Hornejus im „processus disputandi" ein „splendide nugari", und J. B. Schupp vergleicht es im „Tractat von der Kunst reich zu werden" mit Seiltänzerei. Auch „Eselsbrücken" müssen im Gebrauch gewesen sein, wie der Rechts- und Musikgelehrte G. Gumpelzhaimer schreibt.

Kurzum, im 17. Jahrhundert war das Disputierwesen so ziemlich außer Rand und Band geraten. Soll man allein den Professoren, die doch als Präsiden die Aufgabe des conflictus moderator zu erfüllen und die statutarischen Vorschriften zu beobachten hatten, die Schuld geben? Chr. Thomasius tut dies in überstrenger Selbstkritik. Er sagt: „Unser Ehrgeiz ist es, was uns dazu bewegt, einerseits Nachsicht zu üben gegenüber der Unverschämtheit junger Leute, die ihren Ruhm häufig in Gemeinheiten suchen. Sie wollen betrogen sein, also sollen sie betrogen werden. Es genügt, daß unser Ruhm durch diese so blendend ausgearbeiteten Disputationen gemehrt wird. Unsere Habgier ist es, was uns treibt, junge Leute, die ja ohnehin zu Fehltritten neigen, aufzufordern, sich zu prostituieren. Auf diese Weise nehmen wir Geld ein und schicken häufig Dummköpfe aufs untere Katheder. Unser Unverstand ist es, was uns bisweilen hindert, die eigentlichen Schandflecken der Studenten entweder wahrzunehmen oder beseitigen zu können." (Chr. Thomasius, Quaestionum Dodecas, b2).

Aber daß die Übel, die die Disputationen von jeher begleitet hatten, im 17./18. Jahrhundert zur völligen Auflösung derselben führten, lag auch in den Zeitverhältnissen. Chr. Thomasius, J. J. Breithaupt, A. H. Francke u. a. versuchten z. B. in Halle, den Disputationsmißbrauch zu beseitigen. Auch an anderen Universitäten erschienen Anfang des 18. Jahrhunderts Schriften, die der Disputation wieder ihre Bedeutung geben wollten. Aber sie scheiterten - am Zeitgeist. Erst im 18. Jahrhundert bildeten sich die Universitäten aus reinen Lehr- auch in Forschungsanstalten um. Es gab im 18. Jahrhundert noch Doktordisputationen, sie aber „erhielten sich nur als Mittel zum Zweck, nicht um eigenen Wertes willen. Die dazu gehörigen Dissertationen aber, die seit dem 16. Jahrhundert neben der mündlichen Disputation selbständige Bedeutung gewonnen hatten, schrieb ... der Präses, so daß die eigene Leistung des Promovenden sich auf das Rigorosum und die Spesen beschränkte" (E. Horn, Die Disputationen und Promotionen an den Deutschen Universitäten, S. 101).

Schon zu Beginn des 16. Jahrhunderts, mit dem Aufkommen des Humanismus, gab es ergötzliche Schilderungen zu den Problemen, die sich um die Doktordissertationen rankten. Zunächst ein Beispiel aus den weitgehend von Cr. Rubeanus und dessen Schüler U. von Hutten gestalteten „Dunkelmännerbriefen". Aus Leipzig schreibt vorgeblich der „wohlbestallte, wenn auch unwürdige Bakkalaureus der Theologie" Thomas Langschneiderius an O. Gratianus, den von den orthodoxen Studenten verehrten, ebenso orthodoxen Kölner Professor: „Vor kurzem fand hier ein Aristoteles-Schmaus statt, und die Doktoren, Lizentiaten und Magister waren sehr fröhlich. Auch ich war dort. Zuerst tranken wir ... Malvasier, dann trugen wir frische Semmeln auf und eine Suppe, danach hatten wir sechs Gerichte: Fleisch, Hühner und Kapaunen und eins aus Fisch, und immer, wenn der nächste Gang an die Reihe kam, tranken wir Kotzberger und Rheinwein sowie Einbecker, Torgauer und Naumburger Bier. Die Magister waren recht zufrieden und sagten, die frischgebackenen Herren Magister hätten sich gut gehalten und Ehre eingelegt. Dann begannen die angeheiterten Magister nach den Regeln der Kunst über schwerwiegende Fragen zu disputieren. Einer warf die Frage auf, ob man sagen müsse 'Magister nostrandus' oder 'Noster magistrandus', wenn man eine Person bezeichnen wolle, die reif sei, Doktor der Theologie zu werden ... Sogleich hatte Magister Warmsemmel eine Antwort bereit; er ist ein überaus scharfsinniger Scotist und schon seit achtzehn Jahren Magister. Seinerzeit wurde er zwar zweimal nicht zur Magisterprüfung zugelassen, fiel auch dreimal durch, gab aber dennoch nicht auf, bis er um des Ansehens der Universität willen promoviert wurde. Er ... war der Meinung, daß man 'Noster magistrandus' sagen müsse, was eine einzige Bezeichnung sei; denn 'magistrare' heiße soviel wie einen zum Magister machen und 'baccalauriare' einen zum Bakkalaureus machen und 'doctorare' einen zum Doktor machen, und daher kämen die Bezeichnungen 'Magistrandus', 'Baccalauriandus', 'Doctorandus'. Weil aber in der heiligen Theologie die Doktoren nicht Doktoren hießen, sondern ... 'Magistri nostri' genannt würden, da sie nach katholischem Glauben an Stelle unseres Herrn Jesu Christi stünden, ... Christus aber unser aller Magister gewesen sei - daher würden sie selbst 'Magistri nostri' genannt, weil sie uns den Weg zur Wahrheit zu weisen hätten und Gott die Wahrheit sei. Sie würden auch deshalb mit Recht 'Magistri nostri' genannt, weil wir als Christen alle die Pflicht hätten, ihre Predigt zu hören, und niemand dürfe etwas gegen sie sagen, da sie ja unser aller Magister seien. Dagegen sei 'nostro, -tras, -trare' nicht gebräuchlich und stehe weder im Wörterbuch 'Ex quo' noch im 'Catholicon', noch im 'Breviloquus' und auch nicht im 'Gemmagemmarum'. Also müßten wir sagen 'Noster magistrandus' und nicht 'Magister nostrandus'. Magister Andreas Delitzsch, ein sehr scharfsinniger Mann, sowohl Dichter als auch Kenner der Freien Künste, Arzt und Jurist, der auch schon öffentliche Vorlesungen über Ovids 'Metamorphosen' hält und alle Fabeln allegorisch und buchstäblich deutet ... und der in seinem Hause über Quintilianus und Juvencus (spanischer Geistlicher, schrieb 330 „Evangeliorum libri quattuor - S. W.) liest, dieser widersprach nun dem Magister Warmsemmel, indem er erklärte, wir müßten 'Magister nostrandus' sagen. Denn wie es einen Unterschied zwischen 'Magister noster' und 'Noster magister' gebe, so gebe es auch einen Unterschied zwischen 'Magister nostrandus' und 'Noster magistrandus'. 'Magister noster' nämlich werde ein Doktor der Theologie genannt, das sei eine einzige Bezeichnung, 'Noster magister' aber seien zwei Begriffe; man gebrauche sie für jeden beliebigen Magister in jeder der Freien Künste ... . Dem stehe nicht entgegen, daß 'nostro, -as, -are' ungebräuchlich sei, denn wir könnten ja neue Wörter bilden, und er berief sich dabei auf Horaz. Die Magister bewunderten seinen Scharfsinn ... Daher bitte ich Eure Exzellenz, Ihr wollet mir Eure Meinung darlegen, weil Ihr so überaus gelehrt seid.“ Weiter schreibt nach den „Dunkelmännerbriefen“ ein Bartholdus Hackstroh aus Rom an O. Gratianus nach Köln: „Gestern erst sagte mir einer, er schisse auf einen Kölner Magistertitel. Ich gab ihm zurück, er solle gefälligst an den Galgen scheißen. Da sagte er, er sei auch Magister, nämlich an der Kurie, und ein Magister an der Kurie stehe hoch über einem Magister der Freien Künste aus Deutschland. Ich entgegnete, das sei unmöglich, und sagte: 'Du willst dasselbe sein wie ich, obwohl du kein Examen gemacht hast wie ich, den fünf Magister rigoros geprüft haben? Nein, du bist nur ein Magister mit dem Maul'. Hierauf begann er sich mit mir herumzustreiten und fragte: 'Was ist denn überhaupt ein Magister?' Ich antwortete: 'Das ist eine qualifizierte Person, die in den Sieben Freien Künsten ein Magisterexamen abgelegt hat, die berechtigt ist, einen goldenen Ring zu tragen und einen seidenen Streifen unten am Mantel, und die sich zu ihren Schülern verhält wie ein König zu seinem Volk. Und Magister hat eine vierfache Bedeutung: einmal kommt es von magis und ter, weil nämlich ein Magister ter magis, das heißt dreimal mehr wissen muß als eine gewöhnliche Person. Zum anderen von magis und terro, nämlich von mehr und erschrecken, weil ja ein Magister in den Augen seiner Schüler schrecklich sein muß. Drittens von magis und theron, das heißt Stellung, weil ein Magister in seiner Stellung mehr sein muß als seine Schüler. Zum vierten schließlich von magis und sedere, also von mehr und sitzen, weil ja ein Magister mehr auf seinem Sitz sein muß als irgendeiner von seinen Schülern.' Da fragte er: 'Wo steht denn das?' Ich antwortete, ich hätte das im 'Vademecum' gelesen. Gleich wollte er das Buch anfechten und behauptete, es sei keine zuverlässige Quelle. ... In großer Entrüstung schied ich von ihm. Und so wisset denn, daß ich nach Deutschland zurückkehren will; dort sind die Magister die Herren, und das mit gutem Recht. Ich kann das mit dem Evangelium beweisen; denn auch Christus nennt sich Magister und nicht Doktor" (Briefe von Dunkelmännern, S. 35-38, S. 286f.).

Als M. Luther am 19.10.1512 in Wittenberg zum Doctor biblicus promovierte, stellte ihm sein Kurfürst Friedrich III., genannt der Weise, die Promotionsgebühr in Höhe von 17 Gulden aus seiner Kämmerei zur Verfügung. Der Doktorand hatte sich das Geld selbst in Leipzig abzuholen. Im 17. Jahrhundert kostete eine theologische Doktorpromotion in Deutschland den Kandidaten im Durchschnitt 100 Taler, dazu kamen 100 weitere für das Festmahl. Es gab aber auch weit darübergehende Fälle: So mußten zwei Jesuiten 1631 für ihre Promotion die enorme Summe von 2240 Kölner Gulden aufbringen, davon allein 1080 Gulden für die Schlemmereien, auf die man in Köln trotz Krieg und unmittelbarer Bedrohung durch die Schweden nicht verzichten wollte. Bei einem Doktorschmaus an der Theologischen Fakultät der Leipziger Universität im April 1666 wurden verbraucht: ein Reh, 19 Hasen und 3 andere Stücke Wild, 9 Wildenten, 15 Trut- und 3 Auerhähne, 5 Wasserhühner sowie 52 Junghühner. Weiter: Aale, Lachse und Hechte, dazu 12 Kannen italienischen Weins, drei Faß Bier, für 205 Taler gewöhnlicher Tischwein sowie für 124 Taler Konfekt, Marzipan und Mandeltorte.

Obrigkeiten verteilten in der Frühen Neuzeit auch zuweilen sehr willkürlich akademische Grade, obwohl sie dazu eigentlich nicht berechtigt waren. So war der altgläubige J. Koß während des Bauernkrieges aus Römhild (Krs. Hildburghausen) vertrieben worden und vor Juni 1525 nach Leipzig gekommen. Hier wirkte er als Prediger zu St. Nicolai. Bei Herzog Georg dem Bärtigen, de facto auch Herr der Universität, erwarb er sich rasch ein so hohes Ansehen, daß dieser bereits am 2.12.1527 von der Theologischen Fakultät der Leipziger Universität forderte, Koß allein auf Grund seiner Predigten zu promovieren. Der Prediger könne „seyner geschyckligkeit und kunst halben ... vor eynen gelerten doctorem bestehen. Und achtens darvor, das seyne predigen dem, das andere in schulen uben, wol gleych und des doctorats wyrdig seyn". Der Gegenforderung der Fakultät, Koß möge Vorlesungen halten und akademische Arbeiten leisten, begegnete der Herzog mit dem Argument, der Prediger tue alles, um das gemeine Volk beim alten Glauben zu halten, was nicht durch Schulhändel beeinträchtigt werden dürfe. Auf Grund des anhaltenden Widerstands der Fakultät schlug der Herzog am 15.12.1527 als Kompromiß vor, Koß wenigstens „aufs ferderlychste zur licenciatur kummen (zu) lassen", falls sie sich „mit dem doctorat nicht fast übereylen" wolle. Darauf scheint die Fakultät eingegangen zu sein, da Koß am 20.5.1528 in der Universitätsmatrikel als „Licentiatus in sacra theologia" erscheint. (Zit. nach: Akten und Briefe zur Kirchenpolitik Herzogs Georg von Sachsen, Bd. 2. S. 896f., S. 840f.)

Der bei Doktorpromotionen entfaltete Pomp und die Geldsummen, die die Promovenden aufbringen mußten, entsprachen anfänglich wohl der hohen Rangstellung und den sonstigen Vorteilen, die die Doktorwürde mit sich brachte. „Welcher Massen die promotiones in omnibus Facultatibus insgemein ahnzustellen", lehren bis ins Detail auch die Statuten der Universität Straßburg. So heißt es: Nachdem Tentamen, Examen und Disputatio inauguralis stattgefunden hat, lädt der Promotor durch ein offenes Programm, „für welches die Candidati den trucker contentiren sollen", zum Promotionsakt ein. Eingeladen wurde entweder bloß zur Promotionsfeier oder zu dieser und zum Convivium. Zur Promotionsfeier wurden alle fürstlichen und Standesherren, der Magistrat, die Professoren, die praeceptores classici, alle in der Stadt ansässigen Pfarrer, Doctores und Licentiati eingeladen. Gewöhnlich verbanden sich wegen der hohen Kosten mehrere Kandidaten zur gemeinsamen Promotion. Zum Doktorschmaus aber wurden gebeten: die regierenden Herren Stadt- und Amtmeister, die Scholarchen, der Rektor, die Dekane und die Professoren der Fakultät, die außerdem noch je einen Gast einführen konnten. Waren mehrere Kandidaten zu promovieren, so dehnte sich der Kreis der Einzuladenden noch erheblich weiter aus. „Diese jetzt erzehlte Persohnen alle mit einander sollen auff gemeinen der Candidatorum Kosten frey gehalten werden, wie auch dasjenige, was die Musicanten, Bläser uff dem Münster, die flaschenträger und Stadtkieffer anlangt mit samptem zuthun, ihr der Candidatorum zu entrichten" (zit. E. Horn, Die Dissertationen und Promotionen an den Deutschen Universitäten, S. 115).

Am Morgen des Promotionstages versammelten sich die Teilnehmer in der Zunftstube der Kaufleute und Gelehrten, um von hier aus die feierliche Prozession zum Actus anzutreten. Voran gingen zwei Pedelle mit den akademischen Zeptern, dann folgten zwei Knaben mit brennenden Kerzen, ein dritter mit Buch und Samtbarett, eventuell je nach Anzahl der Kandidaten noch mehr Knaben mit „hüeten". Hinter diesen gingen der Rektor und der Promotor; dann folgten zu je dreien die Promovenden, worauf die Professoren, nach Fakultäten geordnet, die Pastoren, Diakone, praeceptores classici u. s. w. das Gros des Zuges bildeten.

Der Promotionsakt selbst wurde zu Straßburg im Grossen Auditorium des Hohen Chors der alten Predigerkirche vollzogen. Die Musik spielt beim Einzug. Die Kandidaten treten in inferiorem locum, der Promotor besteigt das obere Katheder. Er beginnt mit einer kurzen Rede, an deren Schluß er vom Kanzler die „potestas creandi" erbittet. Nachdem diese gewährt ist und der Promotor gedankt hat, liest der Notar den Doktoreid vor. Die Kandidaten schwören „mit zween Fingern auf das Sceptrum", das der Pedell hinhält. Danach gehen die Kandidaten zum Promotor am oberen Katheder, der nun die Renunciation (Abkündigung) vollzieht. Daraufwerden unter gleichzeitiger Erklärung die üblichen Zeremonien angewendet: die Übergabe des Katheders, des geschlossenen und geöffneten Buches, des Baretts, des Ringes und endlich die Erteilung des Doktorkusses. Mit einer Segensprechung schließt die amtliche Handlung.

Von den „Insignia doctoralia" sind als Symbole der Investitur jetzt für wesentlich anzusehen: das Aufsetzen des Baretts und die Verleihung des Ringes. Der Doktorkuß wurde vielfach weggelassen, z.B. in Jena. Eine Jenenser Magisterpromotion von 1685 gibt eine Deutung jener Symbole. Es heißt da: „Zunächst denn habe ich euch ... auf dieses *Katheder* geführt, damit ihr nämlich versteht, daß euch von nun an die Macht zu lehren und zu disputieren bereits öffentlich verliehen ist ... Dazu bedürft ihr der *Bücher* als Hilfsmittel ... Zu diesem Zweck werde ich die in eure Richtung gelegten Bücher *öffnen*, auf daß ihr wißt, daß ihr noch immer Tag für Tag lernen und eure Brust mit verschiedensten Lehren erfüllen müßt. ... ich *schließe* diese Bücher, auf daß euch bewußt werde, daß ihr häufig sogar ohne diese Lehrmeister respondieren und über eure Lehren Rechenschaft ablegen müßt. Jetzt setze ich euch diesen *Hut* (pilus) auf, Zeichen nicht nur der Freiheit, sondern auch des Priestertums. Ihr seid zu Priestern der Weisheit geworden. ... Schließlich schmücke ich eure Finger mit einem *Ring* und vermähle euch damit der heiligen Weisheit (Sophia) und dem Stand der Weisen." (Lateinisch zit. ebenda, S. 116).

Wie sie gekommen ist, so geht die Straßburger Prozession zurück zur Zunftstube, diesmal unter Vorantritt der Musik, der erste Doktor geführt von Kanzler und Rektor, der zweite vom Scholarchen und Promotor usw. In der Zunftstube ist inzwischen das Mahl bereitet, manchmal auch an einem anderen Ort, z. B. in der Wohnung des Promotors oder des Dekans. Am folgenden Tage erfolgte seitens der neuen Doktoren die Abrechnung mit dem Küchenmeister oder Gasthalter unter Zuziehung des Promotors. Die eigentlichen Promotionsgebühren waren schon vor dem Tentamen und Examen zu bezahlen.

Aus diesem Straßburger Beispiel kann man schließen, daß die Gesamtkosten einer Promotion in die Hunderte von Talern gegangen sein mögen, daß mancher damit, wie J. B. Schupp sagt, „seines Vaters letzten sauren Schweiß" vertan hat. Viele verzichteten auch aus Kostengründen auf den Erwerb des Doktortitels, so S. Pufendorf. Gegen den übermäßigen

Aufwand bei Doktorpromotionen wendet sich auch ein Dekret im Corpus Juris canonici (Lib. V, Tit. I, cap. II. Clementin. Constitut.), worin verfügt wird, daß die Promovenden durch Eidschwur anzuhalten sind, nicht mehr als 3 000 Turonensische Silberlinge auszugeben. Die Höhe dieser Summe muß uns auch noch auffallen, wenn J. Chr. Itters Berechnung derselben auf 500 Reichstaler richtig ist. Aus einer Kostenrechnung für eine im Jahre 1611 zu Frankfurt/O. stattgefundene theologische Doktorpromotion des Pfarrers an St. Elisabeth in Breslau Z. Hermann, will ich nur die Hauptposten herausheben.

	Tal.	Gr.	D.
„Der theol. Facultät hab ich in der Dispensation erleget	73	32	-
Dreyen Buchdruckern für allerley Materien zu drucken	29	24	-
Für allerlei Sammet, welcher den professoribus ausgeteilet	55	18	-
Für Bernauisch, Zerbster und Fürstenwaldisch Bier	53	20	-
Für Wein nach gehaltener Disputation	30	25	6
----- ----- -----			
Für Handtschuh in der Promotion	38	14	-
----- ----- -----			
Für Confect auf die examina promotion, Item Holtz, kolen u.s.w.	31	6	6
----- ----- -----			
Für Fleisch, Wildpret, Fische, Hüner und andere Speisen auf unterschiedliche convivia	89	24	-
----- ----- -----			
Dem Herrn Doctori Pelargo, der vielfaltig sich gemühet, das convivium bey sich zu halten vergönnet ... hab ich eine überguldete Weintraube präsentiret kostet	23	24	-

Hierzu kommen ... eine ganze Reihe kleinerer Ausgaben, so dass sich die ganze Rechnung auf 622 Thaler 23 Groschen belaufen hat. Wahrlich, man hat es verstanden, sogar in der theologischen Fakultät, die Kandidaten ordentlich zu rupfen und geradezu sündhaft auszuplündern“ (ebenda, S. 117f.).

Ein Taler war damals sehr viel Geld! Um einen annähernden Vergleich zu ermöglichen, sei angeführt, was man 1636 für einen Gulden auch erhielt: so 5 1/2 kg gesalzene Butter, 110 Eier, 3 kg Reis, 7 1/2 Ellen Leinwand (= 5,80 m), 29 Liter Braunauer oder 20 Liter Regensburger Bier im Einkauf, 19 Liter Wein, ein halbes geschlachtetes Schaf, 2 3/4 Liter Honig, 100 Dachziegel oder 8 Mistgabeln.

In Leipzig traten am 6. Januar, dem Dreikönigstage, mittags um 12 Uhr, alle Kandidaten für das Doktorexamen, von ihren Präzeptoren begleitet, im Neuen Kollegium vor dem Prokanzellar und den Examinatoren an. Die Präzeptoren wurden befragt, ob sie etwas gegen ihre Schüler vorzubringen hätten, was in der Regel verneint wurde. Hierauf erging an die Examinatoren die Frage, ob sie die Kandidaten würdig hielten, zur Prüfung zugelassen zu werden. Ein jeder gab seine Stimme mit dem Zusatz ab: „Im Namen des Vaters, des Sohnes und des Heiligen Geistes, Amen." Der Prokanzellar verzeichnete nun die Namen der Kandidaten und ihren Geburtsort auf einem Bogen, den er zum Brief gefaltet dem Pedellen übergab, dann verkündigte er in lateinischer Sprache: „Herr Tentatus (Prüfling - S. W.), es wird dir die Erlaubnis erteilt, in das öffentliche Examen einzutreten, das, so Gott will, morgen um 1 Uhr beginnen wird!" Hierauf zogen sich die Professoren zurück und der Prokanzellar gab nun den Examinatoren je einen halben Taler aus jener Summe, die von den Prüfungsgebühren nicht dem Fiskus der Fakultät zugeführt werden mußte.

Um drei Uhr kehrten die Würdenträger in das große Vaporarium zurück, wo inzwischen der Pedell Teppiche aufgehängt, Tische und Stühle aufgestellt und die Kissen zurechtgelegt hatte. Die erschienenen geladenen Gäste wurden vom Prokanzellar an die ihnen gebührenden Plätze geleitet. Die Kandidaten erschienen nach der ihnen vorgeschriebenen Ordnung und stellten sich den Sitzplätzen gegenüber auf. Zwei von ihnen hatten den Rektor aus seinem Hause abgeholt. Sobald dieser den Saal betrat, von den Anwesenden ehrfurchtsvoll begrüßt, entzündeten die Pedelle die Fackeln, verließen das Zimmer und schritten über den Hof des Kollegiums bis zur Tür des in Richtung des Wallgrabens gelegenen Hinterhauses. Mit lauter Stimme begannen sie hier das Responsorium „Illuminare Jerusalem" zu singen. Der Prokanzellar und die Examinatoren, die sich ihnen angeschlossen hatten, erwiderten den Pedellen. Nach Beendigung des Wechselgesangs rief der Prokanzellar den ältesten Pedell zu sich und übergab ihm die von ihm geschriebenen Briefe, die die Zulassung der einzelnen Kandidaten enthielten, mit folgenden an die Versammlung gerichteten Worten: „Da es vor einigen Monaten dem durchlauchtigsten Kurfürst usw. und der Fakultät gefallen hat, Eure Magnifizenz, Herr Rektor, und hochansehnliche usw. Herren, mir das Amt des Vizekanzlers bei dieser Magisterpromotion gnädigst zu übertragen, so übergebe ich Dir, N.N., dem geschworenen Pedell der Universität, diese Briefe, die mit meinem Siegel verschlossen sind. Du wirst sie entsiegeln, und wenn Du den Namen eines der anwesenden Kandidaten darauf verzeichnet findest, so wirst du ihm von dem Inhalt des Briefes Kenntnis geben!" Der Pedell nahm die Briefe entgegen, entsiegelte sie, dann trat er an die Kandidaten heran, fragte jeden nach seinem Namen und überreichte ihm seinen Brief mit den Worten: „Herr Tentatus, auf Geheiß seiner Spektabilität des Herren Prokanzellars und der übrigen Examinatoren leset diesen Brief!" Der Kandidat, der sich jetzt erst zum Examen zugelassen wußte, tauschte das Schreiben gegen einen rheinischen Goldgulden und einen Vierteltaler aus. Beide waren in Papier eingeschlagen, auf dem der Name des Spenders stand.

Nun nahm der Lichterschmaus, die Coena candelarum, ihren Anfang. Bei diesem Essen ging es nicht allzu hoch her. Man aß süße Suppen aus Milch und Mandeln mit Zimt und Zucker, Lendenbraten, in Bieressig gekocht mit Zitronen und Kapern, Rinderzunge, Hechte und Karpfen in Essig blau gesotten, dann Birnenkompott. Später allerdings begann ein Wetteifer unter den Studenten, sich hierbei an Reichhaltigkeit der Speisen und Getränke zu überbieten. Da stiegen die Kosten von 42 fl., 2 Gr. 9 Heller auf 85 fl., 5 Heller. Dafür wurde den Gästen vorgesetzt: 40 Pfund Hammelfleisch, zwei Lendenbraten, 18 Pfd. Schweinebraten, 26 Pfd. Kalbfleisch, 6 Pfd. Rindfleisch, ferner Schöpsenzüngelchen, geräuchertes Fleisch, 5 Hähne, holländischer Käse und Obst. Nach 1581 wurde der „Lichterschmaus“ durch einen soliden Abendtrunk ersetzt. Die Kandidaten nebst Examinatoren und Rektor mit seinem Vertreter leerten 26 Kannen italienischen Malvasier! Dieser Lichterschmaus war, wie erwähnt, nur der Auftakt zu dem Hauptfestmahl, dem Magisterschmaus nach stattgefundener Prüfung. Ein Prandium judicii, eine Mahlzeit für die Prüfungskommission, wurde 1629 durch eine Zahlung an die Professoren ersetzt.

Von diesen Doktoressen, wie sie mancherorts hießen, sei nur ein weiteres bezeichnendes Beispiel angeführt, der Schmaus, den am 18.01.1600 drei neupromovierte Doktoren in Köln gaben. Sie setzten ihren Gästen vor: 134 Stumpf Rindfleisch, jedes zu 3 bis 4 Pfund, 120 Kapaune, 255 Hühner, 135 Feldhühner (Rebhühner oder Wachteln), 15 Hasen, 5 Hirsche und 2 Schwäne!

In Erfurt wurden zeitweilig alle Promotionsfeiern des ganzen Jahres in einem einzigen, dem „katholischen“ oder Generalschmaus zusammengelegt. Das erste dieser „katholischen“ Essen fand Michaelis 1519 bei der Promotion von 57 Baccalauren statt.

Alle diese kostspieligen Gelage hielten sich deshalb so lange, weil sie von der Gunst der Professoren getragen wurden, denen sie willkommene Gelegenheiten boten, einmal ordentlich zu feiern und zu trinken, aber auch ihre Einkünfte zu vermehren. Sie waren dazu stets sehr bereit, ohne sich zumeist mit Skrupeln zu quälen, ob die Einnahmen aus lauteren Quellen flossen, ob sie standesgemäß waren oder nicht. Manchmal auch fertigten sie gegen Entgelt Dissertationen an, die unter dem Namen des Kandidaten gedruckt wurden. Wenn auch manche der Klagen darüber übertrieben sein mögen, so scheint doch festzustehen, daß viele Magister und Doktoren des Mittelalters wie der Frühen Neuzeit keinen Sinn für Unparteilichkeit und Unbestechlichkeit besaßen. Für drei bis vier Gulden, hieß es, sind alle Examinatoren zu haben. Und es lief das Sprichwort um: „Omnis baccalarius promotus periurus“, d. h. jeder Baccalaureus, der geschworen hatte, keine unlauteren Mittel bei Erlangung seines Grades benützt zu haben, habe einen Meineid geleistet. In unwürdigster Weise „rissen sich“ die Magister förmlich um einen Kandidaten, nur um die Promotionsgelder zu erlangen. Selbst an Erpressungen seitens der Examinatoren soll es nicht gefehlt haben. Es war auch allgemeiner Gelehrtenbrauch, jedes neue Buch mit größter Unterwürfigkeit und kaum verhüllter Bettelei irgendeiner zahlungsfähigen Standesperson zu widmen, bei größeren Arbeiten sogar jeden Abschnitt einer anderen! So gab es Bücher von 10-12 Kapiteln, die ebensoviel Gönnern gewidmet waren, darunter auch Knaben von sieben Jahren. Als Milderungsgrund für derartige Entgleisungen kann nur die Not gelten, häufig Hausgenosse der Professoren, denn ihr Einkommen war meist gering. Auf ein Jahreseinkommen von 30 Gulden, etwa 2 000 Goldmark, brachten es nur wenige. Die Mehrzahl hatte sich mit 18, 16, vielfach nur mit 12 Gulden zu begnügen. Die Wittenberger Hochschullehrer nahmen eine Ausnahmestellung ein. Melanchthon bezog bis 1541 300, von da ab 400 Gulden Gehalt, so viel wie Luther. Die Juristen hatten dort 80-150, die Artisten 80-100 Gulden. Abgesehen von den Einnahmen aus den Dissertationen brachten die schriftstellerischen Arbeiten nur sehr wenig ein. Waren doch auch die Druckkosten sehr hoch und der Absatz recht klein. Das Honorar für ein Werk von über 100 Bogen in Folio (Halbbogengröße) betrug 50 Taler und 10 Freiexemplare. Allerdings wurde manchmal für den Foliobogen auch nur ein halber Gulden bezahlt.

Wie sparsam man auf einigen Universitäten im 16. und 17. Jahrhundert mit der Erteilung der Doktorwürde war (vgl. zum ff. A. Tholuck, Das academische Leben des siebzehnten Jahrhunderts, 1. Abth., S. 297-303), zeigt ein Brief aus Helmstedt von 1618 an den Theologen J. Mehlführer, der einen Katalog der dort ernannten Doktoren der Theologie verlangt hatte: „Unsre Universität ist so sparsam in Ertheilung dieses Grades, daß in den 3 braunschweigschen Herzogthümern, Calenberg, Lüneburg und Wolfenbüttel, nicht über 4 theologische Doktoren existiren. ... Und was sagst Du zu der Königsberger Akademie, wo seit Gründung derselben vor 2 Jahren die dritte Doktorkreirung stattgefunden? ... Vielmehr sagt man indeß richtiger: - '*wie sehr der hohe Kostenbetrag dieser Würde zur Sparsamkeit nöthigte*' hätte nicht so oft, wie einst bei Luther, die Liberalität der Fürsten oder auch der zu einem hohen Kirchenamte Vocirenden ausgeholfen, so hätte es der Doktoren noch weniger gegeben.“ Die durchschnittlichen Kosten scheinen seit Anfang des 17. Jahrhunderts in verschiedenen Teilen Deutschlands gleichgeblieben zu sein: etwa 100 Taler für die Promotion und ebensoviel für das Festmahl. Als 1628 der Sächsische Kurfürst verlangt, den Diakon Th. Weinrich, der soeben in Leipzig auf die vierte theologische Professur berufen worden war, aus Kostengründen mit Medizinern zusammen zu promovieren, entgegnet die Fakultät: „er brauche ja keine unnöthigen Kosten zu machen, es wären genug Gäste, wenn das *corpus academicum* und der *senatus oppidanus* eingeladen würden, welches 8 Tische machen und nur 200 Gulden kosten würde.“ J. Weißenborn in Jena gibt seine Promotionskosten mit 213, M. Förtsch in Gießen mit 200 Talern an. Ähnliche Zahlen sind aus Greifswald überliefert. Daß es bei den Promotionsfeiern zuweilen auch zu Übertreibungen kam, lassen folgende Überlieferungen von 1615 aus Wittenberg erkennen: „Als eine Zeit her ... eingerissen, daß bei den gehaltenen Promotionen der Herren *professorum* Weiber und ehrliche Jungfrauen zur Abendmahlzeit eingeladen, da dann solche Mahlzeit nicht allein lange verschoben, auch die Weiber und Jungfrauen mit Tanzen von den berauschten Burschen über die Zeit und in die Mitternacht zur Ungebühr aufgehalten worden, so hat man sich dahin entschlossen, daß die Jungfrauen hinführo mit dergleichen Einladung verschont, auch die Abendmahlzeit gänzlich verbleiben." In Jena wird zwar 1669 untersagt, die Schmausereien bis in den folgenden Tag fortzusetzen, aber noch 1696 heißt es, daß zwei Tage lang und am zweiten am üppigsten geschwelgt werde. Ein Helmstedter Dekret von 1652 will die Zahl der Gerichte auf (lediglich!) acht beschränkt wissen.

Die für die Graduierung geforderten Leistungen sind im 16. Jahrhundert überaus elementar. Nach den Helmstedter Statuten von 1576 werden vom Magister verlangt: Kenntnis des „Corpus doctrinae Julianum" (Sammlung von protestantischen Bekenntnisschriften, 1576 in Braunschweig ausgegeben), eine gewisse Kenntnis des Lateinischen und Griechischen, die „Initia" der 7 Künste sowie Ethik und Physik des Aristoteles. Die dem theologischen Doktor gestellten Aufgaben bestehen vornehmlich in folgendem: 1. das vorläufige tentamen (Prüfung) im Hause des Dekans, wobei die erforderlichen Nachweise zu produzieren sind, 2. hierauf die Disputation (in Königsberg und anderen Universitäten erst nach dem rigorosum), 3. das examen rigorosum, in älterer Zeit öffentlich am Vor- und Nachmittag, in einem Jenaischen Dekret 1669 auf 4 Stunden beschränkt, 4. die Disputation, 5. die lectiones cursoriae über einen aufgegebenen Schrifttext in Gegenwart des Dekans oder eines Fakultätsmitgliedes – zunächst wohl 2-3 Wochen lang, später 3-4 Tage und 6. die concio probatoria (Probepredigt). Die in Jena 1624 geforderten Leistungen schildert J. M. Meyfart in einem flüchtigen Bericht an A. Kessler, der selbst bald zu promovieren gedachte: „Wenn der Candidat nach Jena kommt, begiebt er sich zum Dekan, welcher ihn vor das Collegium beruft, um ihm die Ursache seiner Ankunft zu eröffnen. Dies geschieht im Hause des Dekans, wo der Petent eine *oratiuncula* hält. Die Theologen berathen und bei günstiger Antwort wird ihm das Candidatenbuch zur Inskription überreicht, wofür er einen rheinischen Dukaten zahlt, für das Programm desgleichen und einen Thaler. Hierauf folgt das *tentamen*, wofür 22 1/2 Thlr. bezahlt werden. In diesem *tentamen* wird Hebräisch vorgenommen, ein Ort der Schrift, dann der *locus de persona Christi* und über die Eintheilung der biblischen Bücher. Man bespricht sich über die zu haltende Probelektion, und der gegebene Text wird auch bemerkt. Es folgt die Probevorlesung, Disputation und Predigt. Nach Beendigung derselben wird dem Präses ein vergoldeter Becher gereicht, der meinige kostete mich 10 Thlr. Der *famulus communis* erhält für jeden Glockenschlag 1/4 Thlr.; ... auch nach der Disputation folgt ein Licentiatenconvivium, welches 12 Thlr. kostet. Endlich folgt das *rigorosum*, worin die *loci theologici* durchgegangen werden, ... dann wird eine und die andere schwierige Bibelstelle zur Interpretation vorgelegt; hierauf folgt die Kirchengeschichte, wobei ich über die Concilien examinirt worden, dann das Kirchenrecht, *casus matrimoniales, casus conscientiae*. Hierauf wird eine *concio extemporanea* verlangt, zu welcher eine Viertelstunde Meditation verstattet ist ... Für dieses Examen werden dem Collegium 22 1/2 Thlr. bezahlt. Sind fünf Candidaten, so beträgt der Beitrag jedes einzelnen zu dem *prandium* nur 20 Thlr., für jeden Gast einen Thlr. Die Kosten für Fakkeln sind verschieden. Der Promotor erhält einen *rosenoble* (alte Goldmünze S. W.), die übrigen zwei rheinische Dukaten" (zit. ebenda, S. 299f.). Lange hielt man am Gegebenen fest. Jedenfalls wiesen die Statuten der Königsberger Universität die Dekane noch zu Beginn des 19. Jahrhundert an, bei Durchsicht von Dissertationen darauf zu achten, „ne quid novi insit" (daß nichts Neues darin sein möge).

Ungeachtet der eidlichen Verpflichtung der Examinatoren ist im 17. Jahrhundert die Klage über leichtfertige Erteilung der Grade und Bestechlichkeit der Examinatoren allgemein. Landgraf Moritz von Hessen beanstandet dies z. B. 1615 in einem Schreiben an die Marburger Universität. „Die *gradus*", rügt ein Wittenberger Dekret von 1624, „sollen hinfüro von keiner Fakultät den Ungeschickten, oder welche *infamia juris vel facti* laboriren, ertheilt werden." Gleiche Klagen in Jena und Helmstedt. „Wie vielen groben Hölzern, schreibt Happel, ist das Doktorexamen verrathen worden, vielen groben Hölzern ist die Materie der Lektion 7 oder 8 Wochen zuvor über Land geschickt". „Es mißfällt mir, äußert sich Schuppe, der große Mißbrauch, der mit dem Doktor-, Licentiaten- und Magisterhandwerk getrieben wird. Die Universitäten prostituiren sich oftmals damit, indem sie Leuten solche *gradus* conferirt, und hienach zu solchen Dingen, die ihrem *gradui* nicht gemäß sind, gebraucht werden. Ich erinnere mich, daß einer bei einem vornehmen Herrn erst Hofprediger, ferner seiner Kinder Präceptor, Tafeldecker, Kuchenschreiber und Kellermeister war und wenn er gepredigt hatte, rief der Herr: *Domine magister Johannes, lasset decken!* Was für ein Mißbrauch mit diesen *gradibus* zu Hamburg und in der ganzen Christenheit vorgehe, davon will ich nicht sagen" (ebenda, S. 301). In Freiburg im Breisgau ist bei der Doktorkreation 1625 erstmalig eine Professio fidei, ein Glaubensbekenntnis, eingefügt, natürlich nach der vom Tridentinum vorgeschriebenen Form. Im 16. Jahrhundert gilt auch: „Alle protestantischen Universitäten sorgten mit ihren Einrichtungen, z. B. durch den Doktoreid, der den zu Promovierenden abgenommen wird, für die Anerkennung der reinen Lehre." (H. Hermelink, S. A. Kähler, Die Philipps-Universität zu Marburg 1527-1927, S. 165).

Man bedenke, wie entschieden hier die eigene konfessionelle Position zu wahren gesucht wurde! Wehe dem, der den Eid brach oder verletzte! Am 3.6.1585 wurde vom Lehrkörper der Universität Marburg eine Eidesformel für den theologischen Doktorgrad angenommen, wonach man auf die Augsburgische Konfession, die von Melanchthon 1530 verfaßte grundlegende evangelisch-lutherische Bekenntnisschrift, auf die Apologie (die ebenfalls von Melanchthon verfaßte Verteidigungsschrift der confessio Augustana), sowie auf die Concordia Buceri (d. i. die Wittenberger Einigungsformel von 1536) als Lehrgrundlage eingeschworen wurde. Alles, was an den Katholizismus gemahnte, war danach verdammt.

Über die Themen der Freiburger theologischen Disputationen äußern sich die dortigen Statuten auch nicht im allgemeinen. „Die Acta führen sie im 17. Jahrhundert gelegentlich an. Sie mit denen des ausgehenden 16. Jahrhunderts zu vergleichen, ist lehrreich: man findet keine Spur mehr von der Aktualität jener Jahrzehnte der beginnenden Gegenreformation; was jetzt an Themen angegeben wird, stammt aus den Überschriften des Lehrbuches: de Deo uno, de Trinitate, de fide, de merito, de peccatis, de visione beatifica, de rerum dominio, de restitutione, de sacramentis etc. Es dokumentiert sich damit eindringlich der Wille, dem Kandidaten einen ordentlichen Schulsack, gepackt mit dem überlieferten Erkenntnisgut, abzuverlangen - aber nicht mehr." (W. Müller, Fünfhundert Jahre theologische Promotion an der Universität Freiburg i. Br., S. 31).

1654 werden als Gäste einer solchen Freiburger Doktorpromotion 72 Personen genannt. Die Einladenden begleitete der Notar, der natürlich auch am anschließenden Abendessen teilnahm. Zur Begleitmusik für den Zug ins Münster und zurück sowie für das Doktormahl standen Flötenbläser und Trompeter bereit; sie spielten schon, während sich die Gäste im neuen Kolleg versammelten. Diese Musikanten eröffneten den Zug; ihnen folgten die sechs Träger der Insignien in genau festgelegter Aufstellung: ein Kerzenträger an der Spitze, nach ihm zwei, die den Mantel und den Doktorhut trugen, und nach diesen drei, die den Ringträger in die Mitte nahmen. Außen gingen jene, die das Evangelien- und das Statutenbuch trugen (letzteres enthält u. a. das Glaubensbekenntnis und den Text der Promotionsformel). Die früheren Statuten hatten das Mittragen von Büchern ausdrücklich verwehrt. Nach einer Beschreibung von 1651 war eine Cathedra nach den Stufen zum oberen Chor errichtet, versehen mit einer Rückwand, die mit dem Bild des Heiligen Geistes geschmückt war; außerhalb der zwei eisernen Gitter, die damals an den Stufen angebracht waren, wurde die Cathedra des neuen Doktors aufgeschlagen; dazu der Tisch aufgestellt, auf dem die Träger die Embleme niederzulegen hatten. In den Zeremonien im Münster ist auch anfänglich die Bitte um das Lizentiat und dessen Erteilung im Namen des Kanzlers eingebaut. Von den Symbolen ist der Doktormantel neu eingeführt und - ebenso von anderen Universitäten übernommen - als Abschluß der eigentlichen Ernennung eine Umarmung, eine verspätete Erinnerung, daß der neue Doktor einst in das Kollegium der Dozierenden aufgenommen wurde. Während die Schilderung von 1651 nicht erwähnt, daß der Doktor am Schluß seiner Rede einen Baccalaureus aufforderte, sich zu äußern, übernahmen dies die Statuten unverändert aus den früheren Zeiten. Die Liste derer, denen der neue Doktor zu danken hatte, ist groß: Gott, der Gottesmutter und den anderen heiligen Fakultätspatronen, dem Kanzler, dem Rektor, dem Promotor, dem Adel und anderen angesehenen Gästen, den Professoren und allen Anwesenden.

Eine halbe Stunde nach Beendigung der Gratulation am neuen Kollegiumsgebäude begann in dessen oberem Speisesaal das Doktormahl. Auf den Tischen standen die silbernen Pokale der Fakultäten. Wenn die Gäste kamen, wurden sie bereits von Melodien der Musikanten empfangen. Am Haupttisch saßen die bevorzugten Gäste in genauer Rangordnung: der Rektor als wichtigste Persönlichkeit, neben ihm ein hoher Gast oder der Promotor. An diesem Tische hatte zuunterst der neue Doktor Platz genommen. Ein zweiter Tisch war mit nicht nach Rangordnungen plazierten Gästen besetzt, ein weiterer Tisch mit den Dienern und Musikern, auch mit den Trägern der Insignien, wenn der Promovierte sie nicht in anderer Weise entlohnte. Die Statuten legten auch hier fest, daß das Mahl nicht bis in die Nacht fortgesetzt werden dürfe. Tags darauf hatte der Doktor den Wirt zu bezahlen oder ihm Sicherheiten zu geben, damit nicht der Promotor oder der Dekan von ihm belangt wurde.

Die Freiburger „Acta facultatis“ enthalten auch in den nächsten 120 Jahren immer wieder Schilderungen von theologischen Doktorpromotionen. Die Feierlichkeit wird nicht schlichter, sondern eher üppiger. 1669 erfahren wir, daß die Professoren der Theologischen Fakultät mit Seidenfransen geschmückte Handschuhe zu bekommen haben; diese - wie auch die zu überreichenden quadratischen Birette - konnten mit je 2 fl. abgelöst werden. Bei der Übergabe der Insignien wurden von den Knaben schon vorher gedruckte Epigramme vorgetragen. Die Kosten einer Dissertation waren in Freiburg i. Br. 1632 im Vergleich zum Ende des 16. Jahrhunderts hinsichtlich der baren Auslagen auf rund das Doppelte gestiegen!

Einen Eindruck vom Angebot eines Doktorschmauses bei den Freiburger Juristen vermittelt das zu jener Zeit übliche Festmahl, abgehalten am 6.5.1574 im Gasthaus „Zum Wilden Mann“. Geboten wurde: 1. junge Tauben in Pasteten, 2. Suppe und (Ochsen-)Fleisch, samt gesottenen Hennen, 3. kleine Fische (Grundeln, Groppen, Neunaugen), 4. grünes Kraut mit getrocknetem Fleisch und gebackenen Kalbsfüßen, 5. Braten: Ziege, Kalb, Geflügel, 6. Salmen oder Krebse, 7. Konfekt (Bellaria), Käse, Mai-Anken (Butter), Obst, Nüsse usw. sowie frisches Brot erster Sorte, nebst altem, roten und weißen Wein zur Genüge, bis die Gäste sich von selbst (sua sponte) erheben.

In Einzelfällen erlaubte die juristische Fakultät, das Doktormahl im Hause des neuen Doktors und nicht in einem Gasthaus abzuhalten. Zu weit ging ihr allerdings der Antrag eines Kandidaten, der im Jahre 1536 die Doktorfeierlichkeiten mit seiner Hochzeitsfeier verbinden wollte. „Sie beschloß daher: ‘... facultas non voluit aut vult in futurum Doctorali dignitati, matrimoniales nuptias adiungi, sed separatim fieri.' Im Laufe der Zeit ermöglichte es die Fakultät, den Doktorschmaus durch Zahlung eines gewissen Geldbetrages an die davon betroffenen Universitätsmitglieder zu ersetzen (Präsenzgelder)." (E. Merkel, Die Doktorpromotionen der juristischen Fakultät der Albert-Ludwigs-Universität ... S. 22).

Für Mediziner ändert sich in Freiburg in der Frühen Neuzeit beim Erwerb des Doktorgrades ebenfalls einiges. So durch die Promotionsvorschriften von 1624, die schon im 17. Jahrhundert mehrfach ergänzt und erweitert wurden. Spätestens seit 1691 sind die Doktoranden in Freiburg auch in der praktischen Medizin am Kranken geprüft worden. Die während der Studienzeit erfolgte klinische Unterweisung wurde jetzt als neuer Gegenstand in das Doktorexamen aufgenommen. Man wies dem Kandidaten einen „casus practicus" zu, über den er sich auch schriftlich zu äußern hatte. Erhalten sind entsprechende schriftliche Prüfungsarbeiten aus den Jahren 1691-1772. In ihnen ist die Diagnose niedergelegt und zugleich die Behandlung des Kranken vorgeschlagen, wobei Arzneirezepte nicht fehlen. Schon Ende des 17. Jahrhunderts war man so weit, daß neben die seit Gründung der Hochschule üblichen Krankenbesuche der Studenten - vergleichbar dem heutigen Praktizieren in der klinischen Vorlesung - besondere klinische Anforderungen auch in der Doktor-, d. h. in der akademischen Abschlußprüfung gestellt wurden.

Die oft große Bedeutung des Zahnschmerzes zieht sich durch alle Jahrhunderte bis in die heutige Zeit; in der Geschichte sind Situationen beschrieben, in denen Zahnschmerzen Weltgeschichte machten. So soll der berühmte Brief, in dem 1870 der lange sich dagegen wehrende König Ludwig II. von Bayern dem preußischen König, König Wilhelm I. von Preußen, die Kaiserwürde des zu gründenden Deutschen Reiches anbot, nur deshalb nach endlosem Drängen des Unterhändlers M. Graf von Holnstein unterzeichnet worden sein, weil Ludwig an diesem Tage unter starken Zahnschmerzen litt.

An vier Dissertationen zwischen 1629 und 1740 sei dargelegt, welche Auffassungen vom Zahnschmerz die Mediziner damals hatten. Zahnmedizin als Spezialfach gab es zu jener Zeit noch nicht. Dies ist erst eine Frucht des 20. Jahrhunderts. Im 17. und auch noch im 18. Jahrhundert waren auch die Mediziner vornehmlich Universalgelehrte, aber auch immer noch weitgehend vom Wissen der Antike geprägt. Paracelsus hatte wohl als erster deutliche Kritik an den Lehren von Hippokrates, Galen und Avicenna geübt. Zudem lag die praktische Ausübung der Zahnheilkunde vornehmlich in den Händen von Marktschreiern, Badern und Zahnreißern. Es stellte sich das Problem, einen Konsens zwischen Praxis und Theorie zu finden; *hier* die Wundärzte, Barbiere und Bader, manchmal auch beutelschneiderische Scharlatane, die umherzogen und ihr „Handwerk" auf Wochenmärkten feilboten, *dort* die akademische Welt der Universitäten, die die Zahnheilkunde erst sehr allmählich als chirurgisch-medizinische Disziplin anerkannte und vorwiegend nur theoretisierend betrieb. 1578 wurde in Basel die wohl erste Doktorarbeit über Zähne veröffentlicht. Der Zahnheilkunde als Wissenschaft gelang erst in der zweiten Hälfte des 18. Jahrhunderts der Durchbruch. Zuvor waren auch die Dissertationen zum Zahnschmerz durchgängig in Latein abgefaßt.

Mit dem bekannten Gelehrten D. Sennert als Präses und mit Z. Polner als Respondens wurde 1629 in Wittenberg eine Dissertation „De dentium dolore" (Über den Zahnschmerz) verteidigt (20 Oktavseiten). Unter G. Moebius als Präses - er war seit 1640 Medizinprofessor an der Universität Jena und 1642 sowie 1648 deren Rektor - und dem Breslauer J. Chr. Friederich als Respondens fand 1661 in Jena die Verteidigung der Arbeit „Odontologia" statt (53 Oktavseiten). G. A. Myrrhen promovierte 1693 in Gießen ohne Präses über „De odentalgia" (52 Oktavseiten), schließlich J. F. Neidhart als Respondens 1740 in Halle mit J. Juncker als Präses über das Thema „De affectibus dentium" (36 Oktavseiten). Juncker hat als erster den klinischen Unterricht eingeführt und suchte, die chemischen und medizinischen Ideen G. E. Stahls zu verbreiten. Vom Leben der vier Respondenten wissen wir sehr wenig, nicht einmal Geburts- und Sterbejahr kennen wir. In die Matrikel wurde damals nur Name und Herkunftsort eingetragen. Oft ist aber der Dissertation eine Vita des Respondenten beigegeben. Sie ist nicht selten die einzige Quelle für den Lebenslauf der Promovenden bis zu diesem Zeitpunkt. Allein das macht auch den Wert der früheren Dissertationen aus. Zudem sind sie ein gewisser Indikator über den damaligen Erkenntnisstand, die Denkart u. a. Hier sind allerdings keine Viten beigegeben.

Die Arbeit von Sennert und Polner ist in 52 oft recht kurze Thesen gegliedert, die manchmal nur aus wenigen Sätzen bestehen. Zunächst (These 1-5) werden die etymologische Klärung des Begriffes Zahnschmerz, die Frage, ob Zähne fühlen können, und die Funktion der Zähne behandelt. Danach schließt sich (These 6-15) die Darstellung der Ursachen des Zahnschmerzes an. Sennert bzw. Polner unterscheiden zwischen der „Causa proxima" (nächste, unmittelbare Ursache) und den „Causae antecedentes" (vorhergehende Ursachen), die sie wiederum in innere und äußere teilen. In These 16-19 werden mit Galen drei unterschiedliche Arten von Zahnschmerz beschrieben: Entweder ist es eine Entzündung des Zahnfleisches, womit aber nicht das klinische Krankheitsbild der Gingivitis, sondern das des dentogenen Abzesses gemeint ist, oder der Nerv ist befallen, oder der Zahn selbst schmerzt ohne Anzeichen einer Entzündung. In den Thesen 20-27 wird die Diagnostik dieser Erkrankungen dargestellt, in These 28-33 geht es um deren Prognose. Die Thesen 34-50 beinhalten die Therapievorschläge der Autoren, während die letzten beiden Thesen unter dem Begriff „Diaeta" die Prophylaxe zur Vermeidung des Übels abhandeln. Die Dissertation enthält 28 Zitate. Am häufigsten wird Galen zitiert, auch aus Sennerts Werken selbst sind Stellen angegeben.

In der Dissertation von Moebius/Friederich wird der „Status naturalis et praeternaturalis" der Zähne dargestellt. Dabei ist mit „praeternaturalis" hier wohl am ehesten der Begriff „pathologisch" gemeint. Die Arbeit ist in 13 Kapitel unterteilt, wovon die ersten zwölf, vom Umfang her etwa drei Viertel der Schrift, den „Status naturalis" behandeln, während sich das dreizehnte mit dem „Status praeternaturalis" auseinandersetzt. Die Schrift beginnt nach dem Deckblatt mit Gratulationsworten an den Respondenten, zuerst vom Präses selbst, dann von einem anderen großen Gelehrten, dem Professor der Medizin in Jena und Lehrer von G. Moebius, W. Rolfinck. Kapitel 1 klärt die Etymologie der Zähne und deren Einteilung in Schneide-, Eck- und Backzähne (Molaren). In den Kapiteln 2 und 3 folgt die Definition der Zähne und die Untersuchung der Frage, ob Zähne fühlen können. Im Kap. 4 wird die Lage der Zähne und deren Verbindung mit dem Kiefer beschrieben: Die beiden folgenden beschäftigen sich mit der Entstehung und dem Durchbruch der Zähne sowie mit dem Zahnwechsel. In den Kapiteln 7-10 wird die Anatomie der Zähne hinsichtlich Aufbau, Härte, Farbe, Anzahl und Gefäßversorgung dargestellt. Die beiden nächsten behandeln die Verbindungen der Zähne mit anderen Körperteilen und deren Funktion. Im Kap. 13 werden die Krankheiten der Zähne, deren Ursachen und Therapien beschrieben; die Dentitio difficilis, Zahnlockerung und -verlust, Karies, Abszeß und Epulis. Rezepte und pharmazeutische Angaben fehlen im Gegensatz zu den anderen genannten Dissertationen völlig. Auffällig ist hier die überaus große Zahl von Zitaten anderer Autoren.

Myrrhens Arbeit ist in 10 Kapitel gegliedert. Nur hier finden sich im Anschluß an den eigentlichen Text Corollaria (Thesen), die als Prüfungsfragen bei der Promotion dienten. Die hier aufgeführten Thesen haben mit der Thematik der Disputation direkt nichts gemein, dennoch erscheint mir ihre Darlegung notwendig, da sie ein interessantes Mosaiksteinchen zum besseren Verständnis der gesellschaftlichen Rolle des Arztberufes in der damaligen Zeit darstellen:

I. Es gibt keine Panacea (Allheilmittel). II. Der Urin ist das trügerischste Zeichen. III. Den Ärzten ist es erlaubt, die Menschen zu täuschen. IV. Die Medizin ist Kunst und Wissen. V. Tabakrauch beruhigt eine Weile den Hunger. VI. Der Arzt (wenn die anderen Umstände übereinstimmen) sei verheiratet. VII. Falsch und nicht universell wahr ist, daß ein neuer Arzt auch einen neuen Kirchhof brauche. VIII. Einiges, was kalt ist, macht warm. IX. Medikamente, selbst die wertvollsten und besten, schaden dennoch irgendwann. X. Wenn der Arzt gleichzeitig zu einem Reichen und einem Armen gerufen wird, geht er zuerst zum Reichen; er kann dies auch guten Gewissens, wenn er sich nicht deshalb als gold- und geldgierig erweist. XI. Dem Henker, den Quacksalbern, viel weniger alten Weibern und Menschen „solchen Schrots" darf die Praxis nicht das Feld räumen. XII. Der Arzt, um Hilfe angefleht, kann irgendwann seine Hilfe verweigern, auch ohne Verletzung des Gewissens.

In der Dissertation von Juncker bzw. Neidhart geht es nicht bloß um den Zahnschmerz, sondern um Erkrankungen der Zähne überhaupt. Die Dissertation teilt sich in zwei große Kapitel: Kap. I „Die Zahnkrankheiten der Kinder“ und Kap. II „Die Zahnkrankheiten der Erwachsenen“. Im ersten wird in § 1 und 2 der Zahnschmerz definiert, in § 3-5 die physiologische Dentition, die Entstehung und der Aufbau der Zähne geschildert. In § 6-13 werden die Ursachen der Dentitio difficilis dargestellt, in § 14 - 16 deren Prognose und Therapie. Die Autoren beschreiben in § 17-23 nicht nur den Zahnwechsel, sondern auch die daraus entstehenden Fehlstellungen der Zähne. Kapitel II beginnt in § 1 mit dem Durchbruch der Weisheitszähne; es folgen in § 2-7 der Zahnschmerz an sich, dessen Ursachen und Behandlung, in § 8 - 16 die Mundfäule, sowie das Wackeln und Ausfallen der Zähne. § 17 behandelt die Kieferklemme. Auch in dieser Arbeit findet sich eine große Anzahl von Zitaten, im Abschnitt zur Therapie auch eine Vielzahl von Rezepten.

Diese Arbeiten sind durchgängig lateinisch abgefaßt. Es geht mir hier nicht darum, die Ergebnisse werten zu wollen. Aber einige Stellen sollen doch noch zur Erklärung folgen. Einige extreme Positionen seien hervorgehoben.

Alle Autoren meinen, die Zähne seien Knochen besonderer Art, womit sie sich nicht gänzlich von Hippokrates und Galen trennen. Alle meinen auch, Zähne könnten fühlen. Gleich den antiken Gelehrten sagen auch diese Autoren, daß die menschlichen Zähne nicht nur zur Zeit des Zahnwechsels, sondern während des ganzen Lebens nachwüchsen. Immer wieder ist beeindruckend, wie stark auch noch in dieser Zeit die Antike prägend wirkt! Jedenfalls - das ist ja das Thema der Arbeiten - findet sich in den Prologen sämtlicher Arbeiten eine Einordnung des Zahnschmerzes als große Pein, die die Menschen sogar zum Selbstmord treiben kann. Dabei werden oft sogar fast gleichlautende Sätze gebraucht. Der Grund dafür mag einerseits darin liegen, daß die jeweiligen Verfasser den Wert ihrer Arbeit und damit die Stellung der jungen Zahnheilkunde gegenüber den medizinischen Fakultäten verteidigen wollten. Andererseits ist es naheliegend, den Begriff des Zahnschmerzes in der Einleitung zu verwenden, da wohl jeder Leser der Dissertation schon einmal daran gelitten hat und sich etwas darunter vorstellen kann. Für den Gesamtbereich der wissenschaftlichen Medizin der damaligen Zeit ist typisch, daß man oft Krankheitsbilder empirisch richtig beobachtete und beschrieb, die Ätiologie aber manchmal gar nicht oder nur unzureichend erkannte und darstellte. So fällt es den Autoren dieser Dissertationen sehr schwer, den Begriff des Zahnschmerzes zu definieren, was uns allerdings auch heute noch Schwierigkeiten bereitet. Denn bei der Aussage eines Patienten, er habe Zahnschmerzen, kann es sich um eine Vielzahl möglicher Krankheitsbilder handeln. In allen vier Dissertationen folgt sogleich auf die „Definition des Zahnschmerzes“ dessen unmittelbare Ursache: die „Solutio continui“. Ich verzichte bewußt auf eine Übersetzung dieses Begriffes ins Deutsche. Diese

„Solutio continui" ist sehr eng mit der hippokratischen Säftelehre und mit den „Spiritus animales" verknüpft, die nach damaliger Lehrmeinung in den Nerven enthalten sein sollten und gewissermaßen als die Überträger des Schmerzes zum Wahrnehmungszentrum angesehen wurden. Die Säftetheorie war damals noch allgemeine Lehrmeinung. So ist nicht verwunderlich, daß auch die Autoren dieser Dissertationen der Disharmonie der Säfte und des Blutes große Bedeutung beimessen.

Außer der Säftedisharmonie kennen Sennert/Polner sowie Moebius/Friederich noch drei weitere innere Ursachen für Zahnschmerz: vom Hirn herabfließender Schleim, saure Dämpfe aus dem Magen und im Zahn selbst entstehende übelriechende „Materie". Ebenso wird erwähnt, daß auch thermische Reize an den Zähnen Schmerzen verursachen können, daß die Ernährung für die Zahnkrankheiten eine große Rolle spielt und weitere, auch heute bekannte Ursachen. Auch finden sich durchaus belächelnswerte Aussagen. So deutet Myrrhen das lange Weinen eines Patienten als eine Ableitung von Serum, etwa im Sinne eines Aderlasses: „Ein gewisser Adeliger ... der über sechs Monate hinweg von Zahnschmerzen befallen war, wurde hart mitgenommen auf wunderliche Art und Weise; ... nach der vergeblichen Anwendung verschiedener Heilmittel, bald innerlicher, bald äußerlicher, sah er endlich die Kraft der Medikamente nicht nur für dumm und töricht an, sondern merkte deutlich genug das Anwachsen und die Verstärkung der sehr starken Schmerzen und konnte sich nicht länger vom Weinen zurückhalten, sondern vergoß über eine Stunde lang reichlich Tränen, wobei er seinen erbärmlichen Zustand beweinte; darauf soll er ... von diesem Übel, das danach auch nicht wieder auftrat, befreit worden sein. ... Nachdem nämlich die Ursache des Übels beseitigt war, das heißt nach Ausscheidung des dünneren Serums durch das Weinen, ist es geschehen, daß, nachdem dies entfernt war, auch jeder Schmerz verschwand." (zit. nach S. Biermeier, Anschauungen über Zahnschmerz in Dissertationen ..., S. 116f.). In den Passagen der Dissertationen, die sich mit der medikamentösen Therapie beschäftigen, finden sich teilweise seitenlang Rezepte für Salben, Pflaster, Tinkturen, Spülungen, Pillen und ähnliches in den unterschiedlichsten Zusammensetzungen und Herstellungsarten. Hier ist noch stark der Einfluß der Kräuterheilkunde des Mittelalters zu spüren.

Bei der Zahnextraktion - ohne Anästhesie - soll man vorsichtig sein. Auch hier hält man sich an aus der Antike stammende Anschauungen. So ist nach G. A. Myrrhen die Extraktion an sich keine Heilung, sondern das Herbeiführen einer Krankheit und einer Deformation des Mundes. Weiter bestehe die Gefahr des Kieferbruches, des Abrisses von Teilen des Kiefers, der Fraktur des Zahnes und tödlicher Blutungen nach der Extraktion. Es sei oft auch schwierig, den schuldigen Zahn zu erkennen. Bei Juncker/Neidhart finden sich schon erste Ansätze der Kieferorthopädie und einer prothetischen Therapie.

Die Autoren dieser Dissertationen haben ihr Wissen zum kleinsten Teil aus eigenen Forschungen und Studien, zum weitaus größeren Teil jedoch aus anderen Quellen. Dabei sind antike von zeitgenössischen Quellen zu unterscheiden. Bei Sennert/Polner und Moebius/Friederich überwiegen eher die antik-klassischen Autoren wie Hippokrates, Galen, Aristoteles, Avicenna und andere, während schon die Quellenangaben der Dissertation Myrrhens auf dessen Bevorzugung des Werkes „De dentium podagra" (Leipzig 1630) von J. St. Strobelberger verweisen, dessen Ansichten er oft weitgehend kritiklos wiedergibt. Bei der Bewertung und Einordnung der Dissertationen ist natürlich auch die unterschiedliche Zielsetzung der Autoren zu beachten. Die Vielfalt der Nuancen und Schwerpunktsetzungen in den Arbeiten erschwert aber keinesfalls deren Vergleich. Die Schriften von Sennert/Polner und Moebius/Friederich stellen sich vom Stil, von der Intention der Verfasser und auch vom Inhalt her als klassische Inaugural-Dissertationen des 17. Jahrhunderts dar, die wohl hauptsächlich auf intensivem Quellenstudium basieren. Diese Dissertationen sind in einen philosophisch-humanistischen Rahmen gestellt; die zwischen den beiden als Präses fungierenden Gelehrten bestehende Verbindung - W. Rolfinck war der Schüler des älteren und der Lehrer des jüngeren - wurde schon erwähnt. So kann man diese beiden Schriften trotz der etwas unterschiedlichen thematischen Zielsetzung als verwandt bezeichnen. Auch die Dissertation von Myrrhen bringt noch nichts Neues. Anders die von Juncker/Neidhart! Sie versucht, von der philologisch-klassischen Denk- und Darstellungsweise weg, hin zu exakteren naturwissenschaftlich-medizinischen Aussagen zu kommen. So wird zum Beispiel die Etymologie der Bezeichnungen der Zähne lediglich in den Arbeiten von Sennert/Polner und Moebius/Friederich mit vielen Zitaten aus den Werken Galens, Hippokrates' und Aristoteles' näher abgehandelt, während Juncker/Neidhart völlig auf solche verzichten. Genauso verhält es sich mit der Darstellung der Funktion der Zähne, wie auch des Krankheitsbildes der Hämodia oder des Stupor dentium (eine Art Taubheitsgefühl an den Zähnen, hauptsächlich nach dem Verzehr von sauren Speisen). Der Konflikt mit der Tradition ist allerdings bereits in den Dissertationen von Sennert/Polner und Moebius/Friederich zu bemerken. Dabei bemühen sich die Verfasser, diesen zu lösen, indem sie Verbindungen zwischen den Lehren von Hippokrates und Galen mit neueren Erkenntnissen herzustellen versuchen. Deutlicher wird dies aber bei Juncker/Neidhart, die - bereits von dem in der ersten Hälfte des 18. Jahrhunderts stattfindenden Umbruch in der Zahnheilkunde beeinflußt - an einigen Stellen antiken Autoren klar widersprechen. Doch in der Regel versuchen auch sie, Verbindungen zu schaffen. Ihre Ansichten zur idiopathischen Form des Zahnschmerzes kommen modernen Anschauungen über die Kariesgenese schon recht nahe. Erst 1756 veröffentlichte Ph. Pfaff, 1758-1765 königlicher Hofzahnarzt, in Berlin seine „Abhandlung von den Zähnen", die als erste umfassende Darstellung der Zahnheilkunde in Deutschland gilt. Bei der

Definition des Zahnschmerzes halten sich die Autoren des 17. Jahrhunderts an die von Galen stammende Einteilung: erstens gibt es den klopfenden Zahnschmerz, zweitens einen Schmerz, der durch die Entzündung des Nerven im Wurzelbereich verursacht wird, und drittens einen Schmerz, der durch eine Entzündung des Zahnfleisches entsteht. Gerade in diesem Punkt wird der Einfluß der alten Autoritäten und deren Lehrmeinung sehr deutlich.

Würmer als Ursache von Zahnschmerzen beschäftigten die Menschen 4000 Jahre lang. Zum ersten Mal wurden sie im Gesetz von Hammurabi erwähnt und sind auch noch in Veröffentlichungen des 19. Jahrhunderts zu finden. Für Sennert/Polner, Moebius/Friederich und Myrrhen ist die Existenz von Würmern in Zähnen selbstverständlich. P. Fauchard hat dies 1728 in seiner Arbeit „Französischer Zahnarzt oder Traktat von den Zähnen" (deutsch Berlin 1733) erstmalig bestritten. Alles Kalte oder auch Warme, beides zusammen im Wechsel, scharfe Speisen, Knoblauch, Zwiebel, Kresse, Schnittlauch, Feigen, Ingwer, alter Wein, Zucker, fette Speisen, gesalzener und geräucherter Fisch oder ebensolches Fleisch, alter Käse, saures Bier, zuviel Alkohol, Hasel- und Walnüsse, bittere Mandeln, unreifes Obst und anderes mehr können Zahnschmerzen auslösen. In diesem Zusammenhang wird auch der Alkoholmißbrauch von allen Verfassern erwähnt. Hinsichtlich der Kariesgenese ist den Autoren die besondere Rolle von Zucker, Sirup und Süßigkeiten als Ursache bekannt. Dabei werden selbst bei Juncker/Neidhart noch abstruse und wunderliche Aussagen gemacht. So die Erklärung der Ursachen von Dentitio difficilis, daß sich der verstärkt fließende Speichel mit der Muttermilch vermische, beide Säfte eine grundlegende Änderung erführen und so eine ätzende Flüssigkeit entstehe, die über eine Arrosion der Magenwände tödlich wirken könne. Entsprechend leicht sei diese Krankheit durch Stillverbot und durch Verabreichung von Haferschleim zu beherrschen.

Dissertationen gehörten zu den beliebten, vielleicht sogar beliebtesten akademischen Schriften. J. D. Michaelis schrieb: „Einiger Professoren ihre Dissertationen schätzt das Publicum höher, als ihre Bücher, denn in diesen wiederholen sie das vorhin Bekannte, in jenen sagen sie das Neue." Dazu G. Schubart-Fikentscher: „Das trifft den Kern. Es war durch solche Arbeiten möglich, etwas Neues, das dem Präses besonders wichtig erschien, oder wissenschaftliche Erkenntnisse und Grundsätze schneller mitzuteilen als durch Vorlesungen oder Lehrbücher. Dissertationen konnten unabhängig von dem zeitlich und vom Stoff her beschränkten Rahmen einer Vorlesung, eines Lehrbuches Fragen vertiefen, neue aufwerfen und von einer anderen Grundlage her beantworten als bisher üblich." (G. Schubart-Fikentscher, Untersuchungen zur Autorschaft von Dissertationen, S. 12f.). Michaelis sagte dazu: „Wenn aber auch der Präses die Dissertation ausarbeitet, und der Respondent weiter nichts bey ihr thut, als daß er sie drucken läßt, so ist dis doch eine der Wissenschaft sehr vortheilhafte Gelegenheit, einzelne Entdeckungen, die sonst verlohren gehen würden, der gelehrten Welt mitzutheilen, und in der That das zu leisten, wozu Societäten oder Academien der Wissenschaften gestiftet werden." (J. D. Michaelis, Raisonnement über die protestantischen Universitäten in Deutschland, T. 4, S. 14f.). Schon damals trug der Präses den wissenschaftlichen Ruhm davon. Von S. Stryk in Halle lassen sich z. B. etwa 400 Dissertationen feststellen, viele davon mehrfach aufgelegt. In den Zweitauflagen wurde aber öfter der Name des Respondenten vorangestellt, und so die Dissertation als von ihm stammend gekennzeichnet. Der Name des Präses verschwand dabei im allgemeinen nicht, war er doch, jedenfalls bei berühmten bzw. bekannten Professoren, auch eine gute Empfehlung. Von Chr. Thomasius als Präses wurden 150 Disputationen über die verschiedensten Themen abgehalten. Zwar war Thomasius zweifelsohne genial, sollte er aber alle diese behandelten Gegenstände so souverän beherrscht haben? Keineswegs! Aber mit seinem Namen ließ sich prahlen, und das wollte er offenbar auch selbst.

Wir kennen heute dem Begriff und dem Wort nach nur noch eine Art von Dissertationen: die Inaugural- oder Doktor-Dissertation. Jedenfalls ist die Bezeichnung Dissertation an diesen Arbeiten hängengeblieben, während früher darunter auch andere aus dem wissenschaftlichen Bereich stammende Arbeiten verstanden wurden. Darauf wurde bereits eingegangen.

Grundsätzlich erwarten wir heute eine selbständige Arbeit des Kandidaten, *die* Dissertation, die zur Promotion vorgelegt werden muß. Daß man auch hier die Frage der Autorschaft aufwerfen kann, weiß jeder, denn mitunter ist die Beteiligung des Doktorvaters daran groß. Trotzdem wird die Arbeit unter dem Namen des Doktoranden geführt. Die pro gradu-Dissertation des 17./18. Jahrhunderts war nichts anderes. Hier wurde ebenfalls Selbständigkeit verlangt, mag auch die Art, wissenschaftlich zu arbeiten, zum Teil von der unsrigen sehr verschieden sein. Es kommt ja darauf an, wie jeweils in der eigenen Zeit die Maßstäbe gesetzt werden. Damals wie heute gab es durchschnittliche und gute, ja auch ausgezeichnete pro gradu-Dissertationen. Zwar wurde über zu viele Promotionen geklagt, andererseits wurden aber ebenso offensichtlich tüchtige Arbeiten verlangt und geliefert. Es wurde Gleiches wie heute verlangt und in den Grenzen damaliger wissenschaftlicher Kenntnis und Erkenntnis, auch der wissenschaftlichen Austauschmöglichkeit, gleich bewertet. Die gemeinsame Gelehrtensprache Latein verband die wissenschaftliche Welt, und man ist immer wieder überrascht, wie weit, auch geographisch gesehen, die Fachliteratur bekannt war und verarbeitet wurde. Gerade dies zeigen auch die Dissertationen. Der pro gradu-Dissertation wurde großes Gewicht beigemessen, ebenso wurde ihre Verteidigung nicht für Spiegelfechterei gehalten. Dies kann man aus den Klagen über Mißbräuche und den Reformversuchen sehen, auch aus den Arbeiten selbst und aus den Äußerungen über sie. Weitere Belege dafür sind die Anordnungen dazu von den und für die Fakultäten. Auch darauf wurde schon eingegangen.

Die Frage ist: Was formt der Kandidat aus dem Stoff? Wird es eine im wesentlichen selbständige oder eine abhängige Arbeit? In welchem Grad eine abhängige Arbeit innerhalb dieser Gemeinschaft, dieser Teilhaberschaft von Präses und Respondent? Vermag er sie zu durchdenken, zu gestalten, zu verteidigen? Vor allem: welches Ziel soll mit der Dissertation erreicht werden? Hierin liegt der Unterschied zu heute! Es gab verschiedene Ziele und deshalb verschiedene Dissertationsarten, wobei zum Teil der Anteil des Präses an der Arbeit deutlich den des Kandidaten überwog, oft sogar den Präses als alleinigen Verfasser ausweisen konnte. Das trifft z. B. auf die Dissertationen zu, die nur der Übung halber verfaßt und verteidigt wurden. Anders liegt es bei Dissertationen, die eines Stipendiums halber, als Zeugnis des Fleißes, zum Studienabschluß verfaßt wurden. Denn auch dabei konnte der Wunsch des Kandidaten, seine Selbständigkeit beweisen zu wollen oder zu müssen, ja, unter Umständen pro gradu promoviert zu werden, eine Rolle spielen. Die Frage der Autorschaft taucht dann auch hier auf.

In allen Fragen, die sich um Studium und Studienreform drehen, kommt immer wieder der große Erziehungs- und Bildungswert der Disputierübungen und der ihnen zugrundeliegenden Dissertation zum Ausdruck. Kaum einer der Professoren, der sich nicht mit diesen Fragen befaßt hätte. Als Ziel wird immer wieder auch von den Kandidaten betont, man wolle und solle die eigenen geistigen Kräfte messen, redegewandt werden, zeigen, daß man sich den Studienstoff angeeignet habe und fähig sei, ihn gegen Angriffe zu verteidigen. Damit sollte auch Rechenschaft abgelegt werden. Gerade der Verteidigung wurde in allen Fällen entscheidendes Gewicht beigemessen, so daß es besonders bei Übungsdissertationen nicht auf eine zugrundegelegte eigene Arbeit ankam.

Die pro gradu-Dissertationen bei Chr. Thomasius - es sind 79 - haben einen sehr unterschiedlichen Umfang. Manche umfassen viele, andere nur wenige Seiten, auf denen sich kurze Thesen finden. Letzteres ist die alte, von den päpstlichen Universitäten übernommene Methode. Danach ist es erlaubt, ein Thema in viele kurze Thesen aufzulösen, und sie dann in der Disputation zu ergründen. Beide Methoden halten sich noch lange nebeneinander! So bei J. W. Goethes Graduierungsarbeit von 1771.

An der Disputation pro gradu sind - es sei wiederholt - der Präses und der Respondent beteiligt. Ersterer leitet die Disputation, der Respondent hat auf alle Einwürfe zu antworten. Der Präses hatte seinen Kandidaten zu schützen, er war, heute gesprochen, der Doktorvater. Wie war nun die Autorschaft bei Dissertationen, für die kein Präses bei der Verteidigung angeführt ist? Mitunter nennt die Ankündigung nur den Kandidaten, ganz selten dazu noch „sine praeside“. Dies war an verschiedenen Universitäten gebräuchlich. Dabei mußte aber das übliche Honorar auf jeden Fall gezahlt werden. Es können ganz persönliche Wünsche des Kandidaten dazu geführt haben, ohne Präses disputieren zu wollen; bei triftigen Gründen war das zuzulassen; an einigen Hochschulen auch bei „akademischen Bürgern" adliger Herkunft. Den Vorsitz führte oder konnte u. U. der jeweilige Dekan führen; das bestimmten die Statuten. Wenn Disputationen vom Rektor oder Dekan angekündigt werden, ohne daß ein Präses genannt wird, kann man annehmen und sieht das auch mitunter in der Ankündigung oder einem Schreiben dazu, daß der Dekan die gesamte Leitung hatte. Das Präses-Respondent-Verhältnis fällt dann fort. Beides kann auch einmal zusammenfallen, ohne daß an der grundsätzlichen Lage etwas geändert würde. So ist z. B. eine Dissertation, die zuweilen Chr. Thomasius zugerechnet wurde, ohne Zweifel die Arbeit seines Schülers N. H. Gundling, später Professor in Halle. Gundling hat die „Dissertatio de transactione, testamenti tabulis non inspectis" 1703 ohne Präses verteidigt, während Thomasius nur als Dekan geleitet und auch opponiert hat.

Die Frage nach der Autorschaft der Kandidaten, die ohne Präses disputierten, scheint leichter zu ihren Gunsten bejaht werden zu können. Allerdings läßt sich auf keinen Fall aus solchen Disputationen die allgemeine Regel aufstellen: bei Disputationen ohne Präses ist der Kandidat der Autor. Bei den Präses-Disputationen wird der Kandidat häufig Autor genannt, obwohl er es dem wissenschaftlichen Gehalt nach nicht ohne weiteres gewesen sein kann. Es handelt sich dabei oft um pro gradu-Disputationen, auch wenn dies nicht immer angegeben wird. Die gleichen Merkmale treffen auf die nicht unter einem Präses durchgeführten Disputationen zu. Dennoch ist es berechtigt, darin einen Anhaltspunkt zu sehen, mindestens dann, wenn auch aus Art und Umfang der Arbeit, von anderen sicheren Hinweisen abgesehen, auf die selbständige Autorschaft zu schließen ist.

Welche Mißbräuche die Erkenntnis des echten Autorverhältnisses trüben können, wird u. a. eingehend von Michaelis erörtert. Pro gradu-Dissertationen sollen selbst ausgearbeitet werden, obwohl die Disputation darüber auf jeden Fall sicherer zeigt, was der Kandidat kann, als die zugrundeliegende Dissertation. „Denn wer ist uns Bürge dafür, wenn er auch *sine Praeside* disputirt, daß er sie nicht, wie wenigstens zwey gegen Einmahl der Fall ist, für sein Geld von einem andern hat ausarbeiten lassen? daß er aber selbst, mit Fertigkeit, und als ein der Sachen kundiger antwortet, kann man sehen und hören." Eigene Arbeit daran ist höchst nützlich, aber sie entfällt ja, „und nichts als die bloße Schande für die Universität bleibt, wenn die Dissertation aus einer Fabrik kommt." (J. D. Michaelis, Raisonnement über die protestantischen Universitäten in Deutschland, T. 4, S. 17, S. 79).

Aus dem Titelblatt der pro gradu-Dissertationen ist noch nicht der Autor zu erschließen, wenngleich der Präses hier zuerst genannt wird. Die Autorschaft ergibt sich schon eher aus den Einladungsschreiben, in denen der Rektor oder Dekan zur Verteidigung einlädt. Diese Schreiben sind nach Universitäten wie auch nach Fakultäten verschieden.

Die Dissertationen beginnen zumeist mit einer Widmung. Sie kann kurz wie lang, persönlich wie unpersönlich gehalten sein. Sie richtet sich an den Förderer oder Gönner, an den Lehrer, an Verwandte. In den Vorreden wird dann zumeist Anlaß und Ziel der Arbeit mitgeteilt. Auch, warum dieses Thema gewählt worden ist sowie methodische Fragen. Häufig wird hier dem Präses respektvoll gedankt. Dann wird das Thema selbst abgehandelt. Bei einigen Dissertationen finden sich dann noch Corollaria und Anhänge. Dabei wird auch Gott gedankt und seine künftige Hilfe angerufen. Die Corollaria werden z. T. auch als Theses oder Positiones bezeichnet und stehen nur z. T. mit dem Dissertationsthema in Zusammenhang. Diese Streitsätze sollen z. B. anzeigen, daß man auch noch andere Wissenschaftsgebiete beherrscht. Die Zugaben, bei denen es ähnlich steht, werden als Appendix, Additamentum oder Additio bezeichnet. Sie sind von den Corollarien verschieden; es sind etwa Abdrucke von widersprüchlichen juristischen Entscheidungen, so im Umfeld von Chr. Thomasius und der Hallenser Universität.

Sehr häufig sind Glückwünsche in Gedichtform. Sie stehen immer am Schluß einer Dissertation. Die sachliche Würdigung spielt in diesen Gelegenheitsgedichten keine Rolle. Die allgemeine Bewertung der Person des Kandidaten, sein Genie, Fleiß usw. wird in oft sehr prunkvollen Worten dargestellt, für unseren heutigen Geschmack sehr überhöht. Das soll nicht dazu verführen, „nur eitles Wortgepränge" darin zu sehen. Denn der Wert dieser Art von Äußerungen wurde damals offenbar dem Ziel entsprechend angemessen eingeschätzt. Daß sie mit der Dissertation zugleich veröffentlicht wurden, d. h. - wie manche datierte Gedichte und deren Inhalt zeigen - daß sie schon vor Abschluß des Promotionsverfahrens geschrieben worden waren, spricht nicht gegen dies Verfahren selbst. Grundsätzlich wurde und mußte ernsthaft gearbeitet werden; das geht aus den Dissertationen selbst und aus dem gesamten Schrifttum hervor. Dichterische Äußerungen des Dekans habe ich sehr selten gefunden, wenig auch solche des Präses oder anderer Professoren. Am häufigsten sind Glückwunschgedichte aus dem Freundeskreis des Kandidaten geschrieben worden. Studenten und Tischgenossen, Studienfreunde und soeben zum Doktor Promovierte, ebenso Verwandte äußern sich. Hin und wieder sind es bei älteren, bereits im Beruf stehenden Kandidaten die Kollegen, sonst auch einmal ältere, sich in höheren Ämtern befindende Personen. Die Menge der Gedichte zu einer einzelnen Dissertation ist zuweilen erstaunlich groß: bis zu 7, 8, 9, ja 14 kommen vor. Die Lust daran und somit ihr Gebrauch scheint zeitlich und örtlich nach Universitäten und Fakultäten verschieden gewesen zu sein.

3. Promotion und Dissertation im 18. Jahrhundert

Bereits im vorigen Kapitel wurde auf dieses Jahrhundert hingewiesen. Es ist das Zeitalter der Aufklärung. Die Frühaufklärung beginnt auch in Deutschland bereits im letzten Drittel des 17. Jahrhunderts. Sie achtet und verarbeitet stärker als bislang Naturwissenschaft und Technik. Lehrstätten neuer Qualität sind die Universitäten Halle (gegründet 1694) und Göttingen (gegründet 1737). Ansonsten ist der Übergang fließend, vieles erfolgt bei Dissertationen im alten Tritt. Selbst in Halle, wie noch zu zeigen ist. Jedenfalls war am Ende des 17. Jahrhunderts das Erlangen des Doktorgrades weitgehend der Lächerlichkeit preisgegeben, auch (oder gerade) im Ausland. E. W. Happel berichtet 1690 von einer deutschen Reisegesellschaft: Als diese in Padua durch das Stadttor kam, erblickten ihre Vertreter einen großen Menschenauflauf, und als sie forschten, was das zu bedeuten habe, „ward ihnen gesagt, daß ein Teutscher auf das Katheder steigen wolle, um ein Doctor Medicinae zu werden. Sie ... gingen miteinander nach dem großen Collegio und hörten den teutschen Mediziner disputieren, der aber so schlecht bestand, daß man ihn an einem andern Ort unmöglich würde angenommen haben, denn er wußte kein Latein hervorzubringen, sondern sprach lauter gebrochen Italienisch, war auch in der Medizin weniger beschlagen als ein Roßhändler. Daher wollten sie sich nicht länger an seiner Disputation ärgern ..." (E. W. Happel, Der akademische Roman, S. 102). Die Reisegesellschaft wertet dieses „Ereignis" bei Tisch aus. Dabei sagt ihnen „ein ansehnlicher alter Mann aus der Schweiz" u.a.: „Laßt Euch dies nicht verwundern, die Italiener würden Narren sein, wenn sie nicht einen jeden Teutschen, sollte er auch sein Lebtag von keiner Grammatika gehört haben, zur Promotion zulassen, denn sie bekommen Geld dafür und schaffen sie hernach wieder ab. Aber keinen Landsmann werden sie zum Doktor machen, der nicht wohlbeschlagen wäre. Im übrigen, wie geht es auf unsern teutschen katholischen wie protestierenden Akademien? Was für seltsame Magistros, Licentiatos und Doctores macht man daselbst wohl, da möchte einem oft die Galle übergehen! Die akademischen Würden sind gleichfalls königliche Stücke, welche allein den Tüchtigsten sollen gegeben werden, damit sie ihrer schweren Mühe und Arbeit hiernächst eine Ergötzung mögen genießen. ... mit den Staaten sind auch die Akademien verderbt, indem die Akademien den Staaten gefolgt. Die Staaten haben oft, von Furcht, Hoffnung oder Geld bezwungen, zu Zepter, zu Purpur, zu Thronen erhoben solche, welche Nabal (1. Sam 25,3 - S. W.) sich geschämt hätte, unter die Schafsknechte zu nehmen. Die Akademien haben oft zu Doktoren, zu Lizentiaten, zu Magistern erhoben, von Diensten, von Freundschaft, von Geiz bezwungen, welche Priscianus (wohl der römische Grammatiker - S. W.) sich geschämt hätte, unter seinen Schutz zu nehmen ... Ethliche berichten, diese oder jene medizinische Fakultät promoviert zwar ungeschickte Doktoren, diese müssen aber zusagen, innerhalb fünf Jahren die Arznei nicht zu treiben. Von den Magistern viel zu schwätzen, achte ich für unnötig. Gar vielen mangelt sogar das richtige Konjugieren, Deklinieren, Konstruieren und dergleichen Dinge. Die Fakultäten sind zu rühmen, bei welchen die Kandidaten müssen vorlegen die Jahre, in welchen sie studiert, die Exerzitien, welche sie gehalten, und die Zeugnisse, welche sie von ihren Präzeptoren erlangt haben. ... wer ungelehrte Leute promoviert zu hohen Graden, der betrügt Kirche und Staat, und das in sehr wichtigen Sachen. ... manche Universitäten schämen sich nicht, die Wohlfahrt ganzer Völker und großer Fürsten, auch das Heil so vieler tausend Seelen den tölpischen Eseln unter die Füße zu stürzen. ... Denn die hohen Grade werden darum verdient, damit die Kirchen wackere Prediger haben, die Ketzer zu widerlegen und die Ungläubigen zu bekehren. Daher vertrauen die Fürsten und Bischöfe den Akademien. Werden sie aber betrogen, so sind sie durch unermeßliche Sünden der Universitäten betrogen ..." (ebenda, S. 103-106).

Unter Berufung auf den Jesuiten A. Contzen, den streitbaren Polemiker und hervorragenden Sprachkenner, schreibt Happel weiter: „Was in die Rübe der Gelehrten und Ungelehrten gegeben wird, ist kein Zeugnis der Geschicklichkeit, sondern ein unnütz Gepränge müßiger und stolzer Leute. Er (Contzen - S. W.) hat auch gesehen Magistros in Logik und Philosophie, die nicht den Unterschied verstanden zwischen den drei Figuren der Syllogismen. Es unterläßt auch nicht Italien (spricht er ferner), uns täglich Bullen- und Briefdoktoren herauszusenden, die kaum sich besinnen können, in welcher Fakultät sie promoviert. Schließt hieraus, die Kirche dürfte denjenigen wohl examinieren, der bei der Universität promoviert, von welcher ungelehrte Lappen kommen. ... Ob aber auch zu Doktoren der heiligen Schrift gemacht werden diejenigen, welche in akademischer Jugend, in Fressen, Saufen, Schlemmen, Larven, hoffärtigen und modischen Kleidungen, Federn, Waffen, Fluchen und sonsten Unflätereien sich tapfer gebraucht? Ist bedenklich zu fragen" (ebenda, S. 107).

An anderer Stelle führt Happel an: „Auf einer teutschen Universität promovierten (also nennt man in der Studentensprache das Stehlen) einmal Studenten einen Hammel und führten ihn durch die Gassen nach ihrer Unterkunft. Sooft aber der Hammel schrie, sooft riefen sie: Holla! Holla! damit man des Hammels Geschrei nicht hören konnte. Sie brachten auf solche Manier den Hammel ins Haus und auf die Stube, stachen ihm den Hals ab und hielten ihn heimlich. Der Nachforscher kam auch, bat den Wirt, ihm zu vergönnen, in seinem Haus Nachsuchung zu tun, denn sein Hammel sei gewiß darein gekommen. Das ward ihm vergönnt, und er suchte aus einer Stube in die andere. Wie er aber vor die rechte kam, da hatte man ein Bette gemacht, den Hammel hineingelegt, und saß einer vor dem Bette und hatte ein Buch in der Hand. Wie der Sucher eintreten wollte, winkte und sprach der

Leser: 'Bleibt zurück, hier liegt ein sterbender Mensch.' Jener ließ sich abschrecken, ging davon und bekam seinen Hammel nicht wieder" (ebenda, S. 134). Diese Verballhornung von „promovieren" findet sich in der akademischen Sprache jener Zeit häufig - ein Zeichen für den Wert, der der Promotion beigemessen wurde.

Happel läßt auch den „ansehnlichen alten Mann" erklären, was es mit den akademischen Graden, so auch mit dem Doktor, auf sich habe. Einiges davon wurde bereits angeführt. Hier als weiteres Material: Doktoren bekommen ihren Namen vom Lehren (docere), „nicht, daß sie wirklich dozieren, sondern dazu wirklich in der Lage sein sollen. Hierbei kommt allerlei zu betrachten vor ... was das Vorleben betrifft, sollen solche Leute mit guten Sitten und Lehren wohl versehen sein, und solches wird bei allen erfordert, sie mögen in Theologia, Jure oder Medicina Doctores werden wollen. Obgleich nun, wie bekannt, der Kaiser Justinianus den Studiosis fünf Jahr vorgeschrieben, die Jura absolvieren, ehe sie etwa einen Gradum darin zu erlangen gedächten, so erweisen uns doch manche Beispiele, daß bei manchem fertigen Kopf so viel Zeit nicht erfordert werde. Was sonst die andere Voraussetzung, die Promotionem in Doctorem belangt, ist solche die Probe, die er beim Examen ablegen muß, und besteht sie eigentlich in drei Teilen, welche sind das Examen selber, die Lectio und die Disputatio. Vor Zeiten wurden sieben prüfende Doctores bei dem Examen erfordert, heute aber können es zwei oder drei bestellen, welche, wenn sie ihren spanischen Wein, Butter, Kringel und sonst noch einen gelben Taler als Ansporn bekommen, solche Dinge in das Examen bringen, die mancher Bauer wohl verstehen könnte, denn man läßt den Herrn Kandidaten nicht gerne entschnappen, er möchte sich sonst auf eine andere Akademie begeben, so ginge das schöne Nebengeschäft aus der Nase. Man will sonst auf rechtschaffenen Akademien keinem die Doktorwürde erteilen, er habe denn das siebzehnte Jahr seines Alters überschritten und sei ohne Makel. Solche Makel aber sind im 1. und 2. Cap. de Dignitatibus ausgedrückt, nämlich Neque famosis et notatis, et quos scelus aut vitae turpitudo inquinat, et quos infamia ab honestorum coetu segregat, dignitatis portae patebunt. So aber einer ein unehelicher Sohn ist, kann er sich legitimieren und alsdann wohl doktorieren lassen." (ebenda, S. 282f.).

Eine Persiflage auf eine Promotion schildert Happel ebenfalls: die Romangestalt Cerebracchius führte die Gesellschaft in den großen Saal eines Wirtshauses. Dort fanden sie „zwölf Studenten nach ihrer Ordnung sitzen, welche in der Mitte einen Tisch hatten, der mit zwölf Gläsern besetzt war, davon eines immer größer war als das andere, solche wurden die zwölf Apostel genannt, und die großen Weinkannen standen dabei. Cerebracchius trat voran zu dem, der sich den Rectorem Magnificum nennen ließ, und forderte mit einem höflichen Kompliment den akademischen Gradum. Der Rector Magnificus, so ein ansehnlicher Student (die übrigen auch seinesgleichen waren teils Professores, teils Doctores, oder

Licentiati, nach ihrer besonderen Weise), empfing ihn mit sonderbaren Zeremonien, brachte ihm, anstatt des Examinis, ein großes Glas Wein, solches auszuleeren, und als solches Cerebracchius in einem Zuge verrichtet, ward ihm das große Lizentiatenglas voll Wein überreicht, welches er auch ohne sonderliche Mühe ausleerte. Hierauf begehrte er das Doktorglas, und als er dasselbe, ob es gleich sehr groß war, bald ausgeleert, gratulierten ihm die Herren Assessoren samt dem Rectore Magnifico und erklärten ihn für einen Doctorem in ihrem Collegio, versprachen ihm auch, sobald eine Professorstelle vakant würde, ihm solche zu übertragen, weil er durchs Saufen sich dazu genugsam legitimiert habe." (ebenda, S. 295). Diese Art der „Promotion" hat an deutschen Universitäten noch lange eine Rolle gespielt.

Der bereits erwähnte Göttinger Professor für Orientalistik, der Theologe J. D. Michaelis, ein scharfsinniger Kritiker der Universitätszustände seiner Zeit, meint zu den Disputationen generell, sie „hätten, wo sie gut sind, wirklich so viel Nutzen, daß man sie wenigstens so lange, bis man etwas anderes an ihrer Stelle hat, (das wird man aber schwerlich ausfindig machen) beybehalten, und da, wo sie schlecht geworden sind, bessern und lebhafter machen sollte." Disputationen seien „die Prüfung der Privatdocenten bey wirklich offenen Thüren" (J. D. Michaelis, Raisonnement über die protestantischen Universitäten in Deutschland, T. 4, S. 7f.). Schreibt einer die Dissertation anonym als Auftragswerk, so wird er sie höchstens „gut genug, d. i. mittelmäßig" machen. Würde er etwas Gutes zustande bringen, so würde er es auch unter eigenem Namen vorlegen. Der Autor einer Dissertation hat das Eigentumsrecht an seiner Arbeit: „ist sie gut, so hat er die Ehre, und ist sie schlecht, den Vorwurf davon. Hingegen der unbekannt bleibende Dissertations-Fabrikante hat für seine Ehre nichts zu fürchten und zu hoffen: er lebt davon, und desto theuerer läßt er sich bezahlen." (ebenda, S. 23f.). Es sei auch Pedanterei, den Wert einer Dissertation nach ihrer Bogenzahl zu messen. „Oft könnte man alles wichtige und lesenswürdige der Dissertation auf zwey oder drey Bogen bringen." (ebenda, S. 28).

In den „Disputationsfabriken" Deutschlands, mache man „dem Respondenten (gemeiniglich dem *sine Praeside* disputirenden) für Geld eine Dissertation." (ebenda, S. 77). Der Präses tut das, so er es tut, für Ehre allein. Enthält die Arbeit neue Entdeckungen, so sind sie dem Autor gewahrt, denn auf dem Titelblatt steht „*Auctor Respondens* oder A.R." Kommt aber die Arbeit aus einer Fabrik, so steht sie für keine Leistungen: „Das Publicum wird bey ihr auch wol nichts gewinnen, nicht einmahl ein erträgliches Buch, sondern blos Papier, das durch den Druck verdorben wird, verlieren." Selbst wenn ein Gelehrter, der, aus welchen Gründen auch immer, sein Amt verloren hätte, aus Not solche Dissertationen verfassen müßte, würde er doch noch immer Leistungen zu erbringen suchen. Aber bei den Disputationsfabrikanten wird das unter dem Mittelmaß Liegende als Disputation angeboten.

Denn, wenn sie etwas Gutes können, so schreiben sie es unter ihrem eigenen Namen. „Glaubten sie auch, daß es schlecht wäre, so haben sie den Schimpf nicht davon, für den Respondenten, der es selbst nicht einmahl so gut machen kann, ist es immer gut genug." (ebenda, S. 80-82). Jede Universität sollte sich also vor solchen Disputationsfabriken hüten!

Akademische Titel, vornehmlich der Doktor, sind nach Michaelis in allen vier Fakultäten „eine uns übrig gebliebene Erfindung voriger Jahrhunderte, damahls noch rauhe, entweder kriegerische oder indolente Nationen, bey denen die Ehre viel galt, durch eine neue Art von gelehrten Adel zur Gelehrsamkeit aufzumuntern, und die Tüchtigkeit des Gelehrten, der nun im gemeinen Wesen oder der Kirche gebraucht werden sollte, einigermassen zu bestimmen. Sie haben theils durch Misbrauch und Verschwendung an Unwürdige, theils durch mehrere Aufklärung unserer Zeiten, in denen es nicht mehr nöthig ist, zur Erwählung einer gelehrten Lebensart anzulocken, von ihrem ehemaligen Einfluß und Wichtigkeit viel verlohren: der größeste Nutzen dieser Reliquie älterer Zeiten ist auf die Universität selbst eingeschränkt... Sonderbahr ist es doch, daß diese blos auf Universitäten reelle Nahmen auf ihnen am wenigsten zu gelten pflegen: man sieht den Doctor zu sehr werden, und weiß, was dabey zu erinnern ist, dis mindert die Ehrfurcht vor dem Titel, die er schon einige Meilen weit von Ort und Stelle stärker einprägt ... Aber in dem von der Universität hinlänglich entlegenen Vaterlande gilt schon der Doctor, wol gar der auf Universitäten in altmodischer werdende Licentiate und Baccalaureus, viel mehr, und man stellt sich bey dem Schall etwas gelehrteres und ansehnlicheres vor, als die leichtsinnige Jugend hat, die beym Entstehen gegenwärtig war." (ebenda, S. 98f.).

Besonders wichtig ist nach Michaelis auch zu seiner Zeit der Doktortitel in der medizinischen Fakultät, weil ohne ihn niemand praktizieren soll. Der Doctor theologiae sei nach wie vor in höchstem Ansehen, was seinem Träger an Gelehrsamkeit abgeht, ersetze das Amt. Der Doctor jurisprudentiae gebe ebenfalls gemeinhin einen Rang, auch Vorteile, jedenfalls stehe er nach wie vor höher als der medizinische. Die philosophische Doktorwürde habe fast gar keine Vorteile, eher den Nachteil, im 17. und Anfang des 18. Jahrhundert „unglaublich entehret zu werden."

Man solle überhaupt den Doktortitel, sollte er weiter bestehen, nicht verschwenden, nicht übermäßig verteilen. Jede Ablehnung würde seinen Wert erhöhen. Vor allem beim Doctor medicinae! Bei ihm geht es, im Gegensatz zu den anderen, um Leben und Tod. Deshalb soll man gerade bei Verleihung des medizinischen Doktors sehr bedacht sein. Es sei „ein Verbrechen gegen das menschliche Leben, wenn medizinische Facultäten ihn dem Unwürdigen geben. Dis Verbrechen verdient den ganzen Haß des Publici, das vielleicht durch schlechte Aerzte so viel Bürger langsam verliert, als eine alle funfzig Jahre einmahl kommende Pest wegraffen würde, und die medicinische Facultät, die sich deßen schuldig macht, seine ganze Verachtung." (ebenda, S. 109, 117). Dabei würden viele von der Fakultät nur promoviert, weil Geld dabei herausspringt. Und das komme häufig vor, denn es gebe in Deutschland zu viele Universitäten, und viele von ihnen wollen ihre kargen Einkünfte durch Dissertationen sehr aufbessern.

Schon Michaelis ist gegen eine Promotion in absentia, denn gerade dabei könne sich ein Untüchtiger die Dissertation gegen Bezahlung schreiben lassen. Und wohl auch noch heute gilt: „Es wird ... wol dabey bleiben, daß die Obern bey ihrem besten Willen nicht im Stande sind, eine Einrichtung zu machen, dadurch alle wissentlich unwürdigen Promotionen gehindert, und die Vollkommenheit, die man wünschen könnte, erreicht wird, wenn die Professores nicht eben den Willen haben." (ebenda, S. 135).

Man sollte, so Michaelis weiter, auch den Doktoreid beibehalten. Allerdings nicht in der philosophischen Fakultät: „Docirte auch ein Magister nicht, wie er bey uns schwören muß, und es sonder Zweifel hält, *die wahre Philosophie,* so geht es nicht gleich auf Leben und Tod, und man nimt auch seine Philosophie nicht ein, wenn er sie nicht beweiset." (ebenda, S. 146). Diese Dissertationen spielten jedoch lokal und regional, selten allerdings überregional, eine wichtige Rolle in Studium und Lehre der Philosophie. Gegenwärtig fehlen noch die bibliothekarisch-bibliographischen Vorkenntnisse der unter den Dissertationen am wenigsten ins Gewicht fallenden philosophischen Dissertationen. Für den Zeitraum zwischen 1660 und 1750 sind in einem ersten Versuch von H. Marti rund 10 000 philosophische Dissertationen bibliographiert worden; weitere 3 000 konnten erschlossen werden. In der Regel dürfte es sich hier nicht um Abhandlungen handeln, die eine wichtige Stellung in der philosophischen Theoriegeschichte einnehmen. In der überwiegenden Mehrzahl dürften sie kaum neues, vielmehr nur kompiliertes Material bieten. Untersuchungen dieser Literaturgattung stehen allerdings noch aus. Gerade ihre Massenhaftigkeit, die ihren eigentümlichen und einmaligen Quellencharakter ausmacht, fordert aber geradezu auf, sie als Quelle für unterschiedliche Fragestellungen zu nutzen. In diesen Gemeinschaftsarbeiten von Präses und Respondent hat sicherlich der Präses bis zum Ausgang des 18. Jahrhunderts den größten Einfluß auf Themenauswahl und Inhalt ausgeübt. Neben der überraschend großen Anzahl überlieferter philosophischer Dissertationen beeindruckt die Vielfalt der von ihnen behandelten Themen. Untersuchungen über die Inhalte der Dissertationen könnten Möglichkeiten eröffnen, die thematischen Schwerpunkte philosophischer Lehre und ihres Wandels im Laufe des 18. Jahrhunderts zu rekonstruieren, das Aufkommen und die Verbreitung neuer Themen und Denkrichtungen auch hieran nachzuzeichnen. Es lohnte sich auch ein intensiver Vergleich von Arbeiten über die gängigen Standardthemen der Zeit, weil sie Aufschlüsse über die vorherrschende Lehrmeinung wie über die Meinungsunterschiede und die im Laufe des 18. Jahrhunderts erfolgten Akzentverlagerungen im Wissens- und Autoritätenkanon bringen könnten. Die Untersuchungen gerade der philosophischen Dissertationen ermöglichen einen Einblick in das gelehrte Durchschnittswissen, den mentalitätsprägenden geistigen Besitz der Gelehrten wie der Gebildeten. Die in den Dissertationen verteidigten Sätze dürfen jedoch nicht unbedingt als geistiges Eigentum der Beteiligten angesehen werden; der der Übung halber vom Autor bezogene Standpunkt braucht keineswegs mit seiner wirklichen Auffassung übereinzustimmen. Diese Dissertationen sind überdies unentbehrliche rezeptionsgeschichtliche Zeugnisse, nicht zuletzt durch ihre Hinweise auf wichtige Nachschlagewerke der damaligen philosophischen Fachliteratur. Eine wichtige Forschungsperspektive wäre auch die Untersuchung der Argumentationsweisen auf breiter Quellenkenntnis, etwa des Bedeutungsverlusts der Topik als heuristischer Findungshilfe seit Beginn des 18. Jahrhunderts. Schließlich ließe sich durch die Analyse dieser philosophischen Dissertationen für verschiedene Universitäten das Bildungsmilieu und ihr jeweiliger lokaler und überregionaler Wirkungsradius genauer als bisher bestimmen.

Das „Eingehen" der Disputationen steht nach F. Paulsen offenbar mit den Wandlungen im wissenschaftlichen Leben in Zusammenhang. Die Streittheologie und die Schulphilosophie hatten seit Anfang des 18. Jahrhunderts weitgehend ihre Geltung verloren. Damit war auch den Disputationen weitgehend Ziel und Voraussetzung entzogen. Sie hatten ihre ursprüngliche Bedeutung im öffentlichen Leben als Lösungsform dogmatischer Kontroversen im Mittelalter und im 16. und frühen 17. Jahrhundert. Jetzt herrschten vornehmlich irenischer Rationalismus und exegetisch-historisches Bibelstudium. Andererseits galten die allgemein anerkannten Prinzipien der alten Schulphilosophie nicht mehr. Auf den Universitäten war die philosophia eclectica, unter welchem Titel J. J. Brucker in seiner Geschichte der Philosophie alle Versuche neuer Systembildung seit dem 17. Jahrhundert begreift, herrschend geworden: es gab nicht einen allgemein anerkannten Bestand philosophischer Begriffe und Lehrsätze, wie ihn die älteren Universitäten im aristotelischen System besessen hatten. So sehr Chr. Wolffs System die Denkweise der Zeit bestimmte, so war es doch nicht zur kanonischen Lehre geworden; noch weniger war hierzu die in den beiden letzten Jahrzehnten des 18. Jahrhunderts vordringende Kantische Philosophie geeignet.

Auch das allmähliche Absterben der lateinischen Sprache im Universitätsunterricht trug dazu bei, die Disputationen lästig und verächtlich zu machen. War doch Latein für die Disputation unbedingtes Erfordernis. Hatten früher die Professoren für neue Erkenntnisse die Gelegenheit genutzt, sie als Disputationen auf Kosten der Respondenten drucken zu lassen, so war jetzt der Buchhandel stets bereit, neue Erkenntnisse in Zeitschriften oder Büchern zu veröffentlichen und auch zu honorieren.

Wenn sich auch im 18. Jahrhundert die deutsche Sprache als Unterrichtssprache der Universitäten immer mehr durchgesetzt hat, so blieb das Lateinische doch für öffentliche Akte und Mitteilungen, Reden, Anschläge, für Disputationen sowie Promotionen noch in Geltung. Zum Teil bis zum 20. Jahrhundert! Chr. Thomasius, der wohl erstmalig die deutsche Sprache als Unterrichtssprache an der Universität durchsetzte, promovierte selbst am 25.01.1672 mit der lateinischen Dissertation „De duplici maiestatis subiecto“ cum laude zum Magister artium der Leipziger Universität. Die juristischen Fachvorlesungen hörte er bei den damaligen Leuchten der Frankfurter Universität, J. Fr. von Retz (Rhetius) - später Brandenburgischer Staatsminister - und S. Stryk. Die Wege von Stryk und Thomasius sollten viele Jahre später wieder zusammenfinden und zu einer beinahe zwanzigjährigen engen Zusammenarbeit als „Gründerväter“ der Universität Halle führen. Unter Retz disputierte Thomasius 1678 „pro licentia“ und promovierte 1679 - beides an der Universität Frankfurt/Oder - mit der Dissertation „De iure circa frumentum“ bei Stryk zum Doktor der Rechtswissenschaft.

Schon in dieser Zeit gelten bei Dissertationen allgemein verbindliche Bewertungen, sie werden auch heute noch zumeist lateinisch gebraucht. Man kann bei der Dissertation folgende Prädikate für seine Leistungen erhalten:

magna cum laude (sehr gut):	eine besonders anzuerkennende Leistung
cum laude (gut):	eine überdurchschnittliche Leistung
rite (befriedigend):	eine durchschnittliche Leistung
non sufficit (nicht genügend):	eine nicht mehr brauchbare Leistung

Für besonders herausragende Leistungen konnte (und kann) auch das Prädikat „summa cum laude“ (ausgezeichnet) vergeben werden. „Non sufficit“ bedeutet, die Promotion ist nicht bestanden.

J. W. Goethe hatte zunächst in Leipzig studiert. Ohne merkliches Ergebnis, auch ohne akademischen Grad, kehrte er im September 1768 nach Hause zurück. Allmählich fügte er sich den Wünschen des enttäuschten Vaters, nach Straßburg zu gehen und dort die Promotion abzuschließen. Am 18.04.1770 wurde J. W. Goethe in das Generalregister der Straßburger Universität eingetragen, am 22. April immatrikuliert. 1773 schrieb er dann „unter all meinen Talenten ist meine Jurisprudenz der geringsten eins“ (zit. G. Schubart-Fikentscher, Goethes sechsundfünfzig Straßburger Thesen, S. 17). Eigentlich wollte Goethe als Dissertation eine Arbeit aus der Kirchengeschichte einreichen, aber die Fakultät lehnte ab. So blieb es bei 56 Thesen, über die Goethe am 6.8.1771 promovierte. Mit diesen Thesen konnte er nur zum Lizentiaten promoviert werden, wenngleich sie von hoher wissenschaftlicher Qualität sind. Die Promotion zum Doktor hätte noch eine Dissertation mit Disputation verlangt. Aber er lehnte die Straßburger Aufforderung dazu ab, ging in die Praxis und beantragte an seinem 22. Geburtstag beim Frankfurter Magistrat als „beyder Rechte Lizentiaten“ in den „numerum dahiesiger Advocatorum ordinarium“ aufgenommen zu werden (zit. ebenda, S. 23). Im Leben spielte der Unterschied der beiden akademischen Grade keine Rolle, Goethe selbst nennt sich weiter Lizentiat, aber Eltern, wohl auch Freunde, bezeichnen ihn als Doktor, eine Würde, die er erst 1825 von Jena honoris causa erhielt.

Nun zwei Beispiele dafür, wie im 18. Jahrhundert eine Doktorpromotion vor sich ging. Vielleicht zwei ausgefallene Beispiele, jedenfalls was die Person der Kandidaten angeht.

C. Fr. Bahrdt war protestantischer Theologe, Philologe, Philosoph, gesellschaftskritischer Schriftsteller und hat sich auch um die Entwicklung der Pädagogik (Philanthropismus) verdient gemacht. Er schreibt in seiner Autobiographie (S. 246-248): „Die Neckereien der Theologen und das ewige Protestieren gegen alle Arten von Vorlesungen, durch die ich nur einigermaßen dem Gebiet der heiligen Gottesgelahrtheit mich zu nähern erdreistete, wurden die ... Veranlassung zu meiner theologischen Doktorpromotion. ... Auch schimmerte die Hoffnung, daß die Privilegierung meiner Theologie mir ins Erfurtische Ministerium verhelfen würde. Denn nachdem ... die Leute in Erfurt mich eine Zeitlang in der Nähe betrachtet und so schlimm nicht gefunden hatten, wie meine Feinde wollten, daß ich sei, fand ich eine Menge Bürger, die meine lauten Verteidiger und zum Teil auch Lobredner wurden. ... Ich ... nahm den Rat meines Freundes und das Anerbieten meines Vaters zu Herschießung der Kosten bloß in der Rücksicht an, daß ich durch diesen Schritt mir teils das Lesen theologischer Kollegien erleichtern, teils zu auswärtigen Vokationen mir Aussicht verschaffen würde.“ Leipzig, Wittenberg, Göttingen, Halle, Gießen und Jena schieden für Bahrdt als Promotionsort aus. „Da besann sich mein Vater auf den D. Kiesling (lutherischer Theologe und Orientalist - S. W.) in Erlangen, welcher Geld brauchte und gern es nahm, wenn ers mit Ehren haben konnte. Er ... hoffte daher, daß Freundschaft und Wohlgefallen an einem fetten Braten, der den Erlanger Theologen ohnehin etwas Rares war, seine Wünsche krönen würde. Die Rechnung traf zu. Mein Vater fragte bei Kieslingen an, ob er mir zur theologischen Doktorwürde verhelfen wolle, und erbot sich, ihm reines Gold ohne Abzug des Agio zu schicken, so daß an jedem Luisdor ein Taler zu profitieren war. Diesen Antrag ergriff der liebe Mann mit willigen Händen, und mein Vater sandte etliche und vierzig gute Luisdors. Mir schickten die Herren Fakultisten einen Bogen voll wichtiger Fragen aus Dogmatik, Polemik, Kirchengeschichte, Kritik, die ich schriftlich beantworten mußte, um mir die kostspielige Reise zum Examen zu sparen. Zugleich forderten sie, daß ich vor Gericht einen Eid ablegen sollte, mit welchem ich beteuerte, daß ich die vorgelegten Fragen ohne Zutun eines Mannes beantwortet hätte.

Ich leistete alles, was zu leisten war. Ich schrieb einige Bogen voll über die vorgelegten Fragen. Ich sandte ein gerichtliches Protokoll über die Ablegung meines Doktoreides ein. Ich fertigte meine Disputation. Ich verteidigte sie endlich in Erfurt selbst auf dem öffentlichen Katheder. Die Fakultät sandte mir nun ein großes Doktordiplom, welches ich bei Kurfürstlicher Regierung produzierte und dadurch mich berechtigt zeigte, alle und jede theologische Vorlesungen zu halten und mich den ordentlichen Professoren hierinnen gleichzustellen."

Bahrdt hatte bereits in Leipzig den Grad eines Magister artium erworben und, ebenfalls in Leipzig, eine Disputation zwecks Habilitation verfaßt. Bei Schilderung des Magisterschmauses läßt er uns auch wissen, wie im 18. Jahrhundert ein Doktortitel mit Betrug erlangt wurde. Bei diesem Schmaus erzählte einer der Gesellschaft die Geschichte von einem bekannten Leipziger, der, um sein Haus von der allzu strengen Aufsicht der Leipziger Ratsherren zu befreien, die juristische Doktorwürde in Erfurt erstrebte, um dadurch unter die mildere Jurisdiktion der Universität zu gelangen. Er fand einen Freund, der ein sehr geschickter Candidatus juris war, welcher es übernahm, seine Stelle zu vertreten. Sie reisten nach Erfurt, der Kandidat präsentierte sich statt seines Freundes zum Examen, bestand vortrefflich, disputierte mit Beifall, ward promoviert und erhielt das Diplom. Beide wechselten vor dem Tor ihre Namen, und der bekannte Leipziger erschien dort mit einem Doktordiplom, das seinen Namen enthielt, und kam dadurch unter die Gerichtsbarkeit der Hochschule. „Diese Geschichte fand viel Beifall, daß die Gesellschaft, durch die Pokale witzig gemacht, sogleich beschloß, meinen achtzigjährigen Holzhacker Andreas, welcher als ein noch sehr munterer und drolligter Mann die Aufwartung mit hatte, zum Magister zu machen. Wir gaben Mann für Mann einen Taler, packten eine Chru als *specimen* ein, sandtens nach Wittenberg und erhielten für Andreas das Diplom, dafür wir freilich einen Armen hätten glücklich machen können, wenn wir nicht durch den Wein zu Kindsköpfen geworden wären." (ebenda, S. 127f.).

Der wahrlich umstrittene und auch viel zitierte Fr. Chr. Laukhard war nicht nur Soldat, Student, Pfarrer, um nur einige Stationen seines abenteuerlichen Lebens zu nennen. Nein, er ist auch in Halle zum Magister legens promoviert worden. Er schildert dies in seiner Autobiographie wie folgt (S. 170-173): „Mein Kollegienlesen war bekannt geworden, und Semler befürchtete, man möchte mir das Handwerk verbieten, wenn ich mich nicht in die gelehrte Innung einschreiben ließ oder magistrierte. Ich war dazu bereit, denn ich wußte schon, wie wenig man zu wissen nötig hat, um diese akademische Spiegelfechterei mitzumachen. Ich verschrieb mir also von meinem Vater Geld, um die Fakultät und andere Promotionskosten bezahlen zu können. Mein Vater zeigte sich froh, daß ich Magister legens werden würde, und schickte mir dreißig Louisdor. Diese reichten zu, da er mir nicht lange vorher einen hübschen Wechsel geschickt hatte. Jetzt meldete ich mich beim Dekan ..., und dieser bestimmte mir einen Tag zum Examen. Zugleich schritt ich zur Ausarbeitung einer Dissertation über Rupprecht den Pfalzgrafen, der von 1400 bis 1410 die römische Königskrone getragen und einigen Anteil an dem 1409 zu Pisa veranstalteten Konzil gehabt hatte. Da ich aber kaum acht Tage Zeit hatte (NB - S. W.), so stoppelte ich zusammen, was ich vorfand, und teilte das Zusammengestoppelte in Paragraphen ein. Machen's doch viele Dissertationsschmiede auch so!"

Das Examen fand im Hause des Dekans statt. „Ich erschien, nachdem ich den Tag vorher die Herren von der philosophischen Fakultät alle eingeladen hatte, am 11. Jänner 1784, nachmittags um zwei Uhr. Nicht alle Fakultisten waren zugegen ... Die Fragen und Antworten ... betrafen meistens philosophische, historische, geographische und philologische Gegenstände. Das Examen dauerte bis gegen sieben Uhr abends, wo ich abtrat und bald zurückgerufen wurde, und die tröstliche Entscheidung vernahm, daß ich immerhin promovieren könnte. ... Den Tag vor der Disputation machte mein Bruder über meinen Umgang mit seiner Hausjungfer einige spöttische Anmerkungen, welche mich aufbrachten ... das Gezänk endigte sich damit, daß er mir erklärte, er würde nicht opponieren. Meine Antwort hierauf war protzig, und er ging fort, schmollend. - Früh, da der Tanz vor sich gehen sollte, schickte er mir ein Billet, worin er mir meldete, daß er allerdings opponieren würde, entweder ordentlich, wenn ich nichts dawider hätte, oder außerordentlich, wenn ich ihm unter den ordentlichen Opponenten keine Stelle gestatten wollte. Ich sollte mich nur auf ganz neue Argumente gefaßt halten, denn er habe sich vorgenommen, mich zu hecheln (*carminare*). Ich schrieb ihm wieder, er solle immer den dritten Platz einnehmen; seine Argumente würde ich auch schon beantworten, davor sei mir nicht bange, usw.

Als wir auf die Wage kamen, war diese so voll Studenten, daß wir kaum durchkonnten; denn fast die ganze Universität kannte mich, und jeder wollte gern hören, wie ich meine Sachen machen würde. Herr Dr. Semler fing die Oppositionen an und brachte einige Schlüsse vor, welche von seiner Gelehrsamkeit allerdings zeugten. Er machte es aber, weil ihm nicht recht wohl war, gar nicht lange. Ich hatte bei diesem Umstand die schönste Gelegenheit, öffentlich zu bezeugen, wieviel ich Semler schuldig war, wie sehr ich ihn verehrte, und tat dies mit einem mir sonst ungewöhnlichen Feuer. ... Mein Bruder tischte mir nun freilich ganz neue Argumente auf. Ich hatte meine Dedikation dem Herrn von Oberndorf, kurpfälzischem ersten Staatsminister, zugeschrieben, und in der Dedikation freilich Vorzüge an diesem Herrn gerühmt, die ich ihm im Herzen selbst absprach. Allein das ist ja der Fall bei den meisten Dedikationen! Mein Bruder griff also die Zuschrift an, und zwar mit Argumenten von folgender Art: Ein niederträchtiger Schmeichler ist ein Lügner, jener bist du, folglich bist du auch dieser. Ich stutzte gewaltig bei diesem Schluß, leugnete aber natürlich den Untersatz; er bewies ihn indes aus meiner Schrift. Ich hatte hier gesagt, Herr von Oberndorf mache die Pfalz glücklich; mein Bruder führte mehrere Tatsachen an, woraus das Gegenteil erhellte, und worüber die Zuhörer lachten. Ich hatte ferner gesagt: Herr von

Oberndorf sorge für die Heidelberger Universität: mein Bruder bewies, daß die Universität zu Heidelberg nie elender gewesen sei, als gerade, seit Herr von Oberndorf am Ruder säße. - Daß dabei manche gröbere Invektiven unterliefen, kann man sich vorstellen. ... der Promotor, sagte kein Wort, wie er mich denn ganz allein meine Siebensachen defendieren ließ. Endlich wandte sich mein Bruder zu den Zuhörern und sagten ihnen auf Lateinisch: 'Der Verfasser der Dissertation weiß selbst recht gut, daß er der Wahrheit ins Gesicht geschlagen hat; aber er meint, er würde durch seine schamlose Schmeichelei die verlorene Gunst der großen Herren in seiner Heimat wiedergewinnen!' Was sollte ich auf dergleichen Sarkasmen antworten? Mein Bruder hatte freilich recht, aber sagen hätte er's doch nicht sollen. Die beiden anderen Opponenten haben nicht viel gesagt, und opponierten recht artig. So hatte ich nun meinen akademischen Gradus und konnte ein großes M. vor meinem Namen hinpflanzen; das hab' ich aber doch nur selten getan. Auch hörte ich lieber meinen Namen als den Magistertitel; denn alle akademischen Würden kommen mir so zunftmäßig vor und waren mir immer lächerlich."

Im katholischen Bereich erfolgte, ausgehend von Kaiserin Maria Theresia und Kaiser Joseph II., ab 1752 eine Reform der Studien. In Freiburg im Breisgau, bis 1805 zu Österreich gehörig, schlug sich dies z. B. in neuen Promotionsverfahren der juristischen Fakultät vom Jahre 1768 und vom Jahre 1776 nieder. Vorbild war Wien (begründet 1365), eine Ausstrahlung gab es hiervon ausgehend für das ganze katholische Deutschland. Ab 1776 wurde in Freiburg i. Br., dem Wiener Vorbild folgend, der Examensstoff in drei Prüfungen abverlangt. Man prüfte drei Rechtsgebiete: *erstes Examen*: Naturrecht, öffentliches und Privatkirchenrecht, allgemeines Staatsrecht; *zweites Examen:* Zivil- und Kriminalrecht; *drittes Examen:* Feudalrecht, Deutsches Staatsrecht. Erstmalig in einer Promotionsordnung der Freiburger juristischen Fakultät findet sich nun die bedeutsame Bestimmung, daß der Doktorand nach den bestandenen mündlichen Prüfungen eine Inauguraldissertation zu verfassen habe. Damit ging man über die Wiener Bestimmungen hinaus. Zudem wurde dadurch dem Prinzip der Forschung und dem Gedanken der Wissenschaftsgewinnung, welche sich an den deutschen Universitäten gegen Ende des 18. Jahrhunderts allgemein durchzusetzen vermochten, auch zum Durchbruch verholfen.

Zu den Veränderungen der ersten Universitätsreform der Kaiserin Maria Theresia gehörte für die Medizinische Fakultät eine großartige Neugestaltung der grundlegenden naturwissenschaftlichen Disziplinen wie des klinischen Unterrichts. Diese Reform erbrachte für die Philosophische Fakultät u. a. das förmliche Verbot der Berufung auf die „bloße Autorität des Aristoteles", auch die Abstellung des Verfahrens, natürliche Lehren in gezwungener Art auf die Bibel zu begründen. Nach der zweiten Theresianischen Reform der Philosophischen Fakultät gibt es in ihr zu Wien zehn Ordinarien: 1. Logik, Metaphysik und Ethik,

2. Theoretische und Experimentalphysik, 3. Naturgeschichte, 4. Cameralwissenschaften, 5. Mathematik, 6.-7. Astronomie, 8. Pragmagische Universalgeschichte, 9. Historische Hilfsmittel (Mythologie, Münzkunde, Chronologie u.a.), 10. Ästhetik und Philologie. Allmählich vollzog sich die Ablösung der Zeremonie der feierlichen Promotion von ihrer ursprünglichen kirchlichen Form und Bedeutung. Durch die Universitätsreform Kaiser Josephs II. wurde z. B. das Ordinariat für politische bzw. Cameralwissenschaften 1784 an die Juristenfakultät übertragen, 1788 das Baccalaureat als „eine bloße unütze Formalität" aufgehoben. Mit der Aufhebung des Jesuitenordens wurden auch die Lehrbücher umgeschrieben. Zwischen 1701 und 1800 erfolgten in Wien 344 Promotionen zum Doctor philosophiae bzw. Magister artium liberalium.

Ende 1784 wurde in Freiburg der Ordinarius der Politischen Wissenschaften den übrigen Professoren der Rechtswissenschaft gleichgestellt. Damit erfuhr auch die bisherige Promotionsregelung eine geringfügige Modifikation. Dem jeweiligen Professor der politischen Wissenschaften wurde jetzt das Recht zuerkannt, im Rahmen der dritten strengen Prüfung gleichberechtigt neben den anderen Professoren aus seinem Fachgebiet zu prüfen. Darüber hinaus mußte seit Dezember 1786 bei jeder Disputation pro gradu eine angemessene Zahl von Lehrsätzen aus dem Bereich der politischen Wissenschaften aufgestellt und verteidigt werden. Hierzu war der Lehrer dieses Faches hinzuzuziehen.

Aufgrund der seit 1776 gemachten Erfahrungen wurden im Frühjahr 1792 die bisherigen Statuten der Freiburger juristischen Fakultät überarbeitet, wobei auch das Promotionsverfahren Änderungen erfuhr. So wurde der in den drei mündlichen Examen zu prüfende Rechtsstoff zweckmäßiger angeordnet: *erstes Examen:* Naturrecht, allgemeines Staats- und Völkerrecht, öffentliches Kirchenrecht, politische Wissenschaft; *zweites Examen:* Bürgerliches und peinliches Recht; drittes *Examen:* Privatkirchenrecht, Reichsgeschichte, Lehns- und Deutsches Staatsrecht. Die erste Prüfung währte nun drei, die beiden anderen je zwei Stunden. War nach der Promotionsordnung von 1776 das Verfassen einer Dissertation notwendige Voraussetzung zur Erlangung der Doktorwürde, so trat diese nunmehr gleichberechtigt neben die Ausarbeitung von sieben Rechtsfällen, die folgenden Rechtsgebieten entnommen wurden: 1. dem Naturrecht, dem allgemeinen Staats- und Völkerrecht; 2. dem Bürgerlichen, 3. dem Peinlichen, 4. dem Kirchen-, 5. dem Lehn- und Deutschen Staatsrecht, 6. den Politischen Wissenschaften und 7. der Statistik. Der Promovend besaß die Wahlmöglichkeit.

Diese Neugestaltung des Dissertationswesens verfolgte den Zweck, nur noch jene Kandidaten eine Dissertation ausarbeiten zu lassen, die sich bisher schon ausgezeichnet hatten und durch ihre Abhandlung der Fakultät sehr wahrscheinlich zur Ehre gereichen würden. Der dritte Prüfungsteil, die Inauguraldisputation, blieb auch künftig Bestandteil des Promotionsverfahrens. Damit sollte der Kandidat vor dem Publikum öffentlich seine Fähigkeiten unter Beweis stellen. Übrigens sah sich der Kaiser zwischen 1786 und 1800 öfter veranlaßt, von den Juristischen Fakultäten der Universitäten Österreichs bei den Prüfungen zur Erlangung des Doktorgrades die „gehörige Strenge" zu fordern. Der Grund hierfür ist in der zu starken Erhöhung der Advokatenzahlen zu sehen. Da jeder Advokat Doctor juris sein mußte, versuchte der Kaiser (bzw. seine Administration) über eine sehr strenge Einhaltung der Prüfungsvorschriften einer weiteren Zunahme der Advokaten Einhalt zu gebieten, da er keine Beschränkung der Berufserlaubnis anordnen wollte.

In der Vergangenheit - wie in der Gegenwart - läßt sich eigentlich kein Thema finden, zu dem es keine Doktorarbeit gibt. Hier seien aus dem 18. Jahrhundert Beispiele, ein sehr kleiner Ausschnitt, aus der Dissertationssammlung von Dr. F. Grätz angeführt. Dabei werden nur Titel und Erscheinungsjahr von uns heute wohl merkwürdig anmutenden Arbeiten, die zum Dr. juris führten, angegeben: „Von denen Mecklenburgische Erb=Jungfrauen und dero an den Lehn=gütern habendem Recht" (1701); „Vom schädlichen Kuß" (1704); „Vom Verdacht oder Argwohn" (1745); „Von der schädlichen Höflichkeit" (1737); „Über den sich schlafend Vergehenden und über dessen Bestrafung" (1707); „Über die Ehe, die durch einen Hilfsgeistlichen geschlossen werden muß" (1709); „Über Schändung, die an einer Wahnsinnigen begangen wurde" (1727); „Über das braunschweigisch-lüneburgische Recht der Straßen" (1741); „Über den Richter, der sich bei dazwischengeschobener Anrufung eines höheren Gerichtes für das Verhör der Zeugen zum ewigen Andenken an den Fall eignet" (1749); „Über die Legitimierung der Leibesfrucht, die von den Eltern mit Fleiß versteckt wurde, und ihres illegitimen Kindes durch die nachfolgende Ehe" (1761); „Über die Zeit, die einem zum Tode Verurteilten zum Bereuen zu geben ist" (1791). Alle diese Titel sind lateinisch. Allein die folgenden beiden medizinischen Dissertationen können durch ihren Titel zum Schmunzeln Anlaß geben: „Über die Gicht in der Großzehe bei Engländern" (1716); „Über Zeugungstätigkeit beim Schlafen" (1754).

Das 18. Jahrhundert - es sei wiederholt - ist auch eine Blütezeit der Aufklärung in Deutschland. In der Aufklärung nehmen neben „Vernunft" und „Verstand" auch die Erfahrung und zum Teil bereits das Experiment eine dominierende Rolle in der Wissenschaft ein. Natürlich müssen die Vertreter des Neuen stark um seine Durchsetzung ringen. Gerade die Theologen protestieren in dieser Zeit vielfach gegen die experimentelle Naturwissenschaft, wollen sie hinwegdisputieren oder sogar verbieten lassen. Aber die neuen naturwissenschaftlichen Fächer setzen sich letztlich durch. Auch der Charakter der Dissertation verändert sich mit der wachsenden Rolle des Experimentes und der Erfahrung.

Der Unterricht in den Naturwissenschaften befand sich an den Universitäten aber weitgehend in der Hand der medizinischen Professoren. Direkte naturwissenschaftliche Professuren gab es noch nicht. So gewinnt die Empirie jetzt auch in der Medizin einen bedeutend höheren Stellenwert, empirische Kenntnisse werden auch theoretisch verarbeitet. Dazu zwei Beispiele aus der Dissertationspraxis des 18. Jahrhunderts: Die Meerzwiebel (Scillae bulbus) gilt heute noch als Heilpflanze. Sie wird bei leichteren Formen der Herzinsuffizienz eingesetzt. Unter dem Präses J. H. Schulze verteidigte in Halle 1739 J. G. Meder die Dissertation „Examen chemicum radicis Scillae Marinae“ (Chemische Prüfung der Wurzeln der Meerzwiebel). Meder beschreibt u. a. acht chemische Experimente, die er mit unterschiedlichen Aufbereitungsweisen und Mixturen der Meerzwiebel durchgeführt hat.

Die 1753 in Göttingen unter dem Präses J. G. Brendel verteidigte medizinische Dissertation „Experimenta circa submersos in animalibus instituta“ („An Tieren vorgenommene Experimente über Ertrunkene.“) ist exemplarisch für eine heute aus ethischen Gründen kaum mehr in ähnlicher Form zu vertretende erfahrungswissenschaftliche Orientierung. So beschreibt der Doktorand E. J. A. Evers u.a. einen Versuch, bei dem er einen neugeborenen Hundewelpen sowie 14 weitere Lebewesen in eiskaltem Wasser ertränkte, um minutiös den Todesvorgang und die Todesfolgen beobachten und analysieren zu können.

Auch noch im 18. Jahrhundert hatten die Professoren nur zu lehren; Forschung war reine Privatsache. Auch freier Vortrag war verpönt; die meisten Professoren lasen dementsprechend aus ihren Heften vor und diktierten.

Und wie vollzog sich eine feierliche Doktorpromotion im 18. Jahrhundert? Es gibt wenig Abweichungen gegenüber dem 17. Jahrhundert. Das zeigt auch C. F. Bahrdt. In einer Schilderung aus Rostock anläßlich einer Promotion aus verschiedenen Fakultäten im Jahre 1738 vernehmen wir: „Die Einladungsprogramme an die ganze Akademie werden an's schwarze Brett geschlagen. Einige der Candidaten und einige Studenten, von Alters her Paranymphen geheißen, erbitten sich vom Rektor das Scepter, und begleitet von den Dienern der Universität vollziehen sie im Namen der Dekane und der Candidaten die Einladung. Am Donnerstage gegen 10 Uhr versammelt sich das ganze corpus academicum im weißen Collegium, und wird eine Procession unter klingendem Spiel und Anschlagen der Glocke von St. Marien nach dieser Kirche angestellt; den Musikanten zunächst gehen die Knaben mit den Wachskerzen, dann die 6 Studirenden als Paranymphen, welche die Fakultätshüte, die Bücher und Handschuhe tragen. In der Kirche begeben sich die *academici* in das mit Decken gezierte Gehege vor der Kanzel. Der Rektor, Prokanzler, Doktoren, Prediger nehmen an beiden Seiten des Platzes Sitz. Die Candidaten der Promotion lassen sich an dem unter der Orgel aufgeschlagenen Katheder nieder. Hierauf werden die 2 *legati* des *Serenissimus* und zwei des Raths von zweien der Herrn Doktoren eingeladen und nach der Kirche geleitet, wo sie ihre Stelle einnehmen. Die Orgel spielt eine Cantate. Ein wohlgebildeter Knabe hält das Gebet, der juristische Prokanzler eine Rede über die Wahl des Studiums, worauf er zwei

Candidaten zu *doctores juris* creirt. Hierauf eine Zwischenmusik, sodann die Rede des ... Prokanzler, welcher einen *doctor medicinae* creierte; zum Schluß der philosophische Professor Wolf (J. Fr. Wolf; zugleich Prediger an der St. Marienkirche - S. W.) 8 *magistri*. Durch zwei Studierende werden sodann an die *legati*, Professoren, Doktoren, Prediger und Magister ... die Handschuhe ausgetheilt und in der ganzen Kirche ausgeworfen; unter Musikbegleitung begiebt sich in derselben Ordnung die Procession in das Haus des Dekans zum *convivium*, wobei noch am Anfange des 18ten Jahrhunderts der Fackeltanz gehalten wurde: der Dekan hinter den mit brennenden Kerzen vorantanzenden Paranymphen und einigen eingeladenen Frauenzimmern." (zit. nach: A. Tholuck, Das akademische Leben des siebzehnten Jahrhunderts ..., S. 301f.). Zu den Tischgästen gehörten auch jetzt alle zu der Disputation Eingeladenen: sämtliche Professoren und Doktoren, die Legaten, der Rektor, Prokanzler, 2 Prediger und 2 Magister.

Nur in wenigen Fällen wurde das den Universitäten erteilte Privileg der Promotion wie früher vom Papst so nach der Reformation von den Fürsten in Anspruch genommen; doch werden diese von Fürsten ernannten *doctores codicillares* ebensowenig wie die früheren *doctores bullati* den anderen gleich geachtet. Der Titel „doctor bullatus" war Ende des 18. Jahrhunderts noch gebräuchlich und stand im geringen Ansehen. J. G. Fichte hatte den pfalzgräflichen Magistergrad am 17.3.1794 von J. H. Rahn (Dr. med. in Zürich) in dessen Eigenschaft als „Comes palatinus" verliehen bekommen. Damit hatte er keinen *akademisch* erworbenen Titel! Fichte stand mit seinem Titel den „Doctores legitime promoti" als minderwertig gegenüber. Er mußte, als er in Jena zur Professur gelangen wollte bzw. sollte, erneut magistrieren.

Begehrt war der deutsche Doctor bzw. magister bullatus auch im Ausland. In Greifswald, seit 1637 unter schwedischer Herrschaft, sind von 1740 bis 1770 etwa 300 Schweden Magister geworden. Etwa 100 sind den normalen Weg gegangen, der Rest hat das Diplom gekauft, ist so Dr. bullatus geworden. Bullatus wurde aber von den Gegnern und Verächtern dieses Titels über Jahrhunderte mit „aufgeblasen, leer, hohl" übersetzt.

Es wurde bereits dargetan, daß die Verleihung akademischer Grade auch den Vertretern des großen wie des kleinen Palatinats zukam. Das sinkende Ansehens des kleinen Palatinats in den letzten 100 Jahren seines Bestehens beruhte vor allem auf der Praxis der Ernennung von kleinen Pfalzgrafen durch die Inhaber des großen Palatinats. „Soweit bisher ein Überblick möglich ist, hält die Verleihungspraxis der großen Palatine keinem Vergleich mit der der Reichshofkanzlei stand, was die Auswahl der kleinen Hofpfalzgrafen anbetrifft. Schon durch die durchweg niedrigeren Taxen, zu denen dort ein Palatinatsdiplom erteilt wurde, war es anderen sozialen Schichten möglich, sich um das Palatinat zu bemühen. So nimmt es nicht wunder, daß wir unter den von den freiherrlichen, gräflichen und fürstlichen Comites palatini maiores ernannten kleinen Pfalzgrafen untere Verwaltungsbeamte (Amtsmänner, Sekretäre, Kanzleiräte), Advokaten und Konsulenten sowie Pfarrer finden." (J. Arndt, Zur Entwicklung des kaiserlichen Hofpfalzgrafenamtes ..., S. XIX). Dementsprechend ist auch der Kreis der von diesen kleinen Pfalzgrafen ernannten Notare, Wappenbriefempfänger oder gar Doktoren und gekrönten Dichter ein anderer als in den vorherigen Jahrhunderten, ungeachtet, daß etwa J. G. Fichte mit der Doktorwürde ausgezeichnet wurde. Mit der Niederlegung der Kaiserkrone durch Franz II. am 6.08.1806 endete formal die Einrichtung des Palatinats. Allerdings haben sich in einigen Teilen des Reiches noch Palatinatsrechte eine Zeitlang erhalten, soweit sie mit fortbestehenden Institutionen verknüpft waren. Offenbar hat man anfänglich den Wegfall der staatsrechtlichen Grundlage für diese Tätigkeit nicht bemerkt. So übte die Universität Göttingen das 1733 ihrem Prorektor verliehene Palatinat noch bis 1822, die Universität Rostock das dem Dekan der Juristenfakultät 1582 übertragene Recht der Notarernennung gar bis 1879 aus. Auch die Kaiserl. Leopoldinische Akademie der Naturforscher, die noch heute in Halle/Saale bestehende berühmte „Leopoldina", stellte 1878 und 1897 noch mehrere Wappenbriefe aus. Diese Nachklänge zeigen, daß für die Ausübung einzelner mit dem Palatinat verbundener Rechte auch jetzt noch ein Bedürfnis bestand, weil kein Funktionsnachfolger vorhanden war. Sollte nicht auch noch mancher Doktor auf diesem Wege „gebacken" worden sein?

Die mittelalterlichen Universitäten verbanden als christliche Korporationen wissenschaftliches und religiöses Leben so eng, daß sie Juden nicht immatrikulierten. Seit Ende des 15. Jahrhunderts aber erteilten verschiedene Päpste italienischen Universitäten Privilegien zur Aufnahme jüdischer Studenten. So kam es, daß Juden aus Deutschland, die gelehrte Bildung suchten, zum Studium nach Italien zogen. Im 16. Jahrhundert promovierten Juden an den Universitäten von Neapel, Bologna, Pisa, Padua, Pavia und Perugia. Allein an der international berühmten medizinischen Fakultät zu Padua wurden 1517 bis 1619 etwa 80, und 1619 bis 1721 nicht weniger als 149 Juden zu Doktoren der Medizin promoviert. In der ersten Hälfte des 18. Jahrhunderts studierten Juden in einigen Fällen zwar schon in Deutschland, promovierten aber dann in Italien.

Im 17. Jahrhundert gewannen mit der großen wirtschaftlichen und kulturellen Entfaltung der Niederlande auch die dortigen Hochschulen starke Bedeutung. Die 1575 gegründete Universität Leiden wurde die führende Hochschule Europas. Hier stieg der Anteil der Studenten aus Deutschland zeitweise bis auf 27 %. Seit dem Ende des 17. Jahrhunderts wurde Leiden auch zum Studienort für Juden aus Deutschland.

Entsprechend der Territorialisierung des Heiligen Römischen Reiches fand die Zulassung von Juden zu Studium und Promotion an den einzelnen Landeshochschulen zu höchst unterschiedlicher Zeit statt. Im ganzen zog sich dieser Prozeß über mehr als hundert Jahre hin und endete in den katholischen Staaten erst mit dem Beginn der eigentlichen Emanzipationsepoche. Unterschiedlich waren auch die Faktoren, die dabei auf die letztlich allein maßgebende Entscheidung des jeweiligen Landesherrn einwirkten. Immer war die Frage der Zulassung mit konfessionellen und ökonomischen Faktoren eng verflochten.

Die folgende Aufstellung gibt eine tabellarische Übersicht über die bisher nachzuweisenden Erstzulassungen und Erstpromotionen von Juden an deutschen Hochschulen. Die Tabelle umfaßt von den 30 Hochschulen des 18. Jahrhunderts nur 14, darunter die größten und bedeutendsten im protestantischen Bereich. Bis auf Mainz und Freiburg fehlen katholische Hochschulen und zwar, weil allgemein die katholischen Anstalten für das Studium von Juden im 18. Jahrhundert fast keine Bedeutung hatten. Als meist kleine, oft von Jesuiten geleitete Landeshochschulen waren sie nur für Katholiken bestimmt und schlossen auch Protestanten von der Graduierung aus. Sie dienten primär der Heranbildung des Klerikernachwuchses und entsprachen in ihrem Lehrbetrieb mehr geistlichen Schulen als Stätten auch weltlicher Lehre und Forschung.

Universität	Studentenzahl	Erstzulassung von Juden	Erstpromotion von Juden
Frankfurt/Oder	175	1678	1721
Halle	988	1695	1724
Gießen	181	1697	(1710)
Marburg	187	vor 1710	1758
Duisburg	77	1708	1727
Heidelberg	158	1724	1728
Königsberg	308	1731	1781
Göttingen	665	1735	1743
Leipzig	741	1752	1784
Erlangen	168		1755
Bützow-Rostock	135	1764	1766
Jena	932	1784	1784
Mainz	238	1770	1787
Freiburg	170		1791

(M. Richarz, Der Eintritt von Juden in die akademischen Berufe, S. 29)

In der Frage der Zulassung von Protestanten und Juden wurde allgemein die habsburgische Politik zum Vorbild gewählt. Nachdem Maria Theresia per Dekret Nichtkatholiken 1749 noch einmal ausdrücklich von der Promotion ausgeschlossen hatte, öffneten Juden erst die „Toleranzpatente“ Josephs II. von 1781 den vollen Zugang zu den österreichischen

Hochschulen. Die Universität Wien verlieh erstmals 1789 einem Juden den medizinischen Doktorgrad. An der damals noch österreichischen Universität in Freiburg i. Br. konnte 1791 der Jude und spätere Fürther Arzt Simon Höchheimer aus Veitshöchheim promovieren. Erstaunlich ist, daß hier bereits 1650 die Promotion des Juden J. Israel stattfand, der noch dazu seit 1652 als Professor der Medizin an der Universität Heidelberg wirkte - bis zu seinem Tode (nach: M. Komorowski, Bio-Bibliographisches Verzeichnis jüdischer Doktoren im 17. und 18. Jahrhundert, S. 7f., S. 33). Obenstehende Tabelle ist in dieser Hinsicht zu berichtigen. Durch die Auswirkungen der französischen Revolution wurden die katholischen Hochschulen vielfach - so Bonn, Köln und Trier 1798 - aufgelöst oder später so umgestaltet, daß nach 1815 Juden die Promotion auch hier möglich war.

Da in katholischen Staaten den Juden noch fast während des ganzen 18. Jahrhunderts die Universität verschlossen war, kamen nicht wenige der an protestantischen Universitäten studierenden Juden aus den verhältnismäßig dicht jüdisch besiedelten Gebieten Böhmens, Galiziens, Ungarns und Polens. Ursprünglich spielten die religiösen Schranken für Juden an protestantischen deutschen Universitäten keine geringere Rolle als an katholischen. Aber die Interessen der merkantilistischen Wirtschafts- und Bevölkerungspolitik einerseits und die Einflüsse von Pietismus und Aufklärung andererseits trugen hier schneller zur Beseitigung dieser Barrieren bei. Es war kein Zufall, daß Juden an den in der Aufklärungsepoche gegründeten protestantischen Hochschulen in Halle und Göttingen von Anfang an Aufnahme fanden.

Im 18. Jahrhundert waren, abgesehen von protestantischen Lehrinhalten und Lehrmeinungen, auch Gottesdienste, Gebete, christliche Immatrikulations- und Promotionseide sowie die feierliche Promotion in der Kirche noch immer selbstverständliche Bestandteile des Lebens an den protestantischen Hochschulen. Für Juden wurde von den medizinischen Fakultäten ein spezieller Doktoreid eingeführt, andere Grade konnten Juden wegen der christlichen Eidesformeln nicht erwerben. „Wenn Moses Mendelssohn (Popularphilosoph und Schriftsteller der Aufklärung - S.W.) hier Magister werden wollte (wirklich die distinguirteste Ehre, die eine philosophische Fakultät wünschen könnte), so müßten wir ihn abweisen ...“, schrieb 1776 der Göttinger Orientalist J. D. Michaelis (Raisonnement über die protestantischen Universitäten, T. 4, S. 154f.). Dabei erschien selbst ihm dieser Zustand noch nicht änderungsbedürftig.

Friedrich Wilhelm, der Große Kurfürst von Brandenburg, ein Calvinist, der in den Niederlanden studiert hatte und auch in seiner Politik entscheidend von den Niederlanden geprägt war, hatte die Immatrikulation zweier jüdischer Studenten an der Universität Frankfurt/Oder durchgesetzt. Halle wurde die nächste deutsche Universität, die auch Juden aufnahm. Andere folgten ihr. Die erste rechtsgültige Promotion eines Juden wurde aber in

Deutschland nicht erst 1721 an der Universität Frankfurt/Oder vollzogen, wie die bisherige Forschung darlegt.

Die Aufklärung ermöglichte auch, daß erstmalig ein „Neger“ in Deutschland promovieren konnte. 1730 wurde „Anton Wilhelm Amo, von Guinea in Africa“ in die Matrikel der Universität Wittenberg eingetragen; vier Jahre später promovierte er zum Magister artium liberalium. Im Kindesalter als Sklave aus seiner Heimat verschleppt, war Amo als „Geschenk“ der Holländisch-Westindischen Gesellschaft an den Hof des Herzogs Anton Ulrich von Braunschweig-Wolfenbüttel gekommen. Dieser hatte dem auffallend begabten „Mohren“ eine gediegene Schulbildung zuteil werden lassen, und sein Nachfolger schickte ihn zum Studium an die Universität Halle. Hier wurde A. W. Amo 1727 als erster Student aus Afrika an einer deutschen Hochschule immatrikuliert. Er studierte bei namhaften Vertretern der Frühaufklärung, wie dem Wolffianer J. P. von Ludewig, und disputierte 1729 unter Einfluß der Prinzipien des Naturrechts, der Vernunftlehre und der Humanitätsvorstellungen der frühen Aufklärung über „Das Recht der Mohren in Europa“. Nach seinem sechsjährigen Wittenberger Aufenthalt wirkte der „schwarze Philosoph“ als Magister legens bis 1739 in Halle und danach für acht weitere Jahre an der Universität Jena. In seine Heimat zurückgekehrt, kämpfte er dort für die praktische Durchführung aufklärerischer Ideen und starb - als wiederum Verfolgter - in einem Fort der niederländischen Kolonialmacht.

4. Promotion und Dissertation im 19. Jahrhundert

Um 1800 schien die deutsche Universität am Ende zu sein, zumindest aber in einer tiefen Krise zu stecken. Alle Faktoren seien hier nicht genannt, lediglich, was m.E. das Thema betrifft. Über die Käuflichkeit akademischer Grade im 18. Jahrhundert wurde bereits gehandelt. Ein extremes Beispiel für die Herabsetzung der Gelehrten war das Rangreglement des Landgrafen von Hessen-Kassel aus dem Jahre 1762. In diesem wurden die Doktoren und Lizentiaten in die 10. Klasse eingereiht. Sie waren damit den landgräflichen Kammerdienern, den Oberförstern, Büchsenspannern, Mundschenken, Haus-, Küchen- und Backschreibern gleichgestellt. 24 Jahre später erfolgte eine Revision dieses Reglements, das allerdings nur eine geringfügige Verbesserung darstellte: die Doktoren wurden in die 8. Klasse gruppiert. Schwer wog gerade Ende des 18. Jahrhunderts der Leistungsabfall bei den Abschlußexamen, die zur Führung akademischer Titel berechtigten. Die Prüfungen bestanden entweder aus nichtöffentlichen mündlichen Befragungen oder aus öffentlichen Disputationen. Beide Prüfungsarten waren aber zu hohlen Ritualen erstarrt. In den mündlichen Prüfungen wurden kaum wissenschaftliche Fragen gestellt. Der Göttinger Philosophieprofessor Chr. Meiners schrieb dazu: „Gesetzt aber auch, daß ein Candidat den größten Theil der leichtesten Fragen gar nicht, oder nicht recht beantwortet hat; so geschieht es doch äußerst selten, daß selbst Menschen von einer notorischen und schimpflichen Unwissenheit abgewiesen werden.“ Auch die Disputationen über die jetzt zumeist schriftlich eingereichten Dissertationen waren keine Leistungskontrolle mehr. Häufig hatte der Kandidat seine angebliche Dissertation von jemand anderem ausarbeiten lassen. „Die Facultät frägt gar nicht darnach, ob dieses geschehen sey, und regt sich nicht, wenn sie es auch gewiß erfährt, daß der Candidat nicht der Verfasser der eingereichten Dissertation ist.“ Die Disputation, eine in der Frühzeit der Universitäten entwickelte Form zur Überprüfung, ob der Kandidat wissenschaftliche Thesen vertreten und behaupten und damit in der Lehre zugelassen werden könne, hatte ihre Funktion verloren. „Man hört es nicht bloß, sondern auch der Kurzsichtigste nimmt es mit seinen leiblichen Augen wahr, daß Einwürfe und Beantwortungen der Einwürfe sehr oft vom Papiere abgelesen werden. Ja bisweilen verliert Einer der Streitenden die rechte Nummer, und opponirt oder widerlegt noch fort, wenn der andere schon gedankt oder abgebrochen hat.“ (Chr. Meiners, Ueber die Verwaltung und Verfassung deutscher Universitäten, 1, S. 341, 355f.). Trotz aller Unfähigkeit und Unwissenheit wurden den Prüfungskandidaten nach dem Ende der Disputation fast ausnahmslos die akademischen Grade verliehen.

Eine Ursache für diesen Verfall lag in der Tatsache, daß für die Promotionen große Summen an die Fakultäten bezahlt werden mußten, die damit eine wichtige, zusätzliche

Einnahmequelle für die Universitätslehrer darstellten. Im 18. Jahrhundert kostete das Doktordiplom in allen Fakultäten, außer der Philosophie, 75 fl., die Lizentiatenwürde für einen Fremden 89 fl., für einen Inländer 64 fl., die Magisterwürde in der Philosophischen Fakultät 29 fl. 30 Kronen, das Baccalaureat in der Philosophischen Fakultät 6 fl. 5 Kr. (Th. Ellwein, Die deutsche Universität vom Mittelalter bis zur Gegenwart, S. 96). Zum Vergleich: 1764 kostete ein Fleisch- bzw. Geflügelgericht und ein Fischgericht in Frankfurt/M. 40 bis 60 Kr. Darin waren Suppe, Gemüse, Käse, Obst, nicht aber Getränke enthalten. Ein Herrenbett für eine Nacht kostete 10-12 Kr., eine Kammer mit Bett wöchentlich 2- 2 1/2 fl. Da man befürchtete, bei hohen Leistungsanforderungen Studenten und Promovenden zu verlieren, wurden die Prüfungen in der geschilderten Weise abgehalten. „Wie hätte sich der Doctor-Titel in seinem alten Ansehen erhalten können, so bald er nicht einmahl so viel bewies, daß ein Unbekannter, der ihn trug, kein Ignorant, und Dummkopf sey." (ebenda, 1, S. 359). Das Ansehen der Gelehrten sank aber auch, weil sie an überholten Bildungsinhalten und Lernformen festhielten. An den Universitäten wurde nach wie vor auf die pedantische gedächtnismäßige Aufnahme vorgegebener Lerninhalte mehr Wert gelegt als auf die kritische Bewertung oder systematische Einordnung von Wissensinhalten. Eigenständige wissenschaftliche Leistungen wurden weniger gefordert als exakte Reproduktion. Gegen diese Art von wissenschaftlicher Bildung, von „Wortkrämerey und Buchgelehrsamkeit", „Pedanterey und manches scholastische Übel" richtete sich mehr und mehr die Kritik außerhalb und innerhalb der Universitäten. Vornehmlich wandte sich diese gegen eine Erstarrung des Lehrbetriebes, die manches mit der scholastischen Erstarrung im ausgehenden Mittelalter gemein hatte. Sie wirkte sich besonders im Kathedervortrag - der wichtigsten Lehrform - aus und stand in krassem Widerspruch zu den lebendigen Formen der Kommunikation, welche die Aufklärung so rasch verbreitete. Das alles erleichterte es den Landesherren, Universitäten zu schließen und - auch einem rationalistischen Konzept folgend - mehr Augenmerk auf fachgebundene Hochschulen mit unmittelbarem Ausbildungsauftrag und entsprechend lebendiger, an Rituale nicht gebundene Lehre zu richten. Das 1724 in Berlin eingerichtete Collegium Medico-Chirurgicum galt z. B. als den meisten medizinischen Fakultäten überlegen. Daß es dennoch in Deutschland nicht zu einer der französischen vergleichbaren Entwicklung mit dem Übergewicht fachgebundener Hochschulen kam, hängt zunächst mit dem Tun und dem Ruf einiger deutscher Universitäten zusammen. Unter ihnen standen Halle und Göttingen an der Spitze. Dort öffnete man sich der „modernen Wissenschaft", wandte sich der (unvoreingenommenen) Erforschung der Natur zu, hatte den Mut zur Empirie und zum Experiment und beanspruchte für sich die Freiheit des Philosophierens. Die großen Aufklärungsphilosophen wie Chr. Thomasius, Chr. Wolff oder auch I. Kant hielten die Universität für den geeigneten Ort, der Vernunft zu dienen und der wissenschaftlichen

Forschung Raum zu schaffen. Auch „moderne" Wissenschaft strebte im 18. Jahrhundert allgemein gültiges Wissen an, Wahrheit lag mehr und mehr in der Verantwortung der Vernunft und der Erfahrung.

Das mußte die Rolle von Wissenschaft und Universität verändern. Das Dogma, welches die geistlichen und weltlichen Landesherren noch im 18. Jahrhundert ausdrücklich unter ihren Schutz stellten und in ihre Gesetze aufnahmen, war von der Universität zu verkünden; die der Vernunft und Erfahrung überantwortete Wahrheit war zu suchen. „An die Stelle der Weitergabe oder doch neben sie trat die Suche. Als Suchende mußten aber auch Lehrer und Lernende einander näherrücken, mußte das Diktat des zu erlernenden Stoffes und die Bindung an bestimmte Literaturlisten dem gemeinsamen Bemühen weichen. Zugleich mußte sich - zumindest der Idee nach - das Verhältnis beider zum Staat verändern." Nach H. Steffens soll ein jeder „gebildete Staat" nun anerkennen, „daß die Grenze seiner Gewalt da sei, wo das Geistige angeht." (zit. nach: Th. Ellwein, Die deutsche Universität vom Mittelalter bis zur Gegenwart, S. 112, 153f.).

Die „Idee der Universität" ist in diesem Zusammenhang entstanden. Sie fand ihren institutionellen Niederschlag in der Gründung der Berliner Universität durch W. von Humboldt. Ihm und seinen Freunden schwebte ein umfassendes Konzept für das staatliche Bildungswesen vor. Für die Universität übernahm man dabei die alte Form. Was sich im Preußischen Allgemeinen Landrecht von 1794 an grundlegenden Normen für die Universität fand, behielt im Prinzip bis zum Jahrhundertende Gültigkeit. Der Verfassung nach handelte es sich um eine Staatsanstalt mit staatlichem Kurator und weitgehender Selbstverwaltung der Professoren, um die Vier-Fakultäten-Universität und um ein Studienangebot, das mehr und mehr eine die Universität wirklich entlastende höhere Schule voraussetzte: die Artisten- wird nun endgültig zur Philosophischen Fakultät. Sie führte vor allem in eigenen Studiengängen zum Staatsexamen des Lehrers an höheren Schulen, nun endgültig im beamtenmäßigen „Rang" den Pfarrern, Regierungsräten und Ärzten gleichgestellt.

Der Umbruch vollzog sich allmählich. Bis alle deutschen Universitäten sich in etwa glichen, dauerte es noch Jahrzehnte. Der Typus der deutschen Universität war geboren: gegenüber dem Staat durch das Staatsexamen (in allen Fakultäten!) und damit durch eine relativ klare Berufsorientierung aller Studenten entlastet, gegenüber der Gesellschaft privilegiert und den eigenen Rang zunehmend mit dem Monopol der Akademikerausbildung steigernd. Nach innen weithin frei in der wissenschaftlichen Entfaltung. Dies ergab sich nicht zuletzt daraus, daß die Universität jetzt tatsächlich auf Berufe hin ausbildete, aber genügend Zeit für die „allgemeine" Bildung hatte. Das Allgemeine trat anfangs stark in den Vordergrund. Erst im späten 19. Jahrhundert wurden die fachwissenschaftlichen Anforderungen größer, und immer mehr Studenten entzogen sich dem allgemeinen Angebot der Universität.

Das Dozentenkollegium der Universität blieb zunächst noch klein, das quantitative Wachstum hielt sich in Grenzen. Der zunehmende Lehrbedarf wurde mehr und mehr durch die schlecht besoldeten Extraordinarien abgedeckt. Bis zur Mitte des 19. Jahrhunderts gab es Professoren und einige wenige Gehilfen. Erstere repräsentierten allein die Wissenschaft, jeder für sich in dem nur von ihm vertretenen Fach. Sachlich benötigte man lange Zeit neben den Bibliotheken nur eine relativ geringe Ausstattung. Erst in der zweiten Jahrhunderthälfte spielten die Etats für die Kliniken, Labore und Werkstätten eine größere Rolle. Jetzt wurden regelmäßige Haushaltsverhandlungen nötig, in denen die Staatsverwaltung über die weitere Entwicklung entschied. Die Universitäten und ihre Professoren wurden zu Antragstellern. Das bedeutete einen Verlust an Unabhängigkeit. Der Geldgeber - bislang praktisch ausschließlich der Staat - war und ist immer präsent, seinem Geld folgt die „Ordnung“ nach.

Als nach dem Zusammenbruch des preußischen Staates der Plan zur Errichtung der Berliner Universität erwogen wurde, verfaßte J. G. Fichte im Jahre 1807 eine Denkschrift. Sie entwickelt den Gedanken: nicht um eine Lernschule alten Stils, wo das vorhandene Wissen überliefert werde, sondern allein um eine Anstalt, wo zur Erzeugung des Wissens angeleitet werde, um eine „Kunstschule des wissenschaftlichen Verstandesgebrauchs“, könne es sich hier handeln. Von den alten Universitäten spricht Fichte mit äußerster Geringschätzung. Ihre Aufgabe sei, seit Erfindung des Buchdrucks, allein: „das gesamte Buchwesen noch einmal zu setzen und ebendasselbe, was schon gedruckt vor jedermanns Augen liegt, auch noch durch Professoren rezitieren zu lassen.“ Also haben die alten Universitäten kein Existenzrecht; Akademien sind an ihre Stelle zu setzen. Fichte, der auch die deutsche über die lateinische Sprache stellt, geht dabei auch auf den Doktorgrad ein. Durchaus abschätzig, er, der ja seinen ersten Doktortitel einem Hofpfalzgrafen verdankt: „Den Regularen (den Studierenden, ihrer Elite - S. W.), die etwa in dem Gesuche des Meisterthums durchfielen, so wie Zugewandten, die keinen Anspruch darauf machten, möchte man immerhin den gewöhnlichen *Doktor*-Grad ertheilen, und mögen die empirischen Klassen über die dabei nöthigen Leistungen etwas festsetzen. Ein gewöhnlicher und gemeiner Doktor nemlich ist derjenige, der nicht zugleich auch ... Meister ist; und es ist in diesem Falle mit den beiden lezten Buchstaben nicht eigentlich Ernst, indem wirklich Doktor zu seyn nur derjenige vermag, der Meister ist; sondern es ist jenes Wort nur euphemisch gesezt, statt *doctus*, einer der etwas erlernt hat. Die rechten heißen Meister schlechtweg, und kann man den Doktor weglassen; wiewohl man auch, um den Unterschied noch schärfer zu bezeichnen, die lezten Titular-Doktoren nennen könnte. Die philosophische Klasse hat bei dergleichen Promotionen gar kein Geschäft; denn in ihr selber giebt es nur Meister, und Doktor in Vereinigung; um die anderen Klassen aber bekümmert sie sich nur, wenn diese Anspruch auf den Rang des Künstlers machen, dessen diese lezte Art der Doktoren sich bescheidet. Aus ihnen werden im Staate die subalternen Aemter besezt. Man kreirte *magistros artium*, und in den neuern Zeiten, da der Magister-Titel in Verachtung gerathen, hat man nur noch den für vornehmer geachteten Doktor-Titel führen mögen, da es doch offenbar weit mehr bedeutet ein Meister zu seyn, denn ein Lehrer ... Vor der Neuerung haben wir uns auch nicht zu fürchten, denn auch andere Universitäten machen Neuerungen, wie die Jenaische, die anfing gar keine *magistros artium* mehr, sondern nur Doktoren der Philosophie, zu kreiren, oder die zu Landshut, die dermalen Doktoren der Aesthetik kreirt." (J. G. Fichte, Deducirter Plan einer in Berlin zu errichtenden höheren Lehranstalt, S. 137f.).

In einer Hinsicht jedenfalls haben sich Universitäten seiner Zeit Fichtes Ideal genähert: sie wollen vornehmlich Werkstätten und Pflanzschulen der wissenschaftlichen Forschung sein, oder mit Fichtes Ausdruck „Kunstschulen des wissenschaftlichen Denkens". Die Professoren betrachten sich vor allem als Gelehrte. Sie sind stolz auf die methodische Forschung, wodurch sie die Wissenschaft bereichern. Als Lehrer setzen sie ihren Beruf vor allem ein, um Schüler in diese Kunst einzuführen. Das zeigt sich am deutlichsten in der Natur der Seminare, die das 19. Jahrhundert eigentlich erst hervorgebracht hat. Die Seminare sind als Pflanzschulen der wissenschaftlichen Forschung gedacht; sie sind an die Stelle der Disputationen und Repetitionen getreten. Die Disputationen setzten voraus, daß die Wahrheit wenigstens in den Prinzipien gegeben ist; es handelte sich dabei um Befestigung in dem Besitz und um die Fähigkeit, ihn zu verteidigen und zur Entscheidung von noch strittigen Fragen zu verwenden. Das Seminar setzt voraus, daß die Wahrheit noch nicht gegeben ist, es leitet an, sie zu suchen, es übt in der Methode, aus Tatsachen Erkenntnis zu gewinnen, statt - wie eben Disputationen und Repetitionen - aus feststehenden Erkenntnissen über Tatsachen zu entscheiden.

Die Seminare stammen aus der Philosophischen Fakultät. Aus ihnen gehen - jedenfalls bis ins 20. Jahrhundert - weitgehend die Dissertationen der Philosophischen Fakultät hervor. Von ihr hat sich die Einrichtung der Seminare in alle anderen Fakultäten ausgedehnt. Aber auch die Vorlesungen erfahren eine Wandlung, überall werden sie spezialisierter. Neben neuen Volluniversitäten wurden auch Handelshochschulen, Hochschulen für das Forst- und Bergwerkwesen, Kunst- und Musikhochschulen, vor allem Technische Hochschulen gegründet. Sie hatten zunächst keineswegs das Promotionsrecht.

Wissenschaft war im Zeitalter der Aufklärung zwar an der Suche nach Wahrheit, am Wissensgewinn orientiert, stellte sich aber vornehmlich als Bildungswissenschaft, als Zusammenschau dar. Nicht umsonst spielte in jener Zeit der Begriff der „Weisheit" eine große

Rolle, gab es Professoren der „Weltweisheit“. Man empfand es kaum als Arroganz, wenn Fichte in einer Zeitungsanzeige 1804 zum Besuch seiner Vorlesung mit den Worten einlud: „Der Unterschriebene erbietet sich zu einem fortgesetzten mündlichen Vortrage der *Wissenschaftslehre*, d. h. der vollständigen Lösung des Räthsels der Welt und des Bewußtseyns mit mathematischer Evidenz“ (J. G. Fichte, Werke 1801-1806, S. 17). Die Reformvorstellungen zu Beginn des 19. Jahrhunderts knüpften daran an. Wissenschaft in diesem Verständnis, als das Bemühen, die neue Erkenntnis auf das vorhandene Wissensgebäude zu beziehen, das Detail der Forschung in den großen, von allen Beteiligten begriffenen Zusammenhang einzubringen, veränderte sich allerdings in dem Maße, in dem sich jene Details vermehrten. Wissenschaft differenzierte sich nun immer mehr, und die in ihr Tätigen verloren das Bewußtsein von ihrer Einheit. Die Einzelwissenschaften konnten sich mehr und mehr jede für sich um ihre Ziele, Fragen und Methoden bemühen und die Frage nach den allgemeinen Zwecken von Wissenschaft hintenanstellen.

Die erneuerte Universität errang nach 1800 große Freiheit und Autonomie. Sie sicherte diese Autonomie durch ein sie stärkendes Bündnis mit dem Bildungsbürgertum ab. Geschichte, Archäologie oder Germanistik erlebten einen gewaltigen Aufschwung und fanden mit ihren Büchern ein großes Echo im gebildeten Bürgertum. Viele Professoren schrieben jetzt von vornherein nicht nur für Studenten und Kollegen, sondern eben für diese Klientel. Viele waren auch tonangebend in der politischen Publizistik. Der Universität erschloß sich so eine weit über die Hörsäle hinausreichende Wirkungsmöglichkeit. Dabei triumphierte die Philosophische Fakultät, nunmehr hinsichtlich des Einflusses auf das gesamte geistige Leben wie auf den Wissenschaftsbetrieb und die Gestaltung des Unterrichts führend. Von bekannten und berühmten Namen gehörten ihr allein vielleicht mehr an als den drei übrigen zusammen, wie sie denn auch im Lehrkörper jetzt regelmäßig der Zahl nach die weitaus stärkste war. Der Universität war dabei der Konsens mit der Gesellschaft selbstverständlich. Sie wollte und konnte keine „kritische Instanz“ sein, sondern eher im Bildungsbürgertum die Führungsrolle übernehmen.

In dieser Rolle wuchsen die Universitäten über die deutschen Einzelstaaten hinaus, wurden zu Trägern der nationalen Idee und gaben dem Vereinheitlichungsprozeß Impulse. Das deutsche Recht, zu Beginn des 19. Jahrhunderts völlig zersplittert, wurde in der zweiten Jahrhunderthälfte schon weithin übereinstimmend behandelt. Die großen Kodifikationen wurden durch eine Rechtswissenschaft vorbereitet, die dem jeweiligen Landesherrn vielleicht im Übermaß Respekt zollte, um sich im übrigen aber an Studenten aus allen deutschen Ländern zu wenden. Dabei blieb die Universität vielfach Träger des politischen Protestes und Fortschritts. Als es 1848 zur Revolution kam, waren viele Professoren ihre Wortführer. Sie gingen zwar nur selten auf die Barrikaden, aber um so bereitwilliger ins Parlament, und sie mußten während der Reaktionszeit erdulden, was der wieder erstarkte Obrigkeitsstaaat zur neuerlichen Befriedung seiner Hochschulen tat.

Dabei veränderte sich im 19. Jahrhundert auch das Wissenschaftsspektrum. Die Naturwissenschaften lösten sich allmählich aus der Philosophischen Fakultät, die Verselbständigung der Wissenschaften bahnte sich an. Die bis ins Kleinste gehende Aufdringlichkeit von Eingriffen - in der Reaktionszeit benötigten z. B. Anschläge am Schwarzen Brett der Berliner Universität das staatliche Imprimatur - ließ nach 1871 deutlich nach. Die Autonomie der Forschung wuchs. Auch die Lehre profitierte davon, was freilich eine klare Übereinstimmung zwischen Universität und herrschenden Kräften voraussetzte. Bis 1914 war wohl entscheidend, daß sich die in Zusammenhang mit der Forschung gewährleistete Autonomie immer mehr verstärkte, wobei Autonomie als „Abschirmung gegen Praxis und Ideologie“ (J. Ritter) verstanden werden muß. Demgegenüber besaß die Autonomie der Bildung abnehmende Bedeutung - eine Folge des Erstarkens der „Ausbildung“ in den Fakultäten und Einzelwissenschaften auf Kosten der „Bildung“ in Zusammenhang mit einer sich allgemein verstehenden Wissenschaft.

Die Universität mußte im 19. Jahrhundert unmittelbarer als früher auf das Staatsexamen zuarbeiten, weil die wissenschaftliche Entwicklung der Medizin, der Jurisprudenz, der Theologie und erst recht der Sprach- und Literaturwissenschaften ihren Tribut forderte. Noch zu Beginn des 19. Jahrhunderts hatte der Begründer der modernen Altertumswissenschaft Fr. A. Wolf den Neuphilologen, die für ihn nur „Sprachlehrer“ waren, das Recht auf akademische Grade abgesprochen. Zum Ende des Jahrhunderts hatten sich viel mehr Fächer etabliert und mit Professuren ihren wissenschaftlichen Rang erhalten. Relativ strikt wurde nach wie vor nur die Grenze zur Anwendung hin gezogen, und peinlich genau bemühten sich die Rektoren der Universitäten, den Technischen, Handels- oder Landwirtschaftlichen Hochschulen, den Berg-, Forst- oder Kunstakademien wissenschaftlichen Rang abzusprechen und ihnen dessen äußere Merkmale vorzuenthalten. Als „Anwendung“ wurden dabei auch wissenschaftliche Auseinandersetzungen mit den technischen, industriellen und ökonomischen Konsequenzen der naturwissenschaftlichen Forschung abgetan. Dabei führte die Universität hier einen vergeblichen Abwehrkampf und begünstigte natürlich ein unkontrolliertes Entstehen verschiedenster Wissenschaften außerhalb ihrer eigenen Mauern. Allein die Universitäten hatten im 19. Jahrhundert in Deutschland das Monopol, den Status des Akademikers zu verleihen. Es gab zwar Bergassessoren oder akademische Forst- und Landwirte. Sie bildeten aber nur eine kleine Gruppe und bemühten sich um Anpassung. Erst die Ingenieure fielen zahlenmäßig stärker ins Gewicht, erlitten die gesellschaftliche Minderstellung und begannen den Angriff auf das genannte Monopol.

Die ursprünglichen Zulassungsbedingungen der Universität waren der Besuch des humanistischen Gymnasiums, die Kenntnis des Lateinischen und die Bereitschaft, sich philosophisch zu bilden. Akademiker sollten gebildete Menschen sein, gemeinsam über eine allgemeine Bildung als Grundlage der jeweiligen Fachkenntnisse verfügen. Das Studium sollte zuerst dieser Grundlage dienen, um dann das Fachliche im großen Zusammenhang zu vermitteln. Für die spezielle Ausbildung war z. B. die Referendarzeit bestimmt. Die Einzelwissenschaften erstarkten, die Naturwissenschaft wandte sich entschieden von der (philosophischen) Spekulation ab und der (empirisch gesicherten) Erkenntnis zu. Mediziner und Juristen bemühten sich immer mehr um eine jeweils eigene Grundbildung.

Trotz dieses allmählichen Zerfalls der gemeinsamen Bildung aller Akademiker blieb die Akademikerschaft als Gruppe erhalten. Denn: die Akademiker als Gruppe gehörten zur Oberschicht. Sie genossen in der Gesellschaft hohes Ansehen, obgleich viele von ihnen materiell nicht sonderlich gut gestellt waren. Man gehörte als Akademiker dem gehobenen Bürgertum an, war vielfach Reserveoffizier, konnte „gute Partien" im Besitzbürgertum machen, für dessen Töchter es oft einen Aufstieg bedeutete, einen Akademiker zu heiraten, und hatte im Staatsdienst meist nicht so sehr gute, wohl aber sichere Aussichten - von Zeiten mit „Akademikerschwemme" einmal abgesehen, die es auch im späten 19. Jahrhundert schon gab. Die Gemeinsamkeit der Bildung wurde durch die Gemeinsamkeit des Standes ersetzt. Innerhalb dieser Akademikerschaft gab es eine Gruppenbildung durch die Studentenverbindungen und den engen Zusammenhang der „Alten Herren" oder Philister, die ihre Studentenzeit verklärten.

Um die Mitte des 19. Jahrhunderts kamen über 50 % der Hochschullehrer aus akademischen Familien. Die größten Einzelgruppen waren die Söhne von Hochschullehrern (119 von 774) und die Söhne von evangelischen Geistlichen und höheren Kirchenbeamten (113 von 774). Von den ökonomisch Selbständigen, z. B. den Fabrikanten, den Rittergutsbesitzern und Domänenpächtern, wurde die Universitätslaufbahn vergleichsweise wenig gesucht (17). Auch die Gruppe der niederen Beamten war relativ klein (43). Die Hochschullehrer stammten also überwiegend aus der akademisch-bürgerlichen Schicht. Dabei hatten - und haben - alle Hochschullehrer den Interessen des Staates zu dienen! In den Statuten der Universität Bonn (neugegründet 1818) heißt es: „Es wird ... von sämtlichen, bereits angestellten und künftig noch anzustellenden Lehrern erwartet, und denselben zur Pflicht gemacht, daß sie die, ihrer Pflege anvertrauten, Studirenden zu der Stufe sittlich-religiöser Ausbildung und zu demjenigen Grade theoretischen und praktischen Wissens führen, so wie in denjenigen treuen und guten Gesinnungen und Richtungen befestigen, welche dieselben zum Eintritt in den Dienst der Kirche, und des Staats, so wie in jeden Beruf befähigen, wozu höhere wissenschaftliche Bildung erforderlich ist, und *daß mithin die Universität eine zweckmäßig eingerichtete Pflanzschule gründlich und allseitig ausgebildeter und vorbereiteter Staats- und Kirchen-Diener werde.*" (zit. R. Graf von Westphalen, Akademisches Privileg und demokratischer Staat, S. 79). So sollten und sollen denn auch die Dissertationen diesem Grundgedanken folgen! Diese Formulierung ist nach 1918 bzw. 1945 lediglich etwas „weicher" gestaltet worden.

Die Gesamtzahl der jüdischen Studenten des 19. Jahrhunderts in Deutschland zu erfassen ist statistisch nicht möglich, da die meisten Matrikelbücher keine Konfessionsangaben enthalten und zudem mit der Emanzipation viele Juden die ehemals leicht erkennbaren Judennamen ablegten. Unter den deutschen Hochschulen führten nur Heidelberg, Breslau und Bonn kontinuierlich Konfessionsverzeichnisse, Freiburg i. Br. begann damit 1827, Erlangen 1840, und in Tübingen wurde 1842 rückwirkend eine Aufstellung aller seit 1800 hier immatrikuliert gewesenen Juden angelegt. Dieses geringe Zahlenmaterial erlaubt aber dennoch Rückschlüsse über die Frequenzentwicklung (vgl. M. Richarz, Der Eintritt der Juden in die akademischen Berufe, S. 92f.).

Das Einströmen jüdischer Studenten in die philosophischen und juristischen Fakultäten, die Zuwanderung ostjüdischer Studenten und die Verbesserung der Berufschancen für jüdische Ärzte bewirkten, daß sich die Immatrikulationen von Juden - soweit aus dem Beispiel der Universitäten Heidelberg, Bonn, Breslau und Tübingen ersichtlich - seit 1816 fast um das Zweieinhalbfache steigerten, während die Gesamtzahl der Immatrikulationen im gleichen Zeitraum nur um knapp 20 % anstieg. Damit hob sich der Anteil der Juden an der Studentenschaft so, daß er nach 1830 an mehreren Universitäten bereits den prozentualen Bevölkerungsanteil der Juden überschritt. Juden konnten jetzt auch an den Universitäten angestellt werden. Allerdings wurde dieses Recht eingeschränkt. Ein einheitliches preußisches Gesetz über die Juden aus dem Jahre 1847 legte fest: „An Universitäten können Juden, soweit die Statuten nicht entgegenstehen, als Privatdozenten, außerordentliche und ordentliche Professoren der medicinischen, mathematischen, naturwissenschaftlichen, geographischen und sprachwissenschaftlichen Lehrfächer zugelassen werden. Von allen übrigen Lehrfächern an den Universitäten, sowie von dem akademischen Senate und von den Ämtern des Decans, Prorectors und Rectors bleiben sie ausgeschlossen."

Überwiegend aus dem Bürgertum stammte im 19. Jahrhundert die Mehrzahl der studierten Juristen. Das Adelsprädikat bekam in der Restaurationszeit wieder mehr Gewicht. Zum einen übernahm der Geburtsadel Spitzenpositionen in der Verwaltung und zum anderen wurde eine Anzahl hoher Beamter bürgerlicher Herkunft geadelt. Adelsprädikat, Bildung und hoher Beamtenrang wurden so miteinander verschränkt. Der Anteil der Neuadeligen in den leitenden Verwaltungsstellen ist von 1800 bis 1830 auf 60 % gestiegen.

Über die soziale Herkunft der Ärzte liegen keine Zahlenangaben vor. Allerdings ist zu vermuten, daß auch sie überwiegend aus bürgerlichen Schichten stammten. Außerdem war ja den Juden der Zugang zu diesem Beruf nicht verwehrt. Die Zahlen aus der zweiten Hälfte des 19. Jahrhunderts weisen einen überdurchschnittlich hohen Anteil von Juden in den medizinischen Fakultäten auf.

Die soziale Herkunft der Akademiker war auch im 19. Jahrhundert u. a. abhängig von der beruflichen Orientierung in der Familie und der Möglichkeit, die Ausbildung zu finanzieren. Für die akademische Schicht galt ein akademischer Beruf als standesgemäß.

Der Doktorgrad wurde in der zweiten Hälfte des 19. Jahrhunderts wieder ein geachteter und begehrter Titel, der als wissenschaftliche Qualifikation wie auch als soziales Statusmerkmal einen Bedeutungszuwachs erhielt. In der ersten Hälfte gab es beim Erlangen dieser Würde und seiner Wertung noch Probleme. Allerdings könnte das folgende Beispiel auch für andere Zeiten gelten. Der Sohn des klassischen deutschen Philosophen J. G. Fichte, I. H. Fichte, ebenfalls Philosoph, reichte am 13.11.1817 sein Dissertationsgesuch ein. Er wollte mit der lateinisch abgefaßten Arbeit „Über den Ursprung und die Quellen der neuplatonischen Philosophie“ promovieren. Die Arbeit war der philosophischen Fakultät zu Berlin aber zu umfangreich, er mußte sie auf ein Drittel kürzen. G.W.F. Hegel wirkte als Opponent bei der erst am 28.10.1818 erfolgten Promotion. Die Verzögerung erklärt sich vornehmlich aus den Bedenken des Dekans. Dieser äußerte den Verdacht, die eingereichte Arbeit sei nicht vom Kandidaten, sondern von dessen Vater, eine Jugendschrift desselben oder gar zum Teil lediglich Vorlage für sein Kolleg gewesen. Ja, er hatte sogar behauptet, das Manuskript sei nicht einmal die Handschrift des Sohnes, sondern die des Vaters aus dessen jüngeren Jahren. Der berühmte Altphilologe A. Böckh hatte sich die Mühe gemacht, diese Anschuldigungen durch eine wahrhaft mustergültige Untersuchung des Inhalt und der Form der Schrift, die sich auch auf Tinte und Papier erstreckte, zu widerlegen.

Der Doktorgrad brachte auch im 19. Jahrhundert wichtige soziale Vorteile mit sich, so daß sich sein Erwerb auszahlte, obwohl die Aufwendungen dafür weiterhin hoch waren. Zum einen waren persönliche wissenschaftliche Leistungen zu erbringen, die durch die Fakultäten geprüft und anerkannt werden mußten. Die Mißstände bei den Prüfungen, die dazu geführt hatten, daß „Pseudodoctoren“ in „Doctorfabricen“ ohne eigene wissenschaftliche Leistung hervorgebracht worden waren, wurden in den achtziger Jahren durch reformierte Prüfungsnormen beseitigt. Eine kontrollierte wissenschaftliche Leistung wurde wieder zur Regel. Die reformierten Prüfungsnormen waren Ergebnis einer von Th. Mommsen 1876 initiierten Diskussion zum Thema: Wie wird man in Deutschland Doktor, was ist der Doktor wert. Man scheute aber weder Zeit noch Geld, um die Doktorwürde zu erlangen. Allein vom Sommersemester 1891 bis zum Wintersemester 1911/12 erwarben 23 217 Studenten den Doktorgrad und wendeten dafür insgesamt 10 477 650 Reichsmark an Kosten auf.

Das Motiv für die Promotion war auch im 19. Jahrhundert häufig nicht in erster Linie wissenschaftliches Interesse - die wenigsten Doktoranden strebten eine wissenschaftliche Laufbahn an, für die der Doktorgrad Bedingung war - als vielmehr die Steigerung des sozialen Ansehens. Für die große Mehrzahl hatte er nur die Bedeutung einer wissenschaftlichen Ehre und eines Ranges in der gebildeten Welt. Darüber hinaus bestimmte er das außeruniversitäre berufliche Fortkommen, den geselligen Verkehr und die Partnerwahl in wirksamer Weise mit. Dementsprechend verteilte sich die Zahl der rite, d. h. der durch Prüfungen erworbenen Promotionen, zwischen Sommersemester 1891 und Wintersemester 1911/12 im damaligen Preußen wie folgt:

evangelische theologische Fakultäten	191
katholische theologische Fakultäten	145
juristische Fakultäten	2 987
medizinische Fakultäten	9 424
philosophische Fakultäten	10 470

Bei den Zahlen der theologischen Fakultäten sind die Lizentiaten mit einberechnet (A. A. von Below, Der soziale Status der Akademiker, S. 139).

Mit dem Doktortitel konnte in der noch durch feudal-ständische Elemente geprägten Gesellschaftshierarchie die soziale Ebenbürtigkeit mit den höheren Schichten beansprucht werden. Der Doktortitel war ein anerkanntes Merkmal für soziale Höherwertigkeit und besaß als Teil des Familiennamens die Funktion eines Ersatzadels. Besonders dann, wenn andere hochbewertete Titel und Ränge fehlten, kam ihm für die Einstufung in die höheren Schichten große Bedeutung zu.

Für die wissenschaftlich gebildeten Ärzte wurde der Erwerb des Doktortitels zu einer sozialen Notwendigkeit, weil ihnen andere Titel fehlten, die ihren Akademikerstatus symbolisierten und mit deren Hilfe sie sich von den nichtakademischen „Heilkundigen" abgrenzen konnten. Außerdem wurden die Bezeichnungen „Arzt" und „Doktor" häufig synonym gebraucht, so daß der Titel auch als Berufsbezeichnung für akademisch gebildete Ärzte benutzt wurde. Daraus ergab sich der soziale Zwang, den Titel zu erwerben, der auch fortwirkte, als dies keine Rechtsnorm mehr war.

Neben der durch Prüfungen erworbenen Doktorwürde gab es in Deutschland seit Gründung der Berliner Universität noch die Ehrendoktorwürde. Sie ermöglichte es den Fakultäten, besondere Verdienste, die unmittel- oder mittelbar im Zusammenhang mit der jeweils vertretenen Wissenschaft standen, öffentlich anzuerkennen. Indem die Verleihung der Ehrendoktorwürde über den Kreis der Gelehrten hinaus auf Personen außerhalb des eigentlichen Wissenschaftsbetriebes ausgedehnt wurde, u.a. auf den Kaiser und Personen der Hofgesellschaft sowie auf erfolgreiche Heerführer und Politiker, steigerte sich die soziale Bedeutung des Doktortitels. Er wurde wieder in der Spitze der gesellschaftlichen Hierarchie anerkannt.

Mit dem Studium, vor allem mit der Promotion, verband sich also sozialer Aufstieg. Die Familien brachten für ihn viele Opfer, weil es für Kaufleute, Handwerker oder Beamte des sich ausbildenden gehobenen Dienstes die wichtigste Aufstiegschance war, den Sohn studieren zu lassen (wobei vielfach den Töchtern die dafür erforderlichen Mittel entzogen wurden). Im 19. Jahrhundert gab es weniger Stipendien und Freitische als früher, das Studium war relativ teuer. Die studentischen Lebensgewohnheiten, auch entscheidend durch Studentenkorps und Burschenschaften geprägt, verlangten erhebliche Aufwendungen - als Chargierter eines Korps in vollem Wichs bei einem Kaiserbesuch anzutreten, war mehr als nur teuer. Der mit alledem verbundene Aufstieg war das aber ebenso wert wie die Sicherung des sozialen Status. Das Motiv der Statussicherung bewog sicher die meisten Eltern, die Studienkosten aufzubringen. Der Aufstieg gelang nur ausnahmsweise aus der Unterschicht. Die Mittelschichten stellten neben der Oberschicht, die sich selbst ergänzte, das größte Reservoir für den akademischen Nachwuchs. War man z. B. Referendar oder gar Assessor, dann war man wer! Die Frage nach der Herkunft trat dann zurück. Die Professoren waren Akademiker und bildeten Akademiker aus, ihre gesellschaftliche Position ergab sich damit von selbst. Natürlich bestimmte nicht nur die Schichtzugehörigkeit der Professoren ihren Rang in der Gesellschaft. Die wissenschaftliche Leistung kam hinzu und entschied *letztlich* über ihren Rang. Dabei gab es selbstverständlich auch während des ganzen 19. Jahrhunderts viele recht durchschnittliche Professoren. Auch diese haben jedoch nicht wenige Kandidaten promoviert! Dementsprechend war das Niveau der Dissertation zumeist auch höchstens durchschnittlich. Manche Professoren errangen eher durch politische oder literarische Betätigung Berühmtheit. Ein beträchtlicher Teil von ihnen bestimmte aber das Leistungsniveau deutscher Wissenschaft. Daß diese damals Weltgeltung besaß, besagt wenig, wenn man nicht alle Begleitumstände mit berücksichtigt. Viele entscheidende Impulse für die Veränderung der Gesellschaft gingen von der Wissenschaft aus. Dabei spielten die Professoren, auch ihr Ruf, im 19. Jahrhundert eine zentrale Rolle: Man ging an eine bestimmte Universität, um einen bestimmten Professor zu hören und unterstrich damit als Student wissenschaftliche Reputation. Auch wenn sich nicht alle Studenten so verhielten oder verhalten konnten, so waren es doch hinreichend viele. Man kann deshalb in einer sehr spezifischen Weise sagen, daß damals uneingeschränkt die Professoren die Universität gewesen sind. Die Reputation vermittelte sich auch über Bücher und über Wissenschaftsberichterstattung. Die Vermittlung war leichter als heute: Die Wissenschaftler und ihr Publikum waren sich näher und das Tun der Wissenschaftler war noch überschaubarer. Vor allem aber war eine wichtige Voraussetzung für die herausgehobene Stellung der Professoren ihre geringe Zahl: Die „Masse" der Akademiker schloß das Studium mit dem Staats- oder Kirchenexamen ab. Eine kleinere Gruppe promovierte. Eine noch kleinere Gruppe habilitierte sich, als die Habilitation in der Regel für die Berufung auf einen Lehrstuhl erforderlich wurde. Nur ein Teil dieser Gruppe erhielt aber ein Ordinariat.

Die Habilitation ist nicht Gegenstand dieser Arbeit. Hier dazu nur: Dabei handelt es sich um ein prüfungsähnliches Verfahren, in dem die Universität in eigener Verantwortung über die Befähigung zu selbständiger wissenschaftlicher Lehre befindet. Es hat eine Doppelfunktion: „Auf der einen Seite dient es der Feststellung der persönlichen wissenschaftlichen Qualifikation; auf der anderen ist sie ein Mittel der Kooptation des Lehrkörpers an der Fakultät." (P. J. Brenner, Habilitation als Sozialisation, S. 318). Als formalisiertes Verfahren hat die Habilitation ihren Ursprung in der Gründungsphase der Berliner Universität. Hochschullehrer sollten danach über besondere und entsprechend in einem besonderen Verfahren nachgewiesene Fähigkeiten in Lehre und Forschung verfügen. Der Doktorgrad allein reichte zum Hochschullehrer nicht mehr aus. Die Statuten der Berliner Universität, verabschiedet am 26.4.1817, legen das Habilitationsverfahren fest. Die Habilitationsforderung ist dabei auch im Zusammenhang mit der disziplinären Spezialisierung zu sehen. Das Berliner Beispiel setzte sich bald in Deutschland durch. Nachzügler sind Göttingen und Kiel, die bis 1831 und 1869 die Gleichstellung der Promotion mit der Lehrbefugnis beibehalten. Aber die Habilitation birgt neue Probleme: „Ihre prekäre Eigenart ergibt sich zunächst daraus, daß sie an einer doppelten Schnittstelle liegt, an der sich jeweils konkurrierende, wenn nicht einander ausschließende Ansprüche begegnen: Zum einen liegt die Habilitation im Spannungsfeld zwischen den Autonomieansprüchen der Hochschule und den Reglementierungsansprüchen des Staates; zum anderen begegnen sich in ihr die oft konträren Intentionen der Universität als einer disziplinär organisierten administrativen Institution und die der 'Wissenschaft' mit ihren idealtypischen Anforderungen; beide Dimensionen werden schließlich noch von sozialen Komponenten tangiert." (ebenda, S. 320). Im Dritten Reich wird die Habilitation mit der „Reichs-Habilitations-Ordnung" vom 13. 12. 1934 unmittelbar dem staatlichen Zugriff unterworfen. Facultas und venia legendi werden getrennt, letztere, die Lehrbefähigung, wird allein vom Staat verliehen. Interessanterweise hat die Bindung der Privatdozenten an den Staat einen Vorgänger im Bayern des 19. Jahrhunderts. Die entsprechenden Fakten bestehen noch heute, die Anforderungen wurden lediglich modernisiert. In der DDR allerdings wurde die Lehrbefähigung letztlich auch vom Staat verliehen. Die deutsche Gesetzgebung geht heute bei der Habilitation auf die vorfaschistische Gesetzgebung zurück. Die deutsche Hochschullehrerschaft war bis in die sechziger Jahre des 20. Jahrhunderts - trotz aller fachlichen Fehden - zudem politisch, methodisch und vor allem sozial eine weitgehend homogene Gruppe, die grundsätzlich staatskonform eingestellt war. Von ihr war kaum zu erwarten, daß sie ihre eigene Homogenität durch die Habilitation von fachlichen, sozialen und politischen Außenseitern in Frage stellte. Das hat sich bis heute nicht geändert, obwohl es bis hin zur 69. Westdeutschen Rektorenkonferenz und ihren Empfehlungen „Zur Reform des Habilitationswesens“ vom 21.1.1969 in den Jahren um 1970 Probleme hinsichtlich der Weiterexistenz der Habilitation gab. Diese Diskussion hat sich wieder beruhigt. Doch hat es in den siebziger Jahren des 20. Jahrhunderts auch Berufungen ohne Habilitation gegeben - allerdings keine davon in Bayern!

Insgesamt bleibt bis zur Gegenwart die Habilitation die Voraussetzung für die Berufung. Allerdings - das ist ein Argument für ihre Abschaffung - ist die Leistungsfähigkeit einer Disziplin nicht unbedingt vom Anteil der Habilitierten in ihr abhängig. Für eine Abschaffung spricht auch, daß die sachlichen Anforderungen an die Habilitationsleistung traditionell nur vage und oft überhaupt nicht definiert werden. So klar die formalen Rahmenbedingungen der Habilitation von Anfang an umschrieben worden sind, so uneindeutig bleibt bis in die Gegenwart ihre inhaltliche Festlegung. Die Anerkennung einer Dissertation auch als Habilitationsleistung ist nach wie vor selten. Dabei ist in einschlägigen offiziellen Dokumenten der einzelnen Fakultäten die Habilitation nicht immer eindeutig von der Dissertation abgegrenzt. Die Veröffentlichungspflicht für Habilitationen ist zudem selten. Es gibt nicht wenige Fälle, in denen die Entscheidung gegen den Habilitanden später korrigiert werden mußte: so bei W. Benjamin, G. Lukács, Th. W. Adorno, J. Habermas. Jedenfalls ist die Habilitation ein Sozialisationsfaktor, dem im beamtenrechtlich organisierten Hochschulwesen Deutschlands eine besondere Bedeutung zukommt. Sie dient der „Aufrechterhaltung anerkannter Standards“ und der sozialen Kontrolle, ein Prinzip, auf das die Wissenschaft im besonderen Maße angewiesen ist, da sie - im Gegensatz zu anderen sozialen Institutionen - keine eigenen formellen Regeln zur Kontrolle des Verhaltens von Wissenschaftlern im Forschungsprozeß hat.

Mit der Habilitation wird formell der Status eines „Privatdozenten“ verliehen. Er gewährt akademische Rechte, denen zunächst keine Pflichten - abgesehen von einer geringen Lehrverpflichtung -, aber auch keine finanziellen Absicherungen gegenüberstehen. Noch Ende des 19. Jahrhunderts rechnete der Kulturhistoriker und Novellist W. H. Riehl „verhungernde akademische Privatdocenten“ zu den „Proletariern der Geistesarbeit“, die fast auf gleicher Stufe mit „Drehorgelleuten und Bänkelsängern“ stünden (W. H. Riehl, Die bürgerliche Gesellschaft, S. 312). Das Berufsziel einer Professur setzte in der Regel im 19. und frühen 20. Jahrhundert ein „Privatvermögen“ voraus; erst nachdem diese Voraussetzung durch die

Inflation von 1923 endgültig zerstört war, wurden administrative Maßnahmen zur sozialen Absicherung der Privatdozenten ernstlich in Angriff genommen. „Tatsächlich erzwingt die meist brotlose Privatdozentenzeit endgültig die Angleichung an die wissenschaftlichen und sozialen Normen durch unmittelbaren finanziellen Druck, der erst durch die Berufung auf eine Lebenszeitprofessur beendet wird.“ (P. J. Brenner, Habilitation als Sozialisation, S. 341).

Die deutschen Universitäten konnten im 19. Jahrhundert mit geringfügigen Erweiterungen, die zudem oft fachlich bedingt waren, die wachsenden Studentenzahlen verkraften. Zum Bruch kam es in den 70er Jahren, als sich die Studenten rasch vermehrten - von 1880 mit ca. 21 000 bis 1906 auf ca. 46 000 an den deutschen Hochschulen -, ohne daß sich die Zahl der Ordinarien in ähnlicher Weise erhöhte. In dieser Zeit wich man mehr und mehr auf die Lehrtätigkeit der Extraordinarien, Privatdozenten und anderer Lehrkräfte aus, so daß bald die „inoffizielle“ Universität viel größer war als die offizielle, d. h. durch Ordinarien repräsentierte.

Im Wintersemester 1886/87 - die Belegungszahlen schwankten zwischen den Semestern wegen der Mobilität der Studenten erheblich, und es gab ausgesprochene Sommer- und entsprechend Winter-Universitäten - war Berlin die größte der preußischen Universitäten mit 5 242 immatrikulierten Studenten (und 1 550 zum Vorlesungsbesuch Berechtigten). Von den Immatrikulierten hörten knapp 2 000 an der Philosophischen, jeweils mehr als 1 200 an der Medizinischen und Juristischen und 785 an der (evangelischen) theologischen Fakultät. Im Studienjahr dürften etwa 1 700 Studenten das Studium beendet haben - in der Regel mit dem Staats- oder Kirchenexamen. Dabei kam es zu 1 theologischen Promotion, zu 5 juristischen, 127 medizinischen und zu 70 Promotionen in der Philosophischen Fakultät, zu der auch noch die Naturwissenschaften zählten. Die Berliner Universität hatte zu dieser Zeit 8 Ordinarien der Theologie, 10 der Jurisprudenz, 15 der Medizin und 39 in der Philosophischen Fakultät. Neben ihnen standen schon 79 außerordentliche (a. o.) Professoren und 122 Privatdozenten. Das Verhältnis zwischen den verschiedenen Gruppen war in der Philosophischen Fakultät am ungünstigsten.

Marburg war zur gleichen Zeit die kleinste preußische Universität. Hier studierten im Wintersemester 871 Studenten, jährlich mag es etwa 250 Absolventen gegeben haben. Zugleich fanden 75 Promotionen statt - 56 davon in der Philosophischen Fakultät, zu denen wieder die naturwissenschaftlichen Disziplinen viel beitrugen. Die Universität hatte 44 Ordinarien, 15 Extraordinarien und 18 Privatdozenten. Vergleicht man grob, dann entfielen in Berlin auf einen Ordinarius etwa 70 Studenten, auf alle Dozenten insgesamt jeweils etwa 20. In Marburg kamen auf einen Ordinarius etwa 20 und auf alle Dozenten etwa je 11 Studenten. Die Fakultäten waren hier noch klein, die durch Ordinarien repräsentierten Lehrgebiete überschaubar, das Nebeneinander von Ordinarien und anderen Universitätslehrern war sicher spannungsreich, aber quantitativ noch erträglich. In Berlin hatte man im Vergleich dazu zwar ähnliche Strukturen - vor allem vier Fakultäten und die Vorrechte der Ordinarien. Man hätte aber nicht ohne die vielen anderen Dozenten auskommen können.

Hinter solchen Zahlen verbirgt sich wohl das Kernproblem der deutschen Universität im 19. Jahrhundert: Sie nahm einen hohen Rang ein, mit ihr die Professoren. Die Gruppe der Professoren differenzierte sich aber zunehmend aus. Ein großer Teil dieser Gruppe mußte jahre- und jahrzehntelang warten, bis er eine „ordentliche" Professur erhielt und damit an Rang und Privilegien teilnahm. Ein anderer Teil wartete vergeblich. Eulenburg zeigte, daß Ende des 18. Jahrhunderts der Ordinarius den Normalfall gebildet hatte, während die Ordinarien 100 Jahre später innerhalb der privilegierten Universität eine besonders privilegierte kleine Gruppe darstellten. Die Privilegien bezogen sich nicht zuletzt auf die Einkünfte, nämlich auf die ordentlichen Gehälter und vor allem auf die Anteile an den staatlichen Hörgeldern, oft auch auf Zuschüsse aus der Privatkasse des Monarchen, die im Staatshaushalt nicht in Zusammenhang mit den Universitäten auftauchten. Der Konflikt in der deutschen Universität bahnte sich mit dem ausgehenden 19. Jahrhundert an. Er war heraufbeschworen: 1. durch eine stürmische wissenschaftliche Entwicklung, 2. in ihrem Gefolge durch eine Spezialisierung, welche das einfache Prinzip Fach = Professur nicht mehr zuließ und 3. durch das Anwachsen der Studentenzahlen, dem man nur zum Teil mit größeren Hörsälen zu begegnen vermochte. Im Konflikt waren die Fronten vorprogrammiert: Hier standen die Ordinarien, die auf ihre Leistungen pochten, dort die Angehörigen der „inoffiziellen Universität", wohl wissend, daß sie in vieler Hinsicht unentbehrlich waren. Im Konflikt ging es ebenso um Geld wie um Gleichberechtigung. Es ging allerdings auch um das Problem der Fächer und damit um eines der eigenen Tradition. Die deutsche Universität vermochte bis 1914 keinen überzeugenden Weg aus den Schwierigkeiten zu finden, die Lösungen blieben dem Staat überlassen. Zudem benötigte die Universität auch außerhalb der Dozentenebene mehr und mehr Personal. 1881 stellte man in Tübingen den dritten Pedell ein. Bis dahin gab es in der Regel zwei Pedelle - die wichtigsten Figuren der Universität neben den Professoren und zwei bis drei Verwaltungsbeamten. Außerdem brauchte man schon im frühen 19. Jahrhundert die ersten sonstigen Mitarbeiter - etwa Diener in Laboratorien oder Pfleger in medizinischen Einrichtungen. Später erhielten die Bibliotheken eigenes Personal (und eine Sonderstellung im Rahmen der Universität). Am Rande der Universität hatte es schon früher die Fecht-, Reit- oder Tanzlehrer gegeben, im 19. Jahrhundert kamen die Sprachlehrer hinzu. Früher hatte die Universität vor allem ein Hauptgebäude, in dem die Vorlesungen stattfanden und in dem es neben den erforderlichen Sitzungszimmern ein Professorenzimmer gab. Dort traf man sich, wenn man in die Universität kam, was auch bei großer Lehrbelastung nicht sehr häufig sein mußte - einen Teil der Veranstaltungen führte man in der Wohnung durch. „Nun gab es Institute, eigene Arbeitszimmer für Professoren, allmählich wissenschaftliche Mitarbeiter in den Instituten, in der Physik und Chemie Labore, an den Technischen Hochschulen größere Werkstätten mit Arbeitern und Meistern - kurz: Die Universität erhielt eine Betriebsstruktur. Diese neue Struktur blieb zunächst der Ordinarien-Universität angepaßt. Was sich an Einrichtungen und Personal vorfand, war jeweils auf einen Ordinarius bezogen. Erst unterhalb dieser Ebene kam es zu Unterschieden. Der Einzelkämpfer und der Chef eines großen Betriebes standen nun nebeneinander. Mit dem ersteren konnte der akademische Nachwuchs in gewohnter Weise konkurrieren; letzterer gewann Positionsvorteile, weil er sich die Einrichtungen und das Personal verfügbar machen konnte. Ordinarien übten damit Herrschaft aus und setzten Macht ein. Ihrer Macht konnte der Student ebensowenig entgehen wie der Mitarbeiter, weil es keine konkurrierende Macht gab, das Kollegialprinzip auf der Ebene der Ordinarien vielmehr die Konkurrenz ausdrücklich ausschloß." (Th. Ellwein, Die deutsche Universität vom Mittelalter bis zur Gegenwart, S. 135).

Dies alles sind Voraussetzungen, um zu verstehen, warum jeder Gebildete im 19. Jahrhundert nach dem Doktorgrad strebte. Noch immer ist auch die hohe Quantität von Dissertationen dieses Jahrhunderts nicht auf ihre Qualität untersucht worden. Etwa auf die Frage hin: Welche dieser Arbeiten bringen Neues, Für welche Periode? Welches sind lediglich Fleißarbeiten? Welche füllen in Bezug auf zu leistende Kleinarbeit eine Lücke aus? Welche sind zweit- oder drittrangig, da es auch der Professor, der Betreuer der Arbeit ist?

Die Promotionsmöglichkeiten für Juden wuchsen mit dem Beginn des 19. Jahrhunderts einerseits durch das badische Konstitutionsedikt von 1807, das den Juden Staatsbürgerrechte gewährte, andererseits durch die Judenemanzipation im neu gegründeten Königreich Westfalen, zu dessen Territorium die Universitäten Göttingen, Halle und Marburg gehörten. Die Emanzipation veranlaßte die Juden jetzt auch, andere Studienfächer als nur die Medizin zu wählen. So wurden z. B. in Heidelberg 1808 vier Juden immatrikuliert, von denen drei Jura und einer Kameralistik studierten - Fächer, die hier bisher kein Jude gehört hatte. L. Börne gab unter dem Eindruck der gewandelten Verhältnisse 1807 sein Medizinstudium in Heidelberg auf und promovierte ein Jahr später in Gießen mit einer kameralistischen Dissertation. Nach Gründung der Universitäten Berlin und Breslau und der Beendigung der Freiheitskriege setzte auch in Preußen ein vermehrtes Studium von Juden ein. Berlin und Breslau, die Städte mit den - abgesehen von Posen - größten jüdischen Gemeinden Deutschlands und starker ostjüdischer Einwanderung wurden für das ganze 19. Jahrhundert die Zentren jüdischer Studenten in Deutschland. Von den außerpreußischen Universitäten immatrikulierten Göttingen und Heidelberg die meisten jüdischen Studenten. In Halle erfolgte 1817 die erste Promotion eines Juden, des späteren Sekretärs und Syndicus der Berliner jüdischen Gemeinde, durch die Juristenfakultät. In Heidelberg konnten in diesen Jahrzehnten Juden in allen Fakultäten promovieren. Bei dem außerordentlich guten Ruf der Heidelberger Juristenfakultät, die auch Juden zu Staatsexamen, Promotion und Privatdozentur zuließ, verwundert es nicht, „daß auch jüdische Jurastudenten hier zahlreicher vertreten waren als an allen anderen deutschen Universitäten - vielleicht mit Ausnahme von Göttingen. Es studierten 37 % der Juden Jura, 41 % Medizin und 22 % Philosophie und Theologie. Unter den Juristen waren die später um der Habilitation willen getauften Studenten Eduard Gans und Sigmund Zimmern sowie die dann durch ihr späteres politisches Wirken bekannt gewordenen Juden Gabriel Rießer, Heinrich Bernhard Oppenheim und Ludwig Bamberger. Philosophie studierten in Heidelberg u.a. der spätere Schriftsteller Berthold Auerbach und Zacharias Löwenthal, der nachmalige Verleger des Jungen Deutschland." (M. Richarz, Der Eintritt der Juden in die akademischen Berufe, S. 111). Aber bis zum Vormärz konnten jüdische Intellektuelle überwiegend nur in freien Berufen tätig sein. Zwar wurden Juden überall als Ärzte approbiert und in einigen Staaten auch als Rechtsanwälte und Privatdozenten zugelassen, aber von den höheren Staatsämtern in Justiz, Schule, Universität und Medizinalverwaltung blieben sie ausgeschlossen. Selbst das kurhessische Judengesetz von 1833, das Staatsämter einräumte, hatte für Akademiker keine praktischen Folgen.

Die schärfsten Berufsbeschränkungen für jüdische Akademiker bestanden in Preußen und Bayern. Das preußische Emanzipationsedikt von 1812 gestattete Juden in § 8 die Bekleidung von akademischen Lehr- und Schulämtern, „zu welchen sie sich geschickt gemacht haben", und fügte in § 9 hinzu: „Inwiefern die Juden zu andern öffentlichen Bedienungen und Staatsämtern zugelassen werden können, behalten Wir uns vor, in der Folge der Zeit, gesetzlich zu bestimmen." Das hier angekündigte Ergänzungsgesetz erschien niemals, und auch die in § 8 gewährten Rechte blieben fast ohne jede praktische Bedeutung. Nur drei Juden erhielten bis 1822 die Erlaubnis zur Habilitation als Privatdozenten. Ein einheitliches preußisches Judengesetz, das die Emanzipationsrechte vermehrte und auf alle preußischen Provinzen ausdehnte, erschien erst 1847. Darauf wurde oben verwiesen. Angesichts dieser Verhältnisse entschlossen sich viele begabte Juden zur Taufe, womit sie die Lehrbefähigung eher erhielten. An deutschen Universitäten habilitierten sich bis 1848 lediglich 17 Juden, die damit Privatdozenten wurden.

Dichter und Schriftsteller stellten sich auch im 19. Jahrhundert der Promotion. Dazu nur einige Beispiele:

G. Büchner, Autor u. a. von „Dantons Tod" und „Woyzeck", hat 1836 in Zürich zum Dr. phil. promoviert, obgleich er Medizin studiert hatte. H. Heine promovierte 1825 in Göttingen zum Dr. jur.. A. H. Hoffmann von Fallersleben, der Dichter unserer Nationalhymne und aufrechte Demokrat, legte seiner Dissertation seine Tätigkeit als Kustos der Universitätsbibliothek zu Breslau (ab 1823) zugrunde. Er hatte in Göttingen Theologie und Altphilologie, in Bonn Germanistik studiert. Die Universität Leiden hatte Hoffmann von Fallersleben am 14.6.1823 zum Ehrendoktor ernannt. Als er 1830 vom preußischen Minister K. Freiherr vom Stein zum Altenstein zum außerordentlichen Professor für deutsche Sprache und Literatur ernannt wurde, hielt die Breslauer Philosophische Fakultät diesen Doktortitel nicht für ausreichend und verlangte von dem neuen Professor zwecks „Nostrification" eine öffentliche, in lateinischer Sprache zu haltende Disputation. Das geschah, indem Hoffmann von Fallersleben am 28.2.1831 eine lateinische Rede über Luthers Verdienste um die deutsche Sprache hielt. G. Freytag ist uns durch seine historischen Romane und seine kulturhistorische Skizzen bekannt. Er hatte bei Hoffmann von Fallersleben in Breslau deutsche Philologie studiert und am 30.6.1838 in Berlin mit dem Thema „De initiis scenicae poesis apud Germanos" zum Dr. phil. promoviert. Die Arbeit, die im gleichen Jahr auch im Druck erschien, umfaßte 70 Seiten. G. Freytag wurde 1839 Privatdozent für deutsche Sprache und Literatur. Der spätere Literatur-Nobelpreisträger P. Heyse promovierte nach dem Studium der Philologie in Berlin und Bonn 1852 in Berlin mit einer Arbeit über Troubadourdichtungen („Studia romanensia Particula I", 48 S.) zum Dr. phil. Von seinem reichhaltigen Werk ist wohl die Novelle „L'Arrabiata" nach wie vor am bekanntesten. L. Uhland, den wohl jeder wegen seiner Volksliedersammlungen und Balladen („Des Sängers Fluch") kennt, hatte in seiner Heimatstadt Tübingen studiert und 1810 zum Dr. jur. promoviert. F. Dahn, nach wie vor durch seinen „Kampf um Rom" bekannt, war Professor für Rechtsgeschichte in Würzburg, Königsberg und Breslau. 1855 promovierte er in München mit der Arbeit „Über die Wirkung der Klagverjährung bei Obligationen" (52 S.) zum Dr. jur. Soweit nur *einige* Beispiele. Sie ließen sich durch die Zeit der Aufklärung wie auch durch das 20. Jahrhundert unschwer vermehren.

Wie nun kam man im 19. Jahrhundert zur Doktorwürde? Wie teuer war dieser Titel? Wie lief die Promotion ab? Das war sehr unterschiedlich.

Freiburg im Breisgau war 1805 von Österreich abgetrennt und dem Kurfürsten von Baden zugesprochen worden. Hier wurden, gleich den meisten anderen deutschen Universitäten, in den folgenden Jahrzehnten die Regeln zur Erlangung der Doktorwürde abgeändert, ausgehöhlt und so sehr erleichtert, daß diese Würde insgesamt stark an Ansehen einbüßte und es vieler Anstrengungen bedurfte, dieses kurzsichtige Verhalten zu korrigieren. Den wohl ausschlaggebenden Grund für die Verringerung ihrer Anforderungen deutete die Freiburger Juristische Fakultät in einem Bericht an das akademische Konsistorium über eine Reform des Promotionswesens am 19.9.1823 an. Zur Strenge bei den Promotionen nichtbadischer Studierender, die nach dem Studium ins Ausland zurückkehrten, meinte die Fakultät: „wird man mit ihnen nicht so strenge seyn können, so lange andere selbst die berühmtesten deutscher Universitäten z. B. Göttingen es auch damit nicht so strenge nehmen; damit sich die Ausländer nicht zum Nachtheile der Landesuniversitäten dorthin zur Erhaltung der Doctorwürde begeben.“ (zit. nach E. Merkel, Die Doktorpromotionen der Juristischen Fakultät der Albert-Ludwigs-Universität ..., S. 50). Diese Argumentation dürfte grundsätzlich Wirkung gezeigt haben. Die Furcht, in der Anzahl der Doktorpromotionen von Heidelberg, der anderen badischen Universität, zu sehr überflügelt zu werden, scheint - trotz des Wissens um die negativen Auswirkungen solcher Maßnahmen auf das Ansehen der Doktorwürde - als ein wichtiger Grund für eine Herabsetzung der eigenen Maßstäbe angesehen worden zu sein. Durch den damit wohl bezweckten vermehrten Andrang zur juristischen Doktorpromotion wollte man vermutlich auch der befürchteten Aufhebung der Freiburger Universität entgegenwirken.

In den von der Freiburger Juristischen Fakultät im Juli 1810 neu festgelegten Promotionsregeln blieb zwar der Prüfungsstoff der mündlichen Prüfungen im wesentlichen unverändert, die Erleichterung aber lag in der Kürzung der Gesamtprüfungsdauer von drei auf zwei Examen und von sieben auf vier Stunden, also auf nahezu die Hälfte des vorherigen Umfangs. Die Wahlmöglichkeit zwischen Dissertation und Ausarbeitung von sieben Rechtsfällen wurde zugunsten der Dissertationspflicht aufgehoben. Die Inauguraldisputation blieb weiterhin Prüfungsbestandteil.

Bis zur grundsätzlichen Neuorientierung des Promotionsverfahrens in Freiburg in den Jahren 1871 und 1876 erfuhr diese Promotionsordnung äußerlich zwar keine Veränderung; in ihrem Inhalt und ihrer Bedeutung wurden die Prüfungsmodalitäten aber zum Teil sehr ausgehöhlt und ihrer Wirkung beraubt. Dies begann mit einem Beschluß der Freiburger Juristischen Fakultät vom 14.12.1827, der die Dispensationsmöglichkeit von der Dissertation institutionalisierte. Erteilte die Fakultät Dispens, so hatte der Doktorand als Ersatz vier Louisdor (französisches Goldstück; Fünftalerstück - S. W.) zu bezahlen, die zum Ankauf juristischer Bücher für die Universitätsbibliothek benutzt wurden. Damit war der Grundstein für die Käuflichkeit dieser Promotionsbedingung gelegt. Im Laufe der Zeit verselbständigte sich das Verfahren derart, daß eine förmliche Dispensierung nicht mehr notwendig war. Ein Kandidat hatte jetzt vor seiner Promotion grundsätzlich 44 Gulden beim Juristischen Dekanat zu hinterlegen. Diese verfielen und wurden zum Ankauf juristischer Bücher für die Universitätsbibliothek benutzt, wenn der Doktorand seine gedruckte Dissertation nicht innerhalb einer bestimmten, zuvor festgelegten Frist einreichte. Auch von der öffentlichen Inauguraldisputation wurde immer häufiger Dispens erteilt. In einem Bericht vom 2.2.1849 an den Senat der Universität wies die Juristische Fakultät sogar ausdrücklich darauf hin, daß „auf Verlangen ohne Umstände dispensirt“ werde; ausgenommen war hiervon lediglich der Fall, daß ein Kandidat sich als Privatdozent zu habilitieren beabsichtigte.

Schließlich wurden auch die beiden rigorosen Examen durch erleichterte Dispensgewährung in ihrer Bedeutung herabgesetzt. War noch 1849 nur aus ganz besonderen Umständen von den mündlichen Examen befreit worden, so hatte die Fakultät bis 1853 die Voraussetzungen pauschaliert und vereinfacht: Zur Befreiung notwendig waren nunmehr lediglich juristische Druckschriften, die entweder unter Nennung des Namens des Kandidaten gedruckt oder auch im Manuskript eingesandt werden konnten, im letzteren Falle mit der ehrenwörtlichen Versicherung, daß sie der Bewerber selbst verfaßt habe. Die Fakultät ging aber im allgemeinen mit diesem Dispensrecht, im Gegensatz zu ihrer sonstigen großzügigen Haltung, sparsam um. Dispens wurde im Regelfall nur erteilt, wenn es sich um einen Juristen handelte, dem wegen seiner Stellung nicht zuzumuten war, sich einer persönlichen mündlichen Prüfung zu unterwerfen. Eine Zwischenlösung praktizierte die Fakultät in einigen wenigen Fällen in den zwanziger und dreißiger Jahren des 19. Jahrhunderts. Der Bewerber wurde nur in einem mündlichen Examen, dem sogen. „colloquium doctum" geprüft. Auf die zweite mündliche Prüfung verzichtete man bei einer jahrelangen erfolgreichen Berufstätigkeit des Promovenden. Bei dieser sehr freizügigen Dispensgewährung erscheint es nur als logische Konsequenz, daß die Fakultät auch von der Anwesenheit bei der Promotion Befreiung gewährte. Derartige Promotionen „in absentia" fanden in der Freiburger Juristischen Fakultät recht frühzeitig statt, die erste im Jahre 1819, die folgende im Jahre 1820, eine dritte im Jahre 1828. Zwischen 1853 und 1870 promovierten weitere sechs Bewerber „in absentia". Bei den ersten drei dieser Doktorverleihungen genügten ein bestandener juristischer Kurs und eine eingesandte Dissertation. Ab 1853 mußte neben dem Nachweis ordnungsgemäßer Studien und einem Sittenzeugnis neuen Datums ein Lebenslauf und eine Dissertation eingereicht werden, letztere mit der an Eidesstatt abzugebenden Versicherung, daß sie der Kandidat selbst verfaßt und ohne Beihilfe angefertigt habe.

Die leichtfertige Haltung der Freiburger Juristischen Fakultät bei der Verleihung der Doktorwürde zeigte sich auch in einer großzügigen Erteilung der juristischen Ehrendoktorwürde. Allein zwischen 1806 und 1871 wurden 31 Personen zum Doktor honoris causa promoviert. Eine sehr große Anzahl, denn es fanden nur 49 ordentliche Promotionen statt, dabei die neun Promotionen in absentia inbegriffen!

Im Oktober 1835 kam der 17jährige Jurastudent K. H. Marx nach Bonn. Der deutschjüdische Advokatensohn sollte später eine weltgeschichtliche Wende einleiten. Er war aber zunächst kein politischer Student, blieb nur ein Jahr in Bonn und ging dann nach Berlin. Im Abgangszeugnis heißt es: „Hinsichtlich seines Verhaltens ist zu bemerken, daß er wegen nächtlichen ruhestörenden Lärms und Trunkenheit eintägige Carzerstrafe sich zugezogen hat; sonst ist in sittlicher und ökonomischer Hinsicht nichts Nachteiliges bekanntgeworden." Die Tatsachen waren weniger harmlos. Er trat der Trierer Landsmannschaft bei, trug verbotene Waffen, duellierte sich einmal, machte enorme Schulden und verlobte sich im Herbst 1836 heimlich mit der vier Jahre älteren Jenny von Westphalen. Sie wurde seine Lebensgefährtin. Der Student Marx verbrauchte bis zu 700 Taler jährlich, das Gehalt eines höheren Beamten! 1838 starb der Vater, und die Mutter war viel ungeduldiger. Als er 160 Taler für die Doktorarbeit bekommen und 1840 immer noch kein Examen gemacht hatte, schrieb sie kalt: „Ich wünsche zu wissen, ob Du pronowirt hast." Erst 1841 „pronowirte" er wirklich.

Mit der Dissertation „Differenz der demokritischen und epikureischen Naturphilosophie nebst einem Anhange" wurde K. Marx am 15.4.1841 durch die Universität Jena zum Doktor der Philosophie (Doctor philosophiae) promoviert. Die Entscheidung der Fakultät, Marx zu promovieren, erfolgte „per Missiv" am 13. April. Marx promovierte in absentia von Berlin aus, das heißt, er brauchte nicht nach Jena zu kommen. Er war wohl nie da. Eine mündliche Prüfung fand nicht statt.

Die Jenaer Philosophische Fakultät verlieh, entsprechend den Fakultätsstatuten von 1821, § 25, und den Fakultätsstatuten von 1829, § 4, zwei akademische Würden: Die „eines Doctors der Philosophie" sowie „eines Doctors der Philosophie und Magisters der Freyen Künste." Der zuletzt genannte akademische Grad galt als der höhere und war in Jena die Voraussetzung für eine Privatdozentur bzw. Professur. Eine Promotion in absentia war nur für den ersteren , den niederen Grad möglich. Sie wurde in der ersten Hälfte des 19. Jahrhunderts auch hier häufig durchgeführt, wobei es die Fakultät mit der Prüfung der Doktorarbeiten nicht immer sehr genau nahm. § 11 der Fakultätsstatuten von 1829 legte als Bedingung einer Promotion ohne mündliches Examen (also in absentia des Kandidaten) fest: Der Bewerber müsse „a) seine früheren vollendeten akademischen Studien nachweisen, b) wohlgültige Sittenzeugnisse und Beweise darüber beybringen, daß nichts seinen Ruf antaste, c) eine gedruckte oder geschriebene Abhandlung in lateinischer Sprache nebst der zureichenden Beglaubigung seiner Autorschaft der Facultät zur Prüfung vorlegen."

Marx sandte seine Doktorarbeit mit einem vom 6.4.1841 datierten Schreiben sowie Prüfungsunterlagen (Zeugnisse der Universitäten Bonn und Berlin, Lebenslauf usw.) und Prüfungsgebühren in Höhe von 12 Friedrichsd'or (1740 bis nach 1850 geprägte preußische Goldmünze, nach Friedrich II. benannt - S.W.) an den Dekan der Philosophischen Fakultät. Die Promotionsschrift wurde von diesem, dem Philosophieprofessor C. F. Bachmann, umgehend durchgesehen. Er präsentierte sie im Rahmen eines Rundschreibens den Mitgliedern der Fakultät mit der Beurteilung, die Arbeit zeuge „von eben so viel Geist und Scharfsinn als Belesenheit", weshalb er „den Candidaten für vorzüglich würdig halte". Diesem Urteil schlossen sich die Fakultätsmitglieder (Ordinarien) der Philosophischen Fakultät vorbehaltlos und ohne Kommentar an: der Historiker H. Luden, der Klassische Philologe F. G.

Hand, der Chemiker J. W. Doebereiner, die Philosophen Chr. E. G. Reinhold und J. F. Fries, der Universitätsbibliothekar C. W. Goettling, der Agrarwissenschaftler F. G. Schulze, auch der Senior der Fakultät, der Klassische Philologe H. C. A. Eichstädt. Übrigens hatte auch H. Luden in absentia promoviert, von anderen deutschen Ordinarien für Geschichte des 19. Jahrhunderts auch J. Burckhardt.

Bereits zwei Tage nach der Stellungnahme von Bachmann (13.4.1841) wurde am 15. April das lateinische Doktordiplom ausgestellt. Es zeigt die damals übliche traditionalistische Form der Jenaer Urkunden: Nach dem Anruf Gottes und einem Segenswunsch erinnert das Diplom zunächst an die Gründung der Universität während der Regierung des Kaisers Ferdinand I. im 16. Jahrhundert, um danach in akademischer Breite und mit entsprechenden lobenden Attributen zuerst die sächsisch-ernestinischen Herzöge zu preisen, denen die Hochschule 1841 unterstand, vor allem den Großherzog von Sachsen-Weimar-Eisenach, Karl Friedrich als „Rector magnificentissimus“. Es folgen in kleiner werdenden Buchstaben und mit Aufzählung aller Titel sowie Mitgliedschaften in Gelehrtengesellschaften der eigentliche Rektor („Prorector magnificus“) Chr. E. G. Reinhold sowie der Dekan, um schließlich im unteren Drittel den Namen des neuen Doktors, C. H. Marx, in diese Hierarchie einzuordnen und die verliehene Doktorwürde durch das Siegel der Fakultät zu bestätigen. Diese „Schwülstigkeit“ der Promotionsurkunden ist im 19. Jahrhundert für alle deutschen Universitäten charakteristisch und auch noch im 20. Jahrhundert nicht sogleich der heute üblichen Schlichtheit gewichen.

Die Frage, weshalb Marx gerade in Jena promovierte, läßt manchen Raum für Vermutungen. Jedenfalls waren in Jena 1841 die Voraussetzungen für eine Promotion von Marx günstiger als in Berlin, wo er seit 1836 studiert und sich zum Anhänger der Philosophie G. W. F. Hegels entwickelt hatte. Jena war sächsisch-ernestinische Landesuniversität, lag außerhalb Preußens, wo seit 1840, dem Regierungsantritt Friedrich Wilhelms IV. und der Berufung des Kultusministers J. A. F. Eichhorn, eine reaktionäre Hochschulpolitik einsetzte, die sich u. a. auch gegen die Philosophie Hegels wandte. Marx beabsichtigte 1841, nach Abschluß des Studiums, an der preußischen Universität Bonn eine Hochschullehrerlaufbahn zu beginnen und benötigte dazu den Doktorgrad. Er hatte jedoch kein Interesse, sich seine akademische Karriere durch eine Berliner Dissertation zu sichern, die der ideologischen Reaktion in Preußen entgegenkam. Auch eine oberflächlich dahingeschriebene Arbeit, nur um dem „lumpigen Examen“ zu entsprechen - wie es der Junghegelianer B. Bauer, damals Marx' Freund, formulierte -, kam bei der Ernsthaftigkeit, mit der Marx Wissenschaft betrieb, nicht in Frage. Dies als ein Beispiel, wie in Deutschland damals eine Promotion in absentia erfolgte.

Die ständige Zunahme der erneuten Entwertung des Doktorgrades rief in ganz Deutschland Gegenmaßnahmen hervor. So wandten sich Rektor und Senat der Universität Berlin in einem Schreiben vom 1.2.1858 an alle deutschsprachigen Hochschulen. Mit dem Hinweis auf die öffentliche Kritik an der Entwertung der akademischen Würden verbanden sie den Wunsch, die deutschen Universitäten sollten sich aus eigener Kraft zur Abstellung des großen Übelstandes vereinigen. Gegen eine Vereinbarung hatte auch die Freiburger Juristische Fakultät zwar nichts einzuwenden, wollte diese aber auf die Frage des Umfanges der Dispensation beschränkt wissen. Die grundsätzliche Neuregelung der Promotionsvoraussetzungen im Jahre 1871 auch in Freiburg waren eine Reaktion auf die schon lange währende Kritik der Öffentlichkeit und verschiedener, zumeist preußischer Universitäten. Für die Zulassung zur Promotion setzte die neue Promotionsordnung nun ein dreijähriges akademisches Studium auf einer deutschsprachigen Universität sowie die persönliche Würdigkeit des Bewerbers voraus. Der Kandidat hatte sich durch ein schriftliches Gesuch, dem diese Unterlagen sowie ein Lebenslauf und eine Inauguraldissertation beizufügen waren, bei der Fakultät zu melden; diese entschied über die Zulassung.

Die Prüfungen begannen jetzt hier mit der Beurteilung der Dissertation durch einen von der Fakultät ernannten Referenten, bevor sie den anderen Professoren zur Einsicht und Stellungnahme vorzulegen war. Da ein Kandidat nur bei positiver Benotung seiner Dissertation zum weiteren Examen zugelassen wurde, konnte die Fakultät mit dieser Regelung einen vermehrten Druck auf den Doktoranden ausüben, seine Dissertation sorgfältig auszuarbeiten. Bei günstiger Aufnahme der Arbeit hatte er drei Aufgaben aus verschiedenen Rechtsgebieten zu verfassen. Nach ihrer positiven Bewertung mußte sich der Kandidat vor versammelter Fakultät einer mündlichen Prüfung aus allen Bereichen der deutschen Rechtswissenschaft unterziehen. Mißlang einem Promovenden in irgendeinem Stadium die Prüfung, so durfte er diese erst nach einem Jahr wiederholen. Hierbei konnte er von der Verpflichtung, eine neue Inauguraldissertation einzureichen und drei neue schriftliche Arbeiten anzufertigen, durch einstimmigen Beschluß befreit werden, wenn er lediglich die mündliche Doktorprüfung nicht bestanden hatte. Nach erfolgreich abgelegter mündlicher Prüfung mußte der Doktorand die Dissertation in der von der Fakultät genehmigten Form drucken lassen und 80 Exemplare kostenfrei einreichen. Erst nach Druck der Arbeit erfolgte die Aushändigung des Diploms, woran sich das Recht knüpfte, den Doktortitel zu führen. Vom Druck konnte man jedoch aus besonderen Gründen befreit werden. Die Inauguraldisputation, die in den Jahrzehnten des steten Niedergangs des Promotionswesens aufgrund der Dispenspraxis dem Inhalt nach praktisch nicht mehr gefordert wurde, entfiel nunmehr ersatzlos.

Diese Neugestaltung der Promotionsordnung der Freiburger Juristischen Fakultät stellte eine Angleichung an nahezu alle Promotionsordnungen deutscher Universitäten dar. Diese Promotionsregeln sind in ihren wesentlichen Aussagen bis heute nicht geändert worden.

Auch die Promotionsfeierlichkeiten waren - Beispiel Freiburg i. Br. - im Verlaufe des 19. Jahrhunderts erneut starken Wandlungen unterworfen. Die öffentliche, feierliche Promotion rückte allmählich zugunsten eines weniger aufwendigen Promotionsaktes in den Hintergrund, um von diesem schließlich ganz abgelöst zu werden. Hatte noch gegen Ende des 18. Jahrhunderts eine Doktorpromotion grundsätzlich öffentlich in feierlicher Weise stattzufinden, so entwickelte sich die nichtöffentliche Doktorpromotion in den ersten Jahrzehnten des 19. Jahrhunderts neben dem öffentlichen Promotionsakt zu einem gleichberechtigten Institut. In beiden Fällen wurde der Verleihungsakt nicht mehr - wie bislang üblich - im Münster, sondern in der Universität im Rahmen einer Plenarversammlung vollzogen. Die feierliche, öffentliche Promotionshandlung bildete aber noch immer ein festliches Ereignis für Fakultät und Universität. Die Freiburger Hochschullehrer hatten bei der Promotionsfeier auch jetzt nach einer genau festgelegten Ordnung ihre Sitze einzunehmen. Der Doktorand oder dessen Bevollmächtigter erschien in schwarzer Kleidung, den Degen an der Seite. Zunächst hielt der Kandidat, dann der Promotor einen wissenschaftlichen Vortrag. Die feierliche Verteidigung schloß sich an. Das badische großherzogliche Ministerium des Innern wies durch Beschluß vom 2.7.1812 mit Nachdruck darauf hin, daß die professio fidei von den katholischen Kandidaten nicht mehr abgenommen werde. Die kaiserliche Resolution vom Jahre 1785 scheint an den Freiburger Fakultäten also nicht immer befolgt worden zu sein. Jedenfalls verlas der Universitätssyndikus die Gelübdeformel, die der Promovend mit der Antwort „spondeo“ annahm. Es folgte die eigentliche Promotionshandlung. Fraglich ist, ob den anwesenden Professoren und Gästen weiter Handschuhe als Geschenk überreicht wurden. Zum Abschluß der Feier hielt der „frischgebackene“ Doktor eine Dankesrede. Die musikalische Begleitung dieses Aktes war schon 1810 nicht mehr üblich. Eigentlich war das katholische Freiburg mit dem Verzicht auf das Schwören der professio fidei schon 1812 recht progressiv! Im lutherischen Rostock wurden alle Professoren noch bis 1918 auf die Confessio Augustana verpflichtet!

Die nichtöffentliche Promotion fand in einem einfachen Rahmen statt. Weder der Doktorand noch der Promotor durfte einen wissenschaftlichen Vortrag halten. Ungefähr seit Mitte des 19. Jahrhunderts übernahm die Juristische Freiburger Fakultät die Praxis der Theologischen Fakultät, bei nichtöffentlichen Promotionen nicht mehr in einer Plenarversammlung, sondern durch bloße Ausstellung des Doktordiploms zu promovieren. In diesem Fall mußte der Kandidat auf der Kanzlei ein Protokoll über die Ablegung der vorgeschriebenen feierlichen Verteidigung unterzeichnen. Damit war hier die Grundlage für die heutige formlose

Verleihung der Doktorwürde gelegt. Daneben verdrängte die üblich werdende Verleihung der juristischen Doktorwürde innerhalb der Fakultät und nur im Beisein der Fakultätsmitglieder immer stärker die öffentliche, feierliche Graduierung. Schon 1872 war der öffentliche Promotionsakt bei Freiburger Juristen zu einer seltenen Ausnahme geworden.

Die Medizinische und die Juristische Fakultät der Universität Freiburg hatten 1785 den wenig erfolgreichen Versuch unternommen, die Promotionskosten durch Abschaffung der Feierlichkeiten zu senken. Seit 1810 mußte ein Promovend der Freiburger Juristischen Fakultät etwa 203 Gulden an Gebühren entrichten, etwa 100 Gulden weniger als in den Jahrzehnten zuvor. Mündliches Examen, Disputation und Promotionsakt konnten auch zwei Kandidaten zusammen ablegen, womit sich die Promotionskosten halbierten. Trotz zusätzlicher Kosten für den Druck der Dissertation bzw. für deren Ablösesumme in Höhe von 44 Gulden, für den Druck der Disputationsthesen (soweit hiervon nicht dispensiert wurde), sowie für den Druck der Doktordiplome und möglicherweise für das Handschuhgeschenk an die beim Promotionsakt anwesenden Professoren und Gäste blieben die Gesamtausgaben unter 300 Gulden. Die Gebührensenkung wurde möglich, weil sich die Ordinarien der eigenen und der drei anderen Fakultäten mit der Kürzung der ihnen zustehenden Präsenzgelder bei den mündlichen Prüfungen, der Disputation und dem eigentlichen Promotionsakt zufrieden gaben. Der Dekan z. B. erhielt jetzt als Promotor beim Promotionsakt nur 5 Gulden zusätzlich, damit 25 weniger als zuvor. Die nun festgelegte Höhe der Gebühren und deren Aufteilung blieben bis zum Jahre 1872 nahezu konstant, wenn sie auch Schwankungen unterworfen war, vornehmlich durch die wechselnde Anzahl der Ordinarien in den einzelnen Fakultäten hervorgerufen. Lediglich Anfang der fünfziger Jahre trat eine geringfügige Änderung ein, als die Fakultäten durch interne Vereinbarung die Präsenzgelder für jede nicht promovierende Fakultät auf insgesamt fünf Gulden beschränkten. Dadurch ermäßigten sich die Promotionsgebühren insgesamt erneut. Mit den Kosten für das Doktordiplom beliefen sie sich auf etwa 213 Gulden; die Promotionsordnung von 1871 nennt genau 212 fl., 48 Kreuzer. Erinnern wir uns: Ein Gulden zählte zumindest das zweieinhalbfache einer Reichsmark. Diese zerfiel in 100 Pfennige. 1872 kostete 1 kg Schwarzbrot durchschnittlich 14 Pfennige, 1 kg Weißbrot 26, 1/2 kg Rindfleisch 73, 1/2 kg Kalbfleisch 65, 1/2 kg Schweinefleisch 68, 1/2 kg Butter 98, 1 l Vollmilch 14, 1 Ei 5 und 1 Zentner Kartoffeln 422 Pfennige.

Im Jahre 1884 war in Deutschland von den 22 Hochschulen (die Akademie zu Münster und das Lyceum Hosianum zu Braunsberg/Ostpreußen eingerechnet) mit insgesamt 91 Fakultäten allein die Braunsberger Hochschule mit ihrer philosophischen und katholisch-theologischen Fakultät nicht promotionsberechtigt. Somit besaßen 89 Fakultäten das Recht zur Verleihung der Doktorwürde. Darunter waren 24 theologische, je 20 juristische und medizinische, 21 philosophische sowie je eine staatswirtschaftliche (München), mathematisch-naturwissenschaftliche (Straßburg), staatswissenschaftliche (Tübingen) und naturwissenschaftliche Fakultät (Tübingen). Die philosophische Fakultät in München war bereits in zwei Sektionen unterteilt: eine philosophisch-philologisch-historische und eine mathematisch-naturwissenschaftliche. Jede dieser „Subfakultäten" hielt unter einem eigenen Dekan gesonderte Sitzungen ab. Ähnlich war es in Würzburg. Die Bonner philosophische Fakultät hatte bereits vier, die Leipziger drei Sektionen. Die Dissertationsanforderungen sind an allen Universitäten unterschiedlich, selbst die Gebühren oder die geforderten Pflichtexemplare. An der (evangelischen) theologischen Fakultät der Friedrich-Wilhelms-Universität zu Berlin, an der evangelischen und der katholischen theologischen Fakultät zu Bonn sowie an der katholischen theologischen Fakultät der Universität Breslau betrug die Promotionsgebühr 340 Reichsmark, an der theologischen Fakultät zu Würzburg 300, an der zu Rostock 450 Mark. An den philosophischen Fakultäten waren an Promotionsgebühren zu entrichten: in Berlin 355, in Greifswald 340, in Gießen und Tübingen 300, in Halle lediglich 200 Reichsmark. Der jeweilige Bewerber bzw. Kandiat hatte von der Inauguraldissertation kostenfrei einzureichen: bei der juristischen Fakultät in Breslau 150 Exemplare, in Freiburg 120, in Marburg 200, in München 110 Exemplare. An der medizinischen Fakultät zu Gießen 112, zu Göttingen 240, zu Halle 200 Exemplare. Häufig wird auch gar keine Zahl genannt.

Ab Juni 1872 entfiel in Freiburg i. Br. jegliche Zahlung von Präsenzgeldern an eine nicht promovierende Fakultät. Die Hochschule und ihre Fakultäten berücksichtigten, daß die Präsenzpflicht der Ordinarien mit der Einführung der fakultätsinternen Promotion in den fünfziger und sechziger Jahren hinfällig geworden war, womit auch der Grund für die Zahlung solcher Gebühren entfiel. Hatte die Freiburger Philosophische Fakultät 1785 noch dem Bestreben der Medizinischen und Juristenfakultät, die Präsenzgelder abzuschaffen, entschiedenen Widerstand entgegengesetzt, da sie nur selten promovierte, so hatte sich dieses Bild mittlerweile stark gewandelt: jetzt unternahm diese Fakultät wegen ihrer großen Anzahl von Promotionen den Vorstoß zur Abschaffung der Präsenzgelder.

Am 8.1.1806 hatte die Universität Freiburg i. Br. festgelegt, daß auch mittellose Studenten den Doktorgrad erlangen könnten. Man würde sie von den Promotionskosten befreien, falls sie sich „während ihres Studienkurses durch Sittlichkeit, Fleiß und Talente besonders ausgezeichnet" hätten. Stolz vermerkte man, daß dies sonst an keiner anderen Hohen Schule in ganz Deutschland geschähe. In der Juristischen Fakultät kam es dabei zu elf Kostendispensierungen. Der Rechtskandidat Ph. J. Siebenpfeiffer, später zunächst bayerischer Beamter in der Rheinpfalz, dann demokratischer Politiker, wurde z. B. wegen seiner Mittellosigkeit auf Empfehlung der Juristischen Fakultät vom Akademischen Konsistorium von den Kosten des Promotionsaktes befreit. Unabhängig davon gewährte das Konsistorium immer dann Kostenbefreiung, wenn dies die Juristische Fakultät zuvor bei den Rigorosa getan und sich außerdem in einer Empfehlung an das Akademische Konsistorium für einen entsprechenden Kostenerlaß beim Promotionsakt ausgesprochen hatte.

Bei den Medizinern gab es in Freiburg hinsichtlich des Doktortitels eine Reihe von Besonderheiten. Seit dem Ende des 17. Jahrhunderts hatten die von der Fakultät vorgenommene praktische und theoretische Prüfung mit unterschiedlicher Verteilung den Inhalt des Doktorexamens ausgemacht. 1808 wurde die praktische Prüfung ganz in die Hände des Staates gelegt. Arzt konnte jetzt nur noch werden, wer sich nach entsprechender Vorbildung einer Prüfungskommission in Karlsruhe stellte; bei Bestehen erteilte diese dem Kandidaten die Lizenz als Arzt für den Bereich des Großherzogtums. Von der akademischen Licentia doctorandi war damit eine staatliche Licentia practicandi abgespalten, die medizinische Staatsprüfung für die Freiburger Studenten letztlich als der normale Studienabschluß hingestellt. Prüfer in Karlsruhe waren die Mitglieder der General-Sanitätskommission, die der Kandidat nicht kannte und denen er unbekannt war. Vor diesem Gremium mußte der Prüfling seine Fähigkeiten in der Diagnosestellung und in der Therapie beweisen. Seit 1826 kam noch eine öffentliche Prüfung in Anatomie hinzu. Wollte nun ein zur praktisch-ärztlichen Tätigkeit lizensierter Arzt auch noch den Titel eines Doktors der Medizin erwerben, so hatte er sich einer rein theoretischen Prüfung vor der Fakultät zu unterziehen. Jetzt verlangte man nur noch von den Anwärtern auf den Beruf des akademischen Lehrers den Doktorgrad; für die ärztliche Praxis war das nicht mehr erforderlich. Verständlich, daß nun die Zahl der Doktorpromotionen sank. Auch die mündlichen Prüfungen waren bei Erlangung der Doktorwürde in Deutschland unterschiedlich. In Freiburg wurde 1884 in acht Fächern geprüft (Anatomie, Physiologie, Pathologische Anatomie, Materia media, d. i. Pharmakognosie, Pharmakodynamik und Toxikologie, Innere Medizin, Chirurgie, Geburtshilfe und Gynäkologie, Augenheilkunde). In Jena waren es sechs Fächer (Anatomie, Physiologie, allgemeine Pathologie und pathologische Anatomie, spezielle Pathologie und Therapie, Chirurgie, Geburtshilfe und Gynäkologie). Heidelberg stimmte mit den Freiburger Anforderungen überein als neuntes Prüfungsfach kam aber noch Psychiatrie hinzu. In vielen Fakultäten wurden die Prüfungsanforderungen nicht auf Fächer bezogen.

Wie sich die Badensische staatliche licentia doctorandi bei den „Delinquenten" widerspiegelte, schildert der bekannte Internist A. Kußmaul in seinen „Jugenderinnerungen" für das Jahr 1846, als er, der Heidelberger Medizinstudent, sein Studium abschloß: „Nur der staatliche Lizenzschein berechtigte zur Praxis, das Doktordiplom der Universitäten, auch der Fakultäten des eigenen Landes, gewährte das Recht dazu nicht. Obwohl der Lizenzschein schwieriger zu erwerben war, als das Doktordiplom, so beschränkte sich seine Bedeutung doch einzig auf die engen Grenzen des badischen Landes, im Auslande war er wertlos. Dort galt nur das Doktordiplom, namentlich gereichte das Heidelberger auch in fernen Weltteilen seinen Besitzern zu besonderer Empfehlung. - Die alten Herrn der Fakultät waren auf das Karlsruher Staatsexamen nicht gut zu sprechen, und ich selbst hörte Tiedemann sagen: 'Das Heidelberger Doktordiplom wird allenthalben respektiert, nur nicht in der Türkei und im Großherzogtum Baden!' Die Mehrzahl der badischen Ärzte begnügte sich mit dem staatlichen Lizenzschein, sie verzichteten auf das Diplom der Fakultät, nicht weil sie es gering schätzten, sondern der Kosten halber. Das medizinische Studium war von allen das kostspieligste, das Staatsexamen verursachte einen weiteren Aufwand durch den mehrwöchentlichen Aufenthalt in Karlsruhe und die Erlegung der Prüfungstaxe; sie betrug 114 fl. 30 Kr. Auch mußte nach der Prüfung der junge Arzt sich zahlreiche, teure Instrumente anschaffen, und viele gingen zu ihrer weiteren Ausbildung noch an größere Hospitäler. Auch ich unterließ es zu promovieren, obwohl mein väterlicher Freund Naegele mir dringend dazu geraten hatte. ... Leider mußte ich ihm erklären, daß ich meinem Vater nach den großen Opfern, die er mir bereits gebracht hätte, keine weiteren zumuten dürfe."

Auch die Medizinische Fakultät der Universität Freiburg bemühte sich um Wiederherstellung des früheren Zustandes, wobei sie mit den Mitgliedern des gesamten Lehrkörpers der Universität einig war. Dementsprechend hat die Fakultät am 28.7.1820 Preisaufgaben gestellt. Ihre Lösung sollte dem Verfasser unentgeltliche Promotion bringen. Erst 1823 legte ein Lizentiat der Medizin und Chirurgie eine Abhandlung über das Wesen der Entzündung vor. Sie fand nicht die volle Zustimmung der Fakultät. Dennoch promovierte sie den Autor gratis - um spätere Bewerber zu ermuntern. Hatte bis zu dieser Zeit die Vorlage einer Dissertation nicht als unabdingbare Voraussetzung für die Promotion gegolten, so wurde das nun anders. Trotzdem bemühte man sich mit allen Mitteln, den Erwerb des Doktortitels schmackhaft zu machen. Nachdem A. Kußmaul die Preisaufgabe mit Auszeichnung gelöst hatte, stellte Nägele in einer Sitzung der Fakultät den Antrag, sie möge Kußmaul auf Grund seiner Abhandlung gratis zum Examen pro gradu zulassen. Kußmaul schreibt dazu: „Gegen Erwarten drang er nicht durch. Diese, nahe an Verachtung streifende, Geringschätzung der Promotion hatte Naegele arg verdrossen. Er sah in dem Heidelberger Doktortitel eine besondere Auszeichnung. Die Fakultät hatte bei den Promotionen auf gute Dissertationen strenge geachtet, denn darin beruhte zum großen Teil das Ansehen, worin die Graduierten der Heidelberger Fakultät standen. Namentlich hielt Naegele seine Schüler zu guten Dissertationen an ...." Kußmaul selbst hat dann 1853 promoviert. Die Fakultät beschloß schon am 10.1.1835: Einheimische (also Badener), die vor der General-Sanitätskommission die Lizenzprüfung bestanden hätten, brauchten nur noch die Hälfte der Doktorgebühren zu bezahlen. Der erwartete Erfolg blieb aber schon deshalb aus, weil die Zahl der Medizinstudenten damals immer geringer wurde. Nachdem der Senat die Fakultät noch am 7.5.1844 ermahnt hatte, jede erfolgte Promotion anzuzeigen, erklärte diese bald darauf dem Ministerium, ihr erschiene es passender, statt der lateinischen auch die deutsche Sprache bei Promotionen zu verwenden. Sie mag das angesichts des fortlaufenden Schwundes der Lateinkenntnisse bei den Studierenden getan haben. Lateinische Dissertationen sind bis zum Jahre 1837 in Druck gegeben worden, neben ihnen aber auch solche in deutscher Sprache. Erst seit 1875 hat es in Freiburg wieder einige lateinische Arbeiten gegeben. An der Bonner und an der Königsberger medizinischen Fakultät wurde hingegen noch 1884 eine lateinische Dissertation erfordert, in Gießen, Göttingen und Heidelberg sollte sie deutsch oder lateinisch sein. Von der Freiburger Medizinischen Fakultät ist zwar der Druck der Dissertationen schon seit 1825 gefordert worden, doch ermöglichte es ein Beschluß dieses Gremiums, sich durch Hinterlegung des Betrages von 30 fl. von der Ablieferung einer gedruckten Doktorarbeit gleichsam freizukaufen. Das Geld fiel an die Universitätsbibliothek. 1872 machte man den Druck der Dissertation von einer entsprechenden Entscheidung der Fakultät abhängig. War sie nicht allzu gut ausgefallen, so unterblieb zwar der Druck, aber dennoch fand die Promotion statt. Erst seit 1875 bestand Druckzwang. Am 18.12.1880 wurde von der Fakultät beschlossen, in Zukunft solle auch der Titel der Dissertation auf dem Doktordiplom erscheinen. Bis dahin war das unterblieben. So wird es wohl erklärlich, daß von den Dissertationen der Jahre 1806 bis 1874 kaum mehr als 37 in der Freiburger Universitätsbibliothek vorhanden sind. Möglicherweise wurden noch weitere gedruckt, Belegexemplare aber nicht abgeliefert. Die Thematik dieser Dissertationen ist hier nicht zu erörtern; es sei nur darauf hingewiesen, daß der Terminus „Ein Fall von ...“ jetzt häufiger erscheint.

Auch an der Theologischen Fakultät der Universität Freiburg i. Br. - und nicht nur an dieser - gab es hinsichtlich der Promotion Probleme. Bis 1860 ging die Zahl der Promovenden sehr zurück, strengere Prüfungen blieben zudem eine Forderung. Die Dissertation erlebte hier mit den vierziger Jahren des 19. Jahrhunderts eine merkwürdige Veränderung: häufig wurden ein Buch oder nicht selten mehrere Bücher und Aufsätze, vielleicht überhaupt eine theologische oder einfach kirchlich schriftstellerische Tätigkeit, die Gründung eines kirchlichen Organs oder der Beruf eines Redakteurs zur Begründung der theologischen Doktorwürde als ausreichend erachtet. Dabei kam es nicht immer so sehr auf eine wissenschaftliche Leistung an, so daß u. U. auch eine Reihe von Predigtwerken durchaus eine genügende Grundlage sein konnten. „Solche Gründe verbanden sich je nach dem mit anderen einer zweiten Kategorie, die Gewicht hatten: Erlangung einer hohen kirchlichen Stelle oder die nahe bevorstehende Berufung in eine solche, die gar noch nach den Bestimmungen des kanonischen Rechtes einem Promovierten mit Vorzug zu geben wäre oder eine Promotion zur Bedingung machte. ... Achtet man darauf, daß seit dem vierten Jahrzehnt des 19. Jahrhunderts die Kleriker nur noch *nach* der Priesterweihe promovieren - was allzu geringes Promotionsalter verschwinden läßt! - und daß eine literarische Leistung oder hohe Stellung Voraussetzungen des theologischen Grades sind, so sieht man, daß in den Jahren des Niederganges, als die theologische Promotion kein Studienabschluß und kein vom Staate gefördertes Ausleseexamen für die Bestgeschulten mehr war, in aller Stille ein neuer Sinn diese überkommene Institution erfüllte: 'sie war ein Mittel geworden, im Leben besonders bewährte Priester zu kennzeichnen'" (W. Müller, Fünfhundert Jahre theologische Promotion an der Universität Freiburg i. Br., S. 47). Seit 1860 steigt an der Theologischen Fakultät der Universität Freiburg die Zahl der Promovierten; jährlich promovieren bis zu vier Kandidaten. Dabei erklärt man 1857 als Antwort auf eine Anfrage der Universität Jena, künftig wolle man eine Promotion in absentia nur (!) mit einer schriftlichen Abhandlung vollziehen. 1884 kam es dann zu einer neuen Promotionsordnung der Freiburger Theologischen Fakultät. Sie fußte auf der Festlegung, daß für die Promotion gemeinhin eine schriftliche Dissertation vorzulegen sei. „Die inhaltliche und formale *Anforderung* an die Dissertationen war auf der Höhe der Zeit: sie sollten druckfähig, quellenmäßig, mit hinlänglicher Kenntnis der Literatur, wissenschaftlich-methodisch selbständig erarbeitet sein. Diese Formulierung ist im gleichen Wortlaut in allen Promotionsordnungen der Theologischen Fakultät bis zum heutigen Tag wiederholt worden: man hat also keine Veranlassung gesehen, diese Grundforderungen ... an eine Dissertation ..., dem Wortlaut nach zu modifizieren; daß die Anforderungen an eine Dissertation trotzdem viel strenger wurden, macht ein Vergleich der Arbeiten sofort offenbar." (ebenda, S. 49). Bis 1860 sind an der Freiburger Theologischen Fakultät zwei Drittel der Dissertationen in lateinischer Sprache abgefaßt, zwischen 1860 und 1876 nur noch die Hälfte, danach nur noch vereinzelt.

Es gab im 19. Jahrhundert zunächst höchst unterschiedliche Promotionsordnungen in Deutschland. Sie glichen sich in den Grundzügen aber nach 1871 an. Wir geben dafür nur ein Beispiel: Die Göttinger Promotionsordnung für Juristen von 1887 (zit. nach Th. Ellwein, Die deutsche Universität vom Mittelalter bis zur Gegenwart, S. 220f.):

„Für die Erlangung der juristischen Doktorwürde an der Georg-August-Universität gelten vom Beginne des Sommersemesters 1887 ab folgende Bestimmungen:

1) muß sich der Bewerber mit einem förmlichen an den Dekan zu adressirenden Gesuche, um die Verleihung der Doktorwürde an die Fakultät wenden. Diesem Gesuche sind beizufügen:

a. ein Curriculum vitae (lateinisch oder deutsch) aus welchem sich ergeben muß: Der vollständige Name des Kandidaten, Name und Wohnort seiner Eltern, seine Religion, sein Geburts- und Wohnort, der Gang seiner Schul- und Universitätsbildung. Letzterer ist darzulegen durch ein geordnetes und vollständiges Verzeichnis sämtlicher gehörter Vorlesungen und Nennung der Namen der Dozenten. Eine bloße Bezugnahme auf die beigelegten Zeugnisse ist unstatthaft.

b. das Maturitätszeugnis.

c. die akademischen Abgangszeugnisse. Dieselben müssen ein mindestens dreijähriges Studium der Jurisprudenz ergeben.

d. Zeugnisse über etwa bestandene Staatsprüfungen.

Die Zeugnisse ab b.-d. sind im Original oder in beglaubigten Abschriften dem Gesuche beizulegen.

e. die erste Gebührenrate im Betrage von 150 Mk. vgl. unter 8.

2) Der Kandidat muß der Fakultät vor Zulassung zum Examen eine rechtswissenschaftliche Abhandlung (Dissertation) in deutscher oder lateinischer Sprache vorlegen. Die Zulassung einer anderen Sprache hängt von dem Ermessen der Fakultät ab. Der Abhandlung ist am Schlusse die Versicherung an Eidesstatt beizufügen, daß der Kandidat die Arbeit selbständig angefertigt habe.

3) Wird die Dissertation genügend befunden, so folgt an dem angesetzten Termin vor einer einschließlich des Dekanes aus mindestens fünf Fakultätsmitgliedern gebildeten Kommission das mündliche Examen, welches sich über alle Disziplinen der Rechtswissenschaft (regelmäßig jedoch mit Ausschluß der Partikularrechte) erstreckt. Promotion ohne mündliche Prüfung findet nicht statt.

4) Besteht der Kandidat das Examen zur Zufriedenheit der Fakultät, so wird die Ertheilung der Doktorwürde beschlossen und dieser Beschluß ihm eröffnet (Designation zur Doktorwürde). Dabei werden unter Berücksichtigung der Beurtheilung der Dissertation und des Ausfalles der mündlichen Prüfung die entsprechenden Grade unterschieden.

5) Eine öffentliche Disputation ist nicht erforderlich. Dagegen muß der Bewerber nach bestandener Prüfung seine Abhandlung in der von der Fakultät gebilligten Form und mit der Bezeichnung als Inaugural-Dissertation zur Erlangung der juristischen Doktorwürde drucken lassen.

6) Die Promotion bzw. die Ausstellung des Diploms erfolgt erst nach der Einlieferung der vorgeschriebenen Anzahl von Exemplaren der gedruckten Abhandlung.

7) Die Promotion erfolgt durch die Zustellung des Diploms.

8) Die Gebühren betragen wie bisher 459 Mk., von denen 150 Mk. mit der Meldung einzusenden sind (s. ob. 1.e.). Vor dem mündlichen Examen hat der Bewerber, wie bisher den Rest der Gebühren einzuzahlen. Von der ersten Gebührenrate (150 Mk.) wird 1/3 zurückgewährt, wenn der Kandidat nicht zum mündlichen Examen gelangt. Von den 309 Mk. werden 209 Mk. zurückgewährt, wenn der Bewerber das mündliche Examen nicht

besteht. Nicht einbegriffen in die bezeichneten Gebühren sind die Kosten für den Druck des Diplomes, welche ja nach der beantragten Ausstattung verschieden sind, sowie die Kosten für den Druck der Dissertation.

9) Die Dissertation muß innerhalb eines Jahres nach bestandenem mündlichen Examen in 240 Druckexemplaren an die Fakultät abgeliefert werden, welche Frist aus dringenden Gründen von der Fakultät verlängert werden kann.

Berlin, den 13. April 1887.
(L. S.) (Loco Sigilli - Stelle des Siegels - S.W.)
Der Minister der geistlichen Angelegenheiten von Goßler".

Wie es im Einzelnen jetzt bei Promotionen, bei ihrer Vorbereitung und Durchführung zuging, ist hier nicht zu erörtern. Es ist ein sehr weites Feld. Die Zahl der Promotionen ergibt sich aus den Statistiken. Und bei aller Angleichung: die Dissertationsbedingungen in allen Fakultäten bleiben noch ziemlich unterschiedlich! Wir wollen immerhin an einigen Beispielen zeigen, wie später berühmte Männer rückblickend, in ihren Lebenserinnerungen, ihre Promotion werten. Dabei wird nicht nur der unterschiedliche Wert der Dissertation deutlich, sondern auch die Qualität des Doktorvaters. Bewußt gehe ich dabei nicht auf philosophische Dissertationen ein, bei denen ja viel stärker auch Sinnfragen eine Rolle spielten.

E. Kraepelin, der bis heute wesentliche Bereiche der Psychiatrie bestimmt bzw. sogar begründet hat, maß der Doktor-Prüfung bzw. dem Titel wenig Bedeutung bei. Er sollte am 15.3.1878 in Würzburg, wo er seit Mai 1877 als Assistent bei F. von Rinecker wirkte, seine Staatsprüfung beginnen. „Schon zuvor wünschte Rinecker von mir, daß ich mich der Doktorprüfung unterziehe, was damals noch möglich war." Das ist alles dazu! Mehr hat Kraepelin auch unter den Anforderungen der Staatsprüfung zu „leiden" gehabt, die er in einigen Fächern lediglich mit viel Nachsicht bestand. Das war aber im Juli 1878 ausgestanden. Dabei spielte auch in Würzburg damals - wie eigentlich zu jeder Zeit im Universitätsleben - die akademische „Hackordnung" eine Rolle. Denn als Rinecker - der Chef der psychiatrischen Klinik - im Sommer 1877 in die Ferien ging und Kraepelins psychiatrischer Koassistent die Klinik verließ, wurde dem neuen Assistenten Kraepelin ein Dr. med. vorgesetzt, denn es ging nicht an, schreibt er „daß ich als Student selbständig die Irrenabteilung leiten konnte." Dabei mangelte diesem Vertreter „damals fast völlig die eigene irrenärztliche Erfahrung" (E. Kraepelin, Lebenserinnerungen, S. 10). In seinen „Erinnerungen" spricht Kraepelin dann noch häufig von der Vorbereitung auf seine Dissertation, meint dabei aber die 1883 in Leipzig erfolgte Habilitation.

Der Psychiater, Arzt und Hochschullehrer O. Bumke promovierte 1901 in Kiel zum Thema „Über eine Ruptur der aufsteigenden Aorta" zum Dr. med. Er wurde 1924 Nachfolger Kraepelins als Professor für Psychiatrie an der Universität München, obgleich er kein Schüler Kraepelins war. Oft wurde er als Sachverständiger an das Krankenbett berühmter Persönlichkeiten geholt, so auch zu W. I. Lenin. Bumke sagt rückschauend: „Auf die Staatsprüfung folgt in Deutschland bekanntlich das Doktorexamen, das wohl nur deshalb noch nicht abgeschafft worden ist, weil die Kranken gewohnt sind, ihren Arzt Doktor zu nennen, und weil man ihm diesen Titel mit Rücksicht auf die anderen Fakultäten nicht einfach nachwerfen mag. Ich hatte mir also in Halle von Professor Ebert, dem Entdecker des Typhuserregers, ein Thema für eine Dissertation geben lassen; ich sollte, glaube ich, feststellen, ob das Vas deferens intra- oder interzelluläre Drüsen enthielte. Ich hatte eine ganz ansehnliche Literatur darüber zusammengetragen und wollte nun nach dem Staatsexamen an eigene Untersuchungen gehen. 'Ja, lieber Kollege, da müssen wir auf die nächsten Hinrichtungen warten.' Auf meine schüchternen Fragen, wann denn die letzte Hinrichtung gewesen wäre, und wie viele auf diese Weise gewonnene Leichen ich gebrauchen würde, bekam ich eine erfreuliche und eine unerfreuliche Antwort, nämlich erstens, daß es in der Provinz Sachsen nur wenige Mörder gäbe, und zweitens, daß meine Arbeit frühestens in 20 Jahren fertig sein könnte. So ließ ich meine Literaturauszüge für einen etwaigen Nachfolger in Halle zurück und fuhr ... nach Kiel, um dort eine Dissertation zu fabrizieren, deren Wert der auf sie verwandten sehr kurzen Zeit durchaus entsprach, und die ich deshalb später immer schamhaft verschwiegen habe.“ (O. Bumke, Erinnerungen und Betrachtungen, S. 55).

Th. Niemeyer, ein bekannter Jurist, Spezialist für internationales Privatrecht, war von 1893 bis 1925 Professor für Jurisprudenz in Kiel. Er hatte 1875 bis 1877 in Leipzig auch Nationalökonomie bei W. Roscher studiert, 1877 ein Semester in Heidelberg verbracht und 1878 sein Studium in Berlin abgeschlossen. Hier hörte er neben seinen juristischen Vorlesungen auch den Volkswirtschaftler A. Wagner. Im November 1878 machte Niemeyer sein Referendar-Examen. Ursprünglich wollte er im Anschluß daran sogleich seine Doktordissertation machen. Diese Absicht zerschlug sich aber, da er sofort in die Gerichtspraxis eintrat. Er wirkte als Gerichtsreferendar, leistete 1879-80 seinen Militärdienst, machte 1883 sein Assessor-Examen und wurde 1885 Amtsrichter in Unna. Noch immer fehlte Niemeyer die Dissertation, seine Absicht war aber weiterhin, sich zu habilitieren und die akademische Laufbahn einzuschlagen. Dazu begab er sich nach Halle. Gegenstand seiner Doktordissertation wurde hier das „Depositum irregulare“. Am 2.6.1888 bestand Niemeyer „vor der Juristenfakultät - wie es üblich war, in der Privatwohnung des Dekans ... - das Doktorexamen. Der Ernennung zum Doktor juris utriusque, die in einer öffentlichen Sitzung der Fakultät in der Universität stattfand, ging als feierlicher actus die Verlesung der Doktorthesen voraus, das heißt einiger mit der Doktordissertation der Fakultät vorgelegten Behauptungen juristischer Lehrsätze, die der Doktorand eigens zu diesem Behufe aufgestellt hatte.

Die gleichfalls zu diesem Behufe bestellten Opponenten erkannten üblicherweise von vornherein die Thesen an ... Nach Empfang des Doktordiploms lud ich die Mitglieder der Fakultät zu einem Doktorschmaus in meine Wohnung." (Th. Niemeyer, Erinnerungen und Betrachtungen, S. 103f., S. 101). Es war für Niemeyer offenbar eine Pflichtübung, diesen Grad zu erwerben: er war ihm sicher, da er bereits Vorlesungen als Amtsrichter Th. Niemeyer halten durfte und mit allen Fakultätsmitgliedern bekannt oder sogar befreundet war. Unmittelbar nach der Promotion reichte er seine Habilitationsschrift ein. Es war „die erweiterte Dissertation über depositum irregulare". Sie wurde angenommen.

E. Hoffmann studierte 1887 an der Militärärztlichen Akademie zu Berlin. Schon als Student an der sog. „Pepinière" suchte er nach einem Dissertationsthema. Sein Betreuer war Hans Virchow, der Sohn des großen R. Virchow. Dieser wies ihm „zuerst eine reizvolle, damals besonders aussichtsreich erscheinende Aufgabe zu; ich sollte die Zwischenzellen des Hodens und ihre Körnelung in ihrer Bedeutung für die innere Sekretion dieses die Mannbarkeit vermittelnden Organs untersuchen. Mit vollem Enthusiasmus ging ich daran, die Literatur zu studieren und Material auf dem Schlachthof zu sammeln. Indes nach wenigen Wochen angestrengter Tätigkeit erklärte der 'kluge Hans', diese Frage sei inzwischen von einem andern Autor bearbeitet worden; deshalb sei es nötig, ein anderes Thema zu wählen. Zugleich riet er mir, das weibliche Sexualorgan, den Eierstock, nach dieser Richtung hin zu prüfen. Von neuem stürzte ich mich eifrig in die Arbeit, aber schon nach kurzer Zeit mußte ich das gleiche Schicksal nochmals erfahren. Wieder war eine Veröffentlichung über dieses, die Lehre von den Hormonen anbahnende Problem erschienen, und eine Nachprüfung wurde nicht für ratsam gehalten. ... Das veranlaßte Virchow, mir nun die Aufgabe zu stellen, die Entwicklung der Leibeshöhle, des Coeloms, beim Hühnchen durch eigene Untersuchungen aufzuklären. Unerschrocken durch ein so schwieriges Problem machte ich mich sogleich daran, für teures Geld erkaufte frische Hühnereier in den Brutschrank zu bringen und vom ersten Tage der Entwicklung an die Keimscheibe zunächst im Flächenbild zu zeichnen, dann in feine Serienschnitte der ganzen Länge nach zu zerlegen und dem geheimen, noch nicht geklärten Werden der Leibeshöhle nachzugehen. Mehr als 60 Hühnerkeimscheiben und Embryonen vom 1. bis 3. Tage der Bebrütung habe ich so mit unendlicher Mühe verarbeitet, die Literatur durchforscht und kam doch der Lösung nicht näher. Je tiefer ich in die Frage eindrang, um so mehr gelangte ich zu der Überzeugung, daß der gute Hans Virchow ... mir eine Aufgabe gestellt habe, zu deren Lösung vielleicht ein Dozent die erforderliche Zeit hätte aufbringen können, nicht aber ein Student so nebenbei in höchstens 2-3 Semestern. Und doch war meine Arbeit nicht vergeblich. Einmal lernte ich eine vortreffliche mikroskopische Technik gründlichst kennen, dann aber gewann ich in die Wunder der Embryologie einen tiefen Einblick, und zugleich wurde ich in das Studium einer großen, recht schwierigen Literatur eingeführt. ... Da kam das Glück ... und bescherte mir eine ganz junge, erst kaum 36 Stunden alte Keimscheibe mit doppelter Kopfanlage, wobei die Spaltung sich in abnehmendem Maße bis weit in den Rumpf erstreckte. Sofort erfaßte ich die Situation, und ohne Virchow, der uns ganz selbständig arbeiten ließ, viel zu fragen, machte ich mich an die umfangreiche Literatur der früheren Doppelbildungen und fand, daß hier noch allerlei zu klären und meine Beobachtung wertvoll sei. ... Bald nach Fertigstellung meiner Arbeit hatte Oskar Hertwig über die Entstehung der Doppelbildungen Neues veröffentlicht; seine Auffassung entsprach etwa meinen Befunden, und ich glaubte mich der Meinung dieses bahnbrechenden Forschers anschließen zu sollen. Der Gedanke, daß die vom Kopf ausgehende, fast bis zum Rumpfende nachweisliche Doppelbildung aus einem befruchteten Ei ein Zwischenglied zu den eineiigen Zwillingen sei, ist mir damals leider nicht klar geworden... Hätte ich damals mehr Zeit und bessere Anleitung gehabt, würde wohl aus dieser mühevollen Untersuchung eine richtigere Deutung hervorgegangen sein, als sie mir ... damals gelungen ist. Der Zoologe Hans Spemann, ein Schüler des trefflichen Theodor Boveri, in Würzburg, hat später alle Stadien von der Doppelköpfigkeit bis zu getrennten Zwillingen zu erzeugen vermocht und damit die obige Frage experimentell gelöst. Die Arbeit, die ich H. Virchow erst zeigte, als sie völlig fertig niedergeschrieben war, beurteilte er als ausgezeichnet, und Waldeyer nahm sie ... in sein Archiv für mikroskopische Anatomie auf. Erst als Unterarzt aber konnte ich sie auch als Dissertation drucken lassen, nachdem mir von den Brüdern meines Vaters die nötigen Geldmittel vorgestreckt worden waren.

So hatte ich nach gründlicher Schulung durch H. Virchow doch schließlich z. T. als Autodidakt eine Probe im Sinne von 'Wille und Tat' ... abgelegt, auf die ich noch heute befriedigt zurückblicken darf. Mein lieber Doktorvater hatte allerdings fast mehr Freude an meiner sorgsamen Technik und Berechnung der erheblichen Schrumpfung der Keimscheibe des erst 1 1/2tägigen Hühnchens in dem als Einbettungsmasse dienenden Paraffin; diese Leistung bewertete er noch nach vielen Jahren hoch, weil damit zum erstenmal auf eine solche bedeutende Fehlerquelle beim Vergleich des Flächenpräparats und der um etwa 20 % verkürzten Schnittserie hingewiesen sei. Gegen Ende des 8. Semesters war die damals noch strenge Doktorprüfung, das 'Examen rigorosum', abzulegen. Mit drei Kameraden, die sich fleißig vorbereitet hatten, wanderte ich zum Dekan, dem ... Historiker August Hirsch, um in seiner Wohnung die Klausurarbeit über ein von ihm zu bestimmendes Thema niederzuschreiben. Vorsorglich hatten wir uns, wie das allgemein üblich war, mit einigen unter der Kleidung verborgenen Lehrbüchern versehen; doch konnte ich meine Ausführungen über Herzfehler ohne solche Hilfe niederschreiben. Bei der Abgabe stellte der Dekan noch einige Fragen, die leicht zu beantworten waren; dann ward uns der 14. Juli 1891 als Termin für die mündliche Prüfung angesetzt. Diese fand wiederum in der Wohnung des Dekans statt, und eine große Torte neben saurem Moselwein stand auf dem Tisch, an dem wir vier Prüflinge saßen und nach einander die Examinatoren Hertwig, Jolly, Liebreich, Gusserow und Schweigger (der Anatom O. Hertwig, der Pharmakologe O. Liebreich; der Gynäkologe A. Gusserow, der Psychiater F. Jolly; der Ophtalmologe K. Schweigger - S. W.) ein strenges Kolloquium abhielten. Bei allen schnitt ich recht gut ab, so daß ich, da auch meine Dr.-Arbeit als vorzüglich bewertet wurde, später mit Auszeichnung (summa cum laude) promoviert werden konnte, ein in Berlin damals so seltenes Ereignis, daß die Zeitungen davon Notiz nahmen." (E. Hoffmann, Wollen und Schaffen, S. 100-103). Hoffmann ist rückblickend selbstkritisch und sein Betreuer wird nicht gerade gelobt. Dennoch muß er eingestehen, daß er mit seiner Arbeit einiges erreichte, bei deren Erarbeitung auch methodisch viel lernte und schließlich doch einen originären Beitrag in die Forschung einbrachte.

1891 beendete E. Hoffmann sein Studium und wurde ab 15.2.1892 Unterarzt an der Charité. Seine Dissertation schloß er um diese Zeit ab. „Nun konnte ich endlich am 16.12.1892 promovieren; die schon besprochene embryologische Arbeit mußte noch durch einen Nachtrag ergänzt werden. Der feierliche Akt, bei dem ich vom erhöhten Katheder erst lateinisch, dann deutsch sprach, fand im Beisein des im roten Talar leuchtenden Dekans Professor Jolly in der großen Aula der Universität statt; Opponenten waren ... Charité-Kameraden sowie mein ... Leibfuchs von den Turnborussen .... Zu einem einfachen Doktorschmaus ward auch der 'Doktorvater' Hans Virchow geladen, der dabei wiederum betonte, daß die Dissertation eine der wichtigsten frühen Bewährungsproben im akademischen Leben sei, und daß ich auf die meinige mit Stolz zurückblicken dürfe. In der Tat schwellte flammende Freude meine Brust, als ich mich zum ersten Mal in einer eigenen Arbeit gedruckt sah. War schon der Gegenstand meiner Dissertation ungewöhnlich, so hatte ich in zäher Arbeit auch schöne Zeichnungen und eine einfache Rekonstruktion der abnormen Keimscheibe geschaffen." (ebenda, S. 117f.).

Auch Hoffmann betont, daß „die Staatsprüfung ... in Berlin damals nicht leicht war" und schildert eingehend die einzelnen Prüfungen. Er diente bis 1903 als promovierter Militärarzt und strebte dann die wissenschaftliche Laufbahn an. Zunächst Privatdozent in Berlin - nachdem er eine Habilitation über syphilitische Gefäßerkrankungen geliefert hatte - entdeckte er 1905 (mit F. Schaudinn) den Syphiliserreger spyrochaeta pallida. Im gleichen Jahr wurde Hoffmann zum Professor ernannt.

F. Sauerbruch war ein halbes Jahrhundert hindurch Deutschlands führender Chirurg, zugleich ein Mann von Weltgeltung. In seiner Autobiographie geht er auf seine Dissertation überhaupt nicht ein. Dabei ist er hinsichtlich der Wertung seiner Leistungen und seines Entwicklungsganges keineswegs zurückhaltend. Sollte er von seiner Dissertation eine ähnliche Auffassung gehabt haben wie der bedeutende Physiologe E. du Bois-Reymond? Dieser promovierte 1843 mit einer wissenschaftshistorischen Arbeit über die elektrischen Fische („Quae apud veteres de piscibus electris extant argumenta“) zum Dr. med. Die Arbeit ordnet sich ein in die Fortsetzung der Versuche des italienischen Physikers C. Matteucci über den sogen. Froschstrom und über das Verhalten des „Nervenprinzips“ zur Elektrizität. Du Bois-Reymond hat diese seine Arbeit gar nicht geschätzt. An seinen Jugendfreund E. Hallmann schreibt er, aus Zeitmangel habe er nichts Vernünftiges schreiben können. Er habe lediglich „aus der Literatur gesammelt in meinem Porte-feuilles liegenden enormen Literatur über die elektrischen Fische, die wenig bekannten und zum Teil höchst pikanten Zeugnisse über diese Tiere, welche sich bei den Griechen und Römern vorfinden“ zum Druck zusammengestellt. Weiter: „Heute erwarte ich die ersten Aushängebogen von dem verdammten Wisch (d. h. der Dissertation - S. W.), den ich später niemals als mein opus anerkennen werde.“ (zit. S. Wollgast, Einleitung, S. IXf.).

Der bekannte sozialdemokratische Jurist G. Radbruch, Reichsjustizminister 1921-1923, promovierte in Berlin 1902 mit der Arbeit „Die Lehre von der adäquaten Verursachung“ zum Dr. jur. Anfangs hatte er sich gescheut in Berlin zu promovieren, weil die Anforderungen hier hoch waren, dementsprechend die Zahl der Doktoranden niedrig. Im Rigorosum wurde er u.a. auch nach den Arten der Tonsur gefragt. Dabei ging es um das Abscheren des Haupthaares bei Mönchen bzw. katholischen Klerikern zum Zeichen des Dienstes, des Opfers und der Weihe. Man unterschied Petrus-, Paulus- und Johannestonsur. Die Prüfung fand auch hier in der Wohnung des Dekans statt: an die Verkündung des Resultats schloß sich ein Abendessen mit den 12 Berliner juristischen Ordinarien an. Es folgte der Promotionsakt in der Aula der Universität. „Nachdem die natürlich Satz für Satz einstudierte Disputation über meine Thesen mit den drei Studienfreunden als Opponenten, die sich dazu hergegeben hatten, vor der cathedra inferior aus glücklich beendet war, nahm mir der Dekan den lateinischen Doktoreid ab und hielt eine kleine Rede.“ (G. Radbruch, Der innere Weg, S. 78).

Der in die Geschichte der Medizin eingegangene Internist Fr. von Müller beschäftigte sich in seiner medizinischen Dissertation mit der Fortsetzung von Untersuchungen des Physiologen C. Voit über das Verhalten und die Zusammensetzung des Kots beim Fleischfresser unter verschiedensten Ernährungsbedingungen. Dabei widmete er sich der quantitativen chemischen Untersuchung der Faeces. „Ein vortrefflicher wohlerzogener Hund, meine getreue Flora, wurde verschiedenen quantitativ abgewogenen Ernährungsformen unterzogen und auf Spaziergängen durch den Hof des Institutes mußte ich den Kot auffangen - zur Freude sämtlicher Dienstboten der benachbarten Häuser.“ (F. von Müller, Lebenserinnerungen, S. 46). Die Dissertation ist unter dem Titel „Über den normalen Kot des Fleischfressers“ in der Zeitschrift für Biologie erschienen. Als das Manuskript der Arbeit „leidlich abgeschlossen“ war, reichte von Müller dem Dekan der Medizinischen Fakultät in München, dem Pharmazeuten H. Buchner, sein Manuskript ein. Dieser hatte sein Laboratorium in einem Saal des Universitätsgeländes. „Ich klopfte schüchtern an die Türe. Buchner erschien in dem üblichen mit Säureflecken bedeckten Mantel und fragte, was ich wolle. Ich möchte mich zum Doktor melden! Er gab mir freundschaftlich die Hand aus der halboffenen Türe und sagte: ‘Jetzt sans Doktor!’“ (ebenda, S. 53). Das war Ende 1881.

Soweit einige Mediziner und Juristen darüber, wie sie den Doktorgrad erwarben. Was hatte der „Doktorvater“, der Hochschullehrer im 19. Jahrhundert von solchen Arbeiten, wie stellte und betreute er sie? Dazu ein Beispiel:

Der bedeutende Chemiker A. W. von Hofmann wirkte 27 Jahre an der Berliner Universität. In dieser Zeit schrieb er etwa 300 Promotionsgutachten. Sie geben guten Aufschluß über seine Ausbildungsprinzipien. Er befähigte seine Schüler, sich chemische Aufgaben selbst zu stellen, Probleme zu erkennen, wissenschaftliche Fragen daraus abzuleiten, Hypothesen aufzustellen und zu deren Beantwortung die geeigneten Methoden auszuwählen, mit denen sie sich in umsichtiger, geschickter experimenteller Arbeit auseinanderzusetzen hatten. Die Erscheinungen sollten „mit geübtem Auge“ beobachtet, anschaulich, klar und präzise beschrieben und interpretiert werden, so daß möglichst neue Gesichtspunkte erhalten und damit der Fortschritt der Chemie weiter vorangebracht werden konnten. Dies sind gültig gebliebene Kriterien für wissenschaftliche Arbeiten. Hofmanns Dissertationsgutachten lassen erkennen, daß er die Arbeiten hinsichtlich ihrer Ansprüche an eigenständige Leistungen wertete. Dies kommt darin zum Ausdruck, daß er nicht nur das Faktenwissen überprüfte, ob der Kandidat also „umfangreiche und gründliche Studien“ gemacht hat, sondern inwieweit er in der Lage war, „sich selber wissenschaftliche Aufgaben zu stellen, daß er gelernt hat, für die Beantwortung richtig gestellter Fragen die richtigen Wege einzuschlagen und die auf diesen Wegen beobachteten Erscheinungen richtig zu interpretieren.“ Entsprechend seiner Forschungs- und Unterrichtsmethodik unterschied Hofmann auch in den Arbeiten der Doktoranden sehr genau zwischen rezeptmäßigem Laborieren und einem sorgfältigen, systematischen Vorgehen unter Nutzung der vorhandenen praktischen und theoretischen Kenntnisse, der Analysemethoden sowie der Kunst der wissenschaftlichen Fragestellung.

In der Forderung nach produktiv-eigenständiger Denkleistung ging Hofmann über das selbständige Finden von Lösungswegen für gestellte Aufgaben hinaus und erstrebte, daß der Doktorand selbst Probleme aufgriff und diese mit seinem Fachwissen zu echten wissenschaftlichen Fragestellungen umarbeitete. Dabei sollte er das noch Ungeklärte markieren können. Hofmann strebte einen Absolvententyp an, der schnell, sicher, scharfsinnig, erfinderisch und ausdauernd war, der neue Wege weisen und neue Methoden ausarbeiten konnte, deren erfolgreiche Anwendung weitere Wissensgebiete und Zusammenhänge zu erschließen vermochten. Hiermit unterstützte er das neue Wechselverhältnis zwischen chemischer Wissenschaft und chemischer Industrie. Die Beherrschung der bereits bekannten Forschungsmethoden seines Faches erhob er für den jungen Chemiker zur Pflicht, als Grundvoraussetzung für das selbständige Arbeiten.

Hofmann interessierte auch, ob die Dissertation Tatsachen bestätigte, die bereits „von der Theorie angezeigt“ waren und damit wenig „Originalität“ und „Erfindungsgabe“ des Kandidaten bekundeten, oder ob die experimentellen Untersuchungen „neue Gesichtspunkte“ eröffneten. Besonders Hofmanns spätere Assistenten bzw. künftige Professoren - etwa A. Pinner, K. A. Bischoff, J. Moser, E. Bamberger, P. Jacobson, K. Fr. von Auwers, W. Marckwald, A. Wohl, M. Le Blanc, W. I. Traube, C. D. Harries, R. Abegg und F. Haber - haben sich durch solche kreativen Momente ausgezeichnet. Dabei dürften damals wie heute viele Doktoranden diesem von Hofmann gestellten Ziel nicht gerecht geworden sein. Man muß auch berücksichtigen, daß ein durchschnittlicher oder sogar unter dem Durchschnitt liegender Doktorvater diese Forderungen auch gar nicht zu stellen vermochte, da er ihnen selbst nicht gerecht wurde (und wird)!

Hofmanns Ansprüche an hohe Eigenständigkeit der Doktoranden, ausgedrückt im selbständigen Finden der Lösungswege oder im kritischen Überprüfen erhaltener Resultate, werden auch in seinen Äußerungen zu bestimmten Persönlichkeitsqualitäten deutlich. Seine Absolventen sollten über Charaktereigenschaften wie Mut, Ausdauer, Fleiß, Risikobereitschaft, Erfindungsgabe, Originalität, Zielstrebigkeit, Gewissenhaftigkeit und Exaktheit verfügen. Risikobereitschaft bei wissenschaftlichem Arbeiten bedeutet Mut zu originellen Ideen, zu neuen Ansichten - die althergebrachten Denkweisen überwindend - mit der einkalkulierten Möglichkeit von kontroversen Reaktionen der Fachwelt. Die Bewertung der Dissertationen erfolgte bei Hofmann auch danach, ob die erzielten Ergebnisse zu weiterführenden Untersuchungen anregten und in der Folgezeit weitergehende Fragen aufgeworfen wurden bzw. beantwortet werden konnten, so daß hieraus ein allgemeiner Nutzen erkennbar wurde. Die wissenschaftliche Erkenntnis wird als originelle schöpferische Weiterführung von Existierendem gewertet. Dies zeigte sich z. B. in Hofmanns Betonung der Literaturkenntnisse des Promovenden und ihrer Verarbeitung in der Dissertation. Ausdruck des schöpferischen Herangehens des Kandidaten war für Hofmann, wenn nach erfolgtem Eindringen in die „oft unliebsam sich verzweigende Literatur“ und kritischer Sichtung des vielfach Zerstreuten die Verarbeitung in der eigenen Untersuchung so erfolgte, daß die Literaturkenntnisse auf den Doktoranden anregend wirkten und er als Ergebnis dieser kreativen Einbeziehung der bereits bekannten Tatsachen neue Gesichtspunkte eröffnen konnte, indem er seine eigene Auffassung dazu darlegte oder Irrtümer in der Literatur aufdeckte. Schon Hofmann kritisierte an Dissertationen jener Zeit das „Vielerlei, aber nicht viel ... 'Multa non Multum'".

Ein Teil wissenschaftlicher Arbeiten bestand in jener Zeit - wie auch noch - aus solchen, die zu einer quantitativen Mehrung der vorliegenden Untersuchungsergebnisse beitrugen. Hofmann hat selbstverständlich als Dissertationen auch wenig originelle Arbeiten angenommen. Ebenso solche, die „lediglich" die Fülle der nach vorhandenen Methoden auf bekannten Wegen dargestellten Verbindungen mehrten. Dazu gehörte, daß der Doktorand die Lücken der bisherigen Ermittlungen erkennen und diese dann mit der erforderlichen experimentellen Befähigung „ausfüllen" konnte. Gerade diese Untersuchungen waren wegen ihrer Bedeutung für die Theorienbildung nicht unwichtig. Das galt schon damals nicht nur für die Chemie, es gilt bis heute besonders in der Philosophischen Fakultät. Das setzt allerdings voraus, daß der Doktorvater sich selbst nicht maßlos überschätzt, daß er sein Können in den Weltfonds der Wissenschaft einigermaßen zutreffend einzuordnen versteht. Ganz wird das nie gelingen! Und es erfordert zudem, daß der philosophische Doktorvater den Promovenden nicht geradezu bedingungslos auf sich einschwört. Das soll es aber auch noch geben - wahrlich ein uralter akademischer Zopf!

Hofmann schätzte an seinen Schülern Fleiß und Ausdauer bei der Lösung ihrer wissenschaftlichen Aufgaben. Die in den Dissertationen angebotenen Interpretationen und Verallgemeinerungen mußten auf mannigfaltigen Versuchen beruhen. Hofmann spürte, inwieweit der Doktorand aus einer Vielzahl von registrierten Erscheinungen eine Reihe allgemeiner Schlüsse zu ziehen vermochte. Einen qualitativen Unterschied machte er zwischen „Schablonenarbeiten", in denen sich die ausgeführten Untersuchungen nach vorgegebenem „Muster" gestalteten (d. h. Routinearbeiten), und jenen, wo der Kandidat in schöpferischer Anwendung der erlernten Forschungsmethoden eine Probe seiner Experimentierkunst ablegen und beweisen konnte, daß er chemisch zu denken verstand und das Gedachte durch geeignet gewählte Experimente zu überprüfen vermochte. Hofmann bedauerte, daß in der überwiegenden Zahl der Abhandlungen „wie in den meisten Erstlingsarbeiten der jungen Chemiker, der eigentliche Erfindungsgedanke fehlt." Hatten die „Muster" einen kreativen Aspekt, wurde das von Hofmann besonders anerkannt. Dabei erachtete er schon die Auswahl der geeignetsten Reaktionen aus einer Vielzahl von Möglichkeiten als eine wichtige Arbeit. Entsprechende Schlußfolgerungen zu ziehen und aus ihnen gewisse Gesetzmäßigkeiten abzuleiten, gehörten zu den anspruchsvollen Leistungen eines Doktoranden. Auf diese Weise konnte er beweisen, daß er nicht nur chemisch manipulieren, sondern auch chemisch denken konnte. Auf jeden Fall hatte sich der Kandidat dabei an die „unvergänglichen Thatsachen" zu halten und den „ephemeren Speculationen" weniger Rechnung zu tragen. Auch ein gewissenhaftes Literaturstudium und zähe Ausdauer bei der Ausführung der Experimente ließen Hofmann eine Dissertation annehmen, wenn sie sich auch nicht durch Originalität auszeichnete. Er beschränkte sich also in der Beurteilung von Dissertationen nicht nur auf inhaltliche Aspekte, sondern schloß auch formale und ethische Gesichtspunkte ein. Das taten - und tun - viele Doktorväter.

Die Mehrzahl der Dissertationen in jener Zeit waren Analogie-Arbeiten, für die Hofmann Beurteilungen im folgenden Stil anfertigte: „Die Arbeit enthält keine neuen Gedanken, allein sie zeigt, daß der Verfasser sich mit den für den Zweck, den er sich vorgesetzt hat, erforderlichen Methoden genau bekannt gemacht hat und daß er auch die nöthige experimentale Fertigkeit besitzt, diese Methoden praktisch zu verwerthen. Auf diese Weise ist es ihm gelungen, eine Reihe von Körpern darzustellen, welche von der Theorie angedeutet wurden, bisher aber noch nicht erhalten worden waren.“ Damit wird verständlich, daß Hofmann es „vom Glück begünstigt“ nannte, wenn der Verfasser „keineswegs stets die von der Theorie in Aussicht gestellten Körper“ erhielt.

Um der Entwertung der akademischen Würden entgegenzuwirken, versuchte im Jahre 1858 die Universität Berlin eine einheitliche Regelung des Promotionswesens in Deutschland herbeizuführen. Sie wandte sich in einem Rundschreiben an sämtliche deutsche Hochschulen, bat um Mitteilung der bestehenden Promotionsnormen und schlug als Basis einer Vereinbarung vor, daß die Promotionen in allen Fakultäten nur auf Grund 1. eines mündlichen Examens, 2. einer zu druckenden Dissertation, 3. einer öffentlichen Disputation stattfinden sollten. Die meisten Universitäten anerkannten die Notwendigkeit einer Reform, eine Minderheit hielt jedoch eine Abänderung der bestehenden Normen nicht für zeitgemäß oder überhaupt für unnötig und lehnte selbst die Mitteilung der Statuten oder der geltenden Regeln ab. Aber auch die Ansichten der Majorität über die als Basis aufgestellten drei Bestimmungen gingen weit auseinander. Die Berliner Universität überzeugte sich, daß eine gemeinsame deutsche Promotionsordnung damals weder durch fortgesetzte Verhandlungen noch durch einen Kongreß von Abgeordneten aller deutschen Hochschulen zu erreichen war. Doch die gegebene Anregung blieb nicht ohne Folgen; seither wurde das Promotionswesen an einer Reihe von Universitäten reformiert. Dabei blieben an einigen Hochschulen die alten Einrichtungen bestehen, namentlich ein allgemein als Mißstand empfundenes Verfahren: die Promotion in absentia. Die Anregung zu ihrer völligen Beseitigung gab der Artikel des Berliner Professors Th. Mommsen „Die deutschen Pseudodoctoren“, der 1876 in den „Preußischen Jahrbüchern“ erschien. Danach hatte 1873 „ein junger Mann“ (W. Dabis) in Rostock zum Thema „Abriß der römischen und christlichen Zeitrechnung“ promoviert. Bald nach ihrem Erscheinen wurde diese Arbeit als Plagiat übelster Art entlarvt. Dabis hatte die gleichnamigen Vorlesungen des 1870 gestorbenen Berliner Professors Ph. Jaffè auf den ersten 40 der insgesamt 63 Seiten zählenden Abhandlung getreulich aus dessen Kollegienheft abgeschrieben. Es kam zu einer Klage des Verlegers von Jaffès Schriften vor dem Berliner Stadtgericht. Dabei wurde der neue Doktor zu einer Geldstrafe und zur Einziehung seiner inzwischen gedruckten Dissertation verurteilt. Den Doktorgrad der Universität Rostock vermochte ihm das Gericht natürlich nicht abzuerkennen. W. Dabis hatte in Rostock in absentia promoviert, dabei wahrheitswidrig versichert, die Arbeit selbständig verfaßt zu haben. Mommsen erwähnt in seinem Artikel auch, an einer philosophischen Fakultät hätten bei zwei Bewerbern, die in absentia promovieren wollten, die eingereichten Dissertationen fast wörtlich gleichgelautet. Nach M. Oberbreyer hatte Th. Mommsen in diesem auch die Presse beschäftigenden Fall die Universität Jena gemeint. Nach Erscheinen des Artikels von Mommsen erklärte die Rostocker Philosophische Fakultät nach sechs Tagen die Promotion von Dabis für ungültig und hob die Einrichtung der Promotion in absentia für immer auf. Mommsens Artikel und dieser Fall selbst lösten erhebliche Pressedebatten aus. Auch Göttingen, Würzburg, Freiburg, Jena und Leipzig promovierten zu dieser Zeit noch in absentia. Viele der Zuschriften wandten sich gegen die bestehenden Promotionsordnungen, weil sie sie zu leicht fanden. Deutsche Promotionen hätten auch im Ausland ihre positive Bedeutung verloren. So nennt die Zuschrift eines Mediziners eine jener deutschen Universitäten, die „Doctorhüte gegen angemessene Vergütung in beliebigen Quantitäten“ verschickten. Sei es zu mündlichen Prüfungen gekommen, so wären auch diese nachgerade haarsträubend verlaufen. Beim Besuch einer solchen Universität „erzählte mir ein Mitglied der Prüfungs-Commission mit vor Heiterkeit strahlendem Gesicht, wie soeben eine solche Prüfung eines der deutschen Sprache unkundigen Engländers vor der feierlich versammelten Facultät stattgefunden, und wie der Sohn Albions summa cum laude bestanden habe. Professor B., der auf seine englischen Sprachkenntnisse sehr stolz war, hatte die Frage gestellt: ‘Wat is de Liver for an Organ?’ Die Antwort des Candidaten war höchst befriedigend und so gelehrt, daß sie entschieden selbst von den Professoren nicht ganz verstanden wurde. Ein anderes Mitglied der Prüfungsbehörde that einen ... Griff an seine Nase und verband damit die schwierige Frage: ‘Wat is diss?’ Glücklicher Weise war das fragliche Organ bei dem betreffenden Professor so entwickelt, daß dem Candidaten sofort die richtige Antwort kam; mit aufleuchtenden Augen ruft er: ‘dat is Nasus’, und nachdem er somit den kitzlichsten Punkt des Examens überwunden hat, steht seiner ehrenvollen Promotion nichts mehr im Wege.“ (M. Oberbreyer, Die Reform der Doctorpromotion, S. 18). In der Pressediskussion wurden auch jene Universitäten angegriffen, die bei der Doktorpromotion lediglich eine mündliche Prüfung, nicht eine schriftliche Dissertation verlangten, so z. B. Heidelberg. Dabei würden die Doktoranden aus dem Auslande zudem noch erhebliche Erleichterungen erhalten. C. Vogt, der bekannte Zoologe, 1848 Vertreter der „Linken“ in der Frankfurter Nationalversammlung und einer der Hauptvertreter des „mechanischen Materialismus“, meinte, „dass die ganzen Doctorpromotionen auf eitel Lug und Trug beruhen, in dem nur selten ein Körnchen Wahrheit zu finden ist! Von hundert Doctor-Dissertationen, welche in Deutschland an das Licht, nicht der Welt, sondern nur der Presse des Universitäts-Buchdruckers kommen, sind höchstens zehn Procent die wirkliche Arbeit desjenigen, der sich als Verfasser nennt und bezeugt und auch von diesen sind keine fünf Procent des Druckes werth. Ich will zugeben, daß von den übrigen neunzig Procent etwa zwanzig nur mit starker Beihülfe Anderer gefertigt sind, aber sicher hat an den übrigen 70 Procent der Doctorand nicht soviel Antheil als der Copist, welcher das Manuscript abgeschrieben hat. Sie sind entweder aus den Heften der Professoren anderer Universitäten ‘abgeknüllt’ oder von einem gefälligen oder bezahlten Fabrikanten gefertigt. Das weiß Jeder; ... aber nichts desto weniger wird die Dissertation beibehalten, ist eine nothwendige Bedingung des Doctortitels! Von hundert Dissertationen, das weiss auch Jeder, sind keine zehn das Papier werth, welches sie verschlingen - man weiss das, läßt sie in den Papierkorb oder in die dunkelsten Gemächer des Hausstandes wandern - aber wo sind die Stimmen in der gelehrten Zunft, welche sich dieses ‘Meisterstückes’ entschlagen und den Zopf an der Wurzel abschneiden wollten?“ (zit. ebenda, S. 58f.). Und dies war nur ein Baustein des Vogtschen Denkgebäudes, das verlangte den Doktorgrad abzuschaffen. Eigentlich hielt sich dieser Titel seiner Meinung nach nur noch, weil für die Professoren bzw. die promovierenden Einrichtungen Geld daran hing.

Anders argumentiert L. Schmidt, allerdings nur einer von den vielen in der Öffentlichkeit und an den Universitäten, die sich pro et contra Mommsens Ausführungen äußerten. Er gibt zu, daß einiges bei Promotionen nicht in Ordnung ist, vornehmlich bei juristischen und philosophischen. Anders stehe es mit dem medizinischen Doktorgrad. Er sei so nicht mehr haltbar: „Vielleicht bringt es die Sitte unserer praktischen Zeit bald dahin, daß der bewährte Arzt in jedem Hause auch ohne den Doctortitel willkommen ist; vielleicht entschließt sich der Staat aus den Bedingungen der Erlangung dieses Titels die Forderung eines Scheines gelehrter Forscherthätigkeit zu entfernen, den Niemand ernsthaft nimmt ...“ (L. Schmidt, Das Programm Mommsens in der Promotionsfrage, S. 107). Generell sei die Dissertation eine Stufe in der wissenschaftlichen Bildung. „Die wissenschaftliche Bedeutung der Dissertation steht natürlich ihrer pädagogischen gegenüber in zweiter Linie, aber sie dürfte diese nicht haben, wenn sie in jener Beziehung werthlos sein dürfte. Nicht zündende Gedanken, Entdeckungen von überraschender Neuheit erwartet man in ihr; es genügt, daß die in anerkannter Geltung stehende Methode mit klarer Einsicht auf einen Gegenstand angewandt werde, auf den sie vorher noch Niemand angewandt hatte, und daß an redlicher Durchforschung des Thatsachenmaterials nichts versäumt sei.“ (ebenda, S. 109). Damit verlangte Schmidt von der Dissertation keineswegs eine originelle wissenschaftliche Leistung!

Im 19. Jahrhundert setzte sich, sehr zögernd und mit vielen Widerständen, auch in Deutschland das Frauenstudium und die Promotion von Frauen an deutschen Universitäten durch. Selbstverständlich war es lange nicht!

Wenn es auch im Mittelalter und zur Zeit des Humanismus auf deutschem Boden hochgelehrte Frauen gegeben hat, die sich wie Hrosvitha von Gandersheim und Ch. Pirkheimer einen dauernden Namen erworben haben, oder die in aller Stille als Ärztinnen wirkten, so waren dies Einzel- und Ausnahmeerscheinungen. Auch als sich im 17. und 18. Jahrhundert die Frauenbildung wesentlich hob, waren Erörterungen, ob die Frauen zum Hochschulstudium zugelassen werden sollten, nur fruchtlose geistige Spielereien Gelehrter. Immerhin ist bemerkenswert: seit 1632, da die gelehrsame, sprachkundige und kunstfertige Holländerin A. M. van Schurmann ihre Schrift „Num Foeminae Christianae conveniat studium Litterarum?“ schrieb, tauchte bis ins 19. Jahrhundert der Gedanke des Frauenstudiums, ja der einer „Jungfer-Akademie“ (1707) oder der einer „Universität für das schöne Geschlecht“ (1747) wiederholt auf. Auf deutschem Boden vertrat den Gedanken des Frauenstudiums als kühnste Pionierin die Quedlinburgerin D. Chr. Leporin (die nach ihrer Vermählung als Frau Erxleben 1754 in Halle zum Dr. med. promoviert wurde) in ihrer bereits 1742 erschienenen Schrift „Gründliche Untersuchung der Ursachen, die das weibliche Geschlecht vom Studium abhalten, darin deren Unerheblichkeit gezeiget, und wie möglich, nöthig und nützlich es sey, daß dieses Geschlecht der Gelahrtheit sich befleiße“. Chr. Erxleben promovierte zum Thema: „Quod nimis cito ac jucunde curare saepius fiat causa minus tuae curationis“. Wohl noch größeren Ruhm als sie erwarb sich D. von Rodde, geborene von Schlözer, die in Anerkennung ihrer Gelehrsamkeit nach Ablegung einer Prüfung 1787 bei der Fünfzigjahrfeier der Universität Göttingen die philosophische Doktorwürde erhielt. Keine Bedeutung für die Zukunft hatte das Vorgehen der Universität Gießen, die 1815 und 1817 zwei Frauen zu Doktoren der Hebammenkunst (Dr. artis obstetriciae) promovierte.

Das eigentliche Frauenstudium in Deutschland war eine Teilerscheinung der häufig als Frauenemanzipation oder „Revolution der Tanten“ verspotteten Frauenbewegung. Diese wuchs im Zeitalter der beginnenden Industrialisierung und des Kapitalismus mit Notwendigkeit aus dem sich umgestaltenden Wirtschaftsleben hervor, in Deutschland später als in westlichen Ländern, von denen die USA 1833, Frankreich 1863 den Frauen die Hochschulen geöffnet hatten. Die ersten deutschen Vorkämpferinnen des Frauenstudiums, zu denen nach 1870 die beiden späteren Ärztinnen E. Lehmus und F. Tiburtius gehörten, waren wegen ihrer begeisterten, vor keinem Hindernis zurückschreckenden Zielsicherheit bewundernswert. Alle mußten ihre ganze Studienlaufbahn im Ausland beginnen und vollenden, ohne Gewißheit, daß ihre Prüfungszeugnisse in der Heimat anerkannt würden. So durften die beiden genannten Ärztinnen in Deutschland trotz ihrer Züricher Diplome nur auf Grund der Gewerbeordnung wie Handwerker und Einzelhändler praktizieren und standen im Range der Heilkundigen, nicht der akademischen Ärzte. F. Tiburtius wurde 1876 in Zürich zum Dr. med. promoviert. Sie schreibt in ihren Lebenserinnerungen dazu: „... einen etwas peinlichen Tag hatte ich noch in Zürich zu überstehen - das war der feierliche Schlußakt, die Promotion, die damals noch in Zürich nach alter Weise mit ziemlich viel Klimbim vor sich ging: Vorherige Verkündigung im Tagblatt, Versammlung in der Aula, Studenten und Freunde aus der Stadt erschienen zahlreich, - feierlicher Einzug in die Aula, die Magnifizenz an der Spitze, dann das Opferlamm, der amtierende Professor - bei mir war es Professor Frey, - die anderen Professoren hinterher, die feierlich auf den Lehnstühlen Platz nahmen; - Praelectio, Thesenverteidigung, wozu man natürlich ein paar gute Bekannte unter den Studenten und auch einen oder den anderen von den Professoren bat, - Verlesung der Eidformel in lateinischer Sprache, auf die natürlich niemand hörte, - dann die Promotionsformel von dem amtierenden Professor, - dann hörte man noch allerhand Niedliches über sich sagen, - Rückkehr ins Konferenzzimmer, man empfing die Glückwünsche der Professoren, - und dann das erlösende Aufatmen, wenn man mit der Diplomkapsel unter dem Arm nach Hause ging und sich fragte, ob man die Rolle in der Komödie mit Ehren gespielt! Bald nach meinem Fortgehen wurde das Zeremoniell sehr vereinfacht, ich glaube, ich bin wohl das letzte Opfer gewesen, das all dies über sich ergehen lassen mußte!" (F. Tiburtius, Erinnerungen ..., S. 169f.). Das Studium war für alle diese Frauen, die zumeist mit Familienüberlieferungen hatten brechen müssen, ein harter Kampf. Letztlich auch für R. Luxemburg, die 1897 in Zürich mit der Arbeit „Die industrielle Entwicklung Polens" zum Dr. phil. promovierte.

Der Universität Zürich gebührt der Ruhm, Frauen zuerst ihre Tore geöffnet zu haben. Zum ersten Mal geschah es zu Beginn der vierziger Jahre des 19. Jahrhunderts, als zwei Damen, darunter die Pestalozzibiographin J. Stadlin (verehelichte Zehnder), Zutritt zu den Vorlesungen der philosophischen Fakultät erhielten. 1867 erwarb die Russin N. P. Suslova erstmalig dort die medizinische Doktorwürde, 1875 promovierte eine Russin oder Polin erstmalig an der dortigen philosophischen Fakultät. 1870 zählte man in Zürich bereits 14 studierende Frauen. Als erste Reichsdeutsche studierte E. Lehmus, die 1875 im 9. Semester promovierte. Man bestimmte in Zürich 1873 durch Gesetz, daß die Studentinnen gleiche Rechte und Pflichten wie die Studenten haben sollten. Das Zusammenarbeiten von männlichen und weiblichen Studierenden führte zu keinen Problemen, zumal einige der Studentinnen Vorzügliches in der Medizin leisteten. Außer der Universität Zürich, jahrzehntelang die Zufluchtstätte der studierenden Frauen Deutschlands, öffneten sich auch das Polytechnikum Zürich (1871), die Universitäten Bern und Genf (1872), Lausanne (1876) und später die anderen Hohen Schulen der Schweiz den Frauen. Der Schweiz folgten Schweden (1870), England (1874), Dänemark (1875), die Niederlande (1878) und Norwegen (1882). Selbst Rußland schuf in den medizinischen Frauenkursen an der Medizinisch-Chirurgischen Akademie zu St. Petersburg Möglichkeiten für das Frauenstudium. Dagegen hielt man in den maßgebenden Regierungs- und Professorenkreisen Deutschlands die Frau noch lange für körperlich und geistig minderwertig und betrachtete sie als unfähig zu wissenschaftlich schöpferischen Leistungen, da sie zu keiner Zeit der Menschheitsgeschichte in diesem Sinne hervorgetreten sei. 1872 meinte der Anatom und Physiologe Th. L. W. von Bischoff nachweisen zu können, das Großhirn der Frauen sei kleiner und leichter als das der Männer. Als 1877 der Privatdozent E. Dühring, ein scharfer Kritiker des Universitätsbetriebs, für das Frauenstudium eintrat, entfesselte er einen Skandal, der ihn die Lehrbefugnis kostete. Erstmalig stellte 1870 die medizinische Fakultät der Universität Würzburg in Zürich die offizielle Anfrage, ob die Anwesenheit von Studentinnen bei gewissen, für das weibliche Zartgefühl empfindlichen Vorlesungen und Demonstrationen gestört habe. Der Bescheid der Züricher Fakultät lautete: „Die Vorträge und Demonstrationen werden ohne Rücksicht auf die anwesenden Damen gehalten, und auch bei den anatomischen Uebungen und klinischen Vorweisungen wird der Lehrstoff grundsätzlich so behandelt, wie wenn nur männliche Zuhörer anwesend wären. Trotzdem hat sich niemals ein Anstand ergeben. Da nun bereits eine sechsjährige Erfahrung vorliegt, so sieht die Fakultät der weiteren Lösung des hier in Frage stehenden Problems mit Beruhigung entgegen." Seit den achtziger Jahren begann in Deutschland eine lebhaftere Werbung für das Frauenstudium. Aber nicht nur Professoren verhielten sich - so auf der Versammlung der Naturforscher und Ärzte 1888 - feindselig, auch die Regierungen beharrten auf ihrem ablehnenden Standpunkt. Die nicht ruhende Werbearbeit der Frauenvereine bewirkte jedoch zuletzt, daß sich der deutsche Reichstag am 11.3.1891 und im Jahre darauf der badische Landtag mit der Frage des Frauenstudiums beschäftigten. Auch in anderen deutschen Staaten erhielten allmählich einzelne Frauen die Erlaubnis zum Hören von Vorlesungen, so daß vom Sommer 1896 bis zum Sommer 1900 die Hörerinnenzahl in Berlin von 40 auf 304, in Breslau von 15 auf 41 stieg - trotz des Widerstands der Professoren, von denen sich 1897 rund 100 ablehnend über das Frauenstudium äußerten. Am 28.2.1901 machte Baden den noch immer unklaren Verhältnissen dadurch ein Ende, daß es in Freiburg und Heidelberg Frauen als vollberechtigte Studentinnen zuließ. Die übrigen Bundesstaaten folgten, als nächster Bayern im Wintersemester 1903/04 und schließlich im Herbst 1908 auch Preußen. „Von nun an wirkten die 'Kommilitonen beiderlei Geschlechts' an den Universitäten und Hochschulen nebeneinander; ... bald errang die studierende Frauenwelt in wissenschaftlicher Hinsicht einen schönen Sieg: ... die Gräfin

Maria von Linden (erste Studentin in Tübingen, dann Leiterin des Parasitologischen Instituts in Bonn - S. W.), wurde 1910 in Bonn wegen ihrer ausgezeichneten Arbeiten zum Professor ernannt. Von der Dozentur selbst, zu der sie seit 1892 in Zürich zugelassen waren, blieben die Frauen in Deutschland vor 1914 ausgeschlossen." (F. Schulze/R. Ssymank, Das deutsche Studententum ..., S. 401f.).

Die Zahl der Studentinnen wuchs: im Winterhalbjahr 1908/09 gab es 1132, im Sommer 1914 schon 3876 Studentinnen (ohne die Ausländerinnen). Dabei gehörte nahezu die Gesamtheit der Frauen der medizinischen und philosophischen Fakultät an. Die evangelischen Studentinnen überwogen, die katholischen nahmen aber seit 1908 schnell zu und drängten die jüdischen sehr bald an die dritte Stelle. Dementsprechend wuchs auch die Zahl der promovierten Frauen, wenngleich sie Anfang des 20. Jahrhunderts noch immer einen Ausnahmestatus hatten. Die erste in Deutschland (in Halle/Saale) approbierte Ärztin, die bereits im März 1901 an der Friedrichs-Universität in Halle auch promovierte, war I. Democh-Maurmeier. Die erste Habilitation einer Frau in der Medizin erfolgte erst 1918 in München für Anatomie.

Die erste Kundgebung von Studenten gegen das Frauenstudium in Deutschland dürfte im Sommer 1877 in Leipzig stattgefunden haben. Damals forderten 39 Studenten, zumeist Erstsemester, die Nichtzulassung von drei Hörerinnen der Medizin. Die Hallesche Klinikerschaft behauptete noch 1899, die Zulassung von Hörerinnen müsse „peinliche und jeder Schamhaftigkeit spottende Situationen" herbeiführen. „In den Stätten ehrlichen Strebens ist mit den Frauen der Zynismus eingezogen; und Szenen, für Lehrer und Schüler wie für Patienten in gleichem Maße anstoßerregend, sind an der Tagesordnung. Hier wird die Emanzipation der Frau zur Kalamität, hier gerät sie mit der Sittlichkeit in Konflikt und deshalb muß ihr hier ein Riegel vorgeschoben werden." (zit. ebenda, S. 403). Mit Recht erblickte die Medizinische Fakultät in diesen Worten eine Verunglimpfung der klinischen Anstalten und ihrer Leiter und stellte fest, daß die Anwesenheit von Hörerinnen in keiner Weise störend wirke. Im allgemeinen war das Verhältnis der Studenten zu den Studentinnen zunächst ein kühles Nebeneinanderhergehen, das sich bis zur Nichtbeachtung steigerte.

Wir haben schon angedeutet: auch in dieser Zeit wurde mit dem Doktortitel ein unseriöser Handel getrieben. Gehen wir zur Abwechslung darauf ein, wie vom Ausland her Pseudo-Doktoren in Deutschland „gemacht" wurden.

Die USA haben die Zahnheilkunde entscheidend gefördert. Hier wurde zuerst die manuelle und instrumentelle Technik für die Zahnheilkunde erheblich verbessert. Und die amerikanischen Dental-Schools verliehen seit 1839 den D.D.S.-Titel (Doctor of Dental Surgery). In Deutschland konnte ein Zahnarzt erst ab 1919 zum Dr. med. dent. promovieren, zuvor mußte er den Doktortitel in Allgemeinmedizin oder an der Philosophischen Fakultät erwerben. Die Zahnmedizin stand in Deutschland hinter allen anderen medizinischen Fächern weit zurück, die amerikanischen zahnärztlichen Fachschulen waren dagegen die ersten der Welt. Daher gingen viele deutsche Studenten zwischen 1870 und 1895 in die USA, um dort ihre Ausbildung zu erlangen. Bis 1914 haben 190 deutsche, in Deutschland approbierte Zahnärzte in den USA den D.D.S.-Titel erworben. So auch die erste deutsche approbierte Zahnärztin H. Hirschfeld-Tiburtius; sie war überhaupt eine der ersten Frauen, die in Zahnheilkunde promovierten.

Mit gutem Wissen und/oder diesem Titel zurückgekehrt, verbreiteten die deutschen D.D.S.-Doktoren auch durch ihr Können den Ruf der amerikanischen Zahnheilkunde. Auch US-amerikanische Zahnärzte ließen sich in Deutschland nieder. Die in den USA ausgebildeten Zahnärzte wurden vom Publikum bevorzugt. Da sie für ihre in der damaligen Zeit modernste Behandlung hohe Honorare verlangten, erwarben sie sich oft ein erheblich größeres Vermögen und auch eine sozial höhere Stellung als ihre in Deutschland ausgebildeten Kollegen. Dabei taten sich in den USA auch Schwindelinstitute auf, die einen schwunghaften Handel mit Doktordiplomen betrieben. „So kam es, daß in Deutschland Zahntechniker ein Doktordiplom der Zahnheilkunde und die 'Lizenz' eines amerikanischen Staates zur Ausübung der Zahnheilkunde aufweisen konnten, die kaum ein paar Worte Englisch zu sprechen in der Lage waren, wenige Wochen vorher noch Diener oder Gehilfe eines Zahnarztes, mancher sogar nur Mechaniker, Kellner und dergleichen gewesen waren. Sie nannten sich 'Amerikanische Zahnärzte' oder 'In Amerika approbierter Zahnarzt' und verfehlten niemals ihrem Namen den Doktor- oder D.D.S.-Titel hinzuzufügen.“ (L. M. Krebs, Amerikanische Zahnärzte in Deutschland, S. 10f.). Sie ließen sich vor allem in deutschen Großstädten nieder, vornehmlich in Bayern und Sachsen. Das führte dazu, daß der D.D.S.-Titel in Deutschland mit immer mehr Mißtrauen betrachtet wurde.

Von den zahnärztlichen Instituten in den USA waren 1906 nur sechs staatliche Anstalten. Die anderen waren private Einrichtungen, die selbst festlegten, den Doktorgrad zu verleihen und häufig keine Qualifikationen voraussetzten. Auf diese Weise konstituierten sich auch Schwindelinstitute, die sich lediglich darauf beschränkten, Titel an Ausländer zu verkaufen. Dabei berechtigte der Doktortitel in den USA noch nicht zur Ausübung der Zahnheilkunde, erforderlich war eine staatliche Genehmigung. Die Verleihung von unverdienten Doktordiplomen an Deutsche erfolgte etwa durch die „American University of Philadelphia“ oder die „Livingstone University of America“. Hinter diesen u. a. Pseudo-Unternehmen stand J. Buchanen. Ursprünglich Methodistenprediger, verkaufte er als angeblicher Dekan einer medizinischen Fakultät große Mengen Doktordiplome an Personen, die niemals Zahnheilkunde studiert hatten. Buchanen bot seine Titel in deutschen und in anderen europäischen Zeitungen offen an. Mittels Agenten überschwemmte er besonders Deutschland mit diesen wertlosen Doktordiplomen gegen tarifmäßige Zahlungen. Buchanen wurde wegen seines Titelhandels schon Anfang der 70er Jahre mehrfach zu Haftstrafen verurteilt. Er starb auch im Gefängnis, aber seine Diplome galten bis nach 1880. Ähnliche „Diplom-Mühlen" wurden seit den 70er Jahren auch in den Staaten Illinois und Wisconsin betrieben. Das Doktor-Diplom von Wisconsin kostete nur 12 Dollar! Heute gelten auf dem „Doktormarkt" andere, bedeutend höhere Preise. Im Jahre 1898 wurden in Deutschland die Namen von 65 Zahnärzten und „Zahnkünstlern" ermittelt, die Wisconsin-Diplome geführt haben. Der deutsche Barbier J. Malock „gründete" an seiner „German University of Chicago" das „German Medical College". Seine „Universität" verkaufte „alles, was nur verlangt wurde, einschließlich des 'Dr. phil.' und 'Dr. theol.' zu jeweils 100. - Doktor und den Professorentitel als Zugabe" (ebenda, S. 28). Andere nach Amerika ausgewanderte Deutsche gründeten ähnliche Schwindelunternehmen und suchten ihre Abnehmer in Deutschland und Österreich. So auch O. Abert, der nach gesetzlichen Vorgaben an seinem 1895 gegründeten „Wisconsin College of Dentistry" den Titel „Dr. chir. dent." oder „Dr. of Dental Surgery" verleihen durfte, nicht aber „in absentia". Abert verlieh aber ausschließlich „in absentia". Als diese „Doktorfabrik" in Milwaukee 1897 „aufflog", floh Abert nach Kanada, wo er - mit anderer Adresse - sein Fälschungswerk weiter betrieb. 1897 erhielten viele deutsche Zahnärzte die Information, an der „Academia Illinois" ließe sich der Titel „Dr. Chirurgiae dentariae" erwerben. Verantwortlich zeichnete der „Rektor", Prof. Dr. B. E. Winther. Diese angeblich am 17.9.1896 gegründete Akademie verlangte pro Semester 150 Dollar (630 Reichsmark), ließ aber auch mit sich handeln. Ein deutscher Zahnarzt prüfte das Angebot in Chicago - vor Ort also - nach. Es erwies sich als völliger Schwindel. 1888 war von dem selbsternannten Prof. Dr. F. W. Huxmann, einem ehemaligen deutschen Schmiedegesellen, zu Chicago das „German-American-Dental-College" gegründet worden. Auch diese „Doktor-Fabrik" war ein absoluter Bluff. Aber Huxmann hatte mit seiner „Bauernfängerei" dennoch bei Deutschen Erfolg. Auch Dr. med. C. A. Weil in Chicago verkaufte ab 1896 Doktortitel (Dr. chirurgiae dentariae) seines „Cosmopolitan Postgraduate College of Dental Surgery". Hier fanden - „natürlich" - auch Prüfungen statt. Huxmann und sein „Schüler" Weil fungierten bei ihnen als Dolmetscher; die Examinatoren waren zudem ohnehin bestochen. Jede Prüfung wurde bestanden, da die Dolmetscher stets die richtigen Antworten gaben. Alle Angriffe auf ihre „Hochschulen" verstanden Huxman und Weil zunächst abzuwehren. Sie hielten sich etwa 10 Jahre, in denen die Namen der Colleges wechselten. Dabei „wurden insgesamt 36 verschiedene Doktortitel zu den unterschiedlichsten Preisen von 5 bis nachweislich 5.000 Dollar verkauft ... In fast allen Fällen wurden die Diplome 'in absentia' durch Postversand 'verliehen'" (ebenda, S. 48).

Hier wurden nur die Haupt-Schwindelinstitute genannt. Es gab noch „eine unbekannte, jedoch wahrscheinlich erhebliche Zahl anderer Gauner", die aber zumeist schon am Anfang ihrer Laufbahn erwischt oder von einem „zornigen Opfer" zur Strecke gebracht wurden.

Die amerikanischen Zahnärzte in Deutschland, um ihren Ruf besorgt, gingen ebenfalls massiv gegen die amerikanischen „Doktorfabriken" an. Auch weil ihnen durch diese Typen eine - nicht seriöse - Konkurrenz entstand. Ebenso wandten sich die deutschen Zahnärzte verständlicherweise gegen diese Schmutzkonkurrenz. Sie hatten zudem um die Jahrhundertwende ihre amerikanischen Kollegen an Wissen und Können eingeholt. Die „Lösung des Problems auf behördlichem Wege" war ein sehr dornenvoller Weg, der sich in einem Labyrinth von Gerichtsentscheidungen verlor. Erst etwa um 1920 trat in Deutschland eine gewisse Klärung in Bezug auf das Recht der Titelführung ein. Außer in Bayern und in Sachsen bestanden ja bis 1897 keinerlei Vorschriften, wonach zur Führung eines im Ausland erworbenen Doktortitels eine staatliche Genehmigung nötig war. Nach einer verschärften Verordnung vom 30.9.1924 „bedurfte jeder Inhaber (In- und Ausländer) eines ausländischen akademischen Grades (Dr.-Titel) einer ministeriellen Führungsgenehmigung" (ebenda, S. 78).

Bekannt ist auch der Mißbrauch des Doktortitels durch K. May:

Am 9.7.1864 erschien in Penig in Sachsen ein „Dr. med. Heilig, Augenarzt und früher Militair aus Rochlitz: Alter: 21-23 Jahre; Größe 68-69 Zoll; Statur: mittel und schwach; Gesicht: länglich, blaß; Haare: dunkel-braun; Nase und Mund: proportioniert; Stirn: hoch und frei ... Brille mit Argentangestell ... von freundlichem, gewandtem und einschmeichelndem Benehmen." Dieser läßt sich in einem Kleidermagazin ausstaffieren (nicht ohne den Doktor med. zuvor durch ein „zwar eine gute Schulbildung aber keine eigentliche medicinische Ausbildung verrathendes Augenheilrezept" unter Beweis zu stellen) und verschwindet sodann, ohne zu bezahlen ..." (H. Wollschläger: Karl May in Selbstzeugnissen und Bilddokumenten, S. 23). Diese Titelanmaßung verschärfte seine Gefängnisstrafe. Später wurde über K. Mays erste Frau eine Diplommühle in Amerika bemüht. Am 9.12.1902 verlieh ihm eine „Universitas Germana-Americana" in Chicago „den Honoris causa für sein Werk *Im Reiche des Silbernen Löwen*. Aber die kindliche Freude Mays an dem imposant großbogigen Dokument währt nur kurze Zeit. Am 14.3.10 ersucht er vorsichtshalber beim Kultusministerium um die Genehmigung zur Führung des Titels und erhält ... den Bescheid, daß man 'nach den hinsichtlich ausländischer Doktortitel festgehaltenen Grundsätzen zu seinem Bedauern außer Stande ist, die nachgesuchte Genehmigung zu erteilen ...' So wird auch diese Eitelkeit gedämpft; ihre späteren Folgen allerdings werden gröber und empfindlicher, als sie es verdient." (ebenda, S. 100). Viele weitere angebliche Anmaßungen des

Doktortitels durch K. May gehören wohl ins Reich der Legende. Dafür finden sie sich aber bei vielen anderen Zeitgenossen - ja, bis in unsere Gegenwart.

5. Promotion und Dissertation im 20. Jahrhundert

a) Bis zum Ende der Weimarer Republik

Das 20. Jahrhundert hat zwei Weltkriege gesehen und viele Veränderungen mit sich gebracht. Das gilt besonders für Deutschland, das nach 1945 auch 45 Jahre gespalten war - eine Folge des Zweiten Weltkrieges. Angesichts der Faktenfülle kann die Darstellung zu unserem Thema hier nur torsorisch bleiben.

Dissertationsthemen werden vornehmlich von ordentlichen Professoren vergeben. Diese Professoren verstanden sich am Ende des 19. und zu Beginn des 20. Jahrhunderts als homogene Gruppe, als Mitglieder einer bedrohten Elite von „Kulturträgern", eines besonderen kultivierten Teils der Nation. F. K. Ringer faßt diese Elite als „Mandarinentum", „als eine gesellschaftliche und kulturelle Elite ..., welche ihren Status in erster Linie ihren Bildungsqualifikationen und nicht Reichtum oder vererbten Rechten verdankt." (F. K. Ringer, Die Gelehrten, S. 15).

Die Zeit von der Reichsgründung bis zum Ersten Weltkrieg war eine Blütezeit der deutschen Universität. Sie wurde zum Typus und entsprach ihm. Die Merkmale des Typus: Autonomie im engeren wissenschaftlichen Bereich, der die Berufungspolitik nur bedingt einschloß; wachsende Bedeutung der wissenschaftlichen Forschung; weitgehende Überschaubarkeit der einzelnen Wissenschaften, der Universitäten, der Studentenjahrgänge; hohe gesellschaftliche Reputation und unangefochtene Führungsstellung im Hochschulbereich; in der Universität selbst unangefochtener Vorrang der Ordinarien, die jeweils ihr Fachgebiet allein vertraten und es innerhalb des örtlichen Kosmos der Wissenschaften definierten. Ein Kosmos aber sollte es sein; formal bestehend aus den vier Fakultäten und inhaltlich alles umfassend, was nicht „Anwendung" war. Daß es neben den Universitäten fachbegrenzte und anwendungsorientierte Hochschulen gab, wurde vielfach eher mißmutig registriert. Diese Universität ermöglichte große wissenschaftliche Leistung und bot den Studenten die Chance, intensiv wissenschaftlich zu studieren oder mehr um eine allgemeine Bildung besorgt zu sein. Man konnte allerdings auch „bummeln", dann recht und schlecht sein Examen und mit ihm - nach längerer Wartezeit - eine Karriere im öffentlichen Dienst machen. Die Universität erzwang weder das eine noch das andere Studienverhalten. Ihre Offenheit machte eigentlich ihre Größe aus. Sie war keine Eliteeinrichtung in dem Sinne, daß man in ihr zu herausragenden Leistungen angehalten wurde. Aber sie machte - vielfach genügte dazu allein, daß man eben studiert hatte - jeden Studenten zum Akademiker, verschaffte oder sicherte ihm den Eintritt in eine gesellschaftliche Schicht, die von der übrigen Gesellschaft als Oberschicht akzeptiert wurde und von der man umgekehrt ein schichtenspezifisches Verhalten erwartete. Die Promotion war eine Stufe in dieser Karriere - oder eine Wertungsleiter. Sie bot die Grundlage, um sich zur „Elite“, zu den „Mandarinen“ zu zählen.

Zu dieser Universität gehörte der Bezug zu einer Bildung, die nicht mehr im traditionell-humanistischen Sinne „allgemein“, aber der engeren fachlichen Bildung rangmäßig vorgeordnet war. Deshalb gehörten auch die Hüter des allgemeinen Bildungsgutes zu jener Oberschicht, zu den „Mandarinen“, obgleich die Ärzte und Apotheker, viele Rechtsanwälte und zunehmend studierte Berg-, Forst- oder Landwirtschaftsfachleute sowie studierte Ingenieure und Kaufleute viel eher die ökonomischen Voraussetzungen einer problemlosen Zugehörigkeit zur Oberschicht schaffen konnten. Die Studienräte und die Pfarrer konnten vielfach nur so tun, als ob sie diese Voraussetzungen hätten, und für viele Beamte war es eher ein harter Druck, daß ihr Status z. B. eine Gastlichkeit erforderte, deren Kosten die Familie und ihren Alltag stark belastete. Nebeneinnahmen gab es zumeist nämlich nicht, mitarbeitende Ehefrauen noch viel weniger. Allenfalls die reiche Heirat bot einen Ausweg für die nicht von Hause aus Begüterten.

Oppositionelle, überhaupt von der kurz charakterisierten Norm abweichende Gesinnung war an der deutschen Universität zu dieser Zeit nicht erwünscht. Kennzeichnend dafür ist u. a. „der Fall Arons“. M. L. Arons lehrte an der Berliner Universität als Privatdozent Physik und Mathematik. Seine wissenschaftlichen Leistungen waren für seine Fachgenossen so überzeugend, daß sie ihm bei seiner Habilitation bereits die übliche Aufnahmeprüfung erlassen hatten und man ihn einige Jahre darauf zur außerordentlichen Professur vorschlug. Arons war Sozialdemokrat und trat in Versammlungen und Kundgebungen seiner Partei hervor. Außerdem war er Jude. Dies mißfiel. Nach mehreren gescheiterten Anläufen wurde im preußischen Landtag am 17.6.1898 eine Lex Arons „Zur Sicherung der rechtlichen Stellung der Privatdozenten“ durchgedrückt. Das Kultusministerium stellte unter Berufung auf dieses Gesetz den Antrag auf Eröffnung eines Disziplinarverfahrens gegen Arons. Erste Instanz war die zuständige philosophische Fakultät, der die Physiker und Mathematiker damals noch angehörten. Da der Ankläger - trotz aller Mühe Arons - weder marxistische Verfälschung der Mathematik noch sozialistische Agitation auf dem Katheder vorwerfen konnte, beschuldigte er den Privatdozenten schlicht seiner Zugehörigkeit zur Sozialdemokratie und seines Bekenntnisses zu deren Erfurter Programm von 1891. Den 43 Professoren des richtenden Kollegiums leuchtete nicht ein, was das mit Arons akademischer Lehrtätigkeit zu tun habe; sie bescheinigten ihm die Korrektheit seines Verhaltens als Dozent und sprachen ihn frei. Die Anklage legte Berufung ein, und damit war der Fall entschieden. Als zweite Instanz war nämlich dasselbe Ministerium zuständig, welches den Antrag auf Entzug der venia legendi eingebracht hatte. Dieses Staatsministerium wies die Begründung der ersten Instanz zurück, wonach sich Arons nicht in Widerspruch zu seiner Stellung setze, solange er in seiner Agitation in der Öffentlichkeit gewisse Grenzen des Taktes und Anstands wahre und sich aller ungerechten, unwahren Behauptungen und gehässigen Angriffe auf die Regierung enthalte. Die Regierungsbehörde berief sich auf die Statuten der Berliner Universität (§ 1): die Anstalt habe ihre Schüler „zum Eintritt in die verschiedenen Zweige des höheren Staats- und Kirchendienstes tüchtig zu machen". Die Förderung der sozialdemokratischen Bestrebungen sei aber mit dieser Aufgabe unvereinbar. Womit der bereits suspendierte Arons sich des Verstoßes gegen das erwähnte ad hoc-Gesetz schuldig gemacht hatte und entlassen wurde. „Die Universität fügte sich ohne Widerspruch .... Sie akzeptierte die unverkennbare Degradierung ihrer akademischen Freiheit zur staatlichen Erziehungsfunktion. Paulsen scheint unter den dreiundvierzig Gelehrten der ersten Instanz der einzige gewesen zu sein, der aufbegehrte. Er nannte die Begründung eine politische Heuchelei und erklärte mutig: 'Rein formelle Erfolge, die ohne reellen Nutzen lediglich die Befriedigung gewähren, seine Macht bewiesen zu haben, sind für eine Staatsgewalt keine Ruhmestitel.'" (H. P. Bleuel, Deutschlands Bekenner, S. 51f.).

Das Neue an dieser Situation: bisher war Opposition gegen die Regierung und ihre Maßnahmen nur dem ordentlichen Professor mehr oder minder untersagt gewesen. Er war Beamter und als solcher zur Loyalität gegenüber dem Träger der Regierungspolitik verpflichtet. Träger der Regierungspolitik jedoch war in Preußen laut allerhöchstem Erlaß vom 4.1.1882 nicht etwa ein verantwortliches Ministerium, sondern der über allen politischen Auseinandersetzungen stehende König selbst. Demnach opponierte gegen den König respektive Kaiser, wer die Regierung kritisierte - und gegen das inkorporierte Staatsinteresse, gegen Seine Majestät selbst, konnte natürlich kein Beamter antreten. Privatdozenten jedoch waren keine Beamten und durften darum bisher - jedenfalls theoretisch - durchaus oppositionelle Meinungen vertreten. Nach der Entscheidung im Falle Arons wurde nun auch den unbeamteten und unbesoldeten Privatdozenten eine „beamtenähnliche" Stellung zugeschrieben, und es hieß bündig: „Auch außerhalb seines Berufes soll sich der Privatdozent so verhalten, wie es die Achtung, das Ansehen und das Vertrauen, die seine Stellung erfordern, verlangen. - Die Betätigung sozialdemokratischer Gesinnung (ist) mit der Stellung des akademischen Lehrers unvereinbar." (zit. ebenda, S. 53).

Der Fall Arons ist nur einer von den richtunggebenden im deutschen Kaiserreich. Als sich 1908 der bekannte Soziologe R. Michels, damals noch in seinen Anfängen, als Privatdozent niederlassen wollte, erhielt er ein kategorisches Nein zur Antwort. Betätigte er sich doch aktiv als Sozialdemokrat, seine Kinder hatte er auch nicht taufen lassen. M. Weber schrieb dazu in der „Frankfurter Allgemeinen": „In Deutschland besteht die 'Freiheit der Wissenschaft' nur innerhalb der Grenzen der politischen und kirchlichen Hoffähigkeit."

In der Hauptsache hielt man als Hochschullehrer trotz enger Beziehungen zu bestimmten Gruppen in der Gesellschaft und trotz häufiger Bekundung seiner vaterländischen Gesinnung und seiner Liebe zum Herrscherhaus etwas darauf, unpolitisch zu sein. War die Überparteilichkeit die „Lebenslüge des Obrigkeitsstaates" (G. Radbruch), so war die Behauptung, man sei unpolitisch, die Lebenslüge der deutschen Universität. Auch sie ergriff selbstverständlich Partei. Die zahllosen Reden anläßlich von Sedanfeiern oder kaiserlichen Geburtstagen zeugen davon ebenso wie die vielen „politischen" Professoren, die auch im neuen deutschen Kaiserreich Parlamentsmandate übernahmen, als politische Publizisten tätig waren oder auch einem primitiven Nationalismus huldigten. Und dies bis weit in die Weimarer Republik hinein!

Als es 1918 im Gefolge des Weltkrieges zu einer grundlegenden Änderung der Gesellschaft kam, sah man sich davon betroffen, jedoch nicht zu Selbstkritik veranlaßt. Politisch verhielt sich die Universität eher abwartend. Gewiß läßt sich hier kein einheitliches Bild zeichnen. Es gab verfassungstreue Professoren und überzeugte Demokraten, wie es auch „unpolitische" gab, die sich wirklich zurückhielten.

Im wilhelminischen Deutschland kamen nur 2 % der Studenten aus der Gruppe der Arbeiter, Gehilfen und Angestellten. Ab 1899 stieg die Zahl etwas. Ein Drittel aller Studentenväter waren auch nach 1900 Beamte oder freiberuflich Tätige, unter diesen wieder viele Akademiker. Aus Handel und Gewerbe ging man weiter bevorzugt zur Technischen Hochschule oder anderen berufsorientierten Hochschulen.

Kaiser Wilhelm II. hatte ein wenig in Bonn studiert und sich beim Corps Borussia gefühlt wie bei der Gardekavallerie, wo er seinen Militärdienst ableistete. Der „vornehme" Offizier und der Akademiker, ideal verbunden in der Kombination von Akademiker und Reserveoffizier, waren beliebte Typen der Karikaturisten oder der literarischen Satire, während sie durch manche Romane als Idealfigur schritten. Journalisten nahmen das „Studium" hoher Herrschaften gern auf ihre spitzen Federn. Als Kaiser Wilhelm II. 1910 in Berlin zum juristischen Ehrendoktor gemacht wurde, höhnte der sozialdemokratische „Vorwärts": „Eher hätten wir begriffen, wenn ihn die theologische Fakultät zum Ehrendoktor ernannt hätte; denn der Kaiser pflegt bekanntlich nicht nur auf seinen jährlichen Nordlandreisen Schiffsgottesdienste abzuhalten, sondern es erinnern auch oft manche Stellen seiner Reden an religiöse Predigten." Einen Doktorskandal hatte es 1909 um den Kaisersohn Prinz August Wilhelm in Straßburg gegeben. Er promovierte in der Rekordzeit von vier Semestern über ein Thema der altpreußischen Verwaltung. Sein Adjutant oder Kammerherr hatte alle in Frage kommenden Institute um das Material gebeten, und die Hilfsbereitschaft der Professoren war überwältigend. In der Prüfung fehlte demonstrativ der Nationalökonom G. Fr.

Knapp, der Schwiegervater von Th. Heuss, des ersten Präsidenten der Bundesrepublik Deutschland.

Im 19. Jahrhundert war der Besuch des Gymnasiums unentbehrliche Grundlage für die Aufnahme eines Studiums an einer Universität. Die Realschulen, die im wesentlichen Unterricht für die Praxis vermittelten, gerieten in Verruf. Die Technischen Hochschulen waren die natürlichen Verbündeten der Realschulen, sie durften aber erst nach 1900 den Doktortitel verleihen. Durch Kaiserlichen Erlaß vom 26.11.1900 wurden die Realgymnasien und die Oberrealschulen den Gymnasien im Prinzip gleichgestellt.

Bei der Unzulänglichkeit der bestehenden akademischen Prüfungen hatte der Staat bereits im 19. Jahrhundert das Doktorat allein nicht mehr als Befähigungsnachweis anerkannt. Er führte besondere Staatsprüfungen ein. So wurde 1869 die Promotionspflicht für Mediziner durch die Gewerbeordnung aufgehoben. Doch hat sich über diese Zeit bei der Bevölkerung die Gewohnheit erhalten, in jedem Arzt einen „Herrn Doktor" zu sehen. Dementsprechend stellt sich bis heute die große Mehrzahl der Mediziner auch dem Doktorexamen.

Im 19. Jahrhundert wurde der Doktortitel an der Universität gegenüber dem 18. Jahrhundert von Jahrzehnt zu Jahrzehnt aufgewertet. Zu dieser Entwicklung kam noch die Umstellung im wissenschaftlichen Arbeiten, die sich allmählich vollzog. Man wollte die wissenschaftliche Erkenntnis jetzt durch eigene Untersuchungen erweitern. Der akademische Lehrer sollte eigene Forschungen anzustellen und ihre Ergebnisse vorzutragen vermögen. Deshalb wurde das Recht, Vorlesungen zu halten, an weitere, in der Habilitation zusammengefaßte Leistungen geknüpft. Außerdem setzte sich der Staat über das ursprünglich mit dem Promotionsrecht verbundene Recht der Selbstergänzung des Lehrkörpers hinweg und beanspruchte das Stellenbesetzungsrecht für sich. Der Doktortitel hat sich dennoch behauptet! Durch die Bemühungen Th. Mommsens und vieler seinen Auffassungen folgenden Professoren, durch die Haltung der Universitäten selbst, durch die Abschaffung der Promotion in absentia sowie durch die Einführung des Druckzwanges für die Dissertation ist es gelungen, den wissenschaftlichen Wert der Doktorwürde zu erhalten und ihr Ansehen in der öffentlichen Meinung wieder zu heben. Dies erfolgte über vielerlei Diskussionen, die in entsprechende Beschlüsse mündeten.

Der Rechtshistoriker K. von Amira beklagte aber in seinem Referat für den V. Deutschen Hochschullehrertag (1913) das Verleihen leerer Titel, was auf die Qualität der akademischen Lehrer zurückwirke. Dabei meinte er vornehmlich die Promotion. Er berief sich auf den Kulturhistoriker und Nationalökonomen E. Gothein, nach dem „das Ansehen des deutschen Doktortitels überall beträchtlich gesunken ist. Im Inland schützt ihn freilich die deutsche Unsitte, jeden, bei dem es nur irgend angeht, mit einem Titel zu nennen, wozu namentlich der studierte Mann gar nicht früh genug gelangen kann. Im Auslande, wo der

Doktortitel vielfach einen Sinn hat, sieht man denjenigen deutschen Ursprungs als ein Zeichen des unterbietenden deutschen Welt-Wettbewerbes an. ... Bei uns lächeln sich die Praktiker verständnisvoll zu, wenn wieder einmal einige *Doctores juris* im Referendarexamen durchgefallen sind.“ (E. Gothein, Doktordissertationen, S. 784). Das hat sich heute insofern geändert, als man im allgemeinen nicht mehr jeden mit dem Doktortitel anspricht. Auch nicht den rite promovierten Doktor selbst! Richtig ist, daß die Geringschätzung des Doktortitels auch auf die akademischen Lehrer zurückfällt - damals wie heute! Und im Inland hatte sich auch 1913 schon längst ein Gewerbebetrieb konstituiert, der „Vorbereitung“, „literarische Förderung“ und „durchgreifende Hilfe“ zur Erlangung des Doktortitels anbot. Das „Berliner Tageblatt“ brachte in seiner Nr. 599 vom 24.11.1912 allein sechs solche Ankündigungen. „Bezeichnend ist auch die zunehmende Frechheit der Ansprüche, womit die Promotionskandidaten sich bei den Fakultäten melden. Bescheiden benehmen sie sich noch, wenn sie von ihnen Themata für ihre Dissertationen verlangen. Aber nicht selten kommt es vor, daß sie ihre Meldung mit der Angabe eines Termins einleiten, bis zu welchem spätestens sie promoviert sein wollen. Eine Fakultät, bei der die Erlangung der Doktorwürde als ungewöhnlich schwierig gilt, erlebt es vor kurzem, daß der Bewerber auf dem Umschlag seiner Dissertation gleich selbst den Referenten ernannte. An eine andere nicht weniger angesehene trat der Kandidat mit dem Ansinnen heran, ihn gegen einen Zuschlag zu den Gebühren vom persönlichen Erscheinen zu dispensieren, da er keine Zeit habe, zu kommen.“ (K. v. Amira, Reform der Doktorpromotion, S. 565).

Im folgenden beruft sich K. von Amira auf Ergebnisse von Münchner Untersuchungen zum Promotionsgeschehen zu Beginn unseres Jahrhunderts. Dabei geht er von Unterschieden bei der Verleihung der Doktorwürde an den Universitäten und an den Technischen Hochschulen aus. Diese akademische Würde wurde an Universitäten von den Fakultäten, von den Technischen Hochschulen von diesen selbst verliehen, wobei sich das entscheidende Prüfungsverfahren selbst auch nur innerhalb der Abteilungen abspielte. Zudem verliehen manche Fakultäten mehrfache Doktortitel, zum Beispiel eine medizinische Fakultät den Dr. med. und den Dr. vet. med., eine rechts- und staatswissenschaftliche Fakultät den Dr. jur. utr. und den Dr. oecon. publ. (Dr. rer. polit.) und gar noch einen Dr. jur. publ. Die Zahl der von einem Fachbereich verleihbaren Doktortitel ist heute sogar erheblich größer.

Auf tiefer liegende Unterschiede der Einrichtungen und der Praxis deutet die Promotionsfrequenz an den einzelnen Hohen Schulen. Dazu gibt von Amira einige Beispiele: Eine juristische Fakultät mit einer Durchschnittszahl von 2 039 immatrikulierten Studenten in den beiden Semestern von 1910/11 promovierte nur 2, bei 1 957 Studenten im Jahre 1911/12 nur 4 Kandidaten, eine andere mit 1 409 Studenten im Jahre 1910/11 hatte 7, mit 1 302 Studenten im Jahre 1911/12 8 Promotionen. Dagegen gab es 1910/11 eine Juristenfakultät, die es bei einem Stand von nur 488 Studierenden auf 234 Promotionen brachte; im Jahre 1911/12 hatte sie bei 459 Studenten immer noch 183 Promotionen. Eine andere verlieh bei 816 Studenten im Jahre 1910/11 194mal, bei 830 Studenten im Jahre 1911/12 141mal die juristische Doktorwürde. Eine weitere konnte sich im gleichen Jahr bei 101 Studenten einer Promotionsfrequenz von 78 rühmen, nachdem sie im vorausgegangenen Jahr bei einer Studentenfrequenz von nur 84 sogar 88 neue Doktoren ernannt hatte! Die anderen Fakultäten wiesen zwar nicht ganz so scharfe Gegensätze auf, doch zeigte sich auch bei ihnen, daß die Menge ihrer Promotionen nicht weniger als proportional der Menge ihrer Studierenden war. Bei den medizinischen Fakultäten z. B. bewegte sich das Verhältnis der neu promovierten Doktoren zu den Studierenden im Jahre 1911/12 zwischen gut 3 und 12 %. Zwischen zwei staatswissenschaftlichen Fakultäten ergab sich 1910/11 ein Unterschied von rund 9 und 22 %, 1911/12 ein Unterschied von rund 7 und 27 %. Eindeutig waren dort, wo trotz geringer Studentenzahlen viele Promotionen stattfanden, die Anforderungen niedriger. Damit ist nicht Leipzig gemeint, doch zwischen 1885 und 1906 sind an allen preußischen Universitäten zusammen noch nicht doppelt soviel Doktorpromotionen vorgenommen worden als in Leipzig allein: den 19 836 in Preußen Promovierten stehen allein 10 736 sächsische gegenüber! Von den 10 preußischen Universitäten kommt nicht eine einzige der sächsischen auch nur nahe! Berlin hatte im gleichen Zeitraum nur 4 800 Promotionen. Nächstdem kommen Halle mit 2 270, Göttingen mit 2 250, Greifswald mit 2 177 und Kiel mit 2 000 Promotionen. Wie man sieht, entspricht die Zahl der Promotionen durchaus nicht der Größe der Universität! Denn gerade die drei letztgenannten Universitäten gehören zu den kleineren und haben dennoch eine unverhältnismäßig große Zahl von Doktoranden. Bei der Auswahl der Universität kamen eben besondere Gründe für die Bevorzugung der einen oder anderen zur Promotion in Betracht: so die Höhe der Gebühren, der Umfang der verlangten Drucklegung bei der Dissertation, die Zulassung von Immaturi, der Ruf der größeren Schwere oder Leichtigkeit beim Rigorosum. Wie diese Momente bei der Auswahl der einzelnen preußischen Universitäten den Ausschlag gaben, so haben ähnliche Erwägungen offenbar auch bestimmend dahin gewirkt, daß Leipzig in so starkem Maße bei der Promotion bevorzugt wurde. Betrachten wir noch die einzelnen Fakultäten für diesen einundzwanzigjährigen Zeitraum, so sind promoviert worden:

Fakultät	Preußen 1885 - 1906	Leipzig 1887 - 1908
theologische	162	75
juristische	1 884	3 200
medizinische	9 748	4 326
philosophische	7 942	3 135

(F. Eulenburg, Die Entwicklung der Universität Leipzig, 124f.).

Zusätzlich sei dazu bemerkt: Berlin hatte nur etwa den zwanzigsten Teil der Leipziger juristischen Doktorpromotionen (169)! In der theologischen Fakultät war die Erlangung des Lizentiatengrades hier fast ebenso selten wie an der sächsischen Universität. Dagegen übertraf auch in der medizinischen Fakultät Leipzig allein Berlin (mit 2 537) um 2/3 der Promotionen; die anderen neun preußischen Universitäten blieben einzeln weit dahinter zurück. Berlin allein hatte weniger philosophische Doktorgrade verliehen als Leipzig. Und in den beiden letzten untersuchten Jahren hat die sächsische Universität allein doppelt soviel juristische Promotionen wie Preußen gehabt. Die medizinische Fakultät hatte hier im ganzen eine Abnahme in den letzten untersuchten Jahren gegenüber den neunziger Jahren. Dagegen hat sich an den philosophischen Fakultäten in Preußen von 1899 bis 1905 die Zahl der Promotionen verdoppelt, während sie in Leipzig konstant geblieben ist.

Hinsichtlich der bei einem Doktoranden vorausgesetzten Vorbildung stimmen zwar die meisten deutschen Statuten um 1913 darin überein, daß sie das Reifezeugnis verlangen. Einige Fakultäten, auffälligerweise nicht wenige juristische, promovierten Bewerber auch ohne Matura, wie z. B. Landwirte, Chemiker, Pharmazeuten und Lehrer. In einer juristischen Fakultät betrug der Prozentsatz solcher „unreifen" Doktoren - so lautet der Fachausdruck Immaturi wörtlich übersetzt - im Jahre 1910/11 12, im Jahre 1911/12 18 %, in einer anderen im Jahre 1910/11 gar 29 %, im Jahre 1911/12 immer noch 18 %. Übereinstimmung bestand hingegen darin, daß der Bewerber ein mehrjähriges (je nach Fach meist 3-5 Jahre) akademisches Studium absolviert haben mußte. Während einige Fakultäten weiter forderten, daß er wenigstens einen Teil seiner Studienzeit bei ihnen zugebracht haben mußte, legten die meisten - wohl auch die Technischen Hochschulen - hierauf keinen Wert. Daß jene Bedingung der promovierenden Einrichtung eine nähere Bekanntschaft mit dem Kandidaten und damit auch ein zuverlässigeres Urteil über seine Qualitäten ermöglichte, sei zugestanden. In der Praxis der deutschen Fakultäten gestaltete sich das Verhältnis so, daß an beinahe allen medizinischen, philosophischen, natur- und staatswissenschaftlichen Fakultäten die „fremden" Doktoranden hinter den „einheimischen" fast verschwanden. Bei den juristischen Fakultäten dagegen gibt es im untersuchten Zeitraum sieben mit einem sehr ansehnlichen Kontingent von „Fremden". Es betrug im Jahre 1910/11 bei einer von ihnen erheblich mehr als 3/4, bei drei anderen immer noch mehr als die Hälfte aller Promovierten.

Allein in Leipzig promovierten 1904-1908 182 Ausländer, also etwa 8%. Die USA waren dabei mit 19, Japan mit nur 4 Herren vertreten. Die meisten von ihnen promovierten in der philosophischen Fakultät, vor allem in Psychologie oder Pädagogik. Von den anderen Ausländern entfielen auf Österreich-Ungarn 30, auf Rußland 32, die Schweiz 49, die Balkanstaaten 22 und auf England 20, hinzu kommen noch 9 Skandinavier. Unter den Ausländern überwogen also die Schweizer erheblich; sie promovierten mit wenigen Ausnahmen in der juristischen Fakultät. Dagegen promovierten die übrigen Ausländer meistens in der philosophischen Fakultät. Bei den Naturwissenschaftlern waren 20 %, bei den Historikern 14 % Ausländer. Besonders im Ausland bekannte Professoren mögen den Wunsch, in Deutschland zu promovieren, stimuliert haben.

Um 1908 waren allgemein folgende Voraussetzungen für Promotionen an Deutschlands Universitäten gültig: 1. Erwerb der akademischen Reife an einer neunstufigen deutschen höheren Lehranstalt (d. i. Gymnasium, Realgymnasium oder Oberrealschule); 2. ein mindestens sechssemestriges Studium; 3. die Abfassung einer für den Druck geeigneten wissenschaftlichen Arbeit; 4. Ablegung einer mündlichen Prüfung (Rigorosum oder Kolloquium). Von der ersten Bedingung konnte u. U. dispensiert werden. Ein bloß sechssemestriges Studium war weitgehend Utopie, da z. B. für die Promotion die vorherige Ablegung der Staatsprüfung Bedingung war. Zudem gab es Studienberufe, in denen 7 bis 10 Semester für das Studium direkt gefordert wurden.

Die evangelisch-theologischen wie die katholisch-theologischen Fakultäten verliehen die Würde eines „Licentiatus sacrosanctae theologiae" (abgekürzt: Lic.) und - dies aber relativ selten und mit besonders hohen Anforderungen - die eines „sacrosanctae theologiae et scripturae doctor" (abgekürzt: D., nicht Dr., wie in den anderen Fakultäten). Auch die Anforderungen für den Lizentiaten waren hoch. Ihr stellten sich zumeist nur Theologen, die sich dem akademischen Lehramt widmen wollten. Die Gebühren für die Doktorwürde waren nach wie vor unterschiedlich; an den evangelischen theologischen Fakultäten jedenfalls höher als an den katholischen. Am teuersten waren Jena und Leipzig mit 600 Mark. Für das juristische Doktordiplom kann auch die Oberrealschulausbildung Grundlage sein. Die einzelnen Fakultäten promovieren zum Dr. utriusque jur. und/oder zum Dr. rer. pol. In Leipzig Dr. jur. zu werden, war damals am teuersten: 600 Reichsmark. Grundbedingung für die Erlangung der medizinischen Doktorwürde war die Ablegung der ärztlichen Staatsprüfung und die Erlangung der Approbation als Arzt für das Gebiet des Deutschen Reiches. Als Studiendauer wurden 10 Semester verlangt. Die ärztliche Staatsprüfung konnte nach diesen

Semestern abgelegt werden, die Approbation erst nach dem sich anschließenden sogen. praktischen Jahr erfolgen. Die Kandidaten für die Promotion durften allerdings bereits vor Approbation zu einigen Promotionsleistungen zugelassen werden, so zur Anfertigung der Dissertation und zur Ablegung der mündlichen Prüfung. Das Diplom ihrer Doktorwürde erhielten sie aber erst bei Vorlage der Approbationsurkunde. Von approbierten Doktoranden wurde lediglich das Kolloquium gefordert. Es wurde vom Dekan und zwei weiteren Examinatoren abgehalten. Der nicht approbierte Kandidat mußte sich dem Rigorosum stellen, abgelegt vor dem Dekan und mindestens sieben weiteren Prüfern. Die Anforderungen waren dabei an den einzelnen Fakultäten unterschiedlich. Die Promotionsgebühren lagen zwischen 660 (Berlin) und 450 Reichsmark (Breslau, Freiburg, München, Straßburg, Würzburg). In der Philosophischen Fakultät hatte man bis 1908 im allgemeinen zwei Gruppen gebildet: die philologisch-historischen und die mathematisch-naturwissenschaftlichen Fächer. Hier wurden auch Bewerber ohne akademische Reife angenommen. Das erforderte aber den einstimmigen Beschluß der Fakultät oder eine besondere Genehmigung der Regierungs- oder Aufsichtsbehörden. Diese Immaturi suchten ihren Doktorgrad vornehmlich in Leipzig, Rostock, Tübingen, Jena und Erlangen zu erwerben. Die Promotionsgebühren schwankten zwischen 355 (Berlin) und 200 Reichsmark (Kiel, Würzburg).

Hinsichtlich der Anforderungen, die an Inhalt, Wert und Entstehungsart der Dissertation gestellt wurden, promovierten die Technischen Hochschulen (TH) fast ausnahmslos nur auf eine Abhandlung hin, deren Gegenstand den technischen Wissenschaften entnommen war, und immer nur auf eine solche hin, welche die Fähigkeit des Verfassers zu selbständigem wissenschaftlichen Arbeiten darlegte. Die Selbständigkeit der Ausarbeitung sollte überall durch Versicherung an Eidesstatt verbürgt werden. Mit „selbständigem wissenschaftlichen Arbeiten“ wurde - und wird - es indes ziemlich allgemein für vereinbar gehalten, wenn die Dissertation in einem akademischen Institut unter Aufsicht seines Leiters oder eines seiner Assistenten angefertigt wurde. Unter den Universitätsfakultäten stellten einige wenige keine bestimmten Anforderungen an die Dissertation. Es besagt natürlich nichts, wenn ein Statut eine „genügende“ Abhandlung verlangt. Gelegentlich hieß es, sie sollte „ohne unerlaubte Beihilfe“ hergestellt sein und die benutzte Literatur in einem Verzeichnis genau angeben. Meist galt - und gilt - auch an Universitäten die Arbeit als selbständig genug, wenn sie unter Leitung und Aufsicht eines Instituts- oder Seminarvorstandes, nach Diskussionen in einem Seminar oder überhaupt unter Leitung eines Dozenten ausgeführt oder wenn sie vor ihrer Einreichung der kritischen Durchsicht eines Dozenten unterworfen worden war. In zahllosen medizinischen Dissertationen kann man lesen, daß der Verfasser nicht einmal sein Material selber gesammelt hat, sondern daß er es diesem oder jenem Professor verdankt, wie er ihm auch für das Thema und für sonstige Unterstützung, die ihm

„mit Rat und Tat“ gewährt wurde, seinen „tiefgefühltesten“ Dank abstattet. Auch in anderen Inauguraldissertationen waren - und sind - derartige Danksagungen üblich. Und es ist immerhin ehrenwerter, sie finden statt, als daß sie unterdrückt werden. „Nur sollten mit dem Dank auch die Krankenschwestern beteiligt werden, welche die erforderlichen Messungen und Aufzeichnungen gemacht, und die Bibliotheksbeamten, die dem Kandidaten die erforderlichen Drucksachen zusammengesucht haben. Man muß sich aber fragen: worin besteht nun eigentlich das Verdienst des Verfassers an einer so zustande gebrachten Dissertation? In sehr vielen Fällen doch in weiter nichts als eben im ‘Verfassen’, das obendrein meist in formeller Hinsicht unbehilflich genug vor sich ging - von den schlampigen Literaturangaben ganz abgesehen! Hört man die Verteidiger solcher Zustände, ... so erfährt man, daß nun einmal über bestimmte Fragen brauchbare Spezialabhandlungen geschrieben werden müßten, die ohne Beihilfe erfahrener Dozenten nicht zustande kommen würden. Man vergißt also vollständig, daß die Doktorwürde doch ein Zeugnis für die Tüchtigkeit des Verfassers sein soll und nicht ein Zeugnis bloß für die Brauchbarkeit einer Abhandlung. Nicht darüber hinaus kommt eine Fakultät, wenn sie auf Kontrollierbarkeit des Arbeitsmaterials ihrer Doktoranden besteht. Denn dieses kann ja von fremder Hand geliefert sein. Dozenten, die den entgegengesetzten Standpunkt einnehmen, lehnen jede Beaufsichtigung des Bewerbers bei seiner Arbeit, ja sogar die Stellung eines Themas ab. Letzteres tun prinzipiell auch ein paar (juristische) Fakultäten, während eine andere sich stets darauf einläßt, nicht bedenkend, daß ein wissenschaftlich tiefer gebildeter Mann vor allem sein Arbeitsthema selber finden sollte. ... Zuweilen behält sich ... die Fakultät für den Fall der Erschleichung der Promotion deren Widerruf vor, was nützlich ist, weil ohne solchen Vorbehalt die Zulässigkeit des Widerrufs vielleicht bezweifelt werden könnte und jene Versicherungen erfahrungsgemäß nicht ausreichen. Es kommen nicht nur freche Plagiate vor ... Ein sogenannter ‘Repetitor’ erklärt ausdrücklich, er habe die Dissertation eines seiner ‘Schüler’ zur ‘Begutachtung’ gehabt, daraus Auszüge gefertigt und diese einem anderen ‘Schüler’ mitgeteilt. Die Dissertationen der beiden ‘Schüler’ sind bis auf Äußerlichkeiten sachlich und wörtlich identisch“ (K. von Amira, Reform der Doktorpromotion, S. 571f.). Noch J. Kuczynski berichtete, in seinem letzten Heidelberger Semester habe einer seiner Freunde auf folgende Weise „seinen Doktor“ bei E. Gothein gemacht: „Seine Dissertation behandelte einen Marmorbetrieb, an dessen Leiter er schrieb, sie würden sicher besser werden, wenn der Betrieb die Hauptmaterialien selbst bearbeiten würde. Da der Betriebsleiter sich davon eine gewisse Reklame versprach, wurde die Dissertation praktisch vom Betrieb geschrieben. Die mündliche Prüfung bei Gothein konzentrierte sich natürlich auf die Marmorindustrie, was den Kandidaten zu seinem Kummer zwang, seine eigene Doktorarbeit zu lesen. Bei Gundolf ließ er sich auf Grund der Lektüre eines Buches des George-Schülers Ernst

Bertram über Nietzsche prüfen; dem Prüfer in Volkswirtschaftslehre gab er als sein Lieblingsgebiet Getreidezölle an, weil er ein Buch von Brentano darüber bei mir gesehen hatte. So promovierte er auf Grund einer nicht von ihm geschriebenen Dissertation und der Lektüre von zwei Büchern." (J. Kuczynski, Memoiren, S. 73). Und das noch in der Weimarer Republik!

Daß die Doktorarbeit ein neues wissenschaftliches Resultat erbringen müsse, wurde bei der Umfrage der Münchener Hochschullehrer von 1913 nach K. v. Amira meist verneint, sehr im Gegensatz zur Praxis der theologischen Fakultäten, obgleich wenigstens in den katholischen der Verfasser mit der „Neuheit" seiner Resultate besonders vorsichtig sein müsse. Stichproben haben in der Hauptsache die Urteile von A. A. Below und E. Gothein über die Wertlosigkeit ganzer Gruppen von Inauguralabhandlungen für den untersuchten Zeitraum bestätigt. So erwiesen sich z.B. unter den strafrechtlichen Arbeiten selbst bei niedrigsten Anforderungen 47 % als ungenügend. Dennoch seien ihre Verfasser promoviert worden! Nur hätte sich v. Below nicht ausschließlich auf die juristischen und medizinischen Dissertationen beziehen sollen! Es gab nicht wenige philologische, historische und auch pädagogische Dissertationen, die ganz mechanisch „zusammengeschrieben" waren und tief unter dem standen, was eben noch druckenswert ist. Anderseits gab es Dissertationen aus gewissen juristischen und medizinischen Spezialfächern und aus bestimmten Fakultäten, die auch den strengsten Ansprüchen auf wissenschaftlichen Wert vollauf genügten. Gleiches scheint auch von den Inauguraldissertationen der technischen Wissenschaften zu gelten. An den THs war eben 1913 das Promovieren noch eine neue Einrichtung. Im allgemeinen aber wird man doch sagen dürfen, daß, von solchen Ausnahmen abgesehen, die deutsche Doktordissertation dieser Zeit, selbst wenn sie genügte, an Wert weit hinter der französischen „Thèse" zurückblieb, deren Verfasser ja freilich auch nicht selten in einem reiferen Alter stand als der deutsche Doktorand. Dabei berücksichtige ich noch nicht einmal den geringeren Umfang, den im Vergleich zur französischen Thèse (oft einem starken Band!) die deutsche Dissertation zu haben pflegte. In dieser Hinsicht herrscht an den deutschen Hochschulen vor dem 1. Weltkrieg insgemein Anspruchslosigkeit, durch die auch wieder die fabrikmäßige Herstellung von Dissertationen begünstigt wurde. Ein paar Fakultäten forderten ausdrücklich zwei Druckbogen. Andere begnügten sich mit noch weniger. Gewiß entscheidet über den Wert einer Abhandlung nicht ihre Bogenzahl. In gewissen Fächern, wie etwa der Mathematik, kann man schon auf wenigen Seiten sehr viel sagen. Aber wenn der Kandidat weiß, daß er der Fakultät schon äußerlich nur einen eilfertig zusammengeschriebenen „Wisch" vorzulegen braucht, „so liegt es nahe, daß er es auch mit ihrem Inhalt leicht nimmt." (K. von Amira, Reform der Doktorpromotion, S. 573f.).

Von den z. T. schonungslosen Ausführungen Amiras über den Stand des Dissertationswesens vor dem ersten Weltkrieg sei hier lediglich noch die Kostenfrage berührt. In Deutschland waren je nach Fakultäten die Gebührensätze für die Promotion sehr unterschiedlich. Ich habe das angemerkt. „Diese Unterschiede können nur teilweise gerechtfertigt werden durch die Unterschiede in der Mühewaltung, die den prüfenden Lehrkörpern je nach Fächern und je nach Vorbereitung der Kandidaten erwächst. Daß die Gebühren ... irgendwo zu hoch seien, wird kein Kundiger behaupten wollen. Man wird sie im Gegenteil angesichts des Zudrangs zur Promotion noch ruhig erhöhen dürfen, wenn man dafür sorgt, daß der Zugang zur Promotion nicht zu einem Privileg der Bemittelten wird. Die Verschiedenheit der Gebührensätze unter gleichnamigen Fakultäten muß aber um so schwerere Bedenken erwecken, als die Gebühren fast ganz den Mitgliedern der Lehrkörper zufließen. Diese können also ein ökonomisches Interesse an der Menge der Promotionen haben. Es kommt vor, daß Regierungen dieses Interesse zu benutzen suchen, wenn sie eine auswärtige Lehrkraft für eine Hochschule gewinnen wollen. Sie verweisen - natürlich nicht immer offiziell - auf die Einnahmen, die sich aus Promotionsgebühren erwarten lassen. Verschieden ist aber auch die Behandlung der Gebühren. Viele Fakultäten zahlen, wenn das Rigorosum nicht bestanden wird, einen Teil der Gebühren zurück oder sie lassen eine noch ausständige Rate erst unmittelbar vor dem Promotions-Akt, d. h. nach dem Bestehen aller Prüfungen fällig werden. Auf diese Weise verringern sie das Risiko des Bewerbers und sichern sich bis zu einem gewissen Grad einen stärkeren Zulauf im Vergleich zu denjenigen Fakultäten, die ein solches Verfahren ablehnen." (ebenda, S. 586).

In welchem Alter standen die Doktoranden? Wählen wir als Beispiel wieder Leipzig für den Jahreszeitraum 1904-1908. Als Termin gilt der des mündlichen Rigorosums, nicht der Ausstellungstag des Diploms. Letzteres, das das Führen des Doktortitels gestattet, wird erst nach Auslieferung der gedruckten Dissertation übergeben, wenigstens seitdem alle Fakultäten auf der Drucklegung bestanden. Nun konnte aber zwischen Rigorosum und Diplomausstellung einige Zeit verstreichen. Bei den Medizinern und Juristen brauchte die Dissertation überhaupt erst nach dem Rigorosum eingereicht zu werden, während es in der philosophischen Fakultät vorher geschehen mußte, die Drucklegung selbst aber innerhalb eines Jahres zu erfolgen hatte. Demnach standen die Leipziger Doktoranden der Jahre 1904-1908 in folgendem Alter:

„absolut					relativ				
	bis 22 J.	bis 25 J.	bis 30 J.	über 30 J.	Summe	bis 22 J.	bis 25 J.	bis 30 J.	über 30 J.	Durchschn. Jahr Monat
Jurispr.	231	655	141	18	1 045	22,1	62,7	13,5	1,7	24
Medizin	3	219	291	45	558	0,5	39,2	52,2	8,1	26,7
Naturw.	7	93	152	54	306	2,2	30,4	49,7	17,6	27,8
Historik	18	147	121	51	337	5,3	43,6	35,9	15,2	25,1
	259	1114	709	176	2 246	11,4	49,4	31,4	7,8	25,6“

(F. Eulenburg, Die Entwicklung der Universität Leipzig, S. 128f.)

Das Durchschnittsalter belief sich also auf 25 1/2 Jahre, d. h. wenn wir 19 1/2 Jahre als Immatrikulationsalter betrachten, so waren sechs Jahre nötig, um in Leipzig den Doktorgrad zu erlangen - doch eine respektable Zeit! Die Hälfte der Doktoranden stand zur Zeit des Rigorosums im Alter von 22 bis 25 Jahren; der „dichteste Wert“ fiel auf die Altersklassen 23 und 24, in denen zusammen allein mehr als ein Drittel promovierten. Unter den 8 %, die älter als 30 Jahre waren, befanden sich sogar einige über 40jährige, die offenbar erst nachträglich den Doktortitel erworben haben.

Als erstes deutsches Bundesland gewährte Baden am 28.2.1900 den Frauen per Ministererlaß die volle Immatrikulation an der Hochschule. Die anderen deutschen Bundesstaaten folgten, lediglich in Mecklenburg war das erst 1909 vollzogen. Damit war, trotz relativ großem Zustrom der Frauen zum Studium, ihre Gleichberechtigung noch keineswegs erreicht. Im „Dritten Reich“ wurde die Zahl der Studentinnen zeitweilig durch numerus clausus eingeschränkt. In Leipzig begegnen wir Studentinnen unter den „Hörern“ offiziell erst seit 1901. Ihre Zahl betrug 1901/04 durchschnittlich 64, d.i. ein Achtel der Hörer; im Jahrfünft 1904-1908 belief sich ihre Zahl auf 86, d.h. ein Neuntel der Hörer. Seit dem Sommersemester 1906 war die Zulassung von Frauen zur Immatrikulation in Leipzig gleich der der männlichen Kommilitonen geregelt. Im Sommersemester 1914 waren bereits 6,6 % aller Studenten weiblich. Diese Prozentzahl stieg bis zum Wintersemester 1932/33 ständig.

Daß Mädchen intelligent seien, bezweifelten anerkannte Wissenschaftler Deutschlands weiter. Noch 1912, als es schon zahlreiche Ärztinnen und Philologinnen gab, als M. E. Lüders als erste Frau in Staatswissenschaften zu Berlin mit der Arbeit „Die Fortbildung und Ausbildung der im Gewerbe tätigen weiblichen Personen und deren rechtliche Grundlagen“ summa cum laude ihr Doktordiplom erwarb, wandte sich ein Heidelberger Privatdozent mit grotesken Begründungen gegen das Frauenstudium, das den „männlichen Rigorismus“

deutscher Kultur mit einem „alle Kraft verzehrenden Feminismus" bedrohe. Danach war der „Geist der Universitäten der Geist ohne Zweck", die Frau dagegen sei als Sexualwesen rein zweckhaft, ausgeliefert der „Unberechenbarkeit ihrer körperlichen Zustände, ihrer Launen, ihrer Gefühle". Zudem sei ein „Mädchen fern vom Elternhaus vogelfrei". Das bekannte Pamphlet des Leipziger Psychiaters P. Moebius „Über den physiologischen Schwachsinn des Weibes" erlebte 1908 die 9. Auflage! Aber im Jahr 1912 wurde Frau Dr. phil. nat. L. Rabinowitsch-Kempner, seit 1894 Assistentin von R. Koch, als zweite Naturwissenschaftlerin in Deutschland zur Professorin ernannt. 1910 war ihr in Bonn Dr. M. Gräfin von Linden vorausgegangen. Manche männliche Professoren aber fürchteten bei studierten bzw. promovierten Frauen den „frühen Tod durch Überanstrengung des schwachen weiblichen Gehirns" oder eine „Epidemie der Ehescheu". Ein reimender Studiker in einem Studentenjahrbuch von 1914 wußte genau, wozu Frauen da waren:

„Mädchen, der Flieder, duftet er nicht
Euretwegen in leuchtendem Locken?
Himmel und Erde ein Wundergedicht:
Mädchen, das wollt ihr im Hörsaal verhocken?
Drüben vom Walde, lauscht ihr dem Schlag?
Da sind des Lenzes lustige Boten.
Mädchen, der Liebe gehört dieser Tag -
Folgt eurem Herzen, das hält seine Noten!"
(zit. W. Klose, Freiheit schreibt auf eure Fahnen, S. 197f.).

Dieser lockte, andere drohten. Die bekannte Schriftstellerin und Kulturhistorikerin R. Huch hatte 1891 in Zürich promoviert. Sie berichtet von einem Schweizer Gynäkologen, der seine Vorlesungen unter dem boshaften Gelächter der Studenten mit üblen Zoten pfefferte, um die anwesenden Studentinnen abzuschrecken. Damals wie heute hieß es: die einen studieren, um sich einen Mann zu angeln, und die anderen, weil sie keinen mehr abgekriegt haben! Manches Mädchen mußte seinen Studienwunsch auch gegen das konservative Elternhaus durchsetzen und als Werkstudentin arbeiten. Frauenvereine und Frauenzeitschriften, führend hier H. Lange, schufen Sozialwerke, um solchen Mädchen zu helfen. W. von Humboldt hatte „Einsamkeit und Freiheit" für die Wissenschaft gewollt. Die ersten Studentinnen erlebten nur die Einsamkeit. Die spätere Philologin und Kunsthistorikerin C. Schubert-Feder studierte in Wien als einzige Frau unter 5 000 Studenten: „Wenn ich mit stets klopfendem Herzen durch die dichtgedrängten engen Korridore hindurchschritt, da half mir einzig und allein der Rath einer freundlichen alten Dame, die mir einmal empfahl: 'Reden Sie sich nur ein, die Studenten seien alle Luft, sehen Sie durch sie hindurch!'" Die Romanistin E. Richter reichte 1901 ihre Doktorarbeit „Ueber die Entwicklung der romanischen Wortstellung aus der lateinischen" in Wien ein. Professor G. Gröber in Straßburg meinte, die Doktorandin würde für diese Leistung in Amerika sofort eine Professur bekommen. E. Richter dachte zeitweilig an Auswanderung: „Aber die Liebe zur Heimat machte mir den Gedanken unerträglich. Ich hing mit allen Fasern an Wien." 1904 war ihre Habilitationsschrift gedruckt, Voraussetzung für eine Dozentur. Die Herren der Fakultät berieten monatelang. 1905 bestand sie endlich vor zehn Prüfern, aber nun wehrte sich das Ministerium in Wien. Ein klerikaler Minister ließ den Fall E. Richter einfach liegen, ein liberaler wollte nicht unnötig anecken. Erst 1907 erhielt sie die Lehrerlaubnis, wurde eine hervorragende Professorin und blieb in ihrer Heimat; sie wurde im hohen Alter ein Opfer der Judenverfolgung durch Hitler.

Von 1908 bis 1933 schrieben in Deutschland Frauen 10 595 Doktorarbeiten, fast die Hälfte in der Medizin. Die meisten Studentinnen wurden Ärztin oder Philologin. Nur 54 oder 57 erlangten bis 1933 eine Lehrerlaubnis an der Universität, davon wiederum nur 24 einen Professorentitel. Und von diesen emigrierte die Hälfte bei Hitlers Machtübernahme.

F. Glum, der die Kaiser-Wilhelm-Gesellschaft der Wissenschaft führend mit aufgebaut hat und 20 Jahre ihr Generalsekretär war, schilderte an einem Beispiel anschaulich, wie „wertlos" vor dem ersten Weltkrieg der Doktortitel war. Er war damals u. a. in Berlin mit einem norwegischen Rechtsanwalt befreundet. Dieser hatte auf seiner Visitenkarte den Doktortitel. „Er gestand mir eines Tages, daß ihm dieser nicht zustehe. Man habe ihm aber gesagt, wenn er in Deutschland seiner Vorbildung entsprechend behandelt sein wolle, müsse er den Doktortitel führen, da die meisten Deutschen ihn besäßen. In Norwegen, wie übrigens auch in den anderen skandinavischen Ländern, ist die Erwerbung des Doktortitels eine große Sache, die nur alle paar Jahre einmal vorkommt und mehr unserer Habilitation entspricht, während bei uns damals allerdings in Heidelberg, Leipzig und Greifswald der Erwerb des Dr. jur. außerordentlich leicht war, so daß Hunderte dort jährlich promovierten. Boshafte Leute behaupteten, daß man es in Heidelberg zwischen zwei D-Zügen abmachen könne. Ich habe immer die Titelsucht in Deutschland und speziell den Unfug mit dem Doktortitel als außerordentlich blamabel empfunden und schämte mich dementsprechend bei der Eröffnung ... Nun, es war nicht überall so schlimm. In Berlin und Bonn waren die Anforderungen wesentlich höher. Als ich 1920 - 103 Jahre nach der Wiedererrichtung der Universität in Bonn - dort in der juristischen Fakultät promovierte, war ich der 83. oder 87. Doktor." (F. Glum, Zwischen Wissenschaft und Politik, S. 93).

Unmittelbar nach 1918 kamen die Kriegsteilnehmer in die Universitäten. Neue Studentenjahrgänge stammten zwar überwiegend weiterhin aus den sozialen Schichten, die bisher das Profil der Hochschulen bestimmt hatten, standen aber nach dem inflationsbedingten

Verlust vieler bürgerlicher Vermögen oft vor großen Schwierigkeiten. Werkarbeit, Tätigkeit in den Semesterferien und äußerste Sparsamkeit stellten Auswege aus dieser Situation dar. An den Universitäten regte sich überdies Selbsthilfe, die etwa zur Gründung der Studentenwerke, zur Einrichtung von allgemein zugänglichen Mensen und zu ersten Wohnheimen führte - analog der Gründung der „Notgemeinschaft der deutschen Wissenschaft" (1920), die Druckkostenzuschüsse für Dissertationen und Habilitationsschriften, später auch Habilitations- oder Reisestipendien bereitstellte und damit der Vorläufer der „Deutschen Forschungsgemeinschaft" wurde. Auch die „Studienstiftung des Deutschen Volkes" wurde 1925 errichtet, um begabten Studenten ein einigermaßen sinnvolles Studium zu ermöglichen. Mit all dem erfolgte aber allenfalls ein gewisser Ausgleich, es kam zu keiner prinzipiellen Änderung der sozialen Zusammensetzung der Studentenschaft. Das Studium war nach wie vor teuer; es schloß Angehörige der Unter- und der unteren Mittelschichten praktisch, wenn auch nicht in jedem einzelnen Fall aus.

Durch die Inflation wurde die Zunahme von Immatrikulationen an den deutschen Hochschulen nicht unterbrochen. Sie stiegen im Gegenteil von 1918 bis 1923 ständig an. Im Sommersemester 1923 erreichte die Zahl der Studentinnen erstmalig 10,2 %. Obwohl zahlreiche Studenten verschiedenste Gelegenheitsarbeiten übernehmen mußten, um überleben zu können, blieben sie an der Universität, um eine akademische Bildung zu erhalten. Die Stabilisierung der Währung verursachte eine entschiedene Senkung der Immatrikulationszahlen, sie erreichten 1926 ihren Tiefststand. Danach stiegen sie bis 1931 wieder auf fast 104 000 (oder etwa 5 % der 20- bis 23jährigen) an. 18,5 % davon waren Studentinnen. Doch das verarmte und entkräftete Deutschland konnte nicht in gewohnter Weise eine schnell wachsende Zahl von akademisch Gebildeten aufnehmen. Leute mit Erfahrung rieten Studenten, sich gut zu überlegen, ob sie sich dem scharfen Wettbewerb um die wenigen offenen Stellen in den gelehrten Berufen aussetzen wollten. Selbst in Handel und Industrie gab es jetzt ein Überangebot an Bewerbern für Büroarbeiten mit Universitätsausbildung. Dennoch wuchs die Studentenzahl weiter an. Es entstand eine Art akademisches Proletariat in Deutschland. Von den Vätern der Studenten an deutschen Universitäten waren 1931 etwa 25 % höhere Beamte, Hochschullehrer, Lehrer an höheren Schulen, Geistliche, Offiziere und Angehörige freier und gelehrter Berufe. 32 % waren niedere Beamte und Lehrer (ohne akademische Bildung), 5 % Gutsbesitzer und Landwirte, 11 % Industrielle, Großkaufleute, Direktoren und leitende Angestellte. 18 % waren kleinere unabhängige Kaufleute, Gewerbetreibende und Handwerker, 6 % kleinere (nicht leitende) Angestellte und nur 3 % Arbeiter. Das akademische Proletariat der Weimarer Zeit bestand, mit anderen Worten, hauptsächlich aus jenen Gruppen, die durch die Industrialisierung bereits benachteiligt worden waren und die die Inflation am schwersten getroffen hatte.

An den Universitäten hatte sich - auch hinsichtlich der Weltauffassung - nach 1918 kaum etwas geändert. Letztlich haben - pauschal gesehen - nur fünf Professoren in der Weimarer Republik höchstes Ärgernis hervorgerufen: der jüdische Philosophieprofessor Th. Lessing, der jüdische Professor für Statistik E. J. Gumbel, der protestantische Theologe G. Dehn, der Ordinarius für Staatsrecht H. Nawiasky und der jüdische Zivilrechtler E. J. Cohn. Sie waren linke Professoren, Pazifisten usw., aber keineswegs Marxisten. Das Jüdische trat z. T. erst nach 1933 bei ihrer „Beurteilung" in den Vordergrund. Teilweise waren ihre Vorlesungen längere Zeit von „rechten" bzw. NS-Studenten so blockiert, daß sie nicht lesen konnten. Angriffe gegen den Friedensvertrag von Versailles, gegen den Reichspräsidenten P. von Beneckendorff und Hindenburg u.a. waren die Hauptursachen. Jedenfalls: Linke wollte man auch von 1919 bis 1933 nicht an deutschen Universitäten dulden! Die Kollegen solidarisierten sich nur zu einem geringen Teil mit den Angegriffenen - ihr Grundgeist war anders!

In der Berliner Technischen Hochschule feierte man 1924 ein Jubiläum „in Anwesenheit des Prinzen Heinrich von Preußen, des ersten Ehrendoktors der Hochschule, und in unveränderter Dankbarkeit gegenüber Kaiser Wilhelm II." Dieser hatte 1913 die Ehrenpromotion durch alle 11 THs des damaligen Deutschen Reiches erfahren. Den Festraum schmückten „Banner in den Farben Preußens und Charlottenburgs", und in der Festrede wurde ohne jede Einschränkung das monarchische Erbe beschworen: „Gründung unserer Hochschule vor 125 Jahren und Gleichstellung mit den Universitäten, beides danken wir den Hohenzollern. Sie schufen im Vertrauen auf die Macht des Geistes dieses Kulturwerk als eine unvergängliche Großtat ihres Hauses." Diese Feier war unverkennbar eine Demonstration gegen die Republik und für die Traditionen des preußisch-deutschen Kaiserreichs. Die vorherrschende nationale Grundhaltung fand auch ihren Ausdruck in der Verleihung des Dr.-Ing. E. h. an Admiral R. von Scheer, „den Sieger in der Seeschlacht am Skagerak". Und diese Feier war nur eine von vielen mit ähnlicher Tendenz in der Weimarer Republik.

Für die Promotion in diesem Zeitraum gilt verstärkt, eigentlich bis heute: Mehr als je zuvor liegt die Spezialisierung auf bestimmte Probleme im Wesen der Dissertation. Sie kann innerhalb der für die Berufsausbildung notwendigen Studienfächer liegen, aber auch auf Gebieten, die nur wenig mit der beruflichen Vorbereitung zu tun haben und vielleicht zum Lehrgebiet anderer Fakultäten gehören. Der erste Fall liegt im großen und ganzen bei den Juristen, den Ärzten und zum großen Teil auch bei den Lehrern für Gymnasien und Oberwie Mittelschulen vor. Ihre Dissertationen können - von Ausnahmen abgesehen - mit den Kenntnissen angefertigt werden, die ein Studium vermittelt, das den Anforderungen der Staatsprüfungen genügt. Die Promotion verbürgt hier eine vertiefte wissenschaftliche Ausbildung. Sie kann als zweite akademische Prüfung eine weitere Auslese darstellen oder auch in der Staatsprüfung vorgekommene Fehlleistungen korrigieren. Liegt dagegen das Promotionsfach außerhalb des Normalstudiums, so muß es erst in seiner Gesamtheit erarbeitet werden. Deshalb ist die Promotion für die Berufe schwerer, für die es keine auf den Beruf zugeschnittene Promotionsmöglichkeit gibt. Dann zeigt der Doktorgrad an, daß nicht nur die vorgeschriebene Berufsausbildung erfolgt ist, sondern auch Gebiete studiert worden sind, die nicht oder nur lose mit dem Beruf zusammenhängen. Werden dadurch lediglich persönliche Interessen befriedigt, kann das unter Umständen zu einer Zersplitterung des Studiums führen. So etwa wäre die Promotion eines Mediziners in Musikgeschichte zu bewerten. In der Regel aber wird eine derartige Promotion eine Erweiterung des beruflichen Gesichtskreises darstellen, vielleicht sogar eine zweite Staatsprüfung ersetzen können. In diesem Sinne sind z. B. der philosophische Doktorgrad eines Juristen oder eines Geistlichen, der staatswissenschaftliche Doktorgrad eines Diplomingenieurs, der juristische Doktorgrad eines in Verwaltungsstellen tätigen Arztes, Lehrers oder Geistlichen zu beurteilen.

Für den Beruf selbst bedeutet die Promotionsmöglichkeit zumindest seit Beginn des 20. Jahrhunderts dessen Gleichstellung mit den anerkannten wissenschaftlichen Berufen und für eine Zweigwissenschaft die Anerkennung als selbständiges Lehrgebiet der Fakultät, dann des Fachbereichs. Das Streben der Berufsverbände geht dahin, für die akademischen Berufe Doktorwürden zu schaffen, die auf ihre besonderen Bedürfnisse Rücksicht nehmen, in ihrer näheren Bezeichnung auf die Fachpromotion schließen lassen und deshalb auch im Berufsleben geachtet werden. Mit diesen Gründen ist stets die Einführung neuer Doktorwürden gefordert, z. T. auch erreicht worden. Die Berufe erreichen damit zugleich, daß ihr Gebiet auf der Universität gepflegt und gefördert wird, wie es ohne die Promotionen kaum sein würde. Auch von Universitätskreisen wird jetzt betont, daß größere Probleme oft nur mit Hilfe der von den Doktoranden geleisteten „Vor- und Kleinarbeit" gelöst werden könnten.

In vielen Fällen dient das dem Namen vorgesetzte „Dr." bzw. „D." als äußeres Kennzeichen des Akademikers, das sowohl gesellschaftlich wichtig sein kann als auch - besonders seit der Novemberrevolution von 1918 - in Stellen bedeutend ist, die jetzt auch dem Nichtakademiker zugänglich sind. Deshalb legen Handel und Industrie Wert darauf, daß ihre führenden Persönlichkeiten ihn tragen. Gerade dies gilt auch für die Gegenwart! In dieser Einstellung zum Doktortitel liegt auch die Gefahr einer Minderbewertung. Sie wird dann groß, wenn durch ein Überangebot an Arbeitskräften ein Doktor gezwungen wird, Stellen anzunehmen, für die ein akademisches Studium unnötig ist. Es ist nicht uninteressant, daß schon bei den Beratungen über die Besoldungsreform vom Dezember 1927 in Sachsen der Gedanke auftauchte, die promovierten akademischen Volksschullehrer besser zu besolden als ihre Kollegen mit sonst gleicher Vorbildung. In dieser Überspannung der

Kopplung zwischen Besoldung und Vorbildung hätte zweifellos eine neue Gefahr für die Doktorwürde gelegen, da diese mehr als bisher wegen pekuniärer Vorteile erstrebt worden wäre. Es darf nicht unerwähnt bleiben, daß im 20. Jahrhundert der Doktortitel oft von Ausländern als Zeichen eines in Deutschland absolvierten Studiums erworben wird. In der Vergangenheit erfolgte dies auch unter ungewöhnlichen Bedingungen. So besuchten während der französischen Besetzung der Stadt Göttingen 1757-1762 französische Offiziere auch Vorlesungen und erwarben akademische Grade. Dies *auch*, weil die Universitäten in Frankreich damals keinen guten Ruf hatten und im Leben der Nation eine geringe Rolle spielten. Andererseits war Vorpommern 1637 bis 1815 schwedisch. Und viele Schweden erwarben ihren Dr. oder Magister in Greifswald, wo es ihnen leichter erschien - und war.

Überhaupt hat sich der deutsche Doktorgrad in der wissenschaftlichen Welt zwar nicht seine ursprüngliche Bestimmung, aber doch noch eine achtenswerte Bedeutung erhalten können. Verständlich daher, daß das Promotionsrecht auch von den anderen Hochschulen erstrebt wurde. Erst durch dieses Recht, so glaubte man, würde die Gleichstellung der Fachhochschulen mit den Universitäten ausgedrückt. Durch kaiserliche Verordnung vom 11.10.1899 wurde dieses Recht den Technischen Hochschulen verliehen. Damit begann eine Bewegung, die dazu führte, daß auch die tierärztlichen, landwirtschaftlichen, forstwirtschaftlichen und Handels-Hochschulen eigene Doktortitel verleihen durften. Die Universitäten fügten ihren altherkömmlichen vier Doktortiteln neue hinzu. Allein innerhalb der ersten 30 Jahre des 20. Jahrhunderts sind 16 neue Doktortitel geschaffen worden, 48 deutsche Hochschulen haben 1930 das bestätigte Promotionsrecht. Man befürchtete von dieser Entwicklung des Promotionswesens ein erneutes Abgleiten der Doktorwürde. Dies führte zu der Drohung, man könne neue Doktorwürden nicht als generell gleichwertig mit den alten anerkannten Würden betrachten. Deshalb ist gefordert worden, daß sich die Doktortitel der übrigen Hochschulen durch „Titel und Sachgehalt" von ihnen klar unterscheiden.

Die Promotionsmöglichkeiten haben sich an den deutschen Universitäten nach 1918 nur unwesentlich geändert. Im Jahre 1909 gliederte sich z. B. die Universität Leipzig noch in vier Fakultäten. Die evangelisch-theologische Fakultät verlieh die Lizentiatenwürde (Lic. theol.) und die Doktorwürde (D. theol.). Die juristische Fakultät promovierte zum doctor iuris utriusque (Dr. jur.) und ernannte diejenigen, die sich vor Abgabe der Dissertation mit Erfolg der mündlichen Doktorprüfung unterzogen hatten, zum baccalaureus iuris (Bacc. jur.). Die medizinische Fakultät hatte die Würde eines doctor medicinae (Dr. med.) zu vergeben und durfte seit 1907 in Verbindung mit der damaligen Tierärztlichen Hochschule Dresden die Würde eines doctor medicinae veterinariae (Dr. med. vet.) verleihen. Die philosophische Fakultät promovierte zum doctor philosophiae et artium liberalium magister (Dr. phil.). Mit dem 17.12.1919 wurde in Sachsen die Würde eines doctor medicinae dentariae

(Dr. med. dent.) eingeführt, die ebenfalls durch die medizinische Fakultät zu Leipzig verliehen wurde; im gleichen Jahr konnte die philologisch-historische Abteilung der philosophischen Fakultät erstmalig die Würde eines doctor rerum politicarum (Dr. rer. pol.) vergeben. Die Tierärztliche Hochschule Dresden wurde seit dem 1.10.1923 der Universität Leipzig als veterinärmedizinische Fakultät angegliedert. Die Verleihung des tierärztlichen Doktorgrades wurde der neuen Fakultät übertragen. So sind zwischen 1909 und 1924 allein in Sachsen zwei neue Doktortitel geschaffen worden.

In Freiburg im Breisgau wurden 1910-1919 710, 1920-1929 1 406 und 1930-1939 1 346 Kandidaten zum Doktor der Medizin promoviert. Zwar hat de jure für den Mediziner zu dieser Zeit kein Zwang zum Erwerb des Doktortitels bestanden und damit auch nicht zum Abfassen einer Dissertation. De facto sind aber seit 1875 nur wenige medizinische Absolventen ohne den Doktortitel von der Freiburger Hochschule abgegangen. Allerdings fand im Gefolge der Kriege 1914/18 und 1939/45 mancher aus der Gefangenschaft Zurückgekehrte keine Zeit mehr, eine Dissertation auszuarbeiten, weil sich u. a. die finanziellen Verhältnisse in Deutschland von Grund auf geändert hatten.

Mit der Zunahme der Zahl der Medizinstudenten und der zum Doktor zu Promovierenden, mit der gleichzeitig vermehrten Inanspruchnahme der Dozenten durch Verwaltungsgeschäfte, Krankenbehandlung usw. wurde es immer schwieriger, die Gesamtfakultäten geschlossen an den Doktorexamina zu beteiligen. Am 29.4.1914 faßte etwa die Freiburger Medizinische Fakultät den Beschluß, die Doktorprüfungen seien künftig vom Dekan und nur drei weiteren Fakultätsmitgliedern abzuhalten. Damit verlor dieses Examen weiterhin an Feierlichkeit. Die Freiburger Promotionsordnung von 1920 besagte zwar, die mündliche Doktorprüfung fände als Kolloquium „in einer Sitzung der Fakultät vor dem Dekan oder seinem Stellvertreter als Vorsitzenden“ statt. Eingehalten hat man diesen Beschluß wohl kaum. In der Folge ging man hier dazu über, die Kollegialprüfung völlig abzuschaffen und durch Einzelprüfungen bei drei Examinatoren zu ersetzen, bis auch diese nach dem 2. Weltkrieg wegfielen. Diese und die folgenden Beispiele beziehen sich in der Tendenz, der Absicht und mit dem Zeitpunkt letztlich auf alle deutschen Universitäten.

Die Juristische Fakultät der Freiburger Universität praktizierte nach dem 1. Weltkrieg eine strenge Handhabung der Promotionsordnung und traf Vorkehrungen gegen eine Niveausenkung ihrer Doktorpromotionen. Die Promotionsstatuten der Jahre 1923 und 1926 legten jedem Kandidaten dieser Juristenfakultät erstmalig die Verpflichtung auf, alle Stellen der Dissertation, die aus der früheren Literatur ganz oder annähernd wörtlich entnommen waren, als solche genau zu kennzeichnen. Gleichzeitig wurde die Bestimmung eingefügt, die Arbeit sei druckfertig einzureichen. Die bereits 1871 geforderte Versicherung des Kandidaten, daß er die Arbeit selbst verfaßt habe, mußte nun auch hier eidesstattlich bekräftigt werden. Die wohl nicht unbegründete Furcht vor Plagiaten scheint die Fakultät zu dieser Maßnahme veranlaßt zu haben. Außerdem verschärfte man den Beurteilungsmaßstab für die Dissertation und bestimmte, diese müsse wissenschaftlich beachtenswert sein und die Fähigkeit des Bewerbers darlegen, selbständig wissenschaftlich arbeiten zu können. Hatte ein Bewerber in Freiburg das Erste Juristische Staatsexamen nicht bestanden, so mußte er seit 1923 zusätzlich zur Dissertation und zur mündlichen Prüfung vier Klausurarbeiten anfertigen: zwei Klausuren zu Problemen des öffentlichen Rechts, die anderen zu Problemen des Zivil- und Zivilprozeßrechts. Erforderlich war zumindest ein Gesamtdurchschnitt mit der Note „rite". Älteren Bewerbern mit abgeschlossener nichtjuristischer Berufsausbildung konnte Dispens gewährt werden. In Ausnahmefällen wurde die Anzahl der Klausuren aber auch erhöht. In der Juristischen Fakultät der Universität Freiburg war der Druck der Inauguraldissertation schon seit 1776 vorgeschrieben. Diese Verpflichtung zur Drucklegung, deren Kosten der Promovend zu tragen hatte, war in der Freiburger Promotionsordnung von 1871 erneuert worden. Obschon sich die Fakultät dabei das Recht vorbehielt, aus besonderen Gründen vom Druck zu befreien, fand eine Anwendung dieser Ausnahmevorschrift - ganz im Gegensatz zu der sehr freizügigen Dispensgewährung in der Vergangenheit - offenbar nicht statt. Im Jahre 1882 verzichtete die Fakultät auf eine derartige Dispensmöglichkeit. Seit 1871 gestattete man auch den Druck einer Dissertation in einer wissenschaftlichen Zeitschrift. In jedem Fall mußte ein Doktorand 80 Exemplare kostenfrei einreichen: 70 Stück erhielt die Universitätsbibliothek für den Bibliotheksaustausch, 10 Exemplare wurden den Fakultätsmitgliedern zur Verfügung gestellt. 1879 erhöhte die Fakultät die Zahl der abzuliefernden Pflichtexemplare von 80 auf 100, im Jahre 1882 auf 120 Exemplare, um den gestiegenen Bedarf der Universitätsbibliothek zu decken. Letztmalig beschloß diese Fakultät 1924 eine Heraufsetzung der abzuliefernden Pflichtexemplare um 80 auf 200 Stück, wovon die Universitätsbibliothek wegen des erneut gestiegenen Austauschvolumens 150, die Fakultät 50 Exemplare erhielt. Andererseits schuf man in der Promotionsordnung von 1882 die Möglichkeit, aus besonderen Gründen (wenn der Druck in einer Zeitschrift erfolgte oder die Dissertation als Buch von einem Verlag herausgegeben wurde), die Zahl der abzuliefernden Pflichtexemplare zu ermäßigen. Im Jahre 1886 setzte die Fakultät die unterste Grenze auf zehn, 1923 auf 15 Exemplare fest. Außerdem beschränkte sie in den Promotionsordnungen von 1923 und 1926 die mögliche Ermäßigung auf solche Dissertationen, die in einer wissenschaftlichen Zeitschrift oder Sammlung erscheinen sollten. Es lag nahe, daß beim Abdruck der Dissertation in einer Zeitschrift oder Sammlung die Notwendigkeit des Bibliotheksaustausches, wenn überhaupt, nur sehr gering war.

Infolge der im 1. Weltkrieg in Deutschland auftretenden großen Papierknappheit ermächtigte im Jahre 1917 auch das Badische Ministerium des Kultus und Unterrichts im

Rahmen seiner Rechtsaufsicht alle Fakultäten der beiden badischen Universitäten, ihre Promotionsordnungen dieser außergewöhnlichen Situation anzupassen. Die Juristische Fakultät der Universität Freiburg hob daraufhin die Druckpflicht für Dissertationen auf, die seit 1895 innerhalb von sechs Monaten zu erfolgen hatte, und verlängerte die Einreichungsfrist der gedruckten Pflichtexemplare bis zum Ablauf von zwei Jahren nach Friedensschluß. Durch eine Ermächtigung des Ministeriums für Kultus und Unterricht vom 19.9.1919 veranlaßt, verpflichtete diese Juristische Fakultät von nun an jeden Doktoranden, nach bestandenen Prüfungen die Dissertation zumindest in Maschinenschrift vervielfältigen zu lassen und binnen sechs Monaten 4 Exemplare kostenfrei einzureichen. Wurde die Arbeit gedruckt, mußte der Promovend jetzt 12 Exemplare abliefern. Der Gefahr des Niveauverlustes der Dissertationen bei maschinenschriftlicher Vervielfältigung in nur 4 Exemplaren versuchte die Fakultät dadurch entgegenzuwirken, daß jetzt immer auch der Name des Referenten auf dem Titelblatt der Dissertation anzugeben war. Man hoffte offenbar, durch die Mitveröffentlichung des Namens des jeweiligen Referenten der Arbeit, diesen zu einer sorgfältigen und strengen Beurteilung anzuhalten. Zudem hatte der Doktorand am Schluß seiner Arbeit einen vom Dekan genehmigten kurzen Lebenslauf beizuheften sowie einen druckfertigen und genehmigten Auszug aus der Dissertation vorzulegen. Die Dissertationsauszüge aller Freiburger Fakultäten - und nicht nur sie - wurden einmal im Jahr gedruckt und veröffentlicht, um dadurch der wissenschaftlich interessierten Öffentlichkeit einen Einblick in die Tätigkeit der Universität und ihrer Fakultäten zu vermitteln. Mit Wirkung vom 1.4.1925 wurde die Übergangsregelung von 1917 für die Juristische Fakultät der Universität Freiburg aufgehoben und das bis dahin gültige Verfahren wieder eingeführt, allerdings mit der im Jahre 1920 beschlossenen Verschärfung, daß der Name des Referenten auf dem Titelblatt der Dissertation zu nennen und ein kurzer Lebenslauf des Promovenden am Schluß der Arbeit beizufügen sei.

Ab 1895 - mit Ausnahme der durch Sonderbestimmungen geregelten Jahre 1917 bis 1919 - wurde die Juristische Doktorwürde und damit das Recht zur Führung des Doktortitels in Freiburg durch Aushändigung des Doktordiploms erteilt. Die Fakultät überreichte es dem Promovenden aber erst, wenn er die gedruckten, bzw. die in Maschinenschrift vervielfältigten Pflichtexemplare abgeliefert hatte. Von 1917 bis 1919 wich die Fakultät aus den oben dargelegten Gründen von diesem Modus ab. Sie gestattete nach den bestandenen Prüfungen die vorläufige Führung des Titels „Doktor der Rechte“ bis zu der auf zwei Jahre nach Friedensschluß hinausgeschobenen Frist der Ablieferung einer gedruckten Dissertation. Doch auch nach Abschaffung dieser Sonderbestimmung häuften sich die Fälle, in denen Kandidaten nach bestandener Doktorprüfung, ohne die Übergabe des Doktordiploms abzuwarten, rechtswidrig den Doktortitel führten. Um diesem Mißbrauch ein Ende zu bereiten, mußte seit Anfang der zwanziger Jahre jeder Doktorand nach bestandener Prüfung einen Revers unterzeichnen, der ihm den genauen Zeitpunkt, zu dem er das Recht auf Führung des Doktortitels erlangte, zur Kenntnis brachte.

Die Kosten für die Juristische Doktorpromotion in Freiburg, in den Promotionsstatuten von 1871 einschließlich der Ausgaben für den Druck des Doktordiploms auf 212 Gulden, 48 Kreuzer festgesetzt, unterlagen bis 1933 erheblichen Wandlungen. 1879 ermäßigte man die Gesamtgebühren auf insgesamt 200 Reichsmark und ordnete zugleich den Verteilungsmodus neu. Im Unterschied zu früheren Regelungen wurde der Referent einer Dissertation nun höher, die einzelnen Professoren dagegen entsprechend niedriger entlohnt. Anfang 1886 erhöhte die Fakultät den Gebührensatz auf 300 Reichsmark. Die dadurch wiederum notwendig gewordene Neuregelung des Verteilungsverfahrens wurde am 25.6.1886 beschlossen und am 28.6.1895 modifiziert. Folgende Aufteilung wurde beschlossen: 1. *Schriftliche Prüfung*: 7 Mitglieder je 12 Mark; Dekan 12 Mark, Berichterstatter 32 Mark, Oberpedell 8 Mark, Fakultätskasse 14 Mark, zusammen 150 Mark. 2. *Mündliche Prüfung*: 7 Mitglieder je 16 Mark, Dekan 16 Mark, Oberpedell 4 Mark, Fakultätskasse 18 Mark, zusammen 150 Mark. In dem in die Fakultätskasse fließenden Betrag waren die Kosten des Diploms mitenthalten. Legte ein Kandidat die mündliche Prüfung zuerst ab, ohne sie zu bestehen, wurde der Gebührensatz des Oberpedellen auf 8 Mark erhöht und der an die Fakultätskasse fließende Betrag auf 14 Mark herabgesetzt. Bis zum Juli 1920 hat die Fakultät die Gebühren auf 400 Mark angehoben. Bei der seit 1.10.1920 neu beschlossenen Gebührenaufteilung wich die Fakultät von dem bisher praktizierten Verfahren ab, jedem ihrer Professoren auch dann einen gewissen Geldbetrag zukommen zu lassen, wenn er an der jeweiligen Promotion nicht direkt beteiligt war. Nun partizipierten lediglich jene Professoren an den Promotionsgebühren, die unmittelbar an einer Prüfung teilnahmen. Zudem wurden jetzt neben dem Oberpedellen auch der Oberkanzleirat sowie die akademischen Hilfskräfte finanziell bedacht. Seit Dezember 1921 führte man überdies 5 % der Promotionsgebühren einer Fondskasse zu. Der rapide Geldverfall in Deutschland während der Inflationszeit blieb auch in Freiburg nicht ohne Auswirkungen auf die Höhe der Promotionsgebühren. Bis zum 22.6.1922 erhöhten sie sich auf 800 Mark. Schon im November 1922 mußte ein Doktorand 4 000 Mark entrichten, ab 19.2.1923 6 000 Mark. In der Fakultätssitzung vom 18.6.1923 führte man schließlich eine Promotionsgebühr nach gleitenden Sätzen ein. Dabei wurden 60 Mark als Basis genommen und jeweils mit dem Lebenshaltungsindex oder dem sogen. Buchhändler-Schlüssel multipliziert. Dieses Verfahren hatte der Summe nach horrende Gebührensätze zur Folge: So zahlte ein Doktorand am 20., ein anderer am 27.12.1923 je 17 Billionen 250 Milliarden Mark. Auch hatte der Promovend seit 1923 die Kosten für die Herstellung des Doktordiploms selbst zu tragen. Zudem die Ausgaben für den Druck der Dissertation, von 1919 bis 1925 die Ausgaben für die maschinenschriftliche Vervielfältigung und den Druckkostenzuschuß für die Dissertationsauszüge. Bei Wiederholung der Doktorprüfung entstanden dem Promovenden natürlich zusätzliche Kosten. Verlangte die Promotionsordnung von 1871 generell noch 50 % des erstmaligen Gebührensatzes, so bestimmte man 1882, daß lediglich dann 50 % zu entrichten seien, wenn der Bewerber erst in der mündlichen Prüfung versagt habe. Anderenfalls war der volle Betrag zu entrichten. Diese Kann- wurde 1895 in eine Muß-Vorschrift umgewandelt. Und diese wurde später nicht wieder abgeändert.

Seit 1882 wurde in Freiburg die Einzahlung der gesamten Prüfungsgebühren mit der Meldung, also noch vor der Zulassung, zur Bedingung gemacht. Eine Rückerstattung dieses Gesamtbetrages oder eines Teiles davon nach erfolgter Zulassung war ab jetzt prinzipiell nicht mehr möglich. Lediglich bei Nichtzulassung wurden die Gebühren zurückgezahlt. Diese Vorschrift lockerte man 1895 hinsichtlich der Gebühreneinzahlung. Die erste Hälfte mußte nun zusammen mit dem Zulassungsgesuch, der Rest vor dem Eintritt in den zweiten Teil des Examens beglichen werden. Von dieser harten Haltung nahm die Freiburger Juristische Fakultät 1912 und 1921 nur vorübergehend Abstand: Anfang 1912 beschloß man, bei Zurückweisung der schriftlichen Arbeit dem Kandidaten von der ersten Gebührenhälfte in Höhe von 150 Mark die Summe von 70 Mark zurückzuerstatten. Am 10.1.1921 erhöhte die Fakultät den in diesem Fall zurückzuzahlenden Betrag auf 100 Mark. Aber auch jetzt verweigerte man eine Gebührenrückzahlung, wenn der Promovend den mündlichen Teil der Doktorprüfung nicht bestanden hatte. In den Promotionsordnungen von 1923 und 1926 schaffte die Fakultät die Möglichkeit einer Rückzahlung von Gebühren ganz ab. War seit 1871 noch ein vollständiger Gebührenerlaß - mit Ausnahme der Taxe für Syndikus und Pedell - kraft einstimmigen Beschlusses der Fakultät möglich, so wurde nach den Promotionsordnungen von 1882 und 1895 den Doktoranden nur dann in diesem Rahmen Gebührenerlaß gewährt, wenn ihre Inauguraldissertation preisgekrönt worden war. Seit 1923 kannten die Promotionsbestimmungen der Freiburger Juristenfakultät die Möglichkeit des Gebührennachlasses überhaupt nicht mehr.

Soweit ein Beispiel aus dem katholischen Bereich. Ein weiteres aus dem protestantischen - Leipzig - soll folgen. Ich wähle zwei ausführlichere Beispiele von den damals 48 Hochschulen aus, um einen allgemeinen Eindruck zu vermitteln.

Die Promotion setzt bei allen Fakultäten in dieser Zeit grundsätzlich die an einer deutschen neunstufigen höheren Schule mit Erfolg abgelegte Reife-, die Maturitätsprüfung voraus. Ausländische Maturitätszeugnisse mußten durch besonderen Beschluß als den deutschen gleichwertig anerkannt werden. Für die theologische Fakultät kam lange Zeit nur die Gymnasialreife in Betracht. Dann wurde auch die Realgymnasialreife anerkannt, wenn durch Ergänzungsprüfungen im Lateinischen, Griechischen und Hebräischen nachgewiesen wurde, daß in diesen Fächern das Gymnasialziel erreicht worden war. Die einzelnen Fakultäten stellten generell an die Promotion sehr unterschiedliche Anforderungen - damals wie heute. Die im Folgenden für Leipzig angeführten Dissertationsanforderungen gelten im allgemeinen für viele deutsche Universitäten im ersten Drittel unseres Jahrhunderts. Die theologische Fakultät verlangte hier für den Dr. theol. „volle Beherrschung des Gegenstandes und eine wirkliche Förderung der wissenschaftlichen Forschung". Die juristische Dissertation sollte die „Befähigung ihres Verfassers zur wissenschaftlichen Behandlung seines Themas" beweisen. Die medizinische Fakultät verlangte, daß die Dissertation den „Nachweis wissenschaftlicher Bildung und die Befähigung zu selbständiger Arbeit auf medizinischem Gebiete" zeigt. Die philosophische Fakultät sah in der Dissertation eine „wissenschaftliche Abhandlung über ein selbstgewähltes" Thema, die nur dann als genügend angesehen werden könne, wenn sie „wissenschaftlich beachtenswert ist und die Fähigkeit des Kandidaten dartut, selbständig wissenschaftlich zu arbeiten".

Die Dissertation kann damals in allen Leipziger Fakultäten deutsch, in der theologischen und in der juristischen Fakultät - jedenfalls noch in der Weimarer Republik - auch lateinisch geschrieben sein. Andere Sprachen bedürfen der Genehmigung der Gesamtfakultät. Behandelt eine Dissertation ein Gebiet aus der Klassischen Philologie, muß sie lateinisch geschrieben sein; die deutsche Sprache ist dafür nur mit besonderer Genehmigung des Fachvertreters statthaft. In der juristischen und in den medizinischen Fakultäten kann ein bereits gedrucktes Buch oder eine veröffentlichte Abhandlung als Dissertation anerkannt werden. Um eine selbständige Bearbeitung des Themas zu sichern, verlangen auch alle Leipziger Fakultäten eine eidesstattliche oder ehrenwörtliche Erklärung, daß die Dissertation ohne fremde Beihilfe angefertigt worden ist. Bei der juristischen und der philosophischen Fakultät muß zudem angegeben werden, ob und mit welchem Erfolg sich der Bewerber schon einmal um die Doktorwürde beworben hat.

Zur Beurteilung der Arbeit stellen sich die einzelnen Fakultäten verschieden. Schon allein das Thema kann zur Ablehnung führen, denn es soll, wie die juristische und die philosophische Fakultät betonen, vom Bewerber frei gewählt sein. Insbesondere lehnt die juristische Fakultät es ab, sich vor Einreichen über die Tauglichkeit eines ihr namhaft gemachten Themas zu äußern. Für die Beurteilung der Arbeit ernennt der Dekan im allgemeinen zwei Referenten, aufgrund deren Referate die Fakultät die Arbeit billigt, ablehnt oder zur Umarbeitung zurückgibt. Dabei legte die philosophische Fakultät die Arbeit jedem Mitglied der jeweiligen Sektion vor, die medizinische Fakultät nur, wenn die Referenten entgegengesetzter Meinung sind.

Die Dissertation soll als erstes Produkt wissenschaftlicher Arbeit gedruckt werden. Wegen der zu hohen Druckkosten müssen auch die Leipziger Fakultäten seit dem Wintersemester 1919/20 den Druckzwang aufheben. Die theologische und die medizinischen Fakultäten verlangen zunächst noch den Druck von Auszügen, die philosophische Fakultät gibt 1920-1923 Sammelbände heraus, in denen die Auszüge der einzelnen Arbeiten zusammengefaßt werden. Im Jahre 1924 geben auch die medizinische und theologische Fakultät den Druck gänzlich auf. Sie verlangen nur noch eine Anzahl Schreibmaschinenexemplare, von denen eins in ihrem Archiv aufgehoben wird, während die anderen zur Ausleihe zur Verfügung stehen.

Außer der Dissertation, die als Hauptleistung galt, wird noch eine mündliche Prüfung gefordert. Sie sollte zeigen, ob sich die in der Arbeit „niedergelegten Spezialkenntnisse" einem „umfassenderen Wissen" des Kandidaten einordnen. Sie wird im allgemeinen nach Annahme der Arbeit abgehalten und vollzieht sich bei der Promotion zum Dr. theol. in Form eines Kolloquiums vor der gesamten Fakultät. Die juristische Fakultät läßt den Kandidaten von 4 Mitgliedern „in allen juristischen Disziplinen mit Ausnahme der Partikularrechte" prüfen. In den medizinischen Fakultäten brauchen sich Kandidaten, welche die ärztliche Staatsprüfung bestanden haben, nur einem Kolloquium vor 3 Fakultätsmitgliedern zu unterziehen, in dem „mehr die theoretische als die praktische Seite der Medizin und der Gegenstand der Abhandlung besonders" berücksichtigt wird. Nicht dem umfassenderen Rigorosum, das in einen theoretischen und einen praktisch-klinischen Teil zerfiel.

In Leipzig wurden von 1909 bis 1923 7 494 Doktoranden promoviert. 9/10 davon sind Deutsche, von diesen fast 60 % Sachsen. Den kleinsten Teil davon stellt die theologische Fakultät mit nur 24, den größten die medizinische Fakultät mit 1 822 medizinischen, 637 veterinärmedizinischen und 295 zahnärztlichen Doktoren. Wir haben hier während der Vorkriegsjahre eine leicht ansteigende Tendenz und dabei in der Reihenfolge zunehmend in der theologischen, juristischen, philosophischen und medizinischen Fakultät. Auffällig ist das Zurückgehen der Promotionen in der juristischen Fakultät. Das Universitätsjahr 1907/08 weist mit 353 das Maximum auf, im Universitätsjahr 1911/12 haben wir mit 143 den tiefsten Wert. Dies läßt sich aus den juristischen Promotionssatzungen erklären, die seit 1907 den Nicht-Sachsen die Promotion erschweren. Die schon vor dem Inkrafttreten der neuen Bestimmungen eingeleiteten Promotionen werden noch zu Ende geführt, so daß sich die Erschwerungen erst im Universitätsjahr 1911/12 voll auswirken können. Der Krieg bringt ein absolutes Minimum für alle Fakultäten, das im Studienjahre 1916/17 erreicht wird. Von da an steigen die Zahlen wieder. Die Kriegsteilnehmer haben anscheinend öfter ihre Lazarett- und wohl auch ihre Dienstzeit in den Ersatzbataillonen dazu benutzt, ihre Promotion zu beenden. Zum Teil ist dazu Urlaub erteilt worden. Bemerkenswert erscheint, daß die medizinische wie die veterinärmedizinische Fakultät relativ am stärksten abfallen, um dann kurz nach dem Kriege alle Fakultäten zu überholen. Dies hängt offenbar mit der Verwendung der Medizinstudenten als Militärärzte während des Krieges zusammen, die dadurch länger als die anderen Studierenden der Universität fernbleiben mußten. Im Jahre 1924 finden wir bei den Fakultäten die gewohnte Reihenfolge wieder, nur die philosophische Fakultät hat die juristische überholt; alle infolge des erhöhten Andrangs zum akademischen Studium mit absolut größeren Zahlen. Die wirtschaftliche Notlage dürfte schuld daran sein, daß nach 1920 zunächst viele Promotionen unterblieben sind. Sie hätte sich wahrscheinlich noch mehr ausgewirkt, wenn nicht andererseits durch Aufhebung des Druckzwangs und durch die entwerteten Promotionsgebühren ein Anreiz zum Promovieren gegeben worden wäre. Die einmal angefangenen Promotionen sind sicher größtenteils zu Ende geführt worden, obgleich die Gebühren annähernd wieder die Vorkriegshöhe erreichen und auch der Druckzwang wieder eingeführt wird.

Einer der vielen im 20. Jahrhundert eingeführten neuen Doktorgrade sei hier kurz skizziert. Bis 1909 (Erlaß der neuen Prüfungsordnung vom 15.3.1909) wurde für das Studium der Zahnheilkunde nicht das Reifezeugnis eines Gymnasiums, Realgymnasiums oder einer Oberrealschule gefordert. Dabei wurde die Zahnheilkunde nur z. T. in der medizinischen Fakultät betrieben. Die Studenten wurden in der philosophischen Fakultät als Studierende zweiten Grades geführt. Anfang der sechziger Jahre des 19. Jahrhunderts genügte für die Zulassung zum Studium der Zahnheilkunde die Versetzung aus der Quarta in die Untertertia des Gymnasiums bzw. der Realschule. Erst durch die Prüfungsordnung vom 5.7.1889 wurde die Reife für die *Prima* einer neunklassigen Vollanstalt, eines Gymnasiums, Realgymnasiums bzw. einer Oberrealschule gefordert und damit die Bedingungen für die Approbation des Zahnarztes auf eine ganz andere Basis gestellt. Erst jetzt wurde für den künftigen Zahnarzt ein wirkliches Studium von vier Semestern gefordert, dazu eine einjährige praktische Tätigkeit bei einem Zahnarzt. Ebenso wurden die Prüfungsbedingungen vertieft bzw. verschärft. Ab 1909 gab es auch zahnärztliche Lehrinstitute und Professuren. Die Studiendauer wurde auf 7 Semester erhöht. Nach drei Semestern war eine zahnärztliche Vorprüfung (in Anatomie, Physiologie, Physik, Chemie und Zahnersatzkunde) abzulegen. Die Hauptprüfung - sie umfaßte sechs Fächer (darunter auch pathologische Anatomie, allgemeine Pathologie sowie Hygiene) - fand am Ende des Studiums statt.

Bis 1909 konnten die Zahnmediziner höchstens an der philosophischen Fakultät als sogen. Immateure um die Verleihung der Doktorwürde nachsuchen. Eigentlich verlangte das, daß sie nach der zahnärztlichen Fachprüfung nochmals ein regelrechtes Studium in der philosophischen Fakultät absolvierten. Das kostete aber viel Zeit und Geld; so promovierten die meisten Zahnärzte nicht. Dazu wurden die Immaturen-Promotionen an den philosophischen Fakultäten zunächst eingeschränkt, dann abgeschafft. Erst am 10.8.1919 wurden in Preußen die medizinischen Fakultäten zur Erteilung der Würde des Dr. med. dent. (Doctor medicinae dentariae) ermächtigt. Dem schlossen sich die anderen Staaten Deutschlands sogleich an. Die entsprechenden Promotionsbestimmungen wurden z. B. in Sachsen am 17.12.1919, in Bayern am 18.1.1920 und in Württemberg am 18.5.1920 erlassen.

An den deutschen Universitäten gab es schon 1910 rund 1 500, 1920 fast 5 500 Studenten der Zahnheilkunde. Die meisten davon studierten 1920 in Würzburg, Berlin, München, Breslau oder Leipzig. In den Bestimmungen über die Verleihung der Würde eines Doktors der Zahnheilkunde in Preußen von 1919 heißt es auch: „Die Verleihung des Doktors der Zahnheilkunde ist an die Anfertigung einer wissenschaftlichen, druckfähigen Abhandlung und eine mündliche Prüfung gebunden; sie kann aber auch als eine Ehrenerweisung durch freies Zugeständnis der Fakultät erfolgen ... Die wissenschaftliche Arbeit hat ein Thema aus der praktischen oder theoretischen Zahnheilkunde oder aus den die Zahnheilkunde berührenden medizinischen Fächern zu behandeln.“ (zit. O. Schröder, Die zahnärztliche Doktorwürde, S. 14f.). Die Promotion in absentia war verboten, die Gebühren sollten 500 Mark nicht übersteigen.

Für die Berliner Friedrich-Wilhelms-Universität galt: „Durch die Dissertation soll der Kandidat sich darüber ausweisen, daß er die Befähigung erlangt hat, selbständig wissenschaftlich zu arbeiten. Zu ihrem Gegenstande kann, abgesehen von allen zahnärztlichen Fragen, alles gewählt werden, was aus dem weiten der Gebiete der Naturwissenschaften irgendeine lehrreiche Beziehung zu der Zahnheilkunde als Wissenschaft und Kunst darbietet, es sei nun in der Darstellung neuer eigener oder fremder, noch nicht wissenschaftlich bearbeiteter Beobachtungen oder gewonnener Ergebnisse von Versuchen, oder in der erweiterten Bearbeitung und Fortbildung älterer Untersuchungen, oder in der historischen oder kritischen Sichtung und Aufstellung angemessener Gegenstände aus der naturwissenschaftlichen Literatur. Zu ihrem Umfange soll die Dissertation in der Regel zwei Druckbogen des Dissertationsformates erreichen.“(ebenda, S. 23). Einzureichen waren vier Exemplare in Maschinenschrift. In den Vorschriften der 1914 gegründeten Universität zu Frankfurt/Main heißt es: „Eine schon durch den Druck veröffentlichte, in deutscher Sprache geschriebene Abhandlung kann als Dissertation eingereicht werden.“ (zit. ebenda, S. 27). Ähnliche Vorschriften bestanden in München und Tübingen. Leipzig verlangte zudem auch exakte Quellenangaben in der Arbeit.

Unter den 7 494 von 1909-1924 zu Leipzig gekürten Doktoren befanden sich 278 Frauen, das waren 3,7 % der Gesamtzahl, wovon 131 die philosophische Fakultät und 121 (einschließlich 10 Zahnärztinnen und 1 Tierärztin) die medizinische Fakultät stellte. Eine Anzahl war verheiratet, die meisten (15,4 %) hatten in der medizinischen Fakultät promoviert. Die Studentinnen der Medizin, die sich mit Medizinern verheiratet hatten, beendeten - im Gegensatz zu ihren Kommilitoninnen anderer Fakultäten - ihr Studium, um mit ihrem Gatten gemeinsam die Praxis ausüben zu können. In einzelnen Fällen promovierten die Ehegatten sogar an einem Tage. Die Einordnung der Leipziger Promotionen 1909-1924 in die Gesamtzahl der an den deutschen Universitäten promovierten Doktoren ist nicht einwandfrei durchzuführen, da kein geschlossenes Zahlenmaterial vorliegt. Gelegentlich veröffentlichte Angaben sind meist unvollständig. Doch das Jahresverzeichnis deutscher Universitätsschriften bringt eine verhältnismäßig gute Annäherung an die tatsächlichen Verhältnisse, da in ihm das gesamte Material nach einheitlichen, bibliographischen Gesichtspunkten behandelt ist. Es kommt aber eine unregelmäßige und für die einzelnen Universitäten ungleiche Verschiebung durch die zeitweilige Aufhebung des Druckzwanges für die Dissertation hinein, die sich innerhalb des betrachteten Zeitraums auch nicht völlig ausgleicht. Von den im Zeitraum von

15.08.1909 bis 31.12.1914	24 124	Promovierten	entfallen	2 884	auf	Leipzig
01.01.1915 bis 31.12.1919	9 781	"	"	851	"	"
01.01.1920 bis 31.12.1924	41 738	"	"	3 462	"	"

Der Anteil Leipzigs an der Gesamtzahl war von 12 % über 8,7 % auf 8,3 % gefallen. Verschiedene Gründe mögen dazu geführt haben. In der juristischen Fakultät betrug der Anteil im dritten Jahrfünft nur noch 7,9 % gegenüber 14,7 % im ersten, während in der medizinischen Fakultät der Anteil von 11,7 % auf 7,7 % gefallen war. Die philosophische Fakultät hatte sich mit 9,9 % gegenüber 10,5 % annähernd auf gleicher Höhe gehalten. Offenbar waren die schon erwähnten Änderungen der Promotionsvorschriften daran schuld, daß Leipzig nicht mehr so oft wie früher zwecks Promotion aufgesucht wurde. Dazu kam u. a. noch, daß Leipzig eine zeitlang durch eine Reihe bedeutender Professoren ein Anziehungspunkt für die akademische Jugend war und dadurch eine Glanzzeit hatte. Diese hatte mit dem Universitätsjubiläum 1909 - 500 Jahre Universität - ihren Höhepunkt erreicht.

Von Interesse dürfte auch für diese Periode das Verhältnis der Anzahl der Promotionen zur Zahl der Studierenden sein. Dabei ist zu bedenken, daß die Doktoranden aus ganz verschiedenen Studienjahren stammten. Bezieht man die Promotionen auf die Studierenden im Zeitraum von 1909-1924, so ergeben sich für das erste Jahrfünft 5,3, für das zweite 2,2 und für das dritte 6,3 Doktoren auf 100 Studierende. Die „Häufigkeitszahl" war in den einzelnen Fakultäten verschieden. Sie betrug für den gesamten Zeitraum in der juristischen Fakultät 7,2 %, in der medizinischen 7,1 %, in der veterinärmedizinischen 11,1 % und in der philosophischen 3,1 %. In der Kriegszeit war sie sehr niedrig, weil die meisten Studierenden zum Heeresdienst beurlaubt waren, als immatrikulierte Studenten aber mitgezählt wurden.

1919 bis 1924 kommen in Leipzig

„in der juristischen	Fak. auf	12 352	Studenten	945 Promotionen	=	7,7 %
in der medizinischen	"	8 141	"	829 Promotionen	=	10,2 %
in der veterinärmed.	"	1 861	"	368 Promotionen	=	19,8 %
in der philosophischen	"	23 283	"	937 Promotionen	=	4,0 %
in der Zahnheilkunde	"	2 932	"	295 Promotionen	=	10,1 %
in der Wirtschaftswiss.	"	5 494	"	203 Promotionen	=	3,7 %“

(F.R. Fabian, Die Doktorpromotionen an der Universität Leipzig, S. 51)

Danach promovierten auch hier die medizinischen Fakultäten relativ am meisten. Auffällig ist der niedrige Prozentsatz in den Wirtschaftswissenschaften. Manche Volkswirtschaftler werden, wie früher, in der philosophischen Fakultät zum Dr. phil. promoviert haben. Das war bis zum Sommersemester 1926 sogar bequemer als die Promotion zum Dr. rer. pol. nach den neuen Bestimmungen. Sehr viele Juristen und Volkswirtschaftler hatten sich bei der engen Verbindung ihrer Fakultäten als „stud. jur. et rer. pol.“ einschreiben lassen. Wenn wir dementsprechend Juristen und Volkswirtschaftler zusammennehmen, kommen auf 17 846 Studierende 1 238 Doktoren. Daraus folgt ein Prozentsatz von 6,9 %, was den Tatsachen besser entspricht. Um diese 90 Doktoren oder einen Teil davon nimmt die Zahl der philosophischen Doktoren ab.

Es war eine Ausnahme, wenn ein Arzt bzw. Zahn- oder Tierarzt nicht promovierte. In der juristischen Fakultät war es ebenfalls üblich, den Doktortitel zu erwerben. Er war für die Juristen, die in den freien Berufen, in der Wirtschaft und Industrie unterkommen wollten, von Vorteil. Teils begnügte man sich mit ihm und legt die Staatsprüfung nicht ab, teils sicherte man sich durch beide Prüfungen. Die gleichen Gründe werden auch Volkswirtschaftler zu promovieren bewogen haben. Für die staatswissenschaftliche Doktorwürde waren die ersten Jahre nach dem 1. Weltkriege eine Übergangszeit. Ihre Einführung fiel mit einem großen Bedarf der Wirtschaft an Volkswirtschaftlern zusammen. Vielleicht wäre diese Doktorwürde damals nicht so oft verliehen worden, wenn sie nicht zugleich als Abschlußprüfung des volkswirtschaftlichen Studiums hätte dienen müssen. Durch die Einführung der Diplomprüfung für Volkswirte und das Erschweren der Promotionsbedingungen hat die Zahl der staatswissenschaftlichen Promotionen abgenommen. Die niedrige „Häufungszahl“ in der philosophischen Fakultät erklärt sich daraus, daß es in ihr viele Studierende gab, für die eine Promotion sehr erschwert war oder überhaupt nicht in Frage kam.

Im übrigen war die Doktorwürde hier für die Mehrzahl zwar erwünscht, aber nicht notwendig.

Noch einige Vergleichszahlen zur Universität Berlin: Die „Häufigkeit“ der Promotionen, bezogen auf 100 Studierende, betrug hier 1904/05 1,7 (Leipzig 6,2), 1909/10 1,9 (Leipzig 6,5), 1923/24 3,6 (Leipzig 8,2). Die Gründe, weshalb eine Universität von den Doktoranden bevorzugt wurde, können zusammenhängen mit einem Professorenwechsel, der Anerkennung neuer Promotionsfächer, mit Änderungen der Promotionsvorschriften oder der Prüfungsgebühren. Da derartige Änderungen häufig eintraten, wurde bald die eine, bald die andere Universität bevorzugt. Die Promotionszahlen der Fakultäten benachbarter Universitäten waren in dieser Hinsicht sicher voneinander abhängig. Zwischen den Universitäten Leipzig, Berlin und Halle haben von jeher - vor allem zwischen den juristischen und den medizinischen Fakultäten - derartige Beziehungen bestanden. Die Berliner medizinische Fakultät hat lange Zeit schärfere Promotionsbedingungen gehabt als die Leipziger. Daher promovierten viele preußische Mediziner in Leipzig. Als Berlin seine Bedingungen den allgemein üblichen anpaßte, sank der preußische Anteil in der Leipziger Fakultät.

Die verhältnismäßig große Anzahl der Promotionen in Leipzig brachte naturgemäß eine große Belastung für die Professoren mit sich. Zahlenmäßig läßt sie sich nur für die philosophische und die medizinischen Fakultät erfassen, denn die juristische Fakultät veröffentlichte den ersten Referenten nicht; die theologische Fakultät scheidet infolge ihrer geringen Promotionsziffer aus. Rechnet man die Gesamtzahl der Dissertationen auf die Anzahl der Professoren der jeweiligen Disziplin um, die mindestens eine Doktorarbeit angenommen haben, so entfielen vom Wintersemester 1909/10 bis zum Sommersemester 1924 durchschnittlich auf einen Professor jährlich in der medizinischen Fakultät 2,47, in der philosophischen 1,34 und in der veterinärmedizinischen Fakultät 2,49 Dissertationen. Das machte für alle drei Fakultäten zusammen 1,49 Dissertationen. Die veterinärmedizinische Fakultät weist damit den größten Durchschnittswert auf.

Innerhalb der Leipziger Philosophischen Fakultät sind zwischen 1920 und 1924 wiederum enorme Unterschiede nachweisbar. Natürlich sind einzelne Professoren von den Doktoranden besonders bevorzugt worden, während eine ganze Anzahl nur eine Dissertation betreut hat. So haben in den einzelnen Disziplinen die Professoren mit den höchsten Dissertationszahlen während der Jahre 1919-1924 in Leipzig im Durchschnitt jährlich z. B. in der Klassischen Philologie 3, in der neueren Philologie 5,2, in den philosophischhistorischen Wissenschaften 8,0, in den Wirtschaftswissenschaften (Dr. phil.) 9,2, in Mathematik 2,0, in den Naturwissenschaften 6,6 und in den Staatswissenschaften (Dr. rer. pol.) 17,2 Doktorarbeiten angenommen. Diese Zahl betrug in der Medizin 19,6, bei den Zahnärzten 15,0 und bei den Veterinärmedizinern 20,6 Dissertationen.

Die volkswirtschaftliche Disziplin, die sowohl den Dr. phil. als den Dr. rer. pol. verlieh, stand mit 21,4 Dissertationen in einem Jahr an der Spitze. Vor allem den medizinischen Dozenten stand ein Stab von Assistenten zur Verfügung, der ihnen die Hauptarbeit für die Beurteilung abnahm. Andererseits wurden die Professoren aller Fakultäten durch das zweite Referat über die Doktorarbeiten und durch die mündliche Prüfung noch mehr belastet. Die Zahlen führen zu ähnlichen Ergebnissen, wie sie sich aus der „Häufigkeit" der Promotionen in den einzelnen Fakultäten ergeben.

Für die Berechnung des Alters der Leipziger Doktoren zwischen 1908 und 1924 sei der Promotionstag als Stichtag zugrunde gelegt. An diesem Tage hatte der Doktorand alle Promotionsbedingungen erfüllt: die schriftliche Arbeit war angenommen, das Rigorosum bestanden und die vorgeschriebene Anzahl gedruckter Belegexemplare abgeliefert worden. Dadurch ist eine gleichartige Behandlung der Fakultäten gewährleistet. Dabei war der „Doctor designatus", der die eigentlich wissenschaftlichen Leistungen für die Promotion erfolgreich abgelegt hat, im allgemeinen um die Zeit jünger, die zum Druck der Arbeit gebraucht wurde. Die medizinischen Fakultäten promovierten nach bestandenem Kolloquium, also vor Ablieferung der gedruckten Arbeit. Über die Hälfte der Doktoren hat in Leipzig auch in diesem Zeitraum im Alter von 24 bis 27 Jahren promoviert, etwa 16 % waren über 30 Jahre alt. Bei ihnen kann man annehmen, daß sie schon im Beruf standen. Dieser Prozentsatz betrug in der Vorkriegszeit 11 %, stieg dann auf 20 % und fiel zwischen 1920 und 1924 auf 18% zurück. Für das Promotionsalter ergeben sich in den einzelnen Fakultäten unterschiedliche Zahlen. Am jüngsten waren die Staatswissenschaftler mit 25,8 Jahren, am ältesten die Theologen mit 30,5 Jahren. Vergleichen wir die Durchschnittsalter mit der Länge der für die einzelnen Disziplinen vorgeschriebenen Studienzeiten, so ergibt sich folgende Zusammenstellung:

	Theol. Lic.	Jur.	Med.	Zahnärzte	Tierärzte	Hist.	Naturwiss.	Staatswiss.
Durchschnittsalter	30,5	26,7	28,2	27,2	29,2	27,3	26,6	25,8
Studienzeit (Semester) nach dem Stand von 1921	10	6	10	8	8	6	6	6

Zu konstatieren ist eine gewisse Abhängigkeit des Promotionsalters von der Studienzeit. Wurde für das betreffende Promotionsfach ein Studium von 6 Semestern gefordert, lag das durchschnittliche Promotionsalter zwischen 25,8 und 27,3 Jahren, bei geforderten 8 Semestern lag es zwischen 27,2 und 29,2, bei geforderten 10 Semestern zwischen 28,2 und 30,5 Jahren.

Danach waren die Historiker und die Tierärzte in Leipzig relativ alt, als sie zwischen 1909 und 1924 ihre Promotion beendigten. Das mag daher kommen, daß die philologisch-historischen Dissertationen viel Literaturstudium erforderten, umfangreicher waren als die naturwissenschaftlichen und häufig nicht während der Berufstätigkeit bearbeitet werden konnten. Die Experimente und die Berechnungen, die den mathematisch-naturwissenschaftlichen Dissertationen zugrunde lagen, erforderten zwar intensivstes Arbeiten im Institut, ließen sich aber offenbar in kürzerer Zeit bewältigen. Deshalb wohl auch waren die Naturwissenschaftler durchschnittlich jünger als die Juristen, die, meist schon im Vorbereitungsdienst stehend, nur gelegentlich an ihrer Dissertation arbeiten konnten. Bei den Staatswissenschaftlern ist das niedrige Durchschnittsalter darauf zurückzuführen, daß bei ihnen die älteren Jahrgänge fast fehlten. Das Alter der Theologen war - auch mit Rücksicht auf das zehnsemestrige Studium - verhältnismäßig hoch.

Die Angaben zur sozialen Herkunft der Doktoren stammen aus den Lebensläufen, die bei der Meldung zur Promotion eingereicht werden mußten und die von F. R. Fabian (Die Doktorpromotionen an der Universität Leipzig in den Jahren 1909-1924, S. 80-83) in der juristischen und in den medizinischen Fakultäten für die Jahre 1919-1924 eingesehen werden konnten. Allerdings kann die nachfolgende Übersicht nicht beanspruchen, die tatsächlichen Verhältnisse getreu widerzuspiegeln, weil etwa 1/5 der Lebensläufe keine Angaben über den Stand des Vaters enthielten und weil nur sehr ungenaue Berufsbezeichnungen vorlagen.

Beruf des Vaters	Studierende		Doktoren				
	m	w	Juristen	Mediziner	Zahnärzte	Tierärzte	Summe
Selbständige			688	554	179	183	1604
	80,76%	87,06%	83,5%	84,0%	74,6%	76,6%	81,7%
Angestellte			100	76	47	37	260
	18,48%	12,94%	12,1%	11,5%	19,6%	15,5%	13,3%
Arbeiter			36	30	14	19	99
	0,76%	-	4,4%	4,5%	5,8%	7,9%	5,0%
Summe			824	660	240	239	1963
	100,0%	100,0%	100,0%	100,0%	100,0%	100,0%	100,0%
Ohne Angabe	-	-	121	169	55	129	474
Gesamtzahl	-	-	945	829	295	368	2437

Wir sehen auch hier das starke Hervortreten der dem öffentlichen Dienst und den freien Berufen angehörigen Väter. Am meisten wird das bei Humanmedizinern und Zahnärzten deutlich; doch herrschen dabei die freiberuflichen Väter nicht in dem Maße vor, wie zu vermuten wäre. Die in diese Berufszweige fallenden Väter verteilen sich mit 317 auf den öffentlichen Dienst und mit 142 auf die freien Berufe. Bei den Tierärzten gehören fast ein Drittel ihrer Väter der Landwirtschaft an. Bei den Juristen stammt fast die Hälfte von ihnen aus industriellen und kommerziellen Kreisen. Nach der Berufsstellung des Vaters läßt sich das Material nur schlecht auszählen. Über ein Fünftel der Berufsangaben lautet auf „Kaufmann". Deshalb wurden von Fabian sämtliche „Kaufleute", wie in solchen Fällen üblich, unter die Selbständigen gerechnet.

Auch in Leipzig haben wir bei den Promovenden zwischen 1909 und 1924 ein starkes Vorherrschen der selbständigen Väter. Sie überwiegen mit über 80 % in der juristischen und der medizinischen Fakultät, mit etwa 75 % bei den Zahn- und Tierärzten. 10 % der Väter in der juristischen und der medizinischen Fakultät sind Angestellte. Die Arbeiter entfallen fast ganz. Bei den Zahn- und Tierärzten machen die Angestellten einen größeren Prozentsatz aus, bei den Zahnärzten fast 20 %. Entsprechend kommen in diesen Disziplinen die Arbeiter auf höhere Zahlen, in der veterinärmedizinischen Fakultät bis auf 8 %. Hier kann sich der Einfluß der älteren Generation geltend machen, weil bei dieser die Ausbildung noch keine Reifeprüfung und kein Vollstudium erforderte und deshalb auch von den einfacheren Kreisen bestritten werden konnte. Auffällig ist der verhältnismäßig hohe prozentuale Anteil (5 %) der Arbeiter an der Gesamtzahl bei den Doktoren gegenüber dem entsprechenden geringen Anteil (0,76 %) bei den Studierenden. Dabei ist zu beachten, daß bei den Studierenden alle Fakultäten erfaßt werden konnten, die theologischen und philosophischen Doktoren dagegen nicht.

In den 20er und den 30er Jahren setzte weltweit das exponentielle Wachstum der Wissenschaft ein. Die Zahl der Entdeckungen, Erfindungen und der neuen Erkenntnisse wuchs immer schneller, auch die bisherigen Sichtweisen änderten sich schneller. Für die Universitäten und Hochschulen bedeutete dies: 1. Die Wissenschaftsentwicklung führte zunehmend zur weiteren Spezialisierung und dementsprechend zu einer höchst differenzierten innerwissenschaftlichen Arbeitsteilung. 2. Dies begünstigte die Forschung insofern, als die wissenschaftliche Reputation immer stärker von der Forschungsleistung bestimmt und damit in der Hochschule strukturell etwas verändert wurde. Das wirkte auf die Lehre zurück. Sie wurde nun immer stärker von ihrem Verhältnis zur Forschung bestimmt. Es wurde so immer schwieriger, grundlegende Einführungen in die einzelnen Wissenschaften zu geben, die der Studierende doch als ein Ganzes begreifen sollte. 3. Löste sich der inhaltlich vermittelte Zusammenhang zwischen der forschenden Universität und jenem Teil des Bildungsbürgertums, der früher verstanden und getragen hatte, was an der Universität geschah, immer mehr auf.

Dies hat sich zunächst rein äußerlich kaum auf die Hochschulen ausgewirkt. In der Weimarer Republik kamen an neuen Hochschulen lediglich die Kölner Universität und die Medizinische Akademie in Düsseldorf sowie die Handels-Hochschule in Nürnberg hinzu. Eine neue Problematik wurde nur in der Errichtung der Hochschulen für Lehrerbildung sichtbar, mit denen zunächst im republikanischen Preußen eine demokratisch motivierte Bildungspolitik operierte. Ihr Ziel war die Aufwertung der Volksschule. Das setzte eine verbesserte Ausbildung der Volksschullehrer voraus. Andere Länder, meist sozialdemokratisch regiert, gingen einen Schritt weiter und verlegten die Volksschullehrerausbildung an die Universität (z. B. Hamburg) oder an die Technische Hochschule (Braunschweig).

Ansonsten kam es zu keinen größeren Änderungen. Das Deutsche Reich hatte 1919 knapp 60 Millionen Einwohner, 1920 rund 87 000 Universitätsstudenten und rund 23 000 Studenten an den Technischen Hochschulen. Das ergab rund 110 000 Studierende an beiden Hochschultypen oder etwa 18 Studierende je 10 000 Einwohner. Diese Zahlen waren noch kriegsbedingt, später kam es zu einer Reduktion. 1933 zählte man (mit dem Saarland) in Deutschland etwa 66 Millionen Einwohner und etwa 68 000 Studenten an Universitäten sowie 13 000 an Technischen Hochschulen. Auf 10 000 Einwohner entfielen jetzt also etwa 12 Studenten. Die Zahl der Professoren hatte sich dagegen wegen des Ausbaus der einzelnen Fächer leicht erhöht - von etwa 1630 auf etwa 1770 Universitätsordinarien.

b) Bis zum Ende des Dritten Reiches

Am 30.1.1933 wurde A. Hitler deutscher Reichskanzler, die Herrschaft des Nationalsozialismus in Deutschland begann. Schon am 25.4.1933 wurde das „Gesetz gegen die Überfüllung deutscher Schulen und Hochschulen“ erlassen. Zusammen mit dem wirtschaftlichen Druck führte das dazu, daß im Wintersemester 1936/37 nur noch etwa 48 500 Studenten an den Universitäten immatrikuliert und die TH-Studenten auf etwa 11 000 zurückgegangen waren. Gießen, Greifswald und Rostock hatten damals weniger als 1 000 Studenten, Erlangen, Halle und Kiel nur wenig mehr als 1 000, und Berlin lag mit etwa 6 700 wieder in der Größenordnung, die es schon im 19. Jahrhundert erreicht hatte. Wissenschaftlich kam es jetzt zu einer Ausdünnung - teils wegen der Vertreibung vieler führender Professoren, teils, weil die Ideologie die wissenschaftliche Entfaltung beengte, teils auch, weil die Rüstungsforschung im Vergleich zum Universitätsausbau Priorität hatte. Die Zahl der Professoren verringerte sich sogar deutlich: Ein Teil der Professoren jüdischer Abstammung wurde nicht ersetzt; später gab es im Lehrkörper auch kriegsbedingte Lücken.

Die Bücherverbrennungen der Zeit paßten zu der Beurlaubung „fremdrassiger“ Professoren. Die NS-Studenten - die studentische Interessenvertretung wurde schon vor 1933 von Nationalsozialisten beherrscht - hatten vor 1933 Unruhe und teils auch Terror in die Hochschulen hineingetragen. Jetzt wurden diese Studenten auch ein Ordnungselement im Sinne des Regimes. Dieses griff immer härter zu. Den Beurlaubungen folgten scheinbar harmlose Eingriffe in die Lehrfreiheit und brutale Morde. Die Hochschulen wurden eingeschüchtert. Hier und da regte sich dagegen Widerstand. Bei den Professoren fand sich „kein Anlaß, an der bisher gängigen Einteilung Wesentliches zu ändern, es sei denn, marginal dahingehend, daß man aus den gewöhnlich drei Kategorien fünf machen könnte. Erstens die, die in Weimar Gegner des Nationalsozialismus gewesen waren und - dafür sorgten schon die Sieger von 1933 selbst - auch jetzt Gegner blieben. Zweitens oder 2a) die alten Nationalsozialisten, schon vor der Machtübernahme als solche bekannt - und meist belächelt. Das waren dank Beamteneigenschaft, Verfassungseid und Mitgliedschaftsverboten nicht sehr viele, und die wenigen also Emeriti, 'U-Boote' oder frustrierter Nachwuchs - noch ohne Beamteneid. Als 2b) dann die, die 1933 dazukamen, bevor die Partei sich interessant machte und die Eingangstüren schloß, die neuen 'alten Nationalsozialisten' späterer Jahre, die bislang Verkappten und die ganz Wendigen, die 'Märzgefallenen', wie das damals im Lande hieß. Und später dann - 2c) - die Langsameren, die auf Nummer Sicher gingen, und die Spätberufenen im Laufe der Jahre immer dann, wenn wieder einmal ein Schub eingelassen wurde - so, wie anderswo auch." (H. Heiber, Universität unterm Hakenkreuz, Bd. 1, S. 156). Aber Nationalsozialist zu sein oder zu werden mußte nicht unbedingt Parteimitgliedschaft bedeuten, es gab genug stramme Nationalsozialisten, die nie Parteimitglieder gewesen sind. Wie es denn umgekehrt solche in der dritten Kategorie gegeben hat, in der großen Masse der Reservierten, Skeptischen, unangenehm Berührten, Schwarz-Weiß-Roten, Feigen - all derer, die zwar eindeutig gegen Weimar gewesen waren, gegen Versailles, gegen den „undeutschen" Liberalismus, denen aber das Neue auch nicht so recht, ebensowenig oder gar nicht behagte. Selbstverständlich waren diese Gruppen durchlässig. Einige wenige Gegner verdienten sich im Laufe der Jahre einwandfrei regimekonforme Beurteilungen, aus engagierten Nationalsozialisten wurden Enttäuschte, wenn nicht gar ebenso engagierte Gegner, und auch aus dem zwischen Engagement und Anpassung sowie Resistenz und Widerstand angesiedelten Gros erfolgten Übertritte nach beiden Flügeln.

Insgesamt überwog also bei den Professoren der Versuch, sich in einer gewissen Distanz zu den vielen professoralen Vordenkern des Regimes an die neuen Verhältnisse anzupassen. Man rettete seine Autonomie, verzichtete aber in Wahrheit auf sie, indem man den Willen der Machthaber vollzog, „um Schlimmeres zu verhüten". Die Machthaber mochten die Professoren trotz jener Vordenker nicht sonderlich. Dennoch biederten sich viele von ihnen an. Sie fügten sich. Die deutsche Hochschule nahm es hin, daß ihr eine Weltanschauung verordnet wurde. Sie nahm auch die Mechanismen hin, mit denen man das durchsetzte: die Zensur, die Bespitzelung und vieles andere mehr. Der politische Typus des „Mitläufers" bildete sich auch an den Hochschulen aus. Im Vorwort, auch im Text der universitären Bücher findet man die Verbeugung vor Hitler häufig.

Die Hochschulpolitik des NS-Systems läßt sich in ihren Grundzügen unter vier Aspekten kennzeichnen: 1. Umgestaltung der Hochschulverfassung nach dem „Führerprinzip“; 2. Umgestaltung des Lehrkörpers durch „Säuberungen“ und politische Rekrutierungspraxis; 3. Politisierung der wissenschaftlichen Disziplinen durch Orientierung an „völkischen“ Gesichtspunkten; 4. Instrumentalisierung von Forschung und Entwicklung für den „Endsieg“.

Die „Richtlinien zur Vereinheitlichung der Hochschulverwaltung“ wurden vom Reichs- und Preußischen Minister für Wissenschaft, Erziehung und Volksbildung am 1.4.1935 erlassen, nachdem einzelne Länderregierungen schon vorher die Hochschulverfassungen geändert und das „Führerprinzip“ an die Stelle der akademischen Selbstverwaltung gesetzt hatten. Die neue Hochschulverfassung bestimmte den Rektor zum „Führer der Hochschule“, stattete ihn mit den Rechten und Pflichten des bisherigen Senats aus und unterstellte ihn direkt dem Reichswissenschaftsminister. Unter dieser zugleich mächtigen und politisch abhängigen Verwaltungsspitze standen die „Dozentenschaft“ und die „Studentenschaft“, deren „Leiter“ gleichfalls vom Reichswissenschaftsminister ernannt wurden. Die Gauführer des NS-Dozenten- sowie des NS-Studentenbundes besaßen bei der Auswahl der „Leiter“ ein Mitspracherecht. Die Fakultäten als „Träger der fachwissenschaftlichen Arbeit“ blieben erhalten. Aber auch hier war der Dekan der „Führer“, der auf Vorschlag des Rektors vom Minister ernannt wurde.

Diese zentralisierte Umstrukturierung der deutschen Hochschule bedeutete in erster Linie eine Entmachtung der Ordinarien, ohne daß die Konsequenzen im einzelnen offen zutage lagen. Die äußerliche Orientierung des Hochschullebens am NS-Staat ließ sich vergleichsweise leicht durchsetzen, etwa die Beachtung der Rituale („Deutscher Gruß“ zu Beginn der Vorlesung) oder die massive Werbung für die NSDAP und die ihr angeschlossenen Verbände auf dem Dienstwege. Die Personalpolitik läßt sich als Doppelstrategie beschreiben mit dem Ziel, den Lehrkörper auf Anhänger des Nationalsozialismus zu verengen: negativ durch die Ausschaltung rassisch, politisch oder wissenschaftlich unerwünschter Professoren; positiv durch die Berufung von Professoren, Dozenten und Assistenten nach Kriterien ihrer politischen Zuverlässigkeit oder gar ihrer Verdienste in der Parteiarbeit.

Noch im April 1933 wurde das „Gesetz zur Wiederherstellung des Berufsbeamtentums“ verkündet, das einer Säuberungsaktion im großen Stil die „gesetzliche“ Grundlage gab. Entlassen bzw. in den Ruhestand versetzt wurden nach § 2: Beamte, die nach dem 9.11.1918 ernannt worden waren und „die vorgeschriebene oder übliche Vorbildung oder sonstige Eignung“ nicht besaßen. Diese dehnbaren Bestimmungen richteten sich gegen sogen. Parteibuchbeamte, deren Ernennung angeblich auf ihre kommunistische oder republikanische Gesinnung zurückging; nach § 3: Beamte nicht-arischer Abstammung (ausgenommen Frontkämpfer); nach § 4: Beamte, die nach ihrer bisherigen politischen Haltung nicht die Gewißheit dafür boten, daß sie jederzeit rückhaltlos für den nationalen Staat eintreten würden; nach § 5-6 konnte jeder Beamte ohne Angabe von Gründen in ein anderes Amt oder in den Ruhestand versetzt werden, auch wenn er noch nicht dienstunfähig war. Der generelle Vorwand hierfür war die „Vereinfachung der Verwaltung".

Beamter, damit auch beamteter Hochschullehrer, konnte man im NS-Deutschland erst mit dem Erlaß des Deutschen Beamtengesetzes vom 26.1.1937 werden. Hier hieß es im § 26, der Betreffende müsse die Gewähr dafür bieten, daß er jederzeit rückhaltlos für den nationalsozialistischen Staat eintrete. In klarer Form verlangte eine Verordnung vom 28.2.1939, daß der Betreffende Mitglied der NSDAP oder einer ihrer Gliederungen sein müsse. Auch nicht-beamtete Professoren, Dozenten und Assistenten wurden nach diesem Gesetz eingestuft und entlassen. Betroffen waren in Deutschland 313 ordentliche und 109 außerordentliche Professoren, 75 Honorarprofessoren, 322 Privatdozenten, 42 Lektoren, 232 Assistenten und 133 Mitarbeiter an wissenschaftlichen Instituten. Diese Zahlen geben nur den quantitativen Verlust (15 % im Reichsdurchschnitt) wieder. Dahinter verbirgt sich die lange Reihe bedeutender bis weltberühmter Einzelfälle; ein Verlust, der einer Katastrophe für die Stellung der deutschen Wissenschaft in der Welt gleichkam.

Von den Ordinarien des Jahres 1939 hatten an einzelnen deutschen Hochschulen bis zu 60 % ihre Ernennung 1933 oder später erhalten. Derartige Berufungen verweisen auf den zweiten Aspekt der NS-Personalpolitik im Hochschulbereich: die Rekrutierung politisch zuverlässiger Hochschullehrer. Auf der Ebene der Nachwuchsförderung ist hier die neue Reichshabilitationsordnung zu nennen, die eine Trennung zwischen der akademischen Verleihung der Venia legendi und der staatlichen Verleihung der Lehrberechtigung einführte. Die Lehrberechtigung war künftig an folgende Kriterien geknüpft: arische Abstammung; keine Ehe mit einem Nichtarier; Nachweis der Volksverbundenheit durch Teilnahme an Veranstaltungen zur körperlichen Ertüchtigung und politischen Erziehung. Der Bewerber mußte nach dieser Habilitationsordnung als Persönlichkeit geeignet sein, Vorbild und Führer der deutschen Hochschuljugend zu sein; er mußte rückhaltlos den NS-Staat bejahen. All diese, auch weitere Festlegungen mußten sich auf die Institution der Promotion wie auch auf die Promovenden selbst gravierend auswirken.

Zur Frage, ob diese Voraussetzungen im Einzelfall erfüllt waren, hatte sich auch das SA-Hochschulamt zu äußern. Ein Hauptaufgabengebiet des Leiters der Dozentenschaft bestand darin, bei der Einstellung von Assistenten Sorge „für einen geeigneten Dozentennachwuchs ... durch eine positive Auslese unter den wissenschaftlich und charakterlich Geeigneten" zu tragen. Demgemäß waren alle Vorschläge seitens der Lehrstuhlinhaber zur Besetzung von Assistentenstellen durch den Leiter der Dozentenschaft zu prüfen. Auf der obersten Ebene unterlagen alle Berufungsvorschläge für die Besetzung von Professuren einer entsprechenden Überprüfung der politischen Zuverlässigkeit. Daß die Nationalsozialisten das Ziel einer „politischen“ Hochschule verfolgten, steht außer Zweifel. Die Abgrenzung richtete sich dabei negativ gegen Forschung als „Heimatlosigkeit des Geistes und als wertblinden Relativismus“; gegen jene Wissenschaft, „die auf ihre ‘Objektivität’ pochte - was nicht ‘Wahrhaftigkeit’ bedeutete..., sondern ‘Standortlosigkeit’“. Positiv galt es, den „Standort der deutschen, wahrhaftigen, nationalsozialistischen Wissenschaftsschau“ gegenüber anderen einzunehmen. Der Theoretiker dieser „Wissenschaftsschau“ war E. Krieck, der die Monatsschrift „Volk im Werden“ als Organ der Reichsstudentenführung und des NS-Dozentenbundes herausgab. Dem nationalsozialistischen Theoretiker und Wissenschaftspolitiker E. Krieck war am 12.2.1923 für seine „Philosophie der Erziehung“ der Ehrendoktor der Philosophischen Fakultät der Universität Heidelberg verliehen worden. Promoviert hat er selbst nicht.

Die nicht nur von E. Krieck proklamierte „völkische“, „deutsche“ oder „arische Wissenschaft“ zielte im Kern auf eine alternative kognitive Entwicklung. So finden sich in der deutschen Wissenschaftsentwicklung nach 1933 Fachgebiete wie „Deutsche Physik“, „Deutsche Mathematik“ u. a. Inwieweit hier die unterstellte kognitive Resistenz fehlte oder man gar guten Gewissens ältere Traditionen meinte fortsetzen zu können, ist für die einzelnen Wissenschaften jeweils gesondert zu prüfen. Vom Gesichtspunkt der Hochschul- und Wissenschaftspolitik aus gesehen ist höchst bemerkenswert, daß die Nationalsozialisten selbst die „völkische Wissenschaft“ aufgaben, sobald diese den instrumentellen Nutzen nicht stiften konnte, den man für die Zwecke von Staat, Wirtschaft, Rüstung und Krieg erwartete. Die neuen Formeln hießen Wissenschaft und Forschung als „nationale Aufgabe“, als „Dienst am Volk“.

Die Instrumentalisierung von Ausbildung, Forschung und Entwicklung nach 1933 zeigte längst nicht die gewünschten Ergebnisse. Als die Nationalsozialisten 1933 auch die Geschicke der Hochschulen bestimmen konnten, standen sie vor einer Situation der Überfüllung und des Überangebots an Akademikern. Die Antwort darauf war eine restriktive Hochschulzulassungspolitik, die den Überschuß sehr bald in Mangel umschlagen ließ. Im einzelnen trafen zunächst zusammen: die Entkoppelung von Abitur und Hochschulreife, die Kontingentierung von weiblichen (10 %) und jüdischen (1,5 %) Studierenden, das Nachrücken geburtenschwacher Jahrgänge in die Hochschulen und die Attraktivität von alternativen Berufen, etwa der Offizierslaufbahn. Das rapide Sinken der Studentenzahlen und die zunehmenden Klagen über Nachwuchsmangel führten zu einer schrittweisen Revision der restriktiven Hochschulzulassungspolitik bis hin zu gezielter und massiver Werbung. Gravierende Engpässe, wie sie sich insbesondere während des 2. Weltkriegs enthüllten, ließen sich jedoch nicht mehr beseitigen.

Soweit nur einige Aspekte, die sich auch auf das Dissertationsgeschehen auswirkten. Aber das ist nicht alles! Wenn ein Wissenschaftler schreibt, so muß er auch zitieren, auch bei Dissertationen! Sollte, durfte man nun im Dritten Reich auch Juden zitieren? Das Regime war unsicher und gelangte nie zu einer zufriedenstellenden Regelung. Begonnen hatte das Ganze mit der siebenten der berüchtigten Thesen der NS-Studentenschaft vom Frühjahr 1933, welche bei Werken jüdischer Verfasser in deutscher Sprache die Kennzeichnung als „Übersetzung aus dem Hebräischen" forderte. Warum, fragte die „Frankfurter Zeitung", sollte „der deutsche Jude hebräisch schreiben, wo er doch weder hebräisch denkt noch schreibt noch sprechen kann?" Das liberale Intelligenzblatt stand mit dieser Auffassung nicht allein da, so etwas war nicht einmal in Hitlers Drittem Reich machbar, damals jedenfalls nicht. Einen Rest Furcht vor Lächerlichkeit gab es noch. Die Sache blieb offen.

1936 stellte dann „Reichsrechtsführer" H. Frank an die am 3./4. Oktober zu einer Tagung über „Das Judentum in der Rechtswissenschaft" in Berlin versammelten Hochschul-Juristen die Forderung, künftig von Zitaten jüdischer Autoren nur noch pejorativ Gebrauch zu machen, insoweit nämlich, wie diese Zitate „zum Hinweis auf eine typisch jüdische Mentalität und zur Darstellung dieser Mentalität unerläßlich" seien; daß künftig deutsche Lehrmeinungen auf solchen jüdischer Wissenschaftler aufgebaut würden, sei unmöglich. H. Frank selbst hatte 1924 in Kiel zum Dr. jur. promoviert. Das „Versprechen", das die versammelten Hochschullehrer abgaben, war etwas moderater: Man wolle nur zitieren, wo es „zur Vermeidung eines Plagiats notwendig" sei, und immer nur mit der ausdrücklichen Erwähnung, daß es sich um einen Juden handle. Daß auch dies noch Schwierigkeiten machte, erwies sich beispielsweise in Greifswald. Von hier wurde nicht nur generell wegen der ja den Doktoranden abzufordernden eidesstattlichen Versicherung einer vollständigen Angabe der benutzten Literatur rückgefragt, sondern speziell noch wegen der rechts- und staatswissenschaftlichen Dissertation des Regierungsreferendars und SS-Manns Karl Vehring aus Altona-Blankenese „Zur Lehre vom Sichtwechsel": Es liege in der „Eigenart des Wechselrechts" begründet, daß es „vornehmlich von nichtarischen Autoren bearbeitet" worden sei - was tun? In Berlin erörterte man dies, das Ergebnis freilich blieb schwammig: keine Bedenken gegen eine Zitierung, wo es gelte, die Auffassung jüdischer Autoren zu widerlegen oder zu bekämpfen, sonst stets Beschränkung auf das „unbedingt notwendige Material". Die Dissertation wurde am 21.6.1937 verteidigt.

Der Reichspropagandaminister des Dritten Reiches J. Goebbels hatte 1917-1920 in Bonn, Freiburg, Würzburg, München und Heidelberg studiert, vor allem Geschichte, Germanistik und Kunstgeschichte. In Heidelberg geriet er unter den Einfluß des bedeutenden Goethe-Biographen F. Gundolf. Dieser war führend im „Stefan George Kreis“ gewesen und hatte zu jener Zeit einen fast unübertroffenen wissenschaftlichen Namen. Goebbels war zu Recht stolz, im Seminar Gundolfs zugelassen zu sein. Dieser gab J. Goebbels auch das Thema für seine Dissertation. Sie beschäftigte sich mit einem weniger bekannten Dramatiker der Romantischen Schule, mit W. von Schütz. Goebbels gab seiner von Gundolf und der Heidelberger Fakultät angenommenen Dissertation den Untertitel „Ein Beitrag zur Geschichte des romantischen Dramas“. Der Minister Goebbels ließ sich später dann die Dissertation aus dem Universitätsarchiv holen und ihr den neuen Untertitel geben „Die geistigen und politischen Hintergründe der frühen Romantiker“. Für einen Reichspropagandaminister gehörte es sich, schon während der Studienzeit politische Interessen gehabt zu haben!

Soweit, so gut! Aber Gundolf hieß eigentlich Gundelfinger und war gebürtiger Jude! Man weiß, daß Goebbels den verbrecherischen Antisemitismus der Nazis entschieden förderte. Seltsam! Jedenfalls erneuerte die Universität Heidelberg 1943 das Doktordiplom ihres „Studenten und Doktors“ und stellte im Senatssaal eine Goebbels-Büste auf.

Seltsam erscheint mir auch die Feststellung: „Man hat Listen törichter Doktorarbeiten zusammengestellt: ‘Der SA-Student im Kampf um die Hochschule - Lebensschicksale artfremd erzogener Zigeunerkinder und ihrer Nachkommen - Nationalsozialismus und deutsche Sprache.’ Aber bei einer gründlichen Prüfung in Bonn erwies sich, daß von 3000 Arbeiten nur 10 bis 15 Prozent nationalsozialistisch eingefärbt waren.“ (W. Klose, Freiheit schreibt auf eure Fahnen, S. 242). Allein angesichts des oben von uns Gesagten erscheint mir diese Prozentzahl zu gering! In Leipzig finden sich in den Jahren des Dritten Reichs u.a. folgende verteidigte Dissertationen: H. Fickert „Rassenhygienische Verbrechensbekämpfung“ (Jur. Diss. 19.12.1938) oder G. Uhlich „Die Verfahrensgrundsätze des Gesetzes zur Verhütung erbkranken Nachwuchses“ (Jur. Diss. 24.4.1939). H. Schwulst promovierte zu „Volksgemeinschaft, Ehre, Ehrengerichtsbarkeit“ (Jur. Diss. 4.7.1938), der Gerichtsreferendar H. Falk aus Gelsenkirchen zu „Der Beauftragte der NSDAP in seinem Verhältnis zu den Organen und zur Verwaltung der Gemeinde nach der Deutschen Gemeindeordnung vom 30.1.1935“ (Jur. Diss. 4.7.1938) und die Rechtsanwältin E. Zuberbier aus Leipzig über „Die nationalsozialistische Auffassung vom häuslichen Dienst der deutschen Frau und ihre praktische Verwirklichung. Neue Wege in den hauswirtschaftlichen Beruf und zur Ausbildung in der Hauswirtschaft durch die Abteilung Volkswirtschaft-Hauswirtschaft im Deutschen Frauenwerk“ (Jur. Diss. 10.6.1939). Diese Beispiele ließen sich unschwer vermehren - für Leipzig selbst, aber auch für alle anderen deutschen Universitäten! Und: bei wem promoviert man? Auch in jener Zeit ein Indikator, nach dem man gemessen wurde. Prof. Dr. med. et phil. L. G. Tirala, damals Inhaber des Münchner Lehrstuhls für Rassenhygiene und Direktor des gleichnamigen Instituts, gab Anfang 1935 in einem Tätigkeitsbericht an, u. a. 70 Dissertationen vergeben zu haben. Im Amt war der zuvor in Brünn praktizierende Professor seit dem 1.11.1933. Dort hatte sich der nach eigenen Angaben entschiedene Nationalsozialist in seinem Verhalten als Arzt unmöglich gemacht, eindeutige Geldgier an den Tag gelegt und dementsprechend praktiziert, als vorgeblicher Nationalsozialist zudem mit Juden kooperiert und von ihnen Geld geliehen. Auch Tiralas wissenschaftliche Leistungen tendierten eigentlich gegen Null. Gutachter, wie Tiralas Münchener Vorgänger F. Lenz, bezeugten das eindeutig. Auch die Nazis konnten ihren zunächst als tüchtigen Wissenschaftler und Kämpfer für ihre Idee eingestuften Tirala nicht halten, am 18.4.1936 wurde er mit sofortiger Wirkung seines Dienstes enthoben, am 16.7.1936 durch eine Urkunde Hitlers das Dienstverhältnis widerrufen. Wieviel der angegebenen 70 Dissertationen Tirala allein vom November 1933 bis Anfang 1935 auf den Weg gebracht hat, möge hier offen bleiben. Es sind jedenfalls viele gewesen und nach der „Entlarvung“ dieses auch als Doktorvater agierenden wissenschaftlichen und menschlichen Scharlatans dürfte es zu keiner Aberkennung eines von ihm in Gang gesetzten Doktorgrades gekommen sein.

Auch im Dritten Reich wurde bewegt über die Qualität des deutschen Dissertationssystems geklagt. Die Gesamtheit der Dissertationen bleibe in Oberflächlichkeiten stecken. Das wird 1936 von F. Hellwig am Beispiel der Saarfrage belegt, wozu seit 1918/19 nahezu 200 Dissertationen geschrieben worden seien, und zwar vornehmlich in Frankfurt/Main (30), Würzburg (26) und Köln (24). Primär lägen rechts- und staatswissenschaftliche Arbeiten vor. Sie seien zumeist in den „unfruchtbaren Kreislauf vielfach bearbeiteter Themen“ hineingezogen worden. Auch der Versuch einer Zusammenstellung der bereits vorliegenden Saar-Dissertationen, die sämtlichen deutschen Hochschulen zugestellt wurde, um sie bei der Vergebung von Saar-Themen über das bereits Vorhandene zu unterrichten, brachte keine wesentliche Besserung bei der Themenauswahl. Geradezu unglaublich waren in dieser Hinsicht die Verhältnisse auf dem Gebiet der Rechts- und Staatswissenschaften: Hier sind nicht weniger als 14 Dissertationen über die staats- und völkerrechtliche Stellung des Saargebietes nach den Bestimmungen des Versailler Vertrages geschrieben und angenommen worden, die bis auf geringfügige Abweichungen und Erweiterungen sogar den gleichen Titel tragen! Um formal der Bestimmung zu genügen, daß ein unbearbeitetes Thema bearbeitet wurde, haben sich die Verfasser natürlich krampfhaft um neue Gesichtspunkte bemüht. „Eine kleine Blütenlese von Titeln mag hier am Platze sein: Die rechtliche Stellung des Saarbeckens nach Maßgabe des Versailler Friedensvertrages (Würzburg 1921); Die völkerrechtliche Stellung des Saargebietes nach den Bestimmungen des Versailler Vertrages und dessen bisherige Auswirkungen (Würzburg 1922); Die staats- und völkerrechtliche Stellung des Saarbeckens nach dem Friedensvertrage und der nachfolgenden Entwicklung (Münster 1922); Die staats- und völkerrechtliche Stellung des Saargebietes nach dem Friedensvertrage von Versailles (Heidelberg 1923); Französische Politik im Saargebiet, eine völkerrechtliche Studie (Würzburg 1923); Rechtsfragen des Saargebietes auf Grund des Vertrages von Versailles (Heidelberg 1923); Die rechtliche Lage des Saargebietes vor und nach dem Versailler Friedensvertrage (Rostock 1924); Die staats- und völkerrechtliche Stellung des Saargebietes unter besonderer Berücksichtigung der Praxis der Regierungskommission (Frankfurt 1925); ... Souveränität und Staatsgewalt und ihre Auswirkungen im Saargebiet (Erlangen 1928); Die völkerrechtliche Stellung des Saargebietes (Frankfurt 1929); Die völkerrechtliche Stellung des Saargebietes unter besonderer Berücksichtigung der ausländischen Literatur (Erlangen 1931); Das Saargebiet, eine staats- und völkerrechtliche Untersuchung (Halle 1932); Die gegenwärtige staatsrechtliche Stellung des Saargebietes im Rahmen der historischen Rheinpolitik der Franzosen (Innsbruck 1932); Die Treuhänderschaft des Völkerbundes gegenüber dem Saargebiet. Ihre Organisation und ihre Funktionen auf legislatorischem Gebiete (Münster 1923); Der Völkerbund als Treuhänder im Saargebiet (Würzburg 1924); Die Kontrolle des Völkerbundes über die Tätigkeit der Regierungskommission des Saargebietes (Bonn 1929); Der Völkerbund als Treuhänder im Saargebiet (Würzburg 1924). „ Und die Qualität dieser Arbeiten? Eine dieser Dissertationen gibt ein Literaturverzeichnis von 30 Titeln an, darunter 5 kleine Saarschriften der Nachkriegszeit, eine einzige saarländische Zeitschrift, dazu „Brockhaus Konversationslexikon" sowie „Meyers Universallexikon", beide von 1908! In einigen dieser Dissertationen wurden erhebliche Plagiate festgestellt. Es dürfte zu anderen Fragen noch mehr Substanzverlust in den deutschen Dissertationen von 1933 bis 1945 nachzuweisen sein.

Wie war die Situation hinsichtlich des Promotionsgeschehens in der NS-Zeit konkret? Was geschah z. B. an der juristischen Fakultät der Universität Freiburg im Breisgau? Am 21.8.1933 wurde durch einen Erlaß des badischen Ministeriums des Kultus, des Unterrichts und der Justiz eine neue badische Hochschulverfassung aufgestellt. Auch sie führte - wie überall an Deutschlands Universitäten - das Führerprinzip ein. Das Recht der Fakultäten, ihre Promotionsordnungen ohne Fremdbestimmung aufstellen und abändern zu können, wurde beseitigt. Die Erlasse zur Modifizierung von Promotionsbestimmungen waren anfangs noch in verschleiernde Wendungen wie „ersuchen" oder „ermächtigen" eingekleidet. Später wurde die Staatsgewalt entschiedener und „bestimmte", „gab Richtlinien" oder „ordnete an". Der Wille der NS-Staatsmacht, auch den universitären Bereich ihren Zielsetzungen unterzuordnen, war so stark und umfassend, daß sich kein deutlich sichtbarer Widerstand gegen die Aufhebung des Selbstbestimmungsrechtes zeigte.

Durch die von den Nationalsozialisten angestrebten Änderungen der Promotionsvorschriften sollten vornehmlich drei Ziele verwirklicht werden: 1. Gemäß dem nationalsozialistischen Ziel der besseren Kontrolle jeden Lebensbereichs suchte man die Promotionsbestimmungen aller Fakultäten einander anzugleichen. 2. Zugleich sollte die NS-Weltanschauung, insbesondere die Rassenideologie und der extreme Antisemitismus, in den Promotionsordnungen gebührend berücksichtigt werden. 3. Durch die Vereinheitlichung der Promotionsnormen wollte man insgesamt eine Hebung der Qualität der Doktorpromotion anstreben. Bis zum Kriegsbeginn im Jahre 1939 hatte man die Zielvorstellungen zu 1 und 2 verwirklicht.

Nur wenige Wochen nach der Machtergreifung war die Zulassung von Studenten nichtarischer Abstammung an den Universitäten beschränkt worden (numerus relativus). Am 13.11.1934 engte das badische Ministerium des Kultus, des Unterrichts und der Justiz auch die Zulassung nichtarischer Studenten zu den akademischen Prüfungen ein. In der anfänglichen Begrenzung des betroffenen Personenkreises zeigte die Staatsgewalt noch ein gewisses Verständnis für jene Studenten, die trotz numerus relativus weiterstudieren durften. Zum anderen berücksichtigte sie die Kriegsteilnahme von Vätern der Bewerber im 1. Weltkrieg sowie die arische Abstammung der Großeltern positiv. Diese Rücksichtnahme endete durch einen Erlaß des Reichs- und Preußischen Ministers für Wissenschaft, Erziehung und Volksbildung vom 15.4.1937 vollständig und endgültig. Juden deutscher Staatsangehörigkeit wurde von nun an die Zulassung zum Erwerb der Doktorwürde verweigert. Lediglich jüdischen „Mischlingen" wurde noch die Promotionsmöglichkeit zugestanden, seit Januar 1940 aber nur noch „Mischlingen" zweiten Grades. Gemäß Runderlassen des Reichs- und Preußischen Ministers für Wissenschaft, Erziehung und Volksbildung vom 3.9. und 31.10.1934 war die Mitwirkung nichtarischer Dozenten bei den Promotionen grundsätzlich nicht mehr gestattet. Lediglich in Ausnahmefällen konnte eine Beteiligung in Frage kommen, wenn ihre Ausschaltung eine besondere Härte für einzelne Prüflinge darstellte. Das Reichsministerium hielt gemäß Erlaß vom 11.9.1935 eine verstärkte Kandidatenauslese für unbedingt erforderlich. Für das juristische Promotionsverfahren an der Rechts- und Staatswissenschaftlichen Fakultät der Universität Freiburg resultierte daraus der bislang nicht übliche Zwang, daß die Anfertigung einer Dissertation an die Zulassung eines Bewerbers durch einen Dozenten gebunden wurde. Dieser wiederum durfte im Regelfall nur die als Doktoranden akzeptieren, mit denen ihn ein besonderes Arbeitsverhältnis verband. Letzteres konnte grundsätzlich nur durch eine erfolgreiche Teilnahme an einem Seminar des Dozenten nachgewiesen werden. Obwohl in einer Erläuterung zu diesem ministeriellen Erlaß darauf hingewiesen wurde, die Teilnahme an einem Seminar sei nicht unbedingt Voraussetzung für die Zulassung, hielt die Freiburger Rechts- und Staatswissenschaftliche Fakultät eine persönliche wissenschaftliche Fühlungnahme im Rahmen eines Seminars für erforderlich. Zusätzlich forderte man eine befriedigende Note im Ersten Juristischen Staatsexamen oder die Anfertigung von vier Klausuren mit einem befriedigenden Gesamtdurchschnitt. Das badische Ministerium des Kultus und Unterrichts nahm Anfang des Jahres 1939 Anstoß an der in der Freiburger Promotionsordnung bestehenden Möglichkeit, auch bei nicht bestandenem Ersten Juristischen Staatsexamen das juristische Doktorat erlangen zu können. Es forderte die Rechts- und Staatswissenschaftliche Fakultät auf, diesen Passus abzuändern, da ein derartiges Verfahren einer Entwertung des Doktorgrades gleichkomme. Bei Ausbruch des 2. Weltkrieges erteilte der Reichsminister den Rektoren der einzelnen Hochschulen „aufgrund der gegenwärtigen Zeitumstände" eine Pauschalermächtigung zur Befreiung von allen formellen und materiellen Promotionsbedingungen. Dieser Erlaß ermöglichte auch in Freiburg seit dem Frühjahr 1941 sog. Notpromotionen. Voraussetzung hierfür war, daß der Promovend zumindest ein Gerüst seiner Dissertation vorlegte und der zuständige Ordinarius eine erfolgreiche Arbeit für wahrscheinlich hielt. Doch auch in diesen Fällen war die Annahme eines Doktoranden durch einen Dozenten vor Ablauf der vorgeschriebenen Semester erst bei abgelegtem befriedigendem Ersten Juristischen Staatsexamen möglich. Ausnahmsweise konnten Kandidaten mit Notexamen nach nur viersemestrigem Studium bei Übereinkunft mit dem Dekan zugelassen werden. Nachdem am 25.2.1941 die Freiburger Rechts- und Staatswissenschaftliche Fakultät diese Bestimmung erleichtert und festgesetzt hatte, daß mit der Ausarbeitung von Dissertationen zu jedem beliebigen Zeitpunkt begonnen werden konnte, engte ein reichsministerieller Erlaß vom Dezember 1941 diesen Fakultätsbeschluß wieder ein. Ein Kandidat mußte danach entweder die Erste Juristische Staatsprüfung mit Erfolg abgelegt oder mindestens sieben Fachsemester studiert haben. Ergänzend ordnete der Reichsminister noch am 8.12.1944 an, auch nach Bestehen des Referendarexamens dürfe nicht vor Abschluß des sechsten Semesters eine Zulassung zur Promotion erfolgen.

Das von der Freiburger Rechts- und Staatswissenschaftlichen Fakultät schon seit 1911 praktizierte Verfahren, eine Doktorarbeit von zwei Referenten begutachten und benoten zu lassen, wurde im Dezember 1936 auf alle deutschen Promotionsordnungen ausgedehnt. Entgegen der bisherigen Freiburger Regelung hatte jetzt aber bei Einspruch eines Fakultätsmitglieds gegen die Annahme oder Ablehnung der Dissertation nicht mehr die Fakultät, sondern der Dekan allein die endgültige Entscheidungsbefugnis. Gleichzeitig wurde bestimmt, daß von nun an jede Dissertation in deutscher Sprache abzufassen sei; außerdem durfte eine einmal zurückgewiesene Dissertation nicht mehr erneut vorgelegt werden.

Eine unmittelbare staatliche Kontrolle der Dissertationen ordneten Reichserlasse vom 19.8.1936 und 20.10.1939 an. Ersterer verpflichtete die jeweilige Fakultät, Doktorarbeiten, die sich auf „Volkstumfragen sowohl grenzdeutscher wie auslandsdeutscher Grenztumsfragen“ sowie auf Auslandsangelegenheiten erstreckten, anzuzeigen und in einer eingehenden Stellungnahme zu begründen, ob vom Publikationszwang abgesehen werden könne. Nach dem zweiten Erlaß war bei Arbeiten, die sich mit Fragen der NS-Bewegung oder des NS-Staates beschäftigten, eine parteiamtliche Prüfungskommission zu beteiligen. Dissertationen, die vom „volks- und staatspolitischen, insbesondere aber vom Standpunkt des Nationalsozialismus“ nicht mehr tragbar waren, sollten auf diese Weise abgelehnt werden können. Am 17.4.1943 dehnte man die Genehmigungspflicht auf alle Dissertationen aus, die sich mit historisch-politischen Stoffen der letzten Jahrhunderte befaßten. Durch die Vereinheitlichung der Promotionsbestimmungen wurden die Regeln für die mündliche Doktorprüfung neu und detaillierter formuliert, in ihrem Inhalt jedoch nicht abgeändert. Erlasse vom 6.8. und 16.12.1936 untersagten grundsätzlich eine Mitwirkung der emeritierten Professoren bei Doktorprüfungen, was bisher möglich war. Lediglich bei bereits laufenden Promotionsverfahren blieben Ausnahmen zulässig.

Ein Reichserlaß vom 16.12.1937 setzte die Anzahl der abzuliefernden Pflichtexemplare reichseinheitlich auf 200 Stück fest. Zugleich erweiterte er die bislang sechsmonatige Ablieferungsfrist auf ein Jahr, wobei jetzt nicht mehr die Fakultät, sondern allein der Dekan über eine mögliche Verlängerung dieser Frist um ein weiteres Jahr entschied. Erstmalig wurden die Folgen einer Fristversäumnis schriftlich fixiert: alle durch die Prüfung erworbenen Rechte erloschen unter Verfall der Gebühren.

Eine weitere Entscheidungsbefugnis wurde auch der Freiburger Juristischen Fakultät in der Frage der Ermäßigung der Pflichtexemplare entzogen und auf den Dekan übertragen, wobei im Oktober 1939 die Mindestzahl von 15 auf 50 Exemplare heraufgesetzt wurde. Im 2. Weltkrieg führte die eintretende Papierknappheit erneut zu Einschränkungen des Dissertationsdrucks. Am 6.6.1941 hob man für das ganze Reich mit Rückwirkung auf alle seit dem 1.9.1939 eingereichten Doktorarbeiten die Druckpflicht sowie die Ablieferung von 200 Pflichtexemplaren auf. Von nun an waren von jeder angenommenen Dissertation lediglich sechs Exemplare in Maschinenschrift einzureichen. Im Dezember 1941 wurde diese Bestimmung auf Dissertationen ausgedehnt, die vor dem 1.9.1939 eingereicht worden waren, aber ohne Verschulden des Doktoranden bis zu diesem Zeitpunkt nicht mehr gedruckt werden konnten. Hatte ein Doktorand hingegen die Möglichkeit, seine Arbeit in der nach der Promotionsordnung festgelegten Anzahl drucken zu lassen, so mußte er davon unter Androhung des Entzugs des Doktorgrades Gebrauch machen.

Die Freiburger Vorschriften über das Recht zur Führung des Doktortitels wurden durch staatliche Anordnungen bis 1942 nicht abgeändert. Wohl aber erteilte die Rechts- und Staatswissenschaftliche Fakultät zur Förderung des wissenschaftlichen Nachwuchses nach

Kriegsbeginn in besonderen Ausnahmefällen einzelnen Bewerbern die Erlaubnis, nach bestandenen Prüfungen und vor Ablieferung der gedruckten Pflichtexemplare den juristischen Doktortitel führen zu dürfen. Seit dem 28.1.1942 bestand an allen deutschen Fakultäten die Möglichkeit, das Doktordiplom an die Angehörigen jener gefallenen deutschen Kriegsteilnehmer auszuhändigen, die die schriftliche wie die mündliche Doktorprüfung erfolgreich abgelegt, die Pflichtexemplare jedoch noch nicht eingereicht hatten. Gleiches galt, wenn ein gefallener Doktorand durch vorzeitige Einberufung zum Wehrdienst die mündliche Doktorprüfung nicht mehr hatte ablegen können. Als Datum für die Ausfertigung des Diploms bestimmte man im ersten Fall den Tag des Bestehens der mündlichen Prüfung, im zweiten Fall den der Annahme der Dissertation. Übrigens wandte sich der Reichsminister für Wissenschaft, Erziehung und Volksbildung schon im September 1935 gegen die rechtswidrige Führung der Bezeichnung eines Doktor designatus (Dr. des.) nach erfolgreich abgelegten Doktorprüfungen und vor Abgabe der gedruckten Pflichtexemplare. Auf seine Anordnung hin mußten künftig alle Doktoranden auf die Unzulässigkeit dieser Bezeichnung und die strafrechtlichen Folgen im Übertretungsfall hingewiesen werden.

Mit Wirkung vom 1.10.1935 setzte der Reichsminister für Wissenschaft, Erziehung und Volksbildung die Promotionsgebühr reichseinheitlich auf 200 Reichsmark fest. Im Gegensatz zur bisherigen Regelung mußte diese Gebühr jetzt spätestens bei Einreichung der Dissertation eingezahlt werden. Die Gebühren flossen ab jetzt in voller Höhe in die Staatskasse. Den Universitäten wurde zum Ausgleich für allgemeine, bisher durch die Promotionsgebühren finanzierte Ausgaben vom Staat pro Semester ein Geldbetrag zur Verfügung gestellt. Da die Prüfungstätigkeit zu den allgemeinen Dienstpflichten der Hochschullehrer gezählt wurde, entfielen künftig die den Referenten, Korreferenten und Prüfern zustehenden Anteile. Damit verschwanden zugleich die finanziellen Anreize, die in der Vergangenheit in manchen Fakultäten zu einer großzügigen Handhabung und Auslegung der Promotionsvorschriften geführt hatten. Auch der Pedell und die übrigen bislang bedachten Beamten erhielten keine Gebührenanteile mehr. Schließlich durfte für die außerordentlichen Klausurarbeiten und für die Beschaffung, Ausfertigung und Versendung der Doktordiplome kein zusätzlicher Betrag mehr erhoben werden.

Vor 1936 war eine Stundung oder Rückerstattung von Gebührenanteilen nicht gestattet. Später ermöglichte man eine Rückerstattung von 90 %, wenn die Zulassung zur Promotion abgelehnt oder der Antrag auf Zulassung zurückgenommen worden war, ehe die Fakultät eine Prüfung der Dissertation vereinbart hatte.

Mit Wirkung vom 1.10.1935 wurde reichseinheitlich eine Gebührenermäßigung und der Erlaß von Promotionsgebühren in besonderen Ausnahmefällen mit Zustimmung des Reichsministers für Wissenschaft, Erziehung und Volksbildung eingeführt. In den Genuß kamen nur solche Promovenden, die sich durch besondere Befähigung, Bedürftigkeit und politische Zuverlässigkeit auszeichneten. Am 16.12.1936 wurde die Entscheidungsbefugnis hierüber vom Reichsministerium auf die Hochschulverwaltung eines jeden Landes verlagert. Eine grundsätzliche Befreiung für Frauen und Kinder der Dozenten und Universitätsbeamten lehnte das Ministerium ab. Dagegen sah man einen Gebührenerlaß für Kandidaten vor, deren Dissertation einen akademischen Preis errungen hatte oder in einem Reichsberufswettkampf der deutschen Studenten als Reichssiegerarbeit preisgekrönt worden war. Nach Kriegsbeginn wurde auch Kriegsteilnehmern Gebührenermäßigung gewährt.

Die herrschenden Nationalsozialisten trafen schon frühzeitig energische Maßnahmen, um die bisher nur in einzelnen Promotionsordnungen vorhandenen Bestimmungen über den Entzug der Doktorwürde reichseinheitlich festzulegen, detaillierter zu fassen bzw. zu erweitern. Der Preußische Minister für Erziehung, Wissenschaft und Volksbildung nannte in seinem Erlaß vom 17.7.1934 Beispiele: „Es sind ... Fälle denkbar, und auch vorgekommen, in denen das Verhalten der Promovierten zwar ohne strafrechtliche Bedeutung war, eine strafrechtliche Verurteilung also nicht erfolgen konnte, trotzdem aber das Verhalten des Promovierten erkennen ließ, daß er in keiner Weise würdig war, den Doktortitel einer deutschen Hochschule zu führen (deutschfeindliche Betätigung im Ausland, Teilnahme an der Greuelpropaganda usw.). Gerade in letzteren Fällen war bisher eine Entziehung des Doktortitels überhaupt nicht möglich." Schon am 3.7.1934 erließ das badische Ministerium des Kultus, des Unterrichts und der Justiz einen entsprechenden Zusatz zu den Promotionsordnungen der badischen Fakultäten. Danach konnten sowohl die ordentliche als auch die Ehrendoktorwürde nicht nur nachträglich entzogen, sondern auch bei noch nicht vollzogener Promotion für ungültig erklärt werden. Gegen die Entscheidung über den Entzug der Doktorwürde konnte innerhalb von vier Wochen Beschwerde beim Reichs- und Preußischen Minister für Wissenschaft, Erziehung und Volksbildung eingelegt werden. Den Doktoren, denen durch rechtskräftiges Strafurteil die bürgerlichen Ehrenrechte nach § 33 des damaligen Strafgesetzbuches aberkannt worden waren, stand jedoch kein Rechtsmittel zu. Selbst die Fakultät besaß in diesen Fällen nur das Recht, einen diese Tatsache feststellenden Beschluß zu fällen; ein weitergehendes Prüfungsrecht stand ihr nicht zu.

Als unwürdig galt nun jeder, der nach dem Gesetz über den Widerruf von Einbürgerungen und die Aberkennung der deutschen Staatsangehörigkeit vom 14.7.1933 der deutschen Staatsangehörigkeit für verlustig erklärt worden war oder wurde. Die Staatsangehörigkeit wurde Deutschen aberkannt, die im Ausland eine - nach Auffassung der Nationalsozialisten - deutschfeindliche Betätigung ausübten. Diese Verfügungen erfuhren noch verschiedentlich Modifizierungen, ohne daß hierdurch jedoch ihr wesentlicher Inhalt abgeändert wurde. Die Entwicklung in der Gesetzgebung kam durch das Gesetz über die Führung akademischer Grade vom 7.6.1939 zu einem vorläufigen Abschluß. Eine zusätzliche Verschärfung brachte die zweite Durchführungsverordnung vom 29.3.1943: bei Aberkennung der deutschen Staatsangehörigkeit trat nunmehr ohne weiteres und sofort der Verlust der von einer deutschen Hochschule verliehenen akademischen Grade ein. Das Recht der jeweils betroffenen Fakultät, über eine Entziehung der Doktorwürde zu entscheiden, wurde damit vollständig beseitigt.

Allein an der Rechts- und Staatswissenschaftlichen Fakultät der Universität Freiburg entzog man während der NS-Herrschaft in insgesamt 16 Fällen aus politischen Gründen die juristische Doktorwürde. Man befand die Betroffenen der juristischen Doktorwürde für unwürdig, da ihnen aufgrund des Gesetzes über den Widerruf von Einbürgerungen und die Aberkennung der deutschen Staatsangehörigkeit die deutsche Staatsbürgerschaft entzogen worden war. Massenhaft haben auch andere Universitäten Doktortitel von Emigranten aberkannt, ob sie Juden oder Nichtjuden waren. So erkannte Bonn Th. Manns Doktorgrad ab, am 4.10.1939 die Martin-Luther-Universität Halle-Wittenberg den Doktortitel von B. Laserstein (18.4.1925 Dr. jur.), K. S. Wachtel (22.5.1917 Dr. med.), F. M. J. Schiff (Dr. phil. 14.2.1923) sowie den Titel des Kritikers und Schriftstellers A. Kerr (Dr. phil. mit der Arbeit „Clemens Brentanos Jugenddichtungen. Der Ideengehalt des Godwi“ unter dem Namen Kemper am 7.2.1894; Namensänderung 1911). Von der Universität Halle-Wittenberg wurde auch der Doktorgrad des Religionsphilosophen und Sozialethikers P. Tillich aberkannt. Und dies sind nur einige Beispiele von den allein in Halle in der NS-Zeit mehr als 30 aberkannten Doktorgraden.

c) Von 1945 bis heute

Die Hochschulentwicklung nach 1945 läßt sich in der Bundesrepublik Deutschland unter verschiedenen Gesichtspunkten zeitlich untergliedern. Zunächst schwollen die Studentenzahlen sprunghaft an, während es an Professoren fehlte. Die große Vorlesung im ungeheizten Saal dominierte. Die Studenten hungerten, Quartiere waren selten. Der Universitätsbetrieb kam - vielfach schon im Wintersemester 1945/46 - wieder in Gang. Die „magische“ Zahl von 100 000 Studenten war bald überschritten. Sie mußte in den damals 15 Universitäten und den 7 Technischen Hochschulen des späteren Bundesgebietes verkraftet werden, sieht man von der besonderen, der „Insel“- Lage von West-Berlin ab. Dazu kamen dann, gefördert von der französischen Besatzungsmacht, die Universitäten Mainz und Saarbrükken.

In Relation zur Bevölkerungszahl der Bundesrepublik Deutschland, die 1959 etwa 55 Millionen betrug, kamen aus den Universitäten und THs hier auf 10 000 Einwohner etwa 33 Studenten - im Vergleich zu 1933 fast das Dreifache, dies bei einer stark verminderten

Zahl von Universitäten und Technischen Hochschulen! In der Bundesrepublik machten die Abiturienten aus dem Jahrgang 1936 etwa 37 000 aus, die aus dem Jahrgang 1943 aber bereits über 63 000. Das vollzog sich ohne jede „Bildungsreform“. Wenn viele Eltern ihren Kindern in Deutschland eine „höhere“ Bildung mitgeben wollten, reagierten sie auf Erfahrungen aus der Nachkriegszeit. Wenig später wurde ein solches Verhalten durch das verstärkt, was den Reformen der 60er Jahre vorausging: durch die Warnung vor der „Bildungskatastrophe“, durch die Forderung, Bildung als Recht zu betrachten und durch eine intensive Bildungswerbung. Zudem setzte die Studienzeitverlängerung ein und vergrößerte auf ihre Weise die Inanspruchnahme der Hochschulen.

Stark vereinfacht stand man vor dem Hintergrund der tradierten Idee der Universität vor zwei Entscheidungsnotwendigkeiten: Man mußte 1. die Arbeitsteilung zwischen Universitäten, Technischen Hochschulen und allen übrigen Einrichtungen des tertiären Bildungsbereichs durchdenken. Man mußte 2. klären, ob man angesichts der wachsenden Studentenzahlen die vorhandenen Universitäten und THs ausbauen oder ob man neue Einrichtungen gründen wollte. Beide Entscheidungsnotwendigkeiten waren in den 50er Jahren bekannt. Aber erst um 1960 wurde in Zusammenhang mit den Empfehlungen des Wissenschaftsrates eine Entwicklung legitimiert, die sozusagen selbsttätig eingesetzt hatte. In ihr trafen sich die Interessen einer bequemen Politik und die der wissenschaftlichen Hochschulen, vertreten durch die Westdeutsche Rektorenkonferenz (WRK), die vornehmlich auf eine Bestandssicherung hinausliefen. Das führte zu zwei Antworten, die praktisch die Grundlagen der bundesdeutschen Hochschulpolitik bis in die Mitte der 60er Jahre darstellten. Die eine lautete: Ausbau der vorhandenen Hochschulen statt Neubau. Die andere: keine funktionale Arbeitsteilung im tertiären Bildungsbereich, sondern Beibehalten einer eindeutigen Hierarchie. An ihrer Spitze standen die „wissenschaftlichen Hochschulen“, ausgezeichnet durch das Promotionsrecht und in engem Bezug zum tradierten Akademikerprivileg. Alle übrigen Einrichtungen des tertiären Bereiches folgten abgestuft nach. Die (auch) von der Rektorenkonferenz vertretene Politik war zunächst erfolgreich. Die Länder betrieben mehr Ausbau als Neubau, obgleich in vielen Universitätsstädten der Ausbau einem Neubau „draußen vor der Stadt“ gleichkommen mußte.

Über Auftrag und Organisation der Hochschulen wurde in der Bundesrepublik Deutschland seit 1945 erbittert diskutiert. Drei Themenbereiche bildeten den Kern dieser Auseinandersetzung: 1. ging es um die Verfassung der Hochschulen, um die stärkere Beteiligung der Nichtordinarien, des allmählich entstehenden Mittelbaus und der Studenten. Es gab einen Nachholbedarf an *Demokratisierung*, der immer größer erschien, je größer die Hochschule selbst wurde, ohne sich in ihrer Struktur nennenswert zu ändern. 2. diskutierte man den Sinn des Studiums, forderte eine *Studienreform* um die Studiengänge zu entrümpeln, der schleichenden Studienzeitverlängerung Einhalt zu gebieten und der Lehre neben der Forschung eigenständige Bedeutung zuzumessen. 3. standen *soziale Probleme* zur Debatte. Der neue Staat mußte seinen Prinzipien gemäß den Zugang zur Hochschule erleichtern und auch sozial ermöglichen. Er mußte das auch in einer gewissen Konkurrenz zum anderen deutschen Staat - der Deutschen Demokratischen Republik (DDR) - tun, der (in revolutionärer Umkehr) seine Hochschulen gerade für die Kinder der Arbeiter und Bauern öffnete. Vornehmlich waren aber eigene Überlegungen maßgebend. Sie führten zum Honnefer Modell (1955), zu einer Anwendung sozialstaatlicher Prinzipien auch auf die hier betroffene Bevölkerungsgruppe. Im Bereich sozialer Förderung gelang es, erste wichtige Pflöcke einzustecken. Der Ruf nach Hochschul- und Studienreform fand bis weit in die 60er Jahre hinein kaum Echo. Gleichzeitig erschwerten aber die quantitativen Veränderungsprozesse die Situation aller Beteiligten. Das begünstigte Ausbruch und Verlauf der Studentenunruhen, bewirkte auch - wenngleich verspätet und deshalb wohl um so hektischer - hochschulpolitische Maßnahmen. Diese führten aber nicht dazu, daß man Konsens über ein neues „Bild" der Hochschule oder wenigstens notwendige Korrekturen am alten Bild erreicht hätte. Daher konnten unterschiedlichste Ziele verfolgt werden und waren gewaltige Enttäuschungen vorprogrammiert. „Dabei wird oft vergessen, daß wohl in keiner anderen Zeit neben der Hochschulpolitik so viele verändernde Faktoren auf die Hochschulen eingewirkt haben wie in den letzten dreißig Jahren. Es haben auch in keinem vergleichbaren Zeitraum zuvor so viele neue Hochschulen das Licht der Welt erblickt und die Steuerzahler so viel Geld für das damit angesprochene Gesamtunternehmen ausgegeben wie in den 60er und 70er Jahren." (Th. Ellwein, Die deutsche Universität vom Mittelalter bis zur Gegenwart, S. 253f.).

Am Anfang der Entwicklung standen recht heterogene Impulse: die Kritik an der sogen. Restauration in den Hochschulen der 50er Jahre; die Beschwörung einer Bildungskatastrophe; die neue Einschätzung von Bildung als einem wichtigen Kapital und die von Wissenschaft als einer Produktivkraft; die Sorge, als Exportland den Anschluß auf dem Weltmarkt zu verpassen; der demokratische und liberale Impuls, ein Recht auf Bildung zu postulieren; das Gespür für grundlegende Veränderungen auf dem Arbeitsmarkt mit zahllosen Qualifizierungs-, aber auch Dequalifizierungsprozessen und vieles andere mehr. Daraus ergab sich keine leitende Idee, wohl aber ein Konglomerat von Vorstellungen, das aktive Politik begünstigte, weil das, was sie bewirkte, unter höchst verschiedenen Gesichtspunkten als wünschenswert erscheinen konnte.

Deshalb wandte sich diese Politik, einem schon längst bestehenden Trend folgend, dem Ausbau der Hochschulen zu, förderte die Studienbereitschaft (z.B. durch Ausbau der Stipendien) und zog erste Konsequenzen aus all dem im Hochschulbereich. Sie lagen auf der Linie des „Ausbaus", mußten aber zwangsläufig über ihn hinausgehen. So kam es nach

1960 zu Neugründungen: In Bremen und Regensburg errichtete man „normale“ Universitäten und wies ihnen eine primär regionalspezifische Aufgabe zu. In Bielefeld und Konstanz entwickelte man dagegen „hübsche Modelle von Forschungsuniversitäten und bewies damit, wieweit die Rangerhöhung der Forschung gegenüber der Lehre inzwischen gediehen und wie sehr man bereit war, Refugien für einige wenige Professoren zu schaffen, um die übrigen ihren vielen Studenten auszuliefern. Man bewies freilich zugleich, daß ‘Reformen’ erforderlich seien, also der Zustand der ausgebauten Mammutuniversitäten Kritik herausfordere.“ (ebenda, S. 255f.). Zwanzig Jahre später ließ sich allenthalben Ernüchterung und der „berühmte Rotstift“ der Finanzminister feststellen. Aber: von den knapp 300 Hochschulgründungen im deutschsprachigen Raum fanden etwa 50 in den 60er und 70er Jahren statt, und die Bundesrepublik war daran in hohem Maße beteiligt. An diesen alten und neuen Universitäten, an den neuen Gesamthochschulen, an den Kunsthochschulen, Pädagogischen Hochschulen (die es nur noch in Baden-Württemberg, Schleswig-Holstein und Thüringen gibt), Theologischen Hochschulen und Fachhochschulen studierten im Wintersemester 1981/82 1 120 892 Studentinnen und Studenten. Nehmen wir nur die der Universitäten und Gesamthochschulen, handelte es sich um 856 083 Studierende (einschl. Ausländer), was bei einer Bevölkerung von rd. 61,6 Millionen bedeutete, daß 139 Studierende auf 10 000 Einwohner kamen. Und 1996 waren fast 2 Millionen Studenten an den deutschen Hochschulen eingeschrieben. Sicher: Die Bundesrepublik ist seit der Wiedervereinigung größer geworden. Dieser Vergrößerung entspricht die Vermehrung des Lehrkörpers keineswegs! Die zahlenmäßige Relation zwischen Studenten und Professoren hat sich zu Lasten beider verschlechtert: die Möglichkeiten persönlicher Begegnung sind z. B. geringer als früher. Diese verschlechterte Relation hat auch auf die Dissertationen Auswirkung. Dennoch ist das Personal der Hochschulen stark vermehrt worden. An den Universitäten und an den Gesamthochschulen waren 1980 etwa 74 000 Personen mit wissenschaftlicher Vorbildung in Lehre und Forschung hauptberuflich tätig; das „sonstige“ Personal umfaßte noch einmal etwa 150 000 - der Personalzuwachs in Wissenschaft und Forschung ist im Rahmen des öffentlichen Dienstes bis Mitte der 90er Jahre ohne Beispiel. Danach setzt sich auch hier der Sparzwang durch.

Trotz der zahlreichen Neugründungen dominieren in der Bundesrepublik die „großen“ Universitäten. Es gibt Hochschulstädte, die Zehntausende von Studenten aufnehmen: München, Münster, Köln, Hamburg. Freiburg, Tübingen, Marburg oder Göttingen beherbergen Studenten, deren Zahl im Mißverhältnis zur jeweiligen Einwohnerzahl steht. Die „große“ Universität ist eine teure Universität; weil die meisten Hochschulen groß und teuer sind, haben sich auch die Formen, in denen man sie in den Dienst des Staates stellt und seiner Aufsicht unterwirft, grundlegend geändert. Tatsächlich bestimmen Geld und Organisation die moderne Hochschule. Im Wintersemester 1996/97 war die Universität Köln mit 62 971 eingeschriebenen Studenten die größte deutsche Hochschule. Ihr folgte München mit 61 100 Studierenden. Seit 1985 ist die Studentenzahl an der Kölner Universität um 135 % gestiegen. Die Zahl der Professoren blieb im gleichen Zeitraum mit 527 unverändert.

Was besagt dies für das Dissertationswesen in Deutschland? Seit 1885 werden die von den deutschen Hochschulen und Fakultäten angenommenen Dissertationen vollständig erfaßt und alljährlich - im Verzeichnis der Deutschen Hochschulschriften (Leipzig) - veröffentlicht. Auf diese Weise läßt sich zugleich auch die Zahl der ordentlichen Doktorpromotionen feststellen.

Von 1885 bis 1960 wurden etwa 400 000 Dissertationen von den deutschen Fakultäten und Hochschulen angenommen. Hiervon entfielen auf die Bereiche:

Theologie	über	3 000	ca.	1 %
Rechts-, Staats- und Wirtschaftswissenschaften	fast	80 000	ca.	20 %
Philosophie und Naturwissenschaften	über	100 000	ca.	25 %
Medizin (einschl. Veterinärmedizin)	über	170 000	ca.	44 %
Sonstige Wissenschaften	über	40 000	ca.	10 %

Diese Zahlen beziehen sich bis 1945 auf das Gebiet des Deutschen Reiches, seit 1945 auf die Bundesrepublik Deutschland, die DDR und (West) Berlin. In den 50er Jahren ergibt sich für die Studierenden und Promovierten an den Wissenschaftlichen Hochschulen der Bundesrepublik folgendes Bild (vgl. G. Bengeser, Doktorpromotion in Deutschland, S. 64):

Jahr	Studierende	Promovierte	Anteil der Promotionen an Gesamtzahl
1952	112 120	8 047	7,2 %
1953	112 795	7 678	6,8 %
1954	117 347	7 248	6,2 %
1955	123 469	6 476	5,2 %
1956	135 759	6 312	4,7 %
1957	148 224	6 039	4,1 %
1958	164 519	5 825	3,5 %
1959	177 260	5 572	3,1 %

Das überraschend starke Absinken der Promotionen hat sich über den angegebenen Zeitraum hinaus fortgesetzt. Bemerkenswert ist vor allem, daß die Doktorprüfungen nicht nur relativ, sondern auch absolut (von 8 000 auf 5 500) erheblich abnahmen. Demgegenüber ging die Zahl der sonstigen Abschlußprüfungen für Akademiker während dieser Zeit nur relativ zurück. Aufschlußreich ist das zahlenmäßige Verhältnis der Doktorgrade verschiedener Wissenschaftszweige zueinander. In den Universitätsjahren 1958 und 1959 (vier Semester) entfielen beispielsweise von der Gesamtzahl der Studierenden der Bundesrepublik durchschnittlich auf den Bereich der Rechtswissenschaften 12,2 %, auf den der Medizin 12,1 % und auf den der Naturwissenschaften 17,6 %. Die Zahl der Promotionen auf diesen Gebieten verhielt sich hingegen wie 12:42:20, war also im Bereich der Medizin gegenüber den anderen Wissenschaftszweigen drei- bis viermal so hoch. Von den schon in irgendeiner Form (akademisch oder staatlich) Geprüften erwarb 1958-1959 fast jeder Mediziner auch den Doktorgrad, hingegen nur jeder zwanzigste Theologe, jeder zehnte Techniker und jeder siebente Jurist oder Wirtschaftswissenschaftler.

Während im Durchschnitt dieser beiden Jahre 14 % der Kandidaten für sonstige Hochschulprüfungen das betreffende Examen nicht bestanden - überdurchschnittliche Ausfälle bei Philosophen (22 %) sowie Rechts- und Wirtschaftswissenschaftlern (20 %); unterdurchschnittliche bei Technikern (12 %), Naturwissenschaftlern (5 %), Theologen (4 %) und Medizinern (3 %) -, blieben bei den Doktorprüfungen, die zugleich Abschlußprüfungen waren, nur 3 %, bei den ausschließlich für den akademischen Bereich bedeutsamen Promotionen sogar nur 1 % erfolglos. Diese Differenz zwischen den Prüfungsergebnissen bedeutet jedoch nicht, daß beim Doktorexamen geringere Anforderungen als bei anderen Prüfungen gestellt wurden. Vornehmlich ist sie wohl darauf zurückzuführen, daß zwischen Doktorand und Doktorvater ein enger, langandauernder Kontakt bestand, der letzterem Gelegenheit gab, wiederholt auf die Verbesserung der Leistungen hinzuwirken.

Die Zahl der Promotionen stieg seit 1980 zwar um 64 %, doch mit 19 % blieb die „Promotionsquote“ (Anteil der Doktoranden an den Absolventen) nahezu konstant. Im Wintersemester 1972/73 wurden in der Bundesrepublik Deutschland 17 % der Doktorprüfungen von Frauen abgelegt, 1992 in den alten Bundesländern 28,7 %.

Das 179. Plenum der Hochschulrektorenkonferenz hat im Juli 1996 in einer Entschließung seine Position zum Promovieren dargelegt. Zur Bilanz heißt es:

„Bestandene Doktorprüfungen in Deutschland 1992

	Insgesamt	ohne Humanmedizin	Humanmedizin
alte Bundesländer	20 038	12 834	7 204
nachrichtlich: Zahlen für 1980	12 222	6 835	5 387
neue Bundesländer und Berlin-Ost	1 400	1 198	202
Deutschland gesamt	21 438	14 032	7 406“

Setzt man für die so ermittelten 14 032 in Deutschland im Jahre 1992 bestandenen Promotionen außerhalb der Humanmedizin jeweils im Durchschnitt eine Dauer von vier bis fünf Jahren an ..., dürfte 1992 die Gesamtzahl der Doktoranden - ohne Humanmedizin - bei über 60 000 gelegen haben. Hinzu kommt eine unbestimmbare Anzahl Doktoranden, die ein Promotionsvorhaben aus unterschiedlichen Gründen abbrechen. Die überwiegende Mehrheit aller Doktoranden (nach Einschätzung des Wissenschaftsrates derzeit etwa zwei Drittel) wechselt nach dem Abschluß der Promotion in Tätigkeitsfelder außerhalb der Universität. In einem Beschäftigungsverhältnis befanden sich 1992 nach Berechnung des Wissenschaftsrates in den Universitäten der alten Bundesländer etwa 41 000 Doktoranden, in denen der neuen Bundesländer etwa 3 000. In den außeruniversitären Forschungseinrichtungen waren insgesamt etwa 4 500 Doktoranden beschäftigt. 1994 wurden etwa 8 500 Doktoranden mit Stipendien gefördert.“ (Zum Promotionsstudium, S. 6). Weiter haben nach dieser Darstellung zwischen 1988 und 1992 Ingenieurwissenschaftler 5,3 Jahre, Geistes- und Sozialwissenschaftler 4,75, Biowissenschaftler 4,2, Mathematiker und Naturwissenschaftler 4,0 Jahre für die Promotion benötigt. Das Durchschnittsalter deutscher Promovierter lag in den alten Bundesländern in Sprach- und Kulturwissenschaften bei 32,9, in den Ingenieurwissenschaften bei 32,6, in Rechts-, Wirtschafts- und Sozialwissenschaften bei 31,4 und in Mathematik/Naturwissenschaften bei 30,9 Jahren. Im Durchschnitt promoviert (ohne Medizin) jeder fünfte Absolvent. In der Humanmedizin werden Dissertationen meist studienbegleitend erarbeitet. Auf 1992 bezogen beträgt die Promotionsintensität hier 64,0 %. Vom Plenum der Hochschulrektorenkonferenz wird u. a. auch festgestellt, daß gerade in den Kulturwissenschaften die Doktoranden vielfach isoliert und ohne zureichende Betreuung arbeiten, daß klassische Betreuungsformen (etwa Doktorandenkolloquien und Oberseminare) häufig nicht ausreichen. Als Lösungsmöglichkeit wird auch auf die seit einigen Jahren eingerichteten Graduiertenkollegs verwiesen. Gefordert wird (ebenda, S. 16), die Promotion in drei Jahren abzuschließen. Dazu wird generell ein Doktorandenstatus empfohlen, ebenso Zentren für Doktorandenstudium. Sorge wird auch über die Qualität vieler medizinischer Dissertationen, über den unvertretbaren Umfang vieler Dissertationen geäußert, über die mangelnde internationale Attraktivität einer Promotion in Deutschland.

In der ehemaligen DDR wurden in den Jahren 1950 bis 1990 etwa 123 000 Dissertationen und 20 500 Habilitationen (seit 1969 auch B-Dissertationen genannt) angenommen. Von diesen Dissertationen sind ca. 60 % dem geistes- und gesellschaftswissenschaftlichen Bereich zuzuordnen.

Studenten/Absolventen/Doktoranden in der DDR 1950 bis 1980

Jahr	Studenten insgesamt	davon weiblich	Absolventen insgesamt	Doktoranden insgesamt
1951	31 512	6 700	4 631*)	1 034
1955	75 084	19 151	7 617**)	1 051
1960	99 860	25 213	15 005**)	1 671
1965	111 591	29 099	20 878	2 999
1970	143 163	50 689	22 312	4 555
1975	136 854	65 976	36 521	3 496
1980	129 970	63 266	24 200	3 343

*) ohne Fernstudium
**) ohne Abendstudium

Die Gesamtstudentenzahl im Rahmen des Hochschulstudiums belief sich 1961 bis 1967 auf ungefähr 110 000 und war, bedingt durch die geburtenschwachen Jahrgänge der Kriegs- und Nachkriegszeit, leicht rückläufig. Zwischen 1951 und 1960 hat sich die Zahl der Studierenden mehr als verdreifacht, bis Ende der 60er Jahre ist ein vergleichsweise nur noch leichter Zuwachs zu verzeichnen. Mit Beginn der sogen. 3. Hochschulreform im Jahre 1967 nahm die Zahl der Studierenden in der DDR wieder stark zu. Sie erreichte 1972 mit 160 967 ihr Maximum. Nach einem Absinken hat sich dann eine Stabilisierung bei ca. 130 000 ergeben. Zuletzt - 1989 - studierten an den 53 Hochschulen (darunter 6 klassische Universitäten) rund 131 000 Studenten. Sie wurden hier von 31 800 Lehrkräften, davon etwa 3 440 Professoren und 4 000 Dozenten, ausgebildet.

Nicht enthalten in der Gesamtstudentenzahl sind die in der DDR studierenden Ausländer und Absolventen im Forschungsstudium. DDR-Studenten im Auslandsstudium mit Fächern, die zu einem vollen Hochschulabschluß führten (1978/79: 3 900), sind dagegen erfaßt.

Der wachsende Anteil der Studentinnen in der DDR ist im internationalen Vergleich durchaus beeindruckend. Es gab dabei aber erhebliche Unterschiede in den einzelnen Fakultäten bzw. Disziplinen. Sehr stark war der weibliche Anteil in der Pädagogik, in den Sprachwissenschaften, auch in der Medizin. In den Ingenieurwissenschaften waren 1989 dagegen lediglich 27 % der Studenten weiblich, was allerdings international ebenfalls beeindruckend ist. Insgesamt ist die Zahl der Studentinnen in der DDR ab 1951 von ca. 20 % auf ca. 50 % schon 1982 gestiegen.

Die Einführung des Fernstudiums im Jahre 1950 eröffnete zusätzliche Ausbildungsmöglichkeiten im Hochschulwesen der DDR. 1951 wurden hier 3 690 Teilnehmer (11,7 % der

Gesamtstudentenzahl) gezählt, 1971 39 344 (24,9 %) und 1986 13 507. Die zahlenmäßige Entwicklung verlief ungefähr parallel zum Anstieg und Rückgang der Direktstudentenziffern.

Während die Fakultäten in den Universitäten und Hochschulen der Bundesrepublik Deutschland jeweils über eine eigene Promotionsordnung verfügen, war in der DDR eine einheitliche Regelung getroffen worden. Nach der „Verordnung über die akademischen Grade“ vom 6.11.1968 erfolgte neben dem „Doktor ehrenhalber“ eine Differenzierung zwischen dem „Doktor eines Wissenschaftszweiges“ (Promotionsordnung A) und dem „Doktor der Wissenschaften“ (Promotionsordnung B). Das nach diesen Promotionsordnungen (21.1.1969) benannte „Promotionsrecht A“ bzw. „Promotionsrecht B“ wurde den Wissenschaftlichen Räten der Hochschulen erteilt.

Die „Verordnung über die akademischen Grade“ vom 6.11.1968, die am 1.2.1969 in Kraft trat, enthielt in fünf Abschnitten die Grundsätze für die Verleihung akademischer Grade, die akademischen Grade selbst und das Recht zu ihrer Verleihung, zur Führung in- und ausländischer akademischer Grade und zur Promotion von Ausländern sowie zum Entzug der Grade. Der Doktorgrad war danach die zweite Stufe im Graduierungssystem; er konnte auf das „Diplom eines Wissenschaftszweiges“ folgen und war Grundlage für den „Doktor der Wissenschaften“ (Habilitation). Voraussetzung für die Zulassung zur Promotion waren neben dem Diplom „b) die systematische Vertiefung der Kenntnisse in den theoretischen Grundlagen des betreffenden Wissenschaftszweiges und auf dem Gebiet des Marxismus-Leninismus c) die aktive Mitarbeit bei der Gestaltung der sozialistischen Gesellschaft.“ Hinzu kam der Nachweis über die aktive Beherrschung von in der Regel zwei Fremdsprachen. Der Rektor konnte „in begründeten Fällen“ gegen die Durch- oder Weiterführung eines Promotionsverfahrens Einspruch erheben, der Kandidat wiederum seinerseits dagegen. Letztlich entschied aber der Rektor „nach Anhörung des wissenschaftlichen Rates.“ Das Recht zur Verleihung der akademischen Grade, also auch des Doktorgrades, erteilte der Minister für das Hoch- und Fachschulwesen der DDR; dies auch für ihm nicht unterstellte Institutionen. Das Promotionsrecht konnte auch wissenschaftlichen Einrichtungen verliehen werden, die keinen Hochschulcharakter trugen. Dementsprechend wurden an einigen traditionellen Universitäten nicht alle der in der DDR verliehenen 13 Doktorgrade vergeben, weil es für das betreffende Fach dort keine Ausbildung gab. In Leipzig wurde u. a. nicht der Dr. Ing. vergeben, in Halle nicht der Dr. Ing., der Dr. rer. pol. und der Dr. vet. med., in Rostock nicht der Dr. jur., der Dr. vet. med. und der Dr. rer. pol., in Greifswald nicht der Dr. agr., der Dr. jur., der Dr. oec., der Dr. Ing. und der Dr. rer. pol. An allen sechs traditionellen Universitäten der DDR konnte man nicht den Dr. rer. mil. (Doctor rerum militarium) und den Dr. rer. silv. (Doctor rerum silvaticarum) erwerben. Ingenieurhochschulen (Berlin-Wartenberg, Cottbus, Köthen, Mittweida, Warnemünde-Wustrow) verliehen nur den Dr. Ing., die Militärmedizinische Akademie Bad Saarow nur den Dr. med., die Militärpolitische Hochschule „Wilhelm Pieck“ Berlin-Grünau nur den Dr. phil., die Hochschule der Volkspolizei nur den Dr. rer. pol., die Juristische Hochschule Potsdam nur den Dr. jur. Wollte man einen im Ausland verliehenen akademischen Grad führen, bedurfte dies der Genehmigung des Ministers für das Hoch- und Fachschulwesen. Ausländer brauchten diese Genehmigung auch, wenn sie in der DDR promovieren wollten. Die Promotionsgebühren betrugen 200 Mark der DDR, sie waren vor Antragstellung einzuzahlen, galten als Verwaltungsgebühr und waren nicht mehr rückerstattbar. Bestandteil des Promotionsverfahrens waren die Dissertation, die von mindestens drei Gutachtern zu beurteilen war. Zwei der Gutachter konnten von der gleichen Hochschule sein. Die Annahme der Dissertation war Voraussetzung für die Verteidigung. Der Kandidat hatte das Recht, zwei Wochen vor der Verteidigung in die Gutachten Einsicht zu nehmen. Die Verteidigung selbst war öffentlich und in deutscher Sprache durchzuführen. Von der Dissertation waren sechs Pflichtexemplare an die zentrale Bibliothek der jeweiligen Hochschule abzuführen.

Die Ausbildung einer promovierten Intelligenz wurde in der DDR angesichts der exponierten Bedeutung der Wissenschaft für den wissenschaftlich-technischen Fortschritt zu einer „Schlüsselfrage“ erklärt. Um die Qualifizierung des wissenschaftlichen Nachwuchses systematisch, planmäßig und bedarfsgerecht steuern zu können, wurden spezielle Studien- bzw. Qualifizierungsformen geschaffen. Die Heranbildung des promovierten Nachwuchses erfolgte über drei Wege: die Assistenz, das Forschungsstudium, die wissenschaftliche planmäßige und außerplanmäßige Aspirantur.

Die Assistenz war, ähnlich wie in der Bundesrepublik, eine befristete berufliche Tätigkeit an einer Hochschule, die meist im direkten Anschluß an das Studium aufgenommen wurde und über vier Jahre lief. In der Regel war die befristete Assistententätigkeit mit der Vorbereitung auf den Erwerb eines Doktorgrades verbunden. Im Unterschied dazu bildete das Forschungsstudium eine direkte Fortsetzung des Studiums. Es diente ausschließlich der Vorbereitung auf die Promotion, dauerte in der Regel drei Jahre und stellte eine akademische Form der Begabtenförderung dar. Die Forschungsstudenten erhielten ein Stipendium und absolvierten meist „individuell festgelegte Studiengänge“, die einen vorzeitigen Diplomerwerb einschließen konnten. Mit Ausnahme einer begrenzten Lehrtätigkeit (in der Regel ein Seminar mit zwei Wochenstunden) arbeitete der Forschungsstudent nach einem individuellen Plan. Die wissenschaftliche Aspirantur, 1951 im Rahmen der zweiten Studienreform der DDR eingeführt, war eine Form der postgradualen Weiterbildung für Akademiker aus der Praxis, die während ihrer beruflichen Tätigkeit „Fähigkeiten zu schöpferischer wissenschaftlicher Arbeit bewiesen und sich in der Arbeit und im gesellschaftlichen

Leben bewährt haben". Sie sollte vor allem den Bedarf an promovierten Absolventen in der Wirtschaft bzw. den Bedarf „an wissenschaftlichen Ergebnissen zur Intensivierung des volkswirtschaftlichen Reproduktionsprozesses" decken. Während der planmäßigen Aspirantur, die drei Jahre dauerte, war der Doktorand von seiner beruflichen Tätigkeit freigestellt und erhielt ähnlich den Forschungsstudenten ein Stipendium, dessen Höhe sich an dem bis dahin bezogenen Gehalt orientierte. Die vierjährige außerplanmäßige Aspirantur wurde parallel zur Berufstätigkeit durchgeführt. Um Dissertationen in einer intensiven Arbeitsphase abzuschließen oder zu beschleunigen, war die Vergabe von einjährigen Teilaspiranturen und der damit verbundenen Stipendien für wissenschaftliche Mitarbeiter oder Praxiskader möglich.

Promovierte Assistenten oder Oberassistenten, die den Hochschullehrerberuf anstrebten, hatten die Möglichkeit, den höchsten akademischen Grad eines Doktors der Wissenschaften (Promotion B) zu erwerben. Diese Promotion setzte in der Regel die Promotion zum „Doktor eines Wissenschaftszweiges" voraus und war somit an die Stelle der früheren Habilitation getreten.

Beim künftigen „Doktor eines Wissenschaftszweiges" wurden neben dem Besitz eines Diploms bzw. der bestandenen Hauptprüfung fundierte Kenntnisse im betreffenden Wissenschaftszweig, im Marxismus-Leninismus und „aktive Mitarbeit bei der Gestaltung der sozialistischen Gesellschaft", also ein aktives gesellschaftliches Engagement, vorausgesetzt. In einer neuen Promotionsordnung A und B vom Sommer 1988 wurde nicht mehr verlangt, die Erfordernisse der Entwicklung von Gesellschaft und Wissenschaft zu berücksichtigen. Die positive Bewertung der Dissertation und erfolgreich verteidigte Forschungsergebnisse waren Voraussetzung für die Verleihung des Doktorgrades in der Promotion A und B. Die Dissertationen wurden nach ihrem „theoretischen Gehalt und ihrem gesellschaftlichen Nutzen" beurteilt, das heißt, daß sie nicht nur der Fachwissenschaft verpflichtet waren. Die Forschungsergebnisse wurden in Dissertationsschriften vorgelegt und durch Hochschullehrer, Wissenschaftler der Akademien sowie kompetente Vertreter aus der Praxis begutachtet.

Erfolgreich abgeschlossene Promotionen (A)
aller Fachbereiche an Universitäten und Hochschulen der DDR

Jahr	Anzahl der Promotionen
1971	2 785
1972	2 952
1973	3 366
1974	3 389
1975	3 496
1976	3 270
1977	2 873
1978	3 132
1979	3 067
1980	3 343
1984	4 360
insgesamt	31 673

Danach fanden in der DDR in den 70er Jahren durchschnittlich 3 160 Promotionen pro Jahr statt. Ein stärkeres Anwachsen der jährlichen Promotionszahlen war seit Anfang der 80er Jahre zu bemerken. Offensichtlich waren das bereits Auswirkungen der seit Ende der 70er Jahre erhobenen Forderung nach mehr wissenschaftlichen Spitzenkräften. So wurden im Zeitraum von 1981 bis 1984 ca. 15 280 Promotionen abgeschlossen.

Nach Wissenschaftszweigen aufgeschlüsselt ergab sich folgende Verteilung der erfolgreich abgeschlossenen (A) Promotionen an Universitäten und Hochschulen der DDR 1971-1980:

Fächer	Anzahl	Anzahl in %
Mathematik/Naturwissenschaften	7 050	22,3
Technische Wissenschaften	7 013	22,1
Medizin	3 844	12,1
Agrarwissenschaften	2 818	8,9
Wirtschaftswissenschaften	3 434	10,8
Pädagogik	3 235	10,2
andere Gesellschaftswissenschaften	4 279	13,5
Insgesamt	31 673	100,0

Die kriegs- und nachkriegsbedingte Aufhebung des Druckzwangs von Dissertationen wurde in der DDR beibehalten. Seit den 70er Jahren wurden Geheimhaltungskategorien juristisch installiert. Insgesamt wurden in der DDR über 8 800 Dissertationen sekretiert.

Auch in der DDR blieb das Recht auf Verleihung des Doktorgrades eine Kompetenz der Fakultät, neben dem Berufungsverfahren zur Besetzung von Professuren. Bei letzterem waren sie auch hier allerdings der Rechtsaufsicht durch die zentralen Hochschulorgane und die staatlichen Wissenschaftsbehörden unterworfen. Ebenso war hier die mündliche Dissertationsprüfung zunächst die Disputation, d. h. der Kandidat wurde in einem Kolloquium mit allen Prüfern über Methoden und Ergebnisse seiner schriftlichen Promotionsleistung befragt. Das ist die ältere Form der mündlichen Promotionsleistung, die in Deutschland gegen Ende des 19. Jahrhunderts durch die Wissensprüfung in der Breite der Fächer sukzessive ersetzt worden war. Die öffentliche Verteidigung kam in der DDR 1969. Allmählich wurde der Kreis der Promotionsinstitutionen erweitert. Das Promotionsrecht wurde auch neu geschaffenen akademischen Ausbildungsstätten der Sozialistischen Einheitspartei Deutschlands (SED), des Freien Deutschen Gewerkschaftsbundes (FDGB), der Nationalen Volksarmee (NVA), des Ministeriums für Staatssicherheit (MfS) u. a. verliehen. Dementsprechend erhielten das Promotionsrecht: die Militärakademie „Friedrich Engels“ in Dresden, das Militärgeschichtliche Institut in Potsdam, die Militärpolitische Hochschule in Berlin-Grünau, die Militärmedizinische Akademie in Bad Saarow, die Hochschule der Deutschen Volkspolizei in Berlin-Biesdorf, die Gewerkschaftshochschule in Bernau, die Juristische Hochschule des MfS in Potsdam-Eiche und das Institut für Internationale Politik und Wirtschaft in Berlin. Ebenso 5 zentrale Ausbildungs- und Forschungsstätten der SED: die Parteihochschule „Karl Marx“, das Institut für Marxismus-Leninismus, die Akademie für Gesellschaftswissenschaften, das Zentralinstitut für sozialistische Wirtschaftsführung, das Institut für sozialistische Wirtschaftsführung und gesellschaftliche Entwicklung in der Landwirtschaft. Das Autonomierecht der Fakultäten wurde dabei gravierend eingeschränkt.

Vornehmlich aber wurde in der DDR promoviert an den 6 traditionellen Universitäten, an 7 THs und Technischen Universitäten (TU), an den weitgehend neugegründeten 9 Pädagogischen Hochschulen (PH), an 4 Ingenieur-Hochschulen (IHS), an der Akademie der Wissenschaften der DDR, an der Akademie für Landwirtschaftswissenschaften, an der Akademie der Pädagogischen Wissenschaften, an der Akademie für Ärztliche Fortbildung, an der Bauakademie und an der Akademie für Staats- und Rechtswissenschaften. Ebenso an drei Medizinischen Akademien, zwei Landwirtschaftlichen Hochschulen, der Hochschule für Ökonomie, der Hochschule für Verkehrswesen, der Hochschule für Architektur und Bauwesen, dem Zentralinstitut für Hochschulbildung, der Deutschen Akademie für Körperkultur und Sport, der Handelshochschule u. a. m.

Das Dissertationsthema folgte in der DDR vielfach den Vorgaben einschlägiger Pläne. Es gab ZK-Pläne, Zentrale Ministeriumsthemen, Hochschulthemen und in dieser Reihenfolge wurde von Partei und Staat ihre Bedeutung gesehen. Darüber gab es „sonstige Themen", sie machten generell etwa ein Drittel aus. In der Praxis des Doktorandenverhältnisses gab es eine ähnliche Vielfalt wie in der Bundesrepublik. In der Promotionsordnung von 1956 waren nur Einzeldissertationen vorgesehen, nach 1969 wurden Kollektivdissertationen gefördert, die aber nicht sehr beliebt waren. Zum „Nachweis über die Vertiefung der marxistisch-leninistischen Kenntnisse" gab es eigene Doktorandenseminare. Diese Kenntnisse gingen auch als eigenständiger Bestandteil in die Gesamtnote der Dissertation ein. Ab 1969 gab es offiziell auch die öffentliche Verteidigung der Dissertation. Neben den Offiziellen nahmen daran zwischen 10 und 100 Wissenschaftler und Praktiker teil. Auch die öffentliche Verteidigung hatte eine gute deutsche Tradition, sie war nicht nur aus der Sowjetunion übernommen. Es „offenbarte sich auch bei der Promotionswirklichkeit der DDR jene eigentümliche Ambivalenz zwischen progressiv-revolutionärer Rhetorik und Fortwirken deutscher Traditionen, die für den gesamten gesellschaftlichen Alltag zwischen Elbe und Oder charakteristisch war." (W. Bleek/L. Mertens: DDR-Dissertationen, S. 54). Offiziell grenzte man sich im Promotionsrecht von zahlreichen westdeutschen Standards ab, nach innen hin wurden jedoch Traditionen bewahrt, *auch* in der wissenschaftlichen Bewertung von Promotionsleistungen!

An der Humboldt-Universität zu Berlin wurden an der Gesellschaftswissenschaftlichen Fakultät 1986 und 1987 durchschnittlich je 200 Dissertationen angenommen, davon knapp 2/3 Plan-Themen und gut 1/3 „sonstige Themen". 1987 promovierten hier 8 % „summa cum laude", 38 % „magna cum laude", 50 % „cum laude" und 4 % „rite". „Non sufficit" wurde nicht vergeben; wie in der Bundesrepublik wurden schwache Doktoranden schon vor dem Verfahren „aus dem Rennen" genommen. Verhältnismäßig hoch war das Durchschnittsalter der Promovenden, so an der Humboldt-Universität 1986 und 1987 36 Jahre.

Der Druckzwang von Dissertationen wurde ab 1953 in der Bundesrepublik allmählich wieder eingeführt, in der DDR nur als Kann-Bestimmung. Nach der Dissertationsordnung der DDR von 1956 mußten 9 gebundene Schreibmaschinenexemplare abgeliefert werden, nach der Ordnung von 1969 sechs Exemplare. Damit waren die erzielten Ergebnisse nur schwer zugänglich. Aber diese Arbeiten konnten durchaus auch ins Ausland entliehen werden. Die Bibliothek der Humboldt-Universität war die zentrale Sammelstelle für Hochschulschriften; sie hatte 1981 über eine Million Dissertationen! Sie erhielt gemäß einer Absprache aus dem Jahr 1951/52 auch von jeder westdeutschen und westberliner Dissertation ein Exemplar. Von den DDR-Dissertationen ging jeweils 1 Exemplar an die „Deutsche

Bibliothek“ in Frankfurt/Main. Jedoch kamen ca. 18 % der DDR-Dissertationen nicht in den internationalen (West-)Austausch - die sekretierten Exemplare.

Zahlreiche Dissertationen in der DDR auf vielen Fachgebieten zeichneten sich durch solide handwerkliche Kompetenz und auch durch beachtliche wissenschaftliche Ergebnisse aus. Andererseits wurde das Niveau der Dissertationen aus der DDR häufig durch strukturelle Systemmängel beeinträchtigt. So durch fehlende Zugänglichkeit der ausländischen Forschungsliteratur, mangelnde internationale Kontakte, und u. U. auch durch einige politisch-ideologische Vorgaben.

Vieles ist in der DDR geheimgehalten worden, obgleich es aus Staats- oder Parteiinteresse nicht erforderlich war, auch bei Dissertationen. Zu den Geheimhaltungsstufen: 20 % davon waren „eigentlich“ nicht geheim, sie waren „theoretisch“ „nur in der DDR verleihbar“. Wirklich geheim hieß: nur 1. für den Dienstgebrauch, 2. vertrauliche Dienstsache, 3. Verschlußsache, 4. vertrauliche Verschlußsache, 5. geheime Verschlußsache, 6. persönliche Verschlußsache, 7. parteiinternes Material. In der NVA galt dazu auch: 1. nur in der NVA verwendbar, 2. geheime Kommandosache. Von den geheimzuhaltenden Dissertationen in der DDR waren 53,3 % als „Nur für den Dienstgebrauch“, 46,7 % als „Vertrauliche Dienstsache“ ausgewiesen. Zum Teil wurde dabei nur der Anhang oder ähnliches sekretiert, also statistisches Material, Belege usw.

Die einzelnen geheimgehaltenen Dissertationen sind aus den verschiedensten Bereichen. Am häufigsten wurden Promotionsschriften aus den naturwissenschaftlichen Fakultäten sekretiert, hoch war auch deren Zahl in den ingenieurwissenschaftlichen Fakultäten. Sehr gering hingegen war der Anteil in der Medizin. Es gab bei der Geheimhaltung der Dissertationen individuelle wie institutionelle Gründe, vor allem Befürchtungen im Hinblick auf die staatssicherheitliche Bedeutung von Dissertationsinhalten. Auf die vielfältigen Beispiele gehe ich nicht ein. In einigen Fällen wollte man Funktionäre, Agenten etc. schützen. Bei einigen gesperrten Dissertationen wurde der Sperrvermerk noch in der Zeit der DDR aufgehoben.

Die Doktorurkunde wurde in der DDR jeweils in einer Fakultätssitzung vom Dekan offiziell überreicht. Habilitierte erhielten ihre Urkunde in einer Senatssitzung vom Rektor. Jedenfalls war damit dieser Akt noch in die Tradition gestellt, nicht zum reinen Verwaltungsakt degradiert. Daß es zudem private Doktorschmäuse im kleineren oder größeren Kreis gab, bedarf keiner näheren Ausführung.

Bei den fast 1 000 Promotionsordnungen in der Bundesrepublik Deutschland gelten folgende allgemeine Anforderungen: während der Bund die allgemeinen Grundsätze des Hochschulwesens im Hochschulrahmengesetz von 1976 geregelt hat, ist das Bildungswesen grundsätzlich Sache der Länder. Deren Wissenschafts- bzw. Hochschulgesetze bestimmen, welche Einrichtungen staatliche Hochschulen sind und welche das Promotionsrecht haben. Teilweise enthalten sie auch Bestimmungen über die Promotionsvoraussetzungen. Zuständig für den Erlaß von Promotionsordnungen sind die Hochschulen, die dieser Aufgabe zum Teil durch zentrale Organe, zum Teil durch die Fachbereiche, die im wesentlichen den früheren Fakultäten entsprechen, nachkommen. Diese Fachbereiche vollziehen auch stets die Promotion im Einzelfall.

Promovieren darf üblicherweise, wer sein Examen - also Staats-, Diplom- oder Magisterprüfung - an einer deutschen wissenschaftlichen Hochschule abgelegt hat, die ihrerseits in diesem Bereich das Promotionsrecht hat und den Kandidaten aufgrund seines bestandenen Examens auch selbst promovieren könnte. Er darf denselben Titel nur nicht schon haben; ein Dr. jur. aus Köln darf sich also nicht nochmals in Rostock um den juristischen Doktortitel bemühen, könnte aber sehr wohl den Dr. phil. anstreben. Fachfremde Promotionen sind vielfach möglich. Im Ausland abgelegte Prüfungen erfüllen die Voraussetzungen nur, wenn sie deutschen Abschlüssen gleichwertig sind. Fachhochschulabsolventen können nur in Ausnahmefällen promovieren.

Neben der Prüfung kann die Promotionsordnung noch weitere Voraussetzungen festschreiben, wie etwa das Große Latinum, eine bestimmte Mindestnote oder eine bestimmte Semesterzahl am Ort der Promotion. Auch die Art der mündlichen Prüfungsleistungen ist unterschiedlich. Findet an manchen Fakultäten eine ausführliche mündliche Prüfung in mehreren Fächern statt, das sog. Rigorosum, genügt anderswo eine Disputation, also die mündliche Verteidigung der Dissertation.

So hält an der Medizinischen Fakultät der Martin-Luther-Universität Halle der Bewerber einen 20minütigen Vortrag, daran schließt sich eine etwa einstündige Disputation an. Alle Anwesenden haben dabei das Fragerecht. An der Rheinisch-Westfälischen TH Aachen erfolgt an dieser Fakultät die mündliche Prüfung grundsätzlich als Kolloquium, das sich auf drei Prüfungsfächer aus dem Kreis der in der Medizinischen Fakultät vertretenen Lehrgebiete erstreckt. An der Ruhr-Universität Bochum findet die mündliche Prüfung in Form einer Disputation vor der Prüfungskommission statt. Der Kandidat spricht - höchstens 15 Minuten - über die methodischen Grundlagen und über die Ergebnisse seiner Dissertation. Dazu erfolgt eine Disputation von 20-45 Minuten Dauer.

Die Entscheidung über die Zulassung zur Promotion oder ihre Verweigerung ist ein Verwaltungsakt, der auf dem Verwaltungsrechtsweg angefochten werden kann. Ein guter Doktorvater verfügt aber in der Regel über genügend Einfluß, um die Zulassung eines von ihm akzeptierten Doktoranden durchzusetzen.

Aufgabe der Professoren ist neben der Forschung und der Lehre auch die Betreuung von Doktoranden. Kein Professor kann allerdings verpflichtet werden, eine bestimmte Anzahl von Doktoranden zu betreuen oder einen ganz bestimmten Doktoranden zu akzeptieren.

Ein Hochschullehrer kann jedenfalls über Doktoranden seinen Mitarbeiterstab indirekt vergrößern und bekommt Zuarbeiten zu seiner wissenschaftlichen Tätigkeit. Ist ein entsprechendes Thema gefunden worden, sollte der Doktorand darauf dringen, daß eine Arbeitskonzeption erarbeitet wird, die vom Doktorvater „abgesegnet" wird. In ihr soll Aufgabenstellung und Methodik bereits zu Beginn der Bearbeitung des Themas eindeutig festgelegt sein, so daß der Doktorand über eine klare Arbeitsaufgabe verfügt, die entsprechend zielstrebig abgearbeitet werden kann. Diese klare Aufgabenstellung wird häufig leider versäumt. Dies bedeutet oft zielloses Arbeiten, Zeitverschwendung, Frustration bei Doktorvater wie Doktorand und führt nicht selten auch zum Abbruch der Arbeit.

Während einige Promotionsordnungen ein bestehendes Betreuungsverhältnis zur zwingenden Voraussetzung der Promotion machen, lassen andere die Frage offen oder enthalten sogar ausdrückliche Regelungen für das Verfahren bei Dissertationen, die ohne Betreuungsverhältnis entstanden sind. Faktisch kommen solche Promotionen allerdings kaum vor, zumal die Annahme durch einen Doktorvater doch eine gewisse Gewähr bietet, daß die Arbeit letztlich auch den Anforderungen entsprechen wird.

Doktortitel, die an deutschen Universitäten und Hochschulen im ordentlichen Verfahren erworben werden, dürfen im allgemeinen uneingeschränkt und ohne Zusatz geführt werden und können auf Antrag auch in den Personalausweis eingetragen werden. Bei ausländischen Titeln ist eine Genehmigung durch den zuständigen Kultusminister erforderlich. Für die Doktortitel mancher ausländischen Hochschulen ist diese Genehmigung allgemein erteilt, in allen anderen Fällen darf man den Titel nur mit einer Einzelgenehmigung führen, über die der Kultusminister eine Urkunde ausstellt. Voraussetzung ist, daß der im Ausland verliehene Doktorgrad dem deutschen Doktortitel vergleichbar ist. Normalerweise darf er dann auch nur mit einem Zusatz geführt werden, der auf das Herkunftsland oder die verleihende Universität hinweist. Der von einem Bundesland anerkannte Titel wird in dieser Form dann auch von den anderen Bundesländern akzeptiert.

Auffällig ist, daß die Promovierten immer älter werden. Am Arbeitsmarkt wird hingegen ein möglichst niedriges Einstiegsalter für akademisch gebildete Berufsanfänger gefordert, es sollte nicht über 30 Jahre liegen. Zudem wird einschlägige Berufserfahrung in der freien Wirtschaft immer wichtiger. Das Traumbild von der 25jährigen promovierten Führungskraft mit mindestens 5jähriger Berufserfahrung, möglichst auch im Ausland, wobei Mehrsprachigkeit selbstverständlich vorausgesetzt wird, ist oft erwünscht, aber in der Realität kaum zu finden.

Zweifellos: viele Doktoranden befinden sich strukturell in einer Lebenssituation, die durch Abgeschiedenheit vom laufenden Universitätsbetrieb (sieht man von einzelnen Terminen beim betreuenden Professor ab) und durch isoliertes Arbeiten an einem eingeengten Themenbereich in der Zurückgezogenheit der eigenen vier Wände (oder der Bibliothek) gekennzeichnet ist. Viele Promovenden sehen sich allerdings veranlaßt, sich in Gesprächen - etwa mit Kollegen - mit der Dissertationsproblematik auseinanderzusetzen, sei es auch nur in der Form von Schimpfen, Wehklagen oder auch Witzeln darüber. Menschlich - allzumenschlich! Bei allem Respekt vor einer genialen oder für genial gehaltenen Idee - ohne Kleinarbeit kommt keine Dissertation zustande. Da ist die Angst, man schafft die Arbeit nicht. Auch manche private Beziehung ist bereits an einer Dissertation zerbrochen. Promovieren heißt - und ich habe dafür lediglich einige Beispiele genannt - mit Existenz- und Schaffenskrisen zu leben. Man muß die Verzagensangst und den Zweifel an sich selbst bewältigen. Chr. Rechberger hat das am Beispiel von 13 österreichischen Doktoranden belegt. Für manchen ist die Promotion ein Mittel zur Selbstverwirklichung, für andere gehört sie eben zur akademischen Laufbahn dazu, ist ein Aspekt des Lebensplanes.

In Deutschland werden derzeit jährlich zwischen 20 000 und 25 000 Promotionsverfahren erfolgreich abgeschlossen. Dabei stehen hochgelehrte neben eher profanen Erörterungen. Eine Dissertation über die Verletzungen durch Masturbation mit einem Staubsauger oder über das sprunghafte Kaufverhalten von Hi-Fi-Kunden und ähnliches kann ihrem Urheber ebenso zum Doktortitel verhelfen wie die Abhandlung „Der Widerruf der Aussetzung der freiheitsentziehenden Maßnahmen der Besserung und Sicherung nach 67g StGB“. Benötigen manche Mediziner oder Juristen Monate, um eine akzeptable Doktorarbeit zu verfassen, so müssen Ingenieure und Geisteswissenschaftler manchmal fünf, sechs oder gar sieben Jahre lang über ihrer Dissertation schwitzen, bevor ihnen ihr „Doktorvater“ signalisiert, daß das Manuskript endlich seinen gestrengen Ansprüchen genügt. Daß in Dissertationen die Welt oder jedenfalls eine wissenschaftliche Disziplin revolutioniert wurde, war bislang übrigens noch nicht der Fall. Selbst spätere Nobelpreisträger haben darauf verzichtet.

Ob nun jemand mit einer dünnen Broschüre von 30 Seiten oder mit zwei telefonbuchstarken Bänden im Gesamtumfang von 850 Seiten den Doktortitel erringt, ob er Monate oder Jahre für die Erstellung der Dissertation benötigt hat, - all jene, die den Sprung vom Doktoranden zum „Dr.“ geschafft haben, zeichnen sich manchmal auch dadurch aus, daß sie sich in keiner der zahlreichen Fußangeln verfangen haben, die sich im Verlaufe eines Promotionsverfahrens auftun.

Wer glaubt, eine passable Dissertation, ein Doktorvater und eine (wie auch immer) bestandene mündliche Doktorprüfung seien alles, was zum „Dr.“-Werden erforderlich sei, verkennt die mannigfaltigen „Tücken“, die Promotionsausschüsse, Promotionsordnungen,

Doktorväter, Korreferenten und weitere Instanzen und Institutionen im Rahmen eines Promotionsverfahrens bereithalten. Während die Zahl der erfolgreichen Promotionsverfahren minutiös in statistischen Jahrbüchern verzeichnet ist, kann man über die Zahl der gescheiterten oder abgebrochenen Promotionsvorhaben nur spekulieren. Vielleicht wäre auch dies ein Dissertationsthema? Sicher ist, daß beispielsweise in der Humanmedizin häufig erst ein zweiter oder dritter Anlauf zum „Dr." führt, nachdem sich etwa ein erstes Thema nach langwierigen experimentellen Studien als nicht praktikabel erwiesen hat, und ein illoyaler Doktorvater jegliche „Betreuung" eines zweiten Themas vermissen ließ.

Die „Geschichte der gescheiterten Promotionsvorhaben" wird gewiß auf absehbare Zeit zur Sparte der ungeschriebenen Bücher zählen. Würde eine derartige „Geschichte" jemals geschrieben, so wäre sie über weite Strecken eine Schilderung von recht trivialen Fällen, in denen jemand sein Vorhaben aufgegeben hat, weil seine intellektuellen Kapazitäten nicht ausreichten, unerwarteter Nachwuchs oder der Hausbau die Kräfte absorbierten, oder schierer Unverstand und ordinäre Faulheit zum Abbruch führten.

Interessanter und lehrreicher unter dem Aspekt, daß man durchaus auch aus fremdem Schaden klug werden kann, sind freilich die von F. Grätz und M. Drees geschilderten 33 Fälle, in denen scheinbare Nebensächlichkeiten die Arbeit vieler Monate, gar Jahre zunichte machten und Promotionsvorhaben an deutschen Hochschulen aus mitunter kaum vorstellbaren Gründen scheiterten (Grätz/Drees: 33 Möglichkeiten, ein Promotionsvorhaben ohne den gewünschten Erfolg zu beenden).

Daß eine Dissertation nicht ohne Mühen entsteht, ist seit Jahrhunderten bekannt. Weshalb sollte man denn sonst auf das Ergebnis so stolz sein? Doch: aus vielerlei Gründen sollte man ein Promotionsvorhaben mit Bedacht angehen, auf daß man eventuell nicht unter die von Grätz und Drees geschilderten „33 Möglichkeiten" fällt. Dazu gehört auch die Wahl des Promotionsortes. Denn die Promotionsordnungen der deutschen Hochschulen sind - wie bereits erwähnt - höchst unterschiedlich. Dafür drei Beispiele.

In der Promotionsordnung der TU Cottbus vom 20.8.1992 heißt es in § 2 global: „(1) Allgemeine Voraussetzung für die Zulassung zur Promotion ist in der Regel der erfolgreiche Abschluß eines Studiums nach einem einschlägigen wissenschaftlichen Studium mit einer Regelstudienzeit von wenigstens acht Semestern an einer Hochschule mit Promotionsrecht im Geltungsbereich des Hochschulrahmengesetzes." Das ist generell die Voraussetzung zum Erwerb der an dieser Hochschule verliehenen Grade eines Doktors der Ingenieurwissenschaften (Dr.-Ing.), eines Doktors der Naturwissenschaften (Dr. rer. nat.), eines Doktors der Philosophie (Dr. phil.) sowie eines Doktors der Wirtschafts- und Sozialwissenschaften (Dr. rer. pol.). So der § 1 dieser Promotionsordnung. In der „Promotionsordnung für die Fakultäten - Pädagogik, Philosophie, Psychologie, - Sprach- und Literaturwissenschaften sowie - Geschichts- und Geowissenschaften der Otto-Friedrich-Universität Bamberg“ vom 1.12.1992 heißt es hingegen im entsprechenden § 5 „(1) Voraussetzungen der Zulassung zum Promotionsverfahren sind: 1. Die Hochschulreife entsprechend der Qualifikationsverordnung (BayRS 2210-1-1-3K/WK) in der jeweils gültigen Fassung. 2. Der Nachweis eines mindestens achtsemestrigen, für das Hauptfach einschlägigen Studiums an einer Universität in der Bundesrepublik Deutschland oder eines gleichwertigen Studiums an einer ausländischen Hochschule. Davon sollen mindestens zwei Semester an der Universität Bamberg durchgeführt worden sein! Der Promotionsausschuß kann von diesem Erfordernis Ausnahmen zulassen. Über die Einschlägigkeit des Studiums entscheidet der Promotionsausschuß.“ In Bamberg verlangt man also ein zweisemestriges Studium an der eigenen Universität als Voraussetzung für die Zulassung zum Promotionsverfahren! In der Promotionsordnung der Medizinischen Fakultät „Carl Gustav Carus“ der TU Dresden vom 9.1.1995 heißt es in § 1, sie verleihe die akademischen Grade „Doktor der Medizin (Doctor medicinae, Dr. med.) - Doktor der Zahnmedizin (Doctor medicinae dentariae, Dr. med. dent.) - Doktor der Gesundheitswissenschaften (Dr. rerum medicinalium, Dr. rer. medic.).“ In „§ 5 Voraussetzungen zur Zulassung“ heißt es dann sehr subtil und einschränkend: „(10) Die Bewerber zur Promotion zum Dr. med., Dr. med. dent. oder Dr. rer. medic. müssen mindestens zwei Jahre in der Doktorandenliste der Fakultät geführt werden. In dieser Zeit sind sie zur aktiven Teilnahme an speziellen wissenschaftlichen Veranstaltungen (Doktorandenseminare etc.) der Medizinischen Fakultät verpflichtet. Ein Antrag auf Aufnahme in die Doktorandenliste ist unter Angabe des voraussichtlichen Themas und des Erstbetreuers schriftlich an den Promotionsausschuß zu stellen. Der Antrag ist nicht gleichbedeutend mit dem Antrag auf Eröffnung eines Promotionsverfahrens ... Über Ausnahmen hinsichtlich der Mindestzeit gemäß Satz 1 entscheidet der Promotionsausschuß auf der Grundlage eines schriftlichen Antrages des Bewerbers.“ Und der Paragraph (11) besagt: „Zu einer Promotion wird nicht zugelassen, wer bereits zweimal auf dem betreffenden Wissenschaftsgebiet ein Promotionsverfahren nicht erfolgreich beendet hat.“

Dies auch als Beispiel dafür, daß sich gerade spät zur Promotion entschlossene oder antretende Kandidaten über die Bedingungen an den einzelnen deutschen Hochschulen informieren sollten.

Trotz der Schwierigkeiten, die einem Promotionswilligen begegnen können, ist der Anreiz, einen Doktortitel zu erwerben, in Deutschland weiterhin hoch. Dazu gehört, daß ein Titel zu einem Anstieg des Ansehens führt. Doch auch in der Karriere hilft es, promoviert zu haben.

Nach einer Untersuchung des „manager magazins“ bei den 100 größten Industriekonzernen und 60 größeren Banken und Versicherungen haben knapp die Hälfte aller Vorstände und Geschäftsführer promoviert. Auch in niedrigeren Führungsebenen sind Doktoren gern gesehen und gefragt.

Beweggründe für die Bemühungen, Promovierte als Mitarbeiter zu gewinnen, sind u. a.: das Prestigegefühl bei Verhandlungen mit Außenstehenden und der Umstand, daß der Doktorgrad für die innerbetriebliche Autorität als förderlich angesehen wird. Man meint auch, ein Promovierter vermöge eher, in neuen Situationen selbständig denkend sachgerechte Lösungen zu finden. So genießen promovierte Ingenieure deutliche Einkommensvorteile gegenüber ihren lediglich diplomierten Kollegen. Die Monatseinkommen unterscheiden sich in allen beruflichen Phasen:

	Diplom-Ingenieure (TH/TU) (in DM)	Promovierte Ingenieure (in DM)
Berufsanfänger	5 600	7 400
10. Berufsjahr	8 800	10 300
kurz vor der Pensionierung	13 800	16 900
GmbH-Geschäftsführer	24 000	26 300

(Quelle: Institut für Wissenschaftsberatung Dr. Frank Grätz)

Die mit dem Doktorgrad verbundene Ehrung wird von der Öffentlichkeit allgemein anerkannt. Sein Besitz führt - vor allem bei freiberuflich tätigen Akademikern - zu einer merklichen Hebung der sozialen Stellung. Der Inhaber des Doktorgrades besitzt einen deutlichen Vorsprung gegenüber dem akademisch gleichwertig gebildeten Nicht-Doktor. Diese Vorzugsstellung macht sich innerhalb der Beamten- und Offiziershierarchie sowie beim Richterstand weniger bemerkbar, weil dort festgefügte Rangordnungen des öffentlichen Dienstes eigene Schwergewichte entfalten.

Auch immer mehr Ärzte und Zahnärzte müssen bei der Anrede „Herr/Frau Doktor" durch den Patienten richtigstellen, daß sie nicht promoviert haben. Nur jeder zweite Zahnarzt trägt in Deutschland heute noch den Titel „Dr. med. dent", die Tendenz ist weiter fallend. Die Zahl der Promotionen pro Jahr ist in dieser Wissenschaftsdisziplin in den letzten zehn Jahren gleichgeblieben, die der Absolventen jedoch gestiegen. Die Möglichkeiten, schon während des Studiums eine Dissertation zu beginnen, sind geblieben, werden aber in Zukunft ebenfalls bedeutend geringer werden, wenn die Vorschläge des Wissenschaftsrates und damit die Schließung weiterer zahnärztlicher Hochschuleinrichtungen - und nicht nur dieser - Realität werden. Wer die Zeit während des Studiums - aus welchen Gründen auch immer - nicht nutzen und auch keine Assistentenstelle an der Universität finden konnte, sieht sich großen Problemen gegenüber, wenn er doch noch eine Promotion anstrebt. Er findet nur schwer ein für ihn realisierbares Thema und einen Doktorvater. Einige der Betroffenen fallen auch noch heute auf unseriöse Anzeigen herein und glauben, daß sich ein Doktortitel kaufen läßt. Nach den in Deutschland geltenden Gesetzen ist es eigentlich fast unmöglich, sich einen Doktortitel zu kaufen und ihn dann auch noch öffentlich tragen zu dürfen.

In Deutschland steht auf Titelhandel bis zu einem Jahr Gefängnis; in anderen europäischen Ländern gibt es den Straftatbestand „Titelhandel" allerdings gar nicht. Jedenfalls: Eine redlich erarbeitete Dissertation wird durch käufliche Titel zweifellos erheblich abgewertet!

In letzter Zeit scheinen die vorhandenen gesetzlichen Vorschriften ernster genommen zu werden, so daß Eintragungen in die Ausweispapiere ohne entsprechende Genehmigung wohl kaum noch vorkommen dürften.

Gelegentlich wird von Titelhändlern darauf verwiesen, daß es Abkommen mit einzelnen Ländern gibt, zum Beispiel mit der Schweiz, in denen festgelegt ist, daß die Titel gegenseitig anerkannt werden. Dies gilt natürlich aber nicht für Universitäten, die in der offiziellen Liste gar nicht enthalten sind (z. B. Schweizer Universität Zürich, Freie und Private Universität Herisau/Schweiz, Freie Universität Teufen/Schweiz). Eine andere Variante ist, daß dem Interessenten Titel von deutschen Universitäten angeboten werden mit dem Hinweis, daß diese nicht kontrolliert werden. Dabei werden entweder von Universitäten vorher gestohlene Promotionsurkunden verwendet oder die gesamte Urkunde gefälscht. Aber auch hier wird es für die Käufer ein böses Erwachen geben, ganz zu schweigen von der folgenden Strafverfolgung und der öffentlichen Blamage. Die unbefugte Führung in- oder ausländischer Grade und Titel unterliegt der Strafvorschrift des § 132a StGB.

Ein weiteres unseriöses Angebot ist das Ghostwriting. Eine fertige Arbeit oder das Schreiben einer Arbeit wird angeboten. Dies ist entsprechend den Promotionsordnungen eine unerlaubte Hilfeannahme. Da der Doktorand beim Einreichen seiner Arbeit bei der Fakultät entsprechend der geltenden Promotionsordnung eidesstattlich erklären muß, daß er seine Arbeit ohne fremde Hilfe, die Einfluß auf den Inhalt der Arbeit hatte, angefertigt hat, müßte er eine falsche Aussage machen. Selbst wenn durch „geschickte Manipulierung" dies vom Doktorvater beziehungsweise von der Fakultät nicht entdeckt werden sollte, bleibt die Möglichkeit zur späteren Erpreßbarkeit gegeben.

Es hat den Anschein, daß der externe Doktorand an einigen deutschen Universitäten nicht unbedingt erwünscht ist. Lange war es selbstverständlich, daß man dort studierte bzw. promovierte, wo man den besten Lehrer für sein Fachgebiet zu finden meinte. Heute hat die Bürokratie auch im akademischen Bereich massiv Einzug gehalten. Nach den Bestimmungen der TU Dresden kann z. B. ein Doktorand, der sein Examen im Ausland erworben hat, nur promovieren, wenn er ein Jahr an der Universität Dresden tätig war. Abgesehen davon, daß gar nicht ausreichend Assistentenstellen angeboten werden können, kann ein Zahnarzt seine Praxis nicht für längere Zeit schließen, damit er später einmal promovieren kann. Und in Halle wird zum Beispiel als Vorleistung verlangt, daß der Doktorand an dieser Universität ein Jahr wissenschaftlich tätig war. Danach hat nicht einmal ein früherer Student der Hallenser Universität die Chance zu promovieren, wenn er nicht auch noch als Assistent dort gearbeitet hat.

Es gehörte zur Tradition in Deutschland, den Hochschulabschluß als Arzt wie als Zahnarzt mit einem Doktortitel zu krönen. Auch aus der Sicht der Patienten gehört zum Arzt und Zahnarzt der Doktortitel. Sein Erwerb ist sicher nicht, wie einige behaupten, nur die Befriedigung des übertriebenen Ehrgeizes, sondern auch ein Ausweis für hohe Qualifikation.

Die größten Probleme bestehen in der Regel bei der Findung eines Dissertationsthemas sowie eines Doktorvaters und damit einer medizinischen Fakultät, an der auch für externe Doktoranden eine Promotion möglich wird. Dabei kann eine Beratung durch einen erfahrenen Wissenschaftler sehr hilfreich sein. Es geht vor allem um die Herausarbeitung eines Dissertationsthemas, das unter den spezifischen Bedingungen des praktizierenden Arztes oder Zahnarztes in einer überschaubaren Zeit bearbeitet werden kann. Leider besteht bei einigen Hochschullehrern das Vorurteil, Dissertationen von externen Doktoranden erbringen zu wenig wissenschaftliche Ergebnisse und deshalb lohne sich die Betreuung nicht. Doch können wissenschaftliche Untersuchungen aus der Praxis einen wertvollen Erkenntniszuwachs für den aktuellen Wissensstand darstellen. So beispielsweise Langzeituntersuchungen zur Erfolgsbewertung von Therapieverfahren unter den Bedingungen der Praxis, epidemiologische Untersuchungen zum oralen Gesundheitszustand ausgewählter Bevölkerungsgruppen oder zu gesundheitspolitischen Problemen der zahnärztlichen Betreuung der Patienten und Ergebnisberichte über Präventivmaßnahmen bei definierten Bevölkerungsgruppen (z. B. bei Kindern, bei Behinderten oder älteren Menschen). An der Universität können zahlreiche derartige Untersuchungen nicht durchgeführt werden, weil sie kaum noch über ein repräsentatives Patientenaufkommen verfügen. Oft betreuen sie Patienten mit speziellen Krankheitsbildern, die in der normalen Praxis nicht behandelt werden können, so daß der „normale Patient“ für sie nur noch begrenzt zur Verfügung steht.

Nicht nur Mediziner, auch andere Berufsgruppen haben es schwer, einen Doktorvater und ein geeignetes Dissertationsthema zu finden, wenn sie die Universität einmal verlassen haben. Hier kann eine professionelle Wissenschaftsberatung Hilfestellung geben. Sie hat einen Überblick über die derzeit fast 1 000 in Deutschland gültigen Promotionsordnungen. So kann schließlich die Fakultät gefunden werden, die den Interessen eines potentiellen Doktoranden maximal entspricht.

Noch vor wenigen Jahrzehnten gab es ein persönliches Verhältnis zwischen Doktoranden und Doktorvätern, das die bereits während des Studiums übliche intensive Betreuung - bei überschaubaren Studentenzahlen - fortsetzte. Dies hat sich geändert. Dissertationen werden zunehmend länger und zeitaufwendiger. Zu den gestiegenen inhaltlichen Anforderungen kommt der enorme Anstieg der Studentenzahlen. Sicherlich ist diese Entwicklung nicht den Hochschullehrern anzulasten. Aber ihnen bleibt immer weniger Zeit, Doktoranden Hilfen zu gewähren, die noch vor Jahren selbstverständlich waren. Dies ist eine der Lücken, die ein professioneller Wissenschaftsberater ausfüllen kann. Dessen Tätigkeit hat weder mit Titelhandel noch mit „Ghostwriting“ zu tun. Mit Wissen und Einverständnis des Doktorvaters kann der Wissenschaftsberater vielmehr jene Hilfen gewähren, für die überlastete Doktorväter heute vielfach keine Zeit mehr finden.

Bei der Untersützung des potentiellen Doktoranden kann der Wissenschaftsberater unterschiedliche Hilfestellungen leisten. Oft unterstützt er den Doktoranden dadurch, daß er mit ihm zusammen einen Stoff-, Aktivitäts- und Zeitplan entwickelt. Wenn der Doktorand ungünstige Voraussetzungen mitbringt (z. B. ein fernab der nächsten Universitätsbibliothek praktizierender Landarzt), kann im Einzelfall für ihn eine Datenbankrecherche erstellt werden, oder die erforderliche Dissertationsliteratur wird kopiert.

Je schwerer es für die etwa zwei Millionen promotionswilligen deutschen Akademiker wird, einen geeigneten Doktorvater zu finden, desto mehr kann der Wissenschaftsberater eine Clearing-Funktion erfüllen, indem er zwischen Betreuungsbedarf und vorhandenen Betreuungskapazitäten vermittelt. Auch aus anderen Gründen ist der Wissenschaftsberater nicht allein dem Doktoranden sondern auch dem Hochschullehrer von Nutzen. Da er zumeist Kontakt zu Akademikern hat, die entweder Führungspositionen bekleiden oder durch ihre Fachtätigkeit über Informationen verfügen, die z. B. dem „normalen“ Hochschulassistenten nicht zugänglich sind, erweitern Praxis-Doktoranden den Informationsbestand des Hochschullehrers. Darüber hinaus schaffen sie ihm in der Regel neue, interessante Kontakte in die wirtschaftliche Praxis, in Verwaltungsapparate oder in den politischen Bereich. In vielen Fällen hat der externe Doktorand, der über den Wissenschaftsberater zum Hochschullehrer gestoßen ist, auch die an der Hochschule nicht vorhandenen Mittel, um empirische Untersuchungen durchzuführen. Auf diese Weise verleihen „externe“ Doktoranden der wissenschaftlichen Tätigkeit des Hochschullehrers vielfältige neue Impulse.

Insgesamt steigt die Zahl der amtlich registrierten Promotionen an den deutschen Hochschulen jetzt immer mehr, 1993 lag sie bei über 20 000. Viele wollen erst Geld verdienen, bevor sie als Externe promovieren. Natürlich kann die Promotion auch noch für ältere oder alte Menschen ein Antrieb oder ein Hobby sein. So promovierte 1993 Else Beitz (geb. Hochheim) mit 73 Jahren an der Universität/Gesamthochschule Essen über das Thema

„Industriepädagogik in den Großbetrieben des 19. und beginnenden 20. Jahrhunderts: dargestellt am Beispiel der Firma Fried. Krupp“ mit „magna cum laude“ zum Dr. phil.. J. Jacobs, als Sohn eines Weinbauern im Rheingau geboren, arbeitete jahrzehntelang mit Trauben und Reben. Mit 87 Jahren schlug er eine wissenschaftliche Laufbahn ein, die er mit einem Doktorhut krönen will: „Die Rheinromantik im 19. Jahrhundert im Rheingau“ lautet das Thema der Arbeit, deren handschriftliche Fassung der Doktorand kurz vor seinem 100. Geburtstag - am 15.1.1996 - fertig hatte. „Ich bin der älteste Student der Welt“, verkündete der Germanist stolz. Als Gegensatz: An der wirtschaftswissenschaftlichen Fakultät der Universität Leipzig werden ab März 1994 keine Doktoranden mehr angenommen, die über 50 bzw. 55 Jahre alt sind. Für diese Regelung ist u.a. der Promotionsverantwortliche der Fakultät mit zuständig. Wie lange dürfte haltbar sein, daß das Alter und nicht die wissenschaftliche Leistungsfähigkeit, als Kriterium für die Annahme von Doktoranden gewählt wird?

Ehrenpromotionen werden auch heute an Personen mit Einfluß, vornehmlich an Politiker vergeben. So hat Helmut Kohl 23 Ehrendoktorhüte (Stand 2.11.1996). Aber die Ehrendoktorwürde geht auch heute häufig an Unternehmer und Manager, nicht zuletzt, weil sie entsprechende Hochschulinstitutionen „gesponsert“haben.

6. Literaturverzeichnis

Abendroth, Wolfgang: Die deutschen Professoren und die Weimarer Republik, in: Jörg Tröger (Hg.): Hochschule und Wissenschaft im Dritten Reich, Frankfurt/Main - New York 1984, S. 11-25.

Akten und Briefe zur Kirchenpolitik Herzogs Georg von Sachsen, Rg. von Felician Gess, Bd. 2: 1525-1527, Leipzig 1917.

Albrecht, Michael: Eklektik. Eine Begriffsgeschichte mit Hinweisen auf die Philosophie- und Wissenschaftsgeschichte, Stuttgart - Bad Cannstatt 1994 (Quaestiones. Themen und Gestalten der Philosophie, 5).

Allgemeine Encyklopädie der Wissenschaften und Künste in alphabetischer Folge von genannten Schriftstellern bearb. und hg. von Johann Samuel Ersch und Johann Gottfried Gruber, 1. Section, 26. Theil, Leipzig 1835, S. 237-243.

Allweiss, Werner: Von der Disputation zur Dissertation, in: Dissertationen in Wissenschaft und Bibliotheken, hg. von Rudolf Jung und Paul Kaegbein, München - New York - London - Paris 1979, S. 13-28.

Amira, Karl von: Reform der Doktorpromotion, in: Akademische Rundschau. Zeitschrift für das gesamte Hochschulwesen und die akademischen Berufsstände, Leipzig 1 (1913), S. 564-585.

Arndt, Jürgen: Zur Entwicklung des kaiserlichen Hofpfalzgrafenamtes von 1355-1806, in: Hofpfalzgrafen-Register hg. vom HEROLD Verein für Heraldik, Genealogie und verwandte Wissenschaften zu Berlin. Bearb. von Jürgen Arndt, Berlin, Bd. I, Neustadt an der Aisch 1964, S. V-XXIV.

Bahrdt, Carl Friedrich: Geschichte seines Lebens, seiner Meinungen und Schicksale. Hg. von Felix Hasselberg, Berlin 1922.

Bauer, Max: Sittengeschichte des deutschen Studentums, Dresden (1926).

Belitz-Demiriz, Hannelore/ Voigt, Dieter: Die Sozialstruktur der promovierten Intelligenz in der DDR und in der Bundesrepublik Deutschland 1950-1982. Der Einfluß der politischen Systeme auf die unterschiedliche Entwicklung in den beiden deutschen Staaten, Teil 1. Theoretische Grundlagen unter Mitarb. von Sabine Gries, Bochum 1990.

Below, Andreas Anton von: Der soziale Status der Akademiker in der preußischen Gesellschaft des 19. Jahrhunderts. Zur Entstehung und zum Wandel einer privilegierten Berufsschicht, Phil. Diss. Bonn 1977.

Bengeser, Gerhard: Doktorpromotion in Deutschland, Würzburg 1964.

Benrath, Gustav Adolf: Die deutsche evangelische Universität der Reformationszeit, in: Universität und Gelehrtenstand 1400-1800. Büdinger Vorträge 1966, hg. von Hellmuth Rössler und Günther Franz, Limburg/Lahn 1970, S. 63-83 (Deutsche Führungsschichten in der Neuzeit, 4).

Bernal, John Desmond: Die Wissenschaft in der Geschichte. 3. bearb. Aufl., Berlin/Ost 1967.

Besold, Christoph: Thesaurus practicus. Continens explicationem terminorum atque Clausularum in Aulis & dicasteriis Romano-Germanici Imperii usitatarum, Tübingen 1629.

Biallo, Horst: Die Doktormacher: Namen und Adressen; Preise und Verträge; Behörden und Betrogene; Gesetze und Strafen, Wien 1994.

Biermeier, Siegfried: Anschauungen über Zahnschmerz in Dissertationen des 17. und der ersten Hälfte des 18. Jahrhunderts, Diss. med. dent. Gießen 1984.

Bleek, Wilhelm/Mertens, Lothar: DDR-Dissertationen. Promotionspraxis und Geheimhaltung von Doktorarbeiten im SED-Staat, Opladen 1994.

Bleuel, Hans Peter: Deutschlands Bekenner. Professoren zwischen Kaiserreich und Diktatur, Bern - München - Wien 1968.

Bödeker, Hans Erich: Von der „Magd der Theologie“ zur „Leitwissenschaft“. Vorüberlegungen zu einer Geschichte der Philosophie des 18. Jahrhunderts, in: Das achtzehnte Jahrhundert. Mitteilungen der Deutschen Gesellschaft für die Erforschung des achtzehnten Jahrhunderts, Wolfenbüttel 14 (1990), S. 19-57.

Boehm, Laetitia: Libertas Scholastica und Negotium Scholare - Entstehung und Sozialprestige des Akademischen Standes im Mittelalter, in: Universität und Gelehrtenstand 1400-1800. Büdinger Vorträge 1966, hg. von Hellmuth Rössler und Günther Franz, Limburg/Lahn 1970, S. 15-61 (Deutsche Führungsschichten in der Neuzeit, 4).

Bornhak, Conrad: Das monarchische Titelverleihungsrecht und die deutschen Grade, in: Verwaltungsarchiv. Zeitschrift für Verwaltungsrecht und Verwaltungsgerichtsbarkeit, Berlin 21 (1913), S. 63-81.

Borowski, Ludwig Ernst: Darstellung des Lebens und Charakters Immanuel Kants. Von Kant selbst genau revidiert und berichtigt, in: Immanuel Kant: Sein Leben in Darstellungen von Zeitgenossen. Die Biographien von L.E. Borowski, R. B. Jachmann und A. Ch. Wasianski, hg. von Felix Groß, Berlin o. J., S. 1-115.

Brenner, Peter J.: Habilitation als Sozialisation, in: Geist, Geld und Wissenschaft. Arbeits- und Darstellungsformen von Literaturwissenschaft, hg. von Peter J. Brenner, Frankfurt/Main 1993, S. 318-356.

Briefe von Dunkelmännern. Mit einer Einleitung von Wolfgang Hecht, Berlin/Ost 1964.

Bräuer, Karl (Hg.): Studien zur Geschichte der Lebenshaltung in Frankfurt/a.M. während des 17. und 18. Jahrhunderts. Auf Grund des Nachlasses von Gottlieb Schnapper-Arndt herausgegeben, T. 1: Darstellung, Frankfurt/M. 1915.

Brügmann, Arnold: Zucht und Leben der deutschen Studenten 1648-1848, Berlin 1941.

Bumke, Oswald: Erinnerungen und Betrachtungen. Der Weg eines deutschen Psychiaters, 2. Aufl., München 1953.

Carpzow, Johann Benedict: Ein feiner Student/ ... Bey Ansehnlicher Leichbestattung Des weiland Ehrenvesten / Vorachtbarn und Wohlgelahrten Herrn Nicolai Feiners / Beyder Rechten Studiosi, Welcher Auf der Universität zu Leipzig im 19. jahr seines alters / den 28. Decembris Anno 1674. diese welt gesegnet / und den 27. Januarii Anno 1675. in der Academischen Kirchen zu S. Pauli daselbst in sein ruhe kämmerlein gebracht worden / In damaliger Leichenpredigt abgebildet / und auf begehren zum Druck überlassen. Zum andern mahl gedruckt in Leipzig (o. J.).

Clemen, Otto: Beiträge zur sächsischen Reformationsgeschichte III: Der Leipziger Pfarrprediger Johannes Koß, in: Archiv für Reformationsgeschichte, Leipzig 3 (1905/06), S. 176 – 178.

Daele, Wolfgang van den: Die soziale Konstruktion der Wissenschaft. Institutionalisierung und Definition der positiven Wissenschaft in der zweiten Hälfte des 17. Jahrhunderts, in: Gernot Böhme/Wolfgang van den Daele/Wolfgang Krohn: Experimentelle Philosophie. Ursprünge autonomer Wissenschaftsentwicklung, Frankfurt/Main 1977, S. 129-182.

Denifle, Heinrich: Die Entstehung der Universitäten des Mittelalters bis 1400, Berlin 1885 (Unveränd. photomechan. Nachdr. Graz 1956).

Die Rechtsverhältnisse der Juden in Preußen seit dem Beginne des 19. Jahrhunderts, Gesetze, Erlasse, Verordnungen, Entscheidungen, hg. von Alfred Michaelis, Berlin 1910.

Dietze, Walter: Quirinus Kuhlmann. Ketzer und Poet. Versuch einer monographischen Darstellung von Leben und Werk, Berlin/Ost 1963 (Neue Beiträge zur Literaturwissenschaft, Bd. 17).

Dobler, Eberhard: Das Kaiserliche Hofpfalzgrafenamt und der Briefadel im alten Deutschen Reich vor 1806 in rechtshistorischer und soziologischer Sicht, Jur. Diss. Freiburg/Br. 1950 (Masch. Schr.).

Dolch, Oscar: Geschichte des deutschen Studentums von der Gründung der deutschen Universitäten bis zu den deutschen Freiheitskriegen. Ein historischer Versuch, Leipzig 1858.

Dotzauer, Winfried: Deutsches Studium in Italien unter besonderer Berücksichtigung der Universität Bologna. Versuch einer vorläufigen zusammenstellenden Überschau, in: Geschichtliche Landeskunde, Wiesbaden 15 (1976), S. 84-130.

Dotzauer, Winfried: Deutsches Studium und deutsche Studenten an europäischen Hochschulen (Frankreich, Italien) und die nachfolgende Tätigkeit in Staat, Kirche und Territorium in Deutschland, in: Stadt und Universität im Mittelalter und in der frühen Neuzeit. 13. Arbeitstagung in Tübingen 8.-10.11.1974, hg. von Erich Maschke und Jürgen Sydow, Sigmaringen 1977, S. 112-141.

Drees, Martin: Phytomedizinische Dissertationen, in: phyto spektrum. Zeitschrift für Naturheilkunde, Lünen 4 (1995) H. 1, S. 22f.; H. 3, S. 22f.

Drees, Martin: vgl. Grätz, Frank.

Ebenso neu als kühn. 120 Jahre Frauenstudium an der Universität Zürich. Hg. vom Verein Feministische Wissenschaft Schweiz. Verantwortlich für die Redaktion dieses Bandes: Katharina Belser, Gabi Einsele, Rachel Gratzfeld, Regula Schnurenberger, Zürich 1988.

Ehret, Hermann: Immanuel Hermann Fichte. Ein Denker gegen seine Zeit, Stuttgart 1986.

Eichler, Ferdinand: Die Autorschaft der akademischen Disputationen, 1. Teil, in: Beiträge zur Kenntnis des Schrift-, Buch- und Bibliothekswesens, hg. von Karl Dziatzko, III, Leipzig 1896 (Reprint Nendeln/Liechtenstein - Wiesbaden 1968), S. 24-37.

Eichler, Ferdinand: Die Autorschaft der akademischen Disputationen, II. Teil, in: Beiträge zur Kenntnis des Schrift-, Buch- und Bibliothekswesens, hg. von Karl Dziatzko, IV, Leipzig 1898, (Reprint Nendeln / Liechtenstein - Wiesbaden 1968, S. 1-40).

Ellwein, Thomas: Die deutsche Universität vom Mittelalter bis zur Gegenwart, 2. verb. und ergänzte Aufl., Frankfurt am Main 1992.

Erler, Georg: Leipziger Magisterschmäuse im 16., 17. und 18. Jahrhundert (1567-1709), Leipzig 1905.

Eulenburg, Franz: Die Frequenz der deutschen Universitäten von ihrer Gründung bis zur Gegenwart. Fotomechan. Nachdr. der Ausgabe von 1904. Mit einem Nachwort von Elisabeth Lea und Gerald Wiemers, Berlin 1994.

Eulenburg, Franz: Die Entwicklung der Universität Leipzig in den letzten hundert Jahren. Statistische Untersuchungen. Fotomechan. Nachdr. der Ausgabe von 1909. Mit einem Nachwort von Gerald Wiemers, Stuttgart - Leipzig 1995 (Quellen und Forschungen zur sächsischen Geschichte, Bd. 13).

Evenius, Sigismund: Spiegel der Verderbniß / Darinn fast bis 3000. Fehler unsers heutigen Christenthums fürgestellet sind / wie nemlich so wol von Predigern und Schul-Lehrern / als Regenten und Haus-Vätern allenthalben verstossen wird / ... o. O. (Wesel) 1681.

Fabian, Fritz Rudolf: Die Doktorpromotionen an der Universität Leipzig in den Jahren 1909-1924. Ein Beitrag zur Hochschulstatistik, Phil. Diss. Leipzig 1932, Borna - Leipzig 1933.

Faust, Anselm: Die Selbstgleichschaltung der deutschen Hochschulen. Zum politischen Verhalten der Professoren und Studenten 1930-1933, in: Wissenschaft und Nationalsozialismus. Zur Stellung der Staatsrechtslehre, Staatsphilosophie, Psychologie, Naturwissenschaft und der Universität zum Nationalsozialismus. Eine Vorlesungsreihe des Fachbereichs Gesellschafts- und Planungswissenschaften der Technischen Universität Berlin. Hg. von Steffen Harbordt, Berlin 1983, S. 115-130.

Fichte, Johann Gottlieb: Deducirter Plan einer in Berlin zu errichtenden höheren Lehranstalt, in: Johann Gottlieb Fichte: Nachgelassene Schriften 1807 – 1810. Hg. von Reinhard Lauth, Hans Gliwitzky, Erich Fuchs und Peter K. Schneider, Stuttgart – Bad Cannstadt 1998 (Werke II, 11).

Fichte, Johann Gottlieb: Werke 1801-1806. Hg. von Reinhard Lauth und Hans Gliwitzky, Stuttgard - Bad Cannstatt 1981 (Werke, Bd. 8).

Fick, R(ichard): Auf Deutschlands hohen Schulen. Eine illustrierte kulturgeschichtliche Darstellung deutschen Hochschul- und Studentenwesens, Berlin - Leipzig 1900.

Fraenkel, Heinrich/Roger Manvell: Goebbels. Eine Biographie, Köln - Berlin 1960.

Gäntzliche Abschaffung des schädlichen Pennal-Wesens/ auf der Universität zu Jena. Aus d. Lat. ins Teutsche übersetzt, Jena 1661.

Geschichte der deutschen Universitäten und Hochschulen. Ein Überblick. Teil 1: Darstellung. Verfaßt von einem Autorenkollektiv unter Vorsitz von Prof. Dr. phil. habil. Max Steinmetz, Berlin/Ost 1971.

Glum, Friedrich: Zwischen Wissenschaft und Politik. Erlebtes und Erdachtes in vier Reichen, Bonn 1964.

Goldfriedrich, Johann: Geschichte des deutschen Buchhandels vom westfälischen Frieden bis zum Beginn der klassischen Literaturperiode (1648-1740), Bd. 2, Leipzig 1908 (Reprint Leipzig 1970).

Gothein, Eberhard: Doktordissertationen. Das Uebel und seine Besserung, in: Archiv für Sozialwissenschaft und Sozialpolitik, Tübingen 32 (1911), S. 781-792.

Grätz, Frank: „Mit Wissen und Einverständnis des Doktorvaters“, in: Deutsche Universitätszeitung. Das Hochschulmagazin, Stuttgart, Nr. 23, 49. Jhrg., 3.12.1993, S. 19.

Grätz, Frank: Der beste Weg zum Doktorhut, in: Der Volks- und Betriebswirt, Bonn, Nr. 1/1996, S. 14-16.

Grätz, Frank/Drees, Martin: 33 Möglichkeiten, ein Promotionsverfahren ohne den gewünschten Erfolg zu beenden, Bergisch Gladbach 1994.

Grundsätze und Bedingungen zur Erlangung der Doctorwürde bei allen Facultäten der Universitäten des deutschen Reichs. Unter Benutzung amtlicher Quellen zusammengestellt und hg. von Dr. Max Baumgart, Berlin 1884.

Hammerstein, Notker: Bildungsgeschichtliche Traditionszusammenhänge zwischen Mittelalter und Neuzeit, in: Der Übergang zur Neuzeit und die Wirkung von Traditionen. Vorträge gehalten auf der Tagung der Joachim Jungius-Gesellschaft der Wissenschaften Hamburg am 13. und 14. Oktober 1977, Göttingen 1978, S. 32-54.

Hammerstein, Notker: Antisemitismus und deutsche Universitäten 1871-1933, Frankfurt/Main - New York 1995.

Happel, Eberhard Werner: Der akademische Roman, Ulm 1690 (Neuedition Bern - Stuttgart - Wien 1962).

Heiber, Helmut: Universität unterm Hakenkreuz. Teil I: Der Professor im Dritten Reich. Bilder aus der akademischen Provinz, München - London - New York - Paris 1991.

Heiber, Helmut: Universität unterm Hakenkreuz. Teil II: Die Kapitulation der Hohen Schulen. Das Jahr 1933 und seine Themen. Bd 1, München - London - New York - Paris 1992.

Hellwig, Fritz: Zur Kritik am Dissertationssystem der deutschen Hochschulen, in: Volk im Werden, Leipzig 4 (1936), S. 23-30.

Hermelink, Heinrich/Kaehler, Siegfried Joachim August : Die Philipps-Universität zu Marburg 1527-1927. Fünf Kapitel aus ihrer Geschichte, Marburg 1927.

Historische Dissertationen. Vom Einblattdruck zum Pflichtexemplar. Ausstellung der Stiftung Zanders - Papiergeschichtliche Sammlung - aus der Privatbibliothek Dr. Frank Grätz im KULTURHAUS der ZANDERS Feinpapiere AG, Bergisch Gladbach 1995.

Hoffmann, Erich: Wollen und Schaffen. Lebenserinnerungen aus einer Wendezeit der Heilkunde 1868-1932, Hannover 1948.

Hoffmann von Fallersleben, August Heinrich: Mein Leben. Aufzeichnungen und Erinnerungen, Bd. 1-2, Hannover 1868.

Horn, Ewald: Die Disputationen und Promotionen an den Deutschen Universitäten vornehmlich seit dem 16. Jahrhundert. Mit einem Anhang enthaltend ein Verzeichnis aller ehemaligen und gegenwärtigen deutschen Universitäten, Leipzig 1893 (Beihefte zum Centralblatt für Bibliothekswesen, XI).

Hunnius, Aegidius: Christliche Leichpredigt / Über der Leich Weiland des Ehrenvesten / Achtbarn vnd Hochgelerten Herrn / Herrn Friderici Tilemanni ..., in: Hunnius, Aegidius: Acht vnd Dreißig Leychpredigten Bey öffentlichen Begengnüssen vnd Begräbnüssen / etlicher Hohen Fürstlichen / auch sonst Herrnstands / so wol Adelichen vnd anderer Personen / gehalten theils zu Marpurg in Hessen / Theils allhier zu Wittemberg ... Wittenberg 1605, S. 334-359.

Itter, Johann Christian: De honoribus Sive Gradibus Academicis Liber, Ea ratione atque instituto scriptus, ut non Jurisprudentiae tantum, sed aliarum etiam disciplinarum Cultoribus usui esse queat. Editio nova. Cui Quae, praeter ipsius Operis alterum tantum excedens augmentum, accesserint, Titulus Appendicis docebit ... Frankfurt/Main MDC XCIIX.

Jastrow, I(gnaz): Promotionen und Prüfungen, in: Das Akademische Deutschland, Bd. III: Die deutschen Hochschulen in ihren Beziehungen zur Gegenwartskultur, hg. von Michael Doeberl u. a., Berlin 1930, S. 219-244.

Kaehler, Siegfried Joachim August vgl. Hermelink, Heinrich

Kater, Michael H.: Die Studenten auf dem Weg in den Nationalsozialismus, in: Jörg Tröger (Hg): Hochschule und Wissenschaft im Dritten Reich, Frankfurt/Main - New York 1984, S. 25-37.

Kaufmann, Georg: Zur Geschichte der academischen Grade und Disputationen, in: Centralblatt für Bibliothekswesen, Leipzig 11 (1894), S. 201-225.

Kaufmann, Georg: Geschichte der deutschen Universitäten. Bd. II: Entstehung und Entwicklung der deutschen Universitäten bis zum Ausgang des Mittelalters, Stuttgart 1896 (Reprint Graz 1958).

Klose, Werner: Freiheit schreibt auf eure Fahnen. 800 Jahre deutsche Studenten, Oldenburg - Hamburg 1967.

Kohler, Alfred: Bildung und Konfession. Zum Studium der Studenten aus den habsburgischen Ländern an Hochschulen im Reich (1560-1620), in: Bildung, Politik und Gesellschaft. Studien zur Geschichte des europäischen Bildungswesens vom 16. bis zum 20. Jahrhundert, hg. von Grete Klingenstein, Heinrich Lutz, Gerald Stourzh, München 1978, S. 64-123.

Komorowski, Manfred: Bio-bibliographisches Verzeichnis jüdischer Doktoren im 17. und 18. Jahrhundert, München - London - New York - Paris 1991 (Bibliographien zu deutsch-jüdischer Geschichte, Bd. 3).

Koppitz, Hans-Joachim: Ungehobene Schätze in unseren Bibliotheken, in: Dissertationen in Wissenschaft und Bibliotheken, hg. von Rudolf Jung und Paul Kaegbein, München - New York - London - Paris 1979, S. 29-39.

Kraepelin, Emil: Lebenserinnerungen, Berlin - Heidelberg - New York - Tokyo 1983.

Kramm, Heinrich: Besitzschichten und Bildungsschichten der mitteldeutschen Städte im 16. Jahrhundert, in: Vierteljahrsschrift für Sozial- und Wirtschaftsgeschichte, Wiesbaden 51 (1964), S. 457-491.

Krebs, Linda Marion: Amerikanische Zahnärzte in Deutschland und der große Diplomschwindel (1880-1920), Med. dent. Diss. Ludwig-Maximilian-Universität München 1974.

Krieg, Walter: Materialien zu einer Entwicklungsgeschichte der Bücher-Preise und des Autoren-Honorars vom 15. bis zum 20. Jahrhundert. Nebst einem Anhange: Kleine

Notizen zur Auflagengeschichte der Bücher im 15. und 16. Jahrhundert, Wien - Bad Bocklet/Mainfranken - Zürich 1953.

Kuczynski, Jürgen: Memoiren. Die Erziehung des J. K. zum Kommunisten und Wissenschaftler, Berlin/Ost - Weimar 1973.

Kußmaul, Adolf: Jugenderinnerungen eines alten Arztes, Stuttgart 1899.

Laukhard, Magister: Sein Leben und seine Schicksale von ihm selbst beschrieben. Hg. von Heinrich Schnabel, München 1912.

Lansius, Thomas: Commentatio Historico-Politico-Juridica De Academiis. Ob argumenti praestantiam ubertatem secundum edita, atque indice questionum aucta, Helmstedt 1666.

Leibniz, Gottfried Wilhelm: Nova methodus discendae docendaeque Jurisprudentiae ex artis didacticae principiis in parte generali praemissis, in: Gottfried Wilhelm Leibniz: Sämtliche Werke, Reihe 6, Bd. 1, durchgesehener Nachdruck, Berlin/Ost 1989, S. 259-364.

Lundgreen, Peter: Hochschulpolitik und Wissenschaft im Dritten Reich, in: Wissenschaft im Dritten Reich, hg. von Peter Lundgreen, Frankfurt am Main 1985, S. 9-30.

Magister und Scholaren - Professoren und Studenten. Geschichte deutscher Universitäten und Hochschulen im Überblick. Gesamtredaktion Prof. Dr. phil. Günter Steiger/Dr. phil. Werner Fläschendräger, Leipzig - Jena - Berlin/Ost 1981.

Maiwald, Hans-Joachim: Die zahnmedizinische Dissertation. Wegweiser zur Erstellung einer Dissertation durch externe Doktoranden, 2. überarb. Aufl., Bergisch Gladbach 1995.

Maiwald, Hans-Joachim: Wird der Dr. med. dent. eine Seltenheit?, in: Zahnärztliche Mitteilungen, Köln 86 (1996) Nr. 9, S. 81-83.

Manvell, Roger: vgl. Fraenkel, Heinrich.

Marti, Hanspeter: Philosophische Dissertationen deutscher Universitäten 1600-1750. Eine Auswahlbibliographie. Unter Mitarb. von Karin Marti, München - New York - London - Paris 1982.

Martino, Alberto: Barockpoesie, Publikum und Verbürgerlichung der literarischen Intelligenz, in: Internationales Archiv für Sozialgeschichte der deutschen Literatur, Bd. I, Tübingen 1976, S. 107-145.

Meiners, Christoph: Ueber die Verfassung und Verwaltung deutscher Universitäten. Bd. 1, Göttingen 1801.

Meister, Richard: Geschichte des Doktorates der Philosophie an der Universität Wien, Wien 1958 (Österreichische Akad. d. Wissenschaften, Phil.-hist. Klasse, Sitzungsber., Bd. 232, 2. Abh.)

Merkel, Edmund: Die Doktorpromotionen der Juristischen Fakultät der Albert-Ludwigs-Universität Freiburg im Breisgau, Freiburg - München 1976 (Beiträge zur Freiburger Wissenschafts- und Universitätsgeschichte, H. 38). Zugleich Jur. Diss. der Universität Freiburg i. Br. 1975.

Mertens, Lothar: vgl. Bleek, Wilhelm

Meyfart, Johann Matthaeus: Christliche Erinnerung Von der Auß den Evangelischen Hochen Schulen in Teutschlandt an manchem ort entwichenen ordnungen vnd Erbarn Sitten, vnd bey dißen Elenden Zeiten eingeschlichenen Barbareyen vor etzlichen Jahren aufgesetzt, Schleißingen 1636.

(Michaelis, Johann David): Raisonnement über die protestantischen Universitäten in Deutschland, 2. Theil, Frankfurt und Leipzig 1770.

Michaelis, Johann David: Raisonnement über die protestantischen Universitäten in Deutschland. Vierter und letzter Theil, Frankfurt und Leipzig 1776.

Mommsen, Theodor: Die deutschen Pseudodoktoren, in: Theodor Mommsen: Reden und Aufsätze, Berlin 1905, S. 402-409; auch in: Oberbreyer Max, Die Reform der Doctorpromotion, 3. Aufl., Eisenach 1878, S. 5-10.

Müller, Friedrich von: Lebenserinnerungen, München 1953.

Müller, Monika: Aus dem Leben und Wirken des Chemikers und Hochschullehrers August Wilhelm von Hofmann (1818-1892), Berlin/Ost 1981 (Beiträge zur Geschichte der Humboldt-Universität zu Berlin, Nr. 4).

Müller, Rainer A.: Geschichte der Universität. Von der mittelalterlichen Universitas zur deutschen Hochschule, München 1990.

Müller, Wolfgang: Fünfhundert Jahre theologische Promotion an der Universität Freiburg im Breisgau, Freiburg im Breisgau 1957 (Beiträge zur Freiburger Wissenschafts- und Universitätsgeschichte, H. 19).

Nau, Elisabeth: Seit Jahrtausenden begehrt. Die Geschichte des Geldes, Stuttgart 1959.

Nauck, Ernst Theodor: Die Doktorpromotionen der medizinischen Fakultät Freiburg i. Br., Freiburg im Breisgau 1958 (Beiträge zur Freiburger Wissenschafts- und Universitätsgeschichte, H. 20).

Niemeyer, Theodor: Erinnerungen und Betrachtungen aus drei Menschenaltern. Aus d. Nachlaß hg. von seiner Tochter Dr. Annemarie Niemeyer, Kiel 1963.

Oberbreyer, Max: Die Reform der Doctorpromotion, 3. Aufl., Eisenach 1878.

Paulsen, Friedrich: Die deutschen Universitäten und das Universitätsstudium, Berlin 1902.

Paulsen, Friedrich: Geschichte des gelehrten Unterrichts auf den deutschen Schulen und Universitäten vom Ausgang des Mittelaltes bis zur Gegenwart. Mit besonderer Rücksicht auf den klassischen Unterricht, 3. erweit. Aufl., Bd. 1, Leipzig 1919; Bd. 2, Berlin - Leipzig 1921.

Peters, Hermann: Der Arzt und die Heilkunst in der deutschen Vergangenheit, 2. Aufl., Jena 1924.

Philippi, Adolf: Ueber die Reform der Doctorpromotion. Eine academische Rede, Gießen 1876.

Prahl, Hans-Werner: Sozialgeschichte des Hochschulwesens, München 1978.

Die Promotion von Karl Marx - Jena 1841. Eine Quellenedition. Eingeleitet und bearb. von Erhard Lange, Ernst-Günther Schmidt, Günter Steiger, Inge Taubert unter Mitwirkung von Bolko Schweinitz, Berlin/Ost 1983.

Promotionsrecht in der Deutschen Demokratischen Republik. Hrsg.: Rat für akademische Grade. Ministerium für Hoch- und Fachschulwesen, Berlin/Ost 1989.

Radbruch, Gustav: Der innere Weg. Aufriß meines Lebens, Stuttgart 1951.

Rehder, Wulf: Der deutsche Professor: Handbuch für Studierende, Lehrer, Professoren und solche, die es werden wollen, Hamburg 1985.

Rechberger, Christian: Studienkarrieren - Leben, Leiden, Doktorhut. Studienbiographien von Doktoranden als erzählte Leidensgeschichten, Stuttgart 1988 (Stuttgarter Arbeiten zur Germanistik, 200).

Reicke, Emil: Der Gelehrte in der deutschen Vergangenheit, Leipzig 1900.

Richarz, Monika: Der Eintritt der Juden in die akademischen Berufe. Jüdische Studenten und Akademiker in Deutschland 1678-1848. Mit einem Geleitwort von Adolf Leschnitzer, Tübingen 1974.

Riehl, Wilhelm Heinrich: Die bürgerliche Gesellschaft, 8. Aufl., Stuttgart 1885 (Naturgeschichte d. Volkes als Grundlage einer deutschen Social-Politik, Bd. 2).

Ringer, Fritz K.: Die Gelehrten. Der Niedergang der deutschen Mandarine 1890-1933, Stuttgart 1983.

Rühle, Otto: Idee und Gestalt der deutschen Universität. Tradition und Aufgabe, Berlin/Ost 1966.

Sauerbruch, Ferdinand: Das war mein Leben, München 1951.

Schindling, Anton: Bildung und Wissenschaft in der Frühen Neuzeit 1650-1800, München 1994 (Enzyklopädie deutscher Geschichte, Bd. 30).

Schmidt, Leopold: Das Programm Mommsens in der Promotionsfrage, in: Preußische Jahrbücher, Berlin 38 (1876), S. 107-114.

Schmöger, Elisabeth: Die Geschichte des Doktorgrades, insbesondere des Doktors der Medizin, in: Zeitschrift für ärztliche Fortbildung, Jena 65 (1971), H. 23, S. 1262 - 1266.

Schottelius, Johann Georg: Ethica. Die Sittenkunst oder Wollebenskunst. Hg. von Jörg Jochen Berns, Bern - München 1980.

Schröder, Otto: Die zahnärztliche Doktorwürde an den Universitäten Deutschlands, Kirchhain N. L. 1921.

Schröder, Otto: Die Erteilung der Doktorwürde an den Universitäten Deutschlands. Mit Textabdruck der amtlichen Satzungen, Halle a. S. 1908.

Schubart-Fikentscher, Gertrud: Goethes sechsundfünfzig Straßburger Thesen vom 6. August 1771. Ein Beitrag zur Geschichte der deutschen Rechtswissenschaft, Weimar 1949.

Schubart-Fikentscher, Gertrud: Untersuchungen zur Autorschaft von Dissertationen im Zeitalter der Aufklärung, Berlin/Ost 1970 (Sitzungsberichte d. Sächsischen Akademie d. Wissenschaften zu Leipzig, Phil.-hist. Klasse, Bd. 114, H. 5).

Schubart-Fikentscher, Gertrud: Studienreform. Fragen von Leibniz bis Goethe, Berlin/Ost 1973 (Sitzungsberichte d. Sächsischen Akademie d. Wissenschaften zu Leipzig, Phil.-hist. Klasse, Bd. 116, H. 4).

Schubart-Fikentscher, Gertrud: Christian Thomasius. Seine Bedeutung als Hochschullehrer am Beginn der deutschen Aufklärung, Berlin/Ost 1977 (Sitzungsberichte d. Sächsischen Akademie d. Wissenschaften zu Leipzig, Phil.-hist. Klasse, Bd. 119, H. 4).

Schubert, Ernst: Zur Typologie gegenreformatorischer Universitätsgründungen: Jesuiten in Fulda, Würzburg, Ingolstadt und Dillingen, in: Universität und Gelehrtenstand 1400-1800. Büdinger Vorträge 1966, hg. von Hellmuth Rössler und Günther Franz, Limburg/Lahn 1970, S. 85-105 (Deutsche Führungsschichten in der Neuzeit, 4).

Schulze, Friedrich/Paul Ssymank: Das deutsche Studententum von den ältesten Zeiten bis zur Gegenwart, 1931. Vierte, völlig neu bearb. Aufl., München 1932.

Schuppe, Johann Balthasar: Der unterrichtete Student. Oder: Ein academischer Discurs zwischen zweyen Freunden, Seladon und Damon, in: Johann Balthasar Schuppen ... sämtliche Lehrreiche Schrifften / In sieben und viertzig Tractätlein bestehende / deren sich beydes Geistlich= als Weltliche auch Hauß= Standes Persohnen / so wohl Junge als Alte nützlich gebrauchen können, P. II / Franckfurt am Mayn MDCCI, p. 366-409.

Seeberg, Erich: Gottfried Arnold - die Wissenschaft und die Mystik seiner Zeit. Studien zur Historiographie und zur Mystik, Meerane i. Sa. 1923.

Soden, Kristine von: Zur Geschichte des Frauenstudiums, in: Kristine von Soden/Gaby Zipfel (Hg.): 70 Jahre Frauenstudium. Frauen in der Wissenschaft, Köln 1979, S. 9-42.

Ssymank, Paul vgl. Schulze, Friedrich

Tholuck, August: Das akademische Leben des siebzehnten Jahrhunderts mit besonderer Beziehung auf die protestantisch-theologischen Fakultäten Deutschlands, nach handschriftlichen Quellen. Erste Abtheilung. Die akademischen Zustände, Halle 1853.

Thomasius, Christian: Lustiger und Ernsthaffter Monats-Gespräche Anderer Theil / in sich begreiffend Die sechs letzten Monate des 1688. Jahrs mit einem zweyfachen Register, Halle 1688.

Thomasius Christian: Quaestionum promiscuarum, Historico-Philosophico- Juridicarum, In Academia Fridericiana ... publice ventilatarum, maximam partem Paradoxarum DODECAS, Halae Magdeburgicae MDCXCIII.

Tiburtius, Franziska: Erinnerungen einer Achtzigjährigen, 2. erweit. Aufl., Berlin 1925.

Trunz, Erich: Der deutsche Späthumanismus um 1600 als Standeskultur, in: Deutsche Barockforschung. Dokumentation einer Epoche, hg. von Richard Alewyn, 2. Aufl., Köln - Berlin 1966, S. 147-181.

Trunz, Erich: Johann Matthäus Meyfart. Theologe und Schriftsteller in der Zeit des Dreißigjährigen Krieges, München 1987.

Turner, George unter Mitarb. von Weber, Joachim: Das Fischer Hochschullexikon. Begriffe/ Studienfächer / Anschriften, Frankfurt/M. 1994.

Voigt, Dieter vgl. Belitz-Demiriz, Hannelore

Weber, Joachim vgl. Turner, George.

Weber, Max: Die sogenannte „Lehrfreiheit" an den deutschen Universitäten, in: „Frankfurter Zeitung" Nr. 262 vom 20. September 1908, 5. Mo Bl. S. 1.

Weber, Wolfgang: Priester der Klio. Historisch-sozialwissenschaftliche Studien zur Herkunft und Karriere deutscher Historiker und zur Geschichte der Geschichtswissenschaft 1800-1970, Frankfurt/M. - Bern - New York 1984.

Westphalen, Raban Graf von: Akademisches Privileg und demokratischer Staat. Ein Beitrag zur Geschichte und bildungspolitischen Problematik des Laufbahnwesens in Deutschland, Stuttgart 1979.

Weibliche Ärzte. Die Durchsetzung des Berufsbildes in Deutschland, hg. von Eva Brinkschulte in Zusammenarb. mit d. Institut für Geschichte der Medizin der Freien Universität Berlin, Berlin 1994.

Wollgast, Siegfried: Einleitung des Herausgebers, zu: Emil du Bois-Reymond: Vorträge über Philosophie und Gesellschaft. Eingel. und mit erklärenden Anmerkungen hg. von Siegfried Wollgast, Berlin/Ost 1974, S. V-LX (Philosophische Bibliothek, Bd. 287, Hamburg 1975).

Wollgast, Siegfried: Die gesellschaftliche Stellung des Gelehrten vom 16. bis 18. Jahrhundert in Deutschland - Veränderungen, Entwicklungen und Tendenzen, in: Zur gesellschaftlichen Stellung von Gelehrten in den vorkapitalistischen Gesellschaftsformationen, Rostock, Wilhelm-Pieck-Universität 1980, S. 45-75 (Rostocker wissenschaftshistorische Manuskripte, 4).

Wollgast, Siegfried: Zur Stellung des Gelehrten in Deutschland im 17. Jahrhundert, in: Siegfried Wollgast: Vergessene und Verkannte. Zur Philosophie und Geistesentwicklung in Deutschland zwischen Reformation und Frühaufklärung, Berlin 1993, S. 169-228.

Wollgast, Siegfried: Zur Geschichte des Dissertationswesens im Mittelalter und in der Frühen Neuzeit, in: Sitzungsberichte der Leibniz-Societät, Berlin (im Druck).

Wollschläger, Hans: Karl May in Selbstzeugnissen und Bilddokumenten, Reinbek bei Hamburg 1965.

Wretschko, Alfred von: Die Verleihung gelehrter Grade durch den Kaiser seit Karl IV., in: Festschrift Heinrich Brunner zum siebzigsten Geburtstag dargebracht von Schülern und Verehrern, Weimar 1910, S. 689-735.

Zedler, Johann Heinrich: Grosses vollständiges Universal-Lexikon, Bd. 7: D, Graz 1994, Sp. 1122-1126 (2. vollständiger photomechan. Nachdr. der Originalausgabe, Halle - Leipzig 1734).

Zipfel, Gaby vgl. Soden, Kristine von

Zöllner, Walter: „Unwürdige" an unserer Universität, in: scientia halensis. Das Wissenschaftsjournal der Martin-Luther-Universität Halle-Wittenberg, FB Geschichte, Philosophie und Sozialwissenschaften, 3/1995, S. 23-25.

Zum Promotionsstudium. Entschließung des 179. Plenums der Hochschulrektorenkonferenz, Berlin, 9. Juli 1996, Bonn 1996 (Dokumente der Hochschulreform 113/1996).

7. Personenregister

(Im Vorwort und Literaturverzeichnis erscheinende Namen sind im Personenregister nicht erfaßt.)